博学而笃志，切问而近思。
（《论语·子张》）

博晓古今，可立一家之说；
学贯中西，或成经国之才。

复旦博学·复旦博学·复旦博学·复旦博学·复旦博学·复旦博学

内容提要

本教材是广告策划创意学科中最有影响力的教材之一，是普通高等教育"十一五"国家级规划教材，曾获"全国优秀畅销书奖"，历经 1990、2003、2007、2020 年四次重大修改、刷新。30 年来，持续保持与时俱进的创新，以期给读者带来最新的理念、方法与案例。

全书分为"上编 广告策划"与"下编 广告创新"两部分，共十三章，系统论述广告策划概说、广告市场调查、市场认识与细分、产品认识与定位、广告战略策划、广告媒体渠道策划、广告推进程序策划、广告创意概说、广告文案创意、平面广告创意、广播广告创意、电视广告创意、网络广告创意等内容。本书图文并茂、理论与案例并重，既有严谨的学术体系，又有开放性的讨论空间，是广告策划创意领域值得选择的教材。

适读人群：
- 新闻传播、市场营销等相关专业的本科生、研究生
- 广告、策划行业从业人员
- 对广告策划创意行业感兴趣的人士

普通高等教育"十一五"国家级规划教材

本教材获"全国优秀畅销书奖"

复旦博学·广告学系列
Advertising Series

广告策划创意学

（第四版）

余明阳　陈先红　薛　可　主编

复旦大学出版社

作者简介

余明阳，上海交通大学安泰经济与管理学院教授、博士生导师，上海交通大学中国企业发展研究院院长。浙江大学哲学学士、复旦大学经济学硕士、复旦大学经济学博士，复旦大学和北京大学博士后。曾任中国公关协会常务副会长兼学术委员会主任、上海公关协会副会长兼学术委员会主任、上海市行为科学学会会长。发表中英文SSCI、CSSCI、EI论文100多篇，主持纵横向课题几十项，出版专著、教材几十部，获奖几十项。是中国第一位以品牌研究取得博士学位的学者，中国最早研究公共关系、广告、人际传播、文化创意的学者之一，也是中国第一代咨询策划业的代表人物之一。曾担任多个省市政府高级经济顾问、担任上市公司总裁（CEO）和多家上市公司独立董事。曾获：全球十大品牌领袖奖（2009，印度孟买），中国公共关系二十年、三十年、四十年"特殊贡献奖"，首届中国十大策划风云人物（2002），中国首届十大广告学人（2006）等。主要学术方向：品牌战略与市场营销，公共关系与人际传播，广告与文化创意。

陈先红，华中科技大学新闻与信息传播学院教授、博士生导师，华中科技大学中国故事传播研究中心主任。中国人民大学历史学学士、华中科技大学新闻学硕士、华中科技大学管理学博士。曾任湖北省政协委员、中国新闻史学会公共关系学会会长，澳大利亚昆士兰大学、香港中文大学、香港城市大学访问学者。主持教育部重大课题、国家社科课题等纵横向课题几十项，出版专著、教材近20部，发表学术论文100多篇。兼任湖北省新联会副会长兼网联会会长，湖北省委宣传部首席智库专家，澳门科技大学兼职教授和博士生导师，清华大学国家形象传播中心首席智库专家，首届讲好中国故事创意传播国际大赛总策划。其指导的团队在中国大学生广告艺术大赛和公关策划大赛中屡次摘得金、银奖。主要研究方向：广告与公共关系，国家形象与传播。

薛可，上海交通大学长聘教授、博士生导师，上海交通大学 – 南加州大学文化创意产业学院副院长、上海交通大学媒体与传播学院新闻与传播系主任。南开大学管理学博士，上海交通大学和北京大学博士后。美国麻省理工学院高级访问学者、加州大学圣地亚哥分校、加拿大大不列颠哥伦比亚大学访问学者。主持国家社科基金（艺术类）重大课题、国家社科基金重点课题、国家社科基金一般课题、教育部人文社科项目、广电总局社科研究项目、上海市决策咨询重点项目等纵横向课题几十项，出版专著、教材30多部，发表中英文SSCI、CSSCI、EI论文100多篇，系教育部新世纪优秀人才、上海市教育系统"三八红旗手"、获"宝钢教育奖"、"上海交通大学校长奖"等几十项。担任SSCI国际学术期刊副主编。主要学术方向：数字传播与国家形象，公关、广告与文化创意，人际传播与舆情研究。

序
Foreword

广告,是现代商业社会的信息场,也是当今经济发展的晴雨表。广告是一种信息传播,沟通着买方与卖方的供需关系;广告是一种文化,承载着社会的价值与取舍;广告是一个平台,完成多方的利益博弈与交换;广告是一面镜子,照映出时代变迁的脉络与样式。

在整个广告学科的体系中,广告策划创意学无疑是皇冠上的明珠,最富有挑战与灵性。它的前期是科学,行业分析、竞品研究、标杆对照、需求分析、SWOT模型、定位确定、卖点提炼、品牌DNA界定、媒体选择、消费者痛点回应等,无不充满了理性与冷静,需要数据挖掘、科学论证、反复推敲,来不得半点马虎与随意,容不得任何任性与想当然。它的后期是艺术,广告语创意、广告片构思、平面构图、文案创作、形象语言、色彩冲击力等,又无不充满着感性与激情,需要天马行空、想象力丰富、表现力爆棚,绝不可平淡平庸、曲高和寡、高深莫测、不接地气。因此,广告策划创意人必定需要科学与艺术、理性与感性、冷峻与激情、严谨与率性的完美结合。因此,这就是要成就一名杰出广告人必须具备非常全面的个人素质的原因所在。

正因为广告的这些特性,使得广告受社会变迁与时代进步的影响巨大。首先是科技的进步,在农耕时代,信息闭塞、交通不便、生产力低下、社会流动性较小,广告只是酒幌、店招、告示之类的简单方式,甚至"酒香不怕巷子深""桃李不言,下自成蹊"。到了工业化文明时代,随着科技的发展,生产力水平大大提升,产品极大丰富,竞争日趋激烈,交通与通信的发展,使人们的活动空间与社会视野大大拓展。尤其是报纸、电台、杂志、电视、路牌等媒体样式的产生与成熟,使得广告业突飞猛进,成为最大的无烟产业之一。互联网将人类带入了信息文明时代,网络的便捷性颠覆了人们习以为常的生活方式,5G技术、区块链、大数据、云计算、AI创意、VR体验、物联网等,使得广告传播变得多元复杂、边界模糊。抖音、快手等短视频,可能既是广告,也是可以直接带货的营销;李子柒、李佳琦既是网红代言人,又是营销高手;小红书既是心得分享,又是广告软文;内容营销、微博大V、网红达人、圈层共享……仿佛是广告,又不是传统的广告,这该如何策划,又怎样创意?

消费者的迭代,同样给广告策划创意提出了新挑战。2019年11月11日的"双十一"期间,天猫、京东消费者中90后成为绝对主力,消费量超过50%,甚至00后消费也显出蓬勃发展态势。这一代是典型的互联网"原住民",他们的思考方式、话语体系、价值取向、消费偏好独特而前卫,二次元的世界让前辈无所适从。有人说过去的"代沟"是20年,而现在,差5年,就会有代沟。市场与消费者深度超细分,不同的人,通过不同的路径,关注不同的信息,使用不同的语义,满足不同的价值追求。

广告是因变量,而非自变量,必须紧跟时代的步伐而不断更新。变,是不变的法则。正是基于这样的背景,我们对本教材进行再次升级,推出《广告策划创意学》(第四版)。本书的主编及部分作者是从1990年起开始讲授"广告策划创意学"课程的。当时大学的传播、广告专业开始开设这门课程,但缺乏教材。由余明阳编写的《广告策划创意学》1990年内部印刷供教学使用,之后每2—3年修改一次,讲授10年,改了4次,有了比较完整的系统架构与学科体系。

1999年2月,应时任复旦大学出版社总编助理的夏德元副编审之邀,余明阳教授与陈先红教授联合主编,由余明阳、陈先红、王世超、周萍、张雪荣、姚曦、薛可、温德诚同志组成编写组,几经撰写、修改、定稿并出版,当时参加教材审定的同志有:复旦大学顾国祥教授、暨南大学傅汉章教授、北京广播学院许俊基教授、北京商学院潘大钧教授、南京大学周晓虹教授、四川美术学院李巍教授、同济大学吴东明教授、厦门大学陈培爱教授等专家。夏德元同志任责任编辑。

2003年4月,应时任复旦大学出版社社长助理李华博士之邀,余明阳教授与陈先红教授对本教材进行了较大的体例创新,增加了"策划案例赏析""创意链接"等内容,重新梳理修改,出版了本教材的第二版,并将其纳入"复旦博学"书系。余明阳、陈先红、张雪荣、周萍、王世超、姚曦、张阿琴、殷卉、郭丽、童晓彦同志参与了修订与撰写。李华博士任责任编辑。

2007年7月,网络广告已经红红火火,广告策划创意的路径、手法、技巧、传播都发生了巨大的变化。余明阳教授、陈先红教授与时任责任编辑李华博士商议,需对案例进行升级,加大新媒体广告策划创意的容量,于是由余明阳、陈先红、刘瑛、丁桂兰、姜炜、张雪荣、甘士勇、姚曦、陈娜组成修订小组,再次进行修订完善,出版了本教材的第三版。

2018年9月,复旦大学出版社方毅超同志来上海交通大学,与余明阳教授讨论本教材的修订工作。本教材出版以后,成为普通高等教育"十一五"国家级规划教材,获"全国优秀畅销书奖",成为很多高校的指定教材和研究生入学考试指定参考书,深受广大师生的欢迎,应该予以修订与创新,以保持内容的新颖性与生命力。经余明阳教授与陈先红教授讨论与商议,再请一位教授来参与主编,并主持全部案例的更新与部分内容的创新。于是,成立了由余明阳、薛可、梁巧稚、金涵青同志组成的修订小组,启动这次修订工作,统稿工作由薛可教授负责,金涵青同志协助完成。

2020年5月,由余明阳教授、陈先红教授、薛可教授主编,余明阳、陈先红、薛可、刘瑛、丁桂兰、姜炜、张雪荣、甘士勇、姚曦、陈娜、周萍、王世超、张阿琴、殷卉、郭丽、童晓彦、温德诚、梁巧稚、金涵青同志先后参与撰写、修订工作的本教材第四版完成定稿。

本教材坚持四个方面的创新。第一，理论创新，我们希望将国内外有关广告策划创意的最新理论尽可能地吸收到本教材当中，使学生能同步接触到这一学科的最新成果；第二，案例创新，我们将近几年来较有代表性的案例尽可能吸纳到教材当中，使教材更贴近市场，使同学们在学习中更有实战性与现场感；第三，形式创新，增加互动环节，增加案例讨论与创意链接，使教学形式更加灵活，学生更具有参与性；第四，手段创新，教材为专业教师配备了专用课件与视频资料，为教学的规范化和立体化创造了条件。

特别感谢选用本教材的老师和同学们，你们是本教材的共同创造者。感谢复旦大学出版社夏德元、李华、方毅超三位责任编辑，你们的专业、敬业成为本教材的质量保障。尤其感谢本版责任编辑方毅超同志，他的执着与宽容，使我们深为感动，并对一再拖延修改时间感到歉意。

生命之树长绿，而理论总是灰色的。现实广告实践，给我们提出了一个又一个全新的课题。我们深知自身的理论修养和实践感悟有限，书中的错误和疏漏在所难免，我们有信心作进一步修订完善，使这部已有30年历史、历经8次重大修改的教材不断走向完美。我们期待着广大读者朋友的反馈。

余明阳

上海交通大学中国企业发展研究院院长
上海交通大学安泰经济与管理学院教授、博士、博士生导师
2021年5月31日于上海交通大学

目录 Contents

上编　广告策划

第一章　广告策划概说 / 003

策划案例赏析1：《悟空》/ 004
第一节　策划的概念及界定 / 005
第二节　广告策划的概念、特点及作用 / 010
第三节　广告策划的基本原则 / 015
第四节　广告策划的内容和程序 / 019
第五节　广告策划报告 / 022
创意链接1：蚂蚁们在干什么？/ 031

第二章　广告市场调查 / 033

策划案例赏析2：谷歌——*Hey Mom* / 034
第一节　广告调查的概念及原则 / 036
第二节　广告调查的兴起与发展 / 040
第三节　广告调查的分类 / 043
第四节　广告调查的操作流程 / 047
创意链接2：比比谁的吸引力更大？/ 051

第三章　市场认识与细分 / 053

策划案例赏析3：美丽，我自己定义——*The Non-Issue* / 054
第一节　市场与市场营销 / 055
第二节　市场细分与欲望细分 / 062
第三节　市场细分案例举要 / 071
创意链接3：这是什么图画？/ 075

第四章　产品认识与定位 / 077

策划案例赏析 4：中国银联 / 078
第一节　产品认识 / 079
第二节　产品分析 / 084
第三节　产品定位 / 091
创意链接 4：运动的沙发？/ 099

第五章　广告战略策划 / 101

策划案例赏析 5：故宫文化珠宝 X 百雀羚 / 102
第一节　广告战略策划概述 / 103
第二节　广告战略目标 / 108
第三节　广告战略设计 / 111
第四节　广告预算策划 / 118
第五节　广告效果策划 / 125
创意链接 5：美人鱼要干什么？/ 142

第六章　广告媒体渠道策划 / 144

策划案例赏析 6：欧莱雅创新 VR 全景广告 / 145
第一节　广告媒体渠道概述 / 146
第二节　广告媒体渠道策划的程序 / 153
第三节　广告媒体渠道选择的影响因素与优化组合 / 155
创意链接 6：地球的声音？/ 160

第七章　广告推进程序策划 / 161

策划案例赏析 7：解放双手，不畏前行——做一颗行星 / 162
第一节　广告表现策略 / 163
第二节　广告推进策略 / 169
第三节　广告实施策略 / 180
创意链接 7：考场上的秘密？/ 186

下编　广告创意

第八章　广告创意概说 / 191

策划案例赏析 8：海尔智家《新治家之道》/ 192
第一节　广告创意的基本内涵 / 193
第二节　广告创意的产生过程 / 205
第三节　广告创意的思维方法 / 210
第四节　广告创意的创造技法 / 217
第五节　广告创意者的素质开发 / 227
创意链接 8：胸部与脑部的结合？/ 233

第九章　广告文案创意 / 235

策划案例赏析 9：快手《可爱中国》/ 236
第一节　广告文案创意概述 / 237
第二节　广告文案主题创意 / 244
第三节　广告文案结构的创意 / 247
第四节　广告文案语言的创意 / 262
创意链接 9：历史的重演？/ 274

第十章　平面广告创意 / 276

策划案例赏析 10：可口可乐——*Try Not to Hear This* / 277
第一节　平面广告概述 / 278
第二节　报纸广告创意 / 290
第三节　杂志广告创意 / 299
第四节　其他平面广告创意 / 312
创意链接 10：这个月没来？/ 316

第十一章　广播广告创意 / 318

策划案例赏析 11：系列公益广告"多双公筷，多份安心"/ 319
第一节　广播广告概说 / 320
第二节　广播广告创意的原理与方法 / 325
创意链接 11：为何狂奔？/ 331

第十二章　电视广告创意 / 332

策划案例赏析 12：苹果 AirPods Pro / 333
第一节　电视广告概说 / 334
第二节　电视广告创意的一般方法 / 338
创意链接 12：连粉也不抹一下，能看吗？ / 343

第十三章　网络广告创意 / 345

策划案例赏析 13：人民日报客户端＋网易新闻"一笔画出 70 年"H5 案例 / 346
第一节　网络广告创意的原则和特点 / 347
第二节　网络广告创意的战术 / 351
第三节　网络广告的创意形式 / 357
创意链接 13：唐伯虎点秋香 / 365

附：创意链接答案及点评 / 366

上编

广告策划

第一章 广告策划概说

内容提要

（1）策划思想及策划活动自古有之，策划定义众说纷纭。理解策划的内涵主要从策划的过程、内容、性质和范围四方面入手。策划与计划既有联系，又有区别。

（2）广告策划概念有宏观和微观之分。一个完整的广告策划基本包括策划者、策划对象、策划依据、策划方案和策划效果五大要素，并具有目标性、系统性、变异性、创造性、可行性等特点，其作用表现在保证广告活动的计划性、连续性、创造性和效益性四个方面。

（3）广告策划的内容主要包括市场调查、市场认识与细分、产品认识与定位、广告战略的制定、媒体渠道策略、推进程序策略和效果评估七项内容。广告策划要遵循一定的程序有条不紊地进行。

（4）广告策划报告是广告策划成果的书面体现，主要包括市场分析、广告策略、广告计划、广告效果预测和监控四部分。其中市场分析是广告策划的基础，广告策略是广告策划的核心。

策划案例赏析1

《悟空》

广告主： 华为

代理商： 氩氪集团

悟空

（资料来源：https://v.qq.com/x/page/d0878njsr68.html?）

策划背景

  随着Web3.0时代的到来，互联网信息传输速度进一步提高，广告的形式从平面更多地向宣传片、短视频、微电影等视频形式发展，如何通过广告策划整合品牌现有和潜在的资源，判断事物变化的趋势，并按此来设计、选择能产生最佳效果的资源配置是一则广告得以脱颖而出的关键。2019年华为推出的竖屏电影《悟空》，以情怀作为切入点，成功激起了消费者对广告的共鸣,打造了良好的品牌形象。

专家点评

消费者在接受广告信息时会经历引起注意—激发兴趣—刺激欲望—加强记忆—诱发购买五个阶段,如何才能激起对广告的欲望是广告策划需要考虑的核心,而欲望来自创造,只有有创意有诚意的广告才能打动消费者。

《悟空》的微电影广告策划极具创意,又诚意十足,大胆地选择悟空作为串联整个广告的线索,充分利用形象的亲民性和时代性,拓宽了广告的消费者人群。影片用华为P30 Pro的拍摄功能展现了老家墙上的黑白照片、各种电影人物的复古日历、充满手抄笔记的书桌等场景,通过电影的内容和思想深度拉近品牌和消费者的距离,加强品牌记忆度,进而诱发消费者的购买行为。它也体现了策划者的前瞻性,面对美国的"禁华为令",可以想象华为在未来或多或少将会遇到产品链等一系列的问题。然而相较于引而不发,华为通过《悟空》不仅唤回了人们童年的回忆,鼓励了大家要像孩子一样勇往直前,也传递出了华为品牌不顾一切的热血与奋斗精神,回归品牌的初心,塑造了坚韧、奋发的积极形象,赢得了消费者的喜爱。

第一节 策划的概念及界定

一、策划的概念

首先,让我们来看一则故事。

一个教授向一群学生出了这么一道考题:一个聋哑人到五金商店去买钉子,他先用左手做持钉状,然后右手做打锤状。售货员递过一把锤子,聋哑顾客摇了摇头,指了指做持钉状的那只手。这回售货员拿对了。这时候又来了一位盲人顾客……

"同学们,你们能否想象一下,盲人将如何用最简单的方法买到一把剪子?"教授这样问道。

"噢,很简单,只要伸出两个指头模仿剪子剪布的模样就可以了。"一个学生答完,全班表示同意。

教授说:"其实盲人开口说一声就行了。记住:一个人若进入思维死角,智力就会在常识之下。"

信息时代,知识越来越多,智慧却越来越少,许多人只能在知识的重压下作出被动的选择,人类面临着智力退化的危险。因此,人们,尤其是企业极需要借助外脑来挑战智慧的极限,以保证积极主动的态势。

在当今世界,知识的释放已经市场化、产业化和系统化。知识,特别是高科技的知识已成为经济竞争的主要力量。不仅仅是自然科学,社会科学也成为生产力、竞争力的一种体现,特别是以咨询、策划、信息服务为特征的第四产业已经成为经济发展中最迅速、最活跃的领域之一。近年来,一些独领风骚的策划家在经济领域、政治领域长袖善舞,通过对经济资源、社会资源、人文资源的优化整合,创造出一个又一个奇迹。一个企业的兴衰、一个品牌的推出、一张报纸的面世、一个活动的展开、一个项目的实施都离不开精心而巧妙的策划,可以说,每一个成功的故事都有策划的功劳。

企业需要策划如同看医生并不是因为有病,而是为了让身体发育得更好,更强壮。在一般的企业中,人只知道埋头做事,整天忙忙碌碌,忙得没有时间思考,没有时间学习,生命一直处于一种能量的释放和消耗状态,到达一定阶段必然会感到江郎才尽、力不从心,此时充电的最好方法就是借力借智,于是聘请外脑成了大势所趋。

1. 策划的一般概念

近年来,策划已成为"智慧和谋略"的代名词而被人们广泛接受,无论是体育盛会、影视歌舞,还是产品包装、形象推广都言必称"策划"。2019年6月,麦肯团队通过为多个全球知名品牌,如新秀丽、宜家、巴黎欧莱雅等提供广告策划服务,推出多个视频广告在戛纳斩获多个类别的数座大奖,也为品牌和消费者输出了一波难忘的营销案例。

其实,策划并不是现代社会发明的术语,而是一个十分古老的概念。翻开史书,我们可以找到许多关于策划思想的论述,比如,"好谋而成,多算而胜""事成于谋,行成于思""运筹帷幄,上兵伐谋""以奇计为谋,以绝智为主"等,这里的"谋""算""计""运筹"都表现出一种古朴的策划思想,从广义上讲,都属于"出谋划策,策略规划"的策划范畴。策划活动自古就有,比如"千金市骨"就是一个成功的策划案例。

古时候,有一个国王想用千金求一匹千里马,历3年而不得,一位内侍进言:"让我去为您找吧!"他3个月就找到了一匹千里马,但马已死了,于是他就花了500金买下它的骨头回来交给国王,国王大怒:"我要活马,你却花500金买回一匹死马,该当何罪?"内侍说:"死马尚且用500金,何况活马呢?"果然,不到一年就有三匹千里马送上门来。这位不知名的内侍其实就是一位策划高手,他以500金买回一堆马骨,以此表明国王对千里马的渴求,从而使国王如愿以偿。

其实早在2 000多年以前,中国就有过一个辉煌的策划时代——春秋战国时代,如苏秦、张仪的合纵、连横之术就是一个高明的策划案。但那时的策划多侧重于政治、经济、外交方面,至于在商业方面的运用却不如外国人,在这方面,外国人是我们的老师。

比如,1950年初,朝鲜半岛的局势已到了剑拔弩张、一触即发的地步,"美国出兵朝鲜,中国将会怎样?"欧洲德林咨询公司向美国政府兜售他们的研究成果,据说结果只有一句话,却索价500万美元(相当于一架最先进的战斗机),美国政府认为这是发疯,一笑置之。几年后,美国在朝鲜战场上一败再败,美国国会开始辩论究竟是否有必要出兵朝鲜?有人想起德林公司,于是花280万美元买下这一过时的结论(内容只有一句话:中国将出兵朝鲜,但附有长达328页的分析资料)。麦克阿瑟从战场回来,不无感慨地说:"我们最大的失误是——舍得几百亿美元和数十万美国军人的生命,却吝啬一架战斗机的代价。"默默无闻的德林公司由此声名大振,名扬四海。

不过,时下的策划与点子又有很大的不同,下面,我们来看看什么是策划。

从中文词源来看,"策"同"册",最早是指古代书写的一种文字载体。古代用竹片或木片记事著书,成编的叫作"策",以后又发展为应考者参加科举考试的一种文体,至今已演变为"计谋""谋略"之意,比如,我们常说的"上策""下策""献计献策""束手无策"等都属于这种用法。

策划的划,亦作"画",也是"计划""打算"之意,由此可见,策划是指与计谋相关的一种行为过程和方法系统。

从英文词源来看,策划一词发源于战略中的计划"strategy",之后又演变为"strategy"和"plan"的结合,也有人将之翻译为"企划"。事实上,策划与企划同属于一个概念,日本人习惯称"企划"。

关于策划的定义众说纷纭:

- 策划是一种程序,在本质上是一种运用脑力的理性行为。
- 策划就是通过精心安排的宣传和其他手段,对事件的发生、发展进行操纵。
- 策划就是策略规划,是关于整体性和未来性的策略规划,它包括从构思、分解、归纳、判断到拟定策略、方案实施、事后追踪与评估过程,简言之,它是组织实施(现)其目标的一套程序。
- 策划是从一个初始的创意开始,经过审时度势、驾驭战术、进行推演和运作,使无人问津的产品变为炙手可热的商品,可谓点石为金。
- 策划是赋予商品文化价值、精神价值,创造高附加利润的智力劳动过程。
- 条条大路通罗马,最近的只有一条,策划就是找出这条路。
- 策划就是通过全新的理念和思路,对生产力的各种要素资源重新整合,使之产生1+1>2的效果,甚至是原子裂变式的市场效应或经济效益,策划是对所有显性的、隐性的、物质的、精神的、经济的、政治的、文化的等生产力资源因素的挖掘、筛选、整合。
- 策划就是挑战智慧的极限,挖开思维的死角,向企业输出新的思维方式、新的思路。
- 策划是知识的效益化,知识的整合化,策划是知识的释放过程,也是知识的运用过程,策划是新思想、新理论的系统传输和应用。

综合以上定义,我们把策划定义为:整合各类现有资源和潜在资源,判断事物变化的趋势,确定可能实现的目标和结果,再按此来设计,选择能产生最佳效果的资源配置与行动方式,进而形成决策计划的复杂的思维过程。

2. 策划的内涵

具体地说,我们可以从以下四个方面进一步理解策划的内涵。

(1)从策划的过程看,一个完整的策划基本上包含了预测和决策两大步骤。

作为预测，它要对组织未来发展的前景和趋势进行科学的分析和准确的评估；作为决策，它要在预测的基础上，对组织的应对方针和行动措施进行大胆的抉择。从这个意义上说，任何一种策划都是"大胆设想，小心求证"的过程。

（2）从策划的内容来看，一个完整的策划，基本上都包括了战略策划和战术策划两大内容。

战略策划是统筹天、地、人等资源环境，从而确定长远的目标和方针，使自己在总体上永远立于不败之地，并且还能创造发展的态势，保持一种良性的循环。像诸葛亮在《隆中对》中提出的"三分天下"方案，就属于一种高明的战略策划。

战术策划则是为了实现战略所必须采取的一系列行之有效的行动方案。战术策划具有很强的可操作性，它往往要设计出"做什么、如何做、何时何地做"等每一个环节的运作步骤，以保证在每一个环节上达到最佳组合，在每一个阶段都取得最大成果。

总之，从策划内容看，一个完整的策划就是"审时度势"的战略策划和"通权达变"的战术策划的有效组合。通过对这两项内容的策划，可以产生各种各样的计谋和层出不穷的方法，从而最大限度地调集、协调和发挥各方面的信息和资源优势，以实现既定的战略目标。

（3）从策划的性质来看，策划是一项极为复杂的综合性思维工程。

首先，策划本身就是一种极为复杂的思维活动的过程，是策划者运用知识、信息、智慧进行复杂的脑力劳动的过程，属于出卖智慧的智力咨询业。

其次，策划是一项综合性思维工程。在策划过程中，既要运用周密严谨的理性思维进行分析、判断和预测，又要运用灵活多变、富有创意的感性思维进行想象、创造和重新组合，对各种思维方式的综合运用是策划成功的关键所在。

（4）从策划的范围来看，策划普遍存在于人类行为之中。无论是政治统治、企业经营还是个人发展都需要精心的设计策划。

二、策划的界定

1. 策划与计划

在我国，"计划"一词的使用率相当高，政府有工作计划，学校有教学计划，工厂有生产计划，企业有销售计划，家庭有开支计划……因此，当策划一词被广泛使用之后，许多人就想当然地把策划视为计划，认为两者是一回事，不过是新时代给予的新说法而已。其实这是一种片面的看法。

策划与计划的确是一组互相关联、密不可分的概念，但是，两者又存在着明显的区别（表1-1）。

首先，两者的存在状态不同。

策划的英文相当于strategy加plan，它是一个动态的过程，是一个为了实现目标而进行的创造性思考和创造性实践的过程，准确地说，策划应该被称为"策划活动"。

计划的英文是plan，它是静态的概念，是关于实现策划目标的行动方案，是为了达到目标所作出的从现在到未来的时间安排表。

从策划的角度来看，计划是策划活动的最终产物，它既是对一系列策划活动的归纳和总结又是策划所决定的战略、战术、部署步骤的书面体现，没有策划也就无所谓计划。

其次，两者的产生方式不同。

策划是一种创造性的智力活动，它是在事实的基础上进行丰富的想象和创意的活动，它需要策划者具有较高的智慧。

计划则是一项机械性的工作，只要掌握一定的写作模式，就可以按部就班地拟定各项程序和细节，无须创意。

表1-1　策划与计划的差异

策　划	计　划
必须有创意	无须创意
无中生有，天马行空	范围一定，按部就班
• 策划沟通使能了解 • 摸索计划的对象 • 组合各种点子 • 考虑各种达到目标的方法	• 以策划实施为前提具体地考虑必要的因素（人事、财务、时间、情报）、可行的实践方法
掌握原则和方向	处理程序与细节
做什么	怎么做
活的，变化多端	死的，一成不变
开创性	保守性
挑战性强	挑战性弱
需长期专业训练	只需短期训练

2. 策划、点子、谋略

策划、点子和谋略都是以创意为核心、以智慧为纽带的创造性思维活动，都具有智能性、艺术性和思维性，三者有相通之处，但并不完全相同。

点子是关于事物的具体创意和创意的实施。比如，我们常说的出个主意、想个办法、搞个发明，都是点子。点子具有针对性、直接性、零散性和个性化特征。春秋时期，齐国著名矮子大夫晏婴设计的"二桃杀三士"就是著名的点子案例。

齐国有三位武士，武功特高，功劳特大，傲视天下，且结交佞臣梁丘据。相国晏婴深以为忧，欲将三人除去。后来鲁昭公访齐，齐国国王设宴相待，三位武士带剑立于阶下。晏婴想了个点子，拿出剩下的二颗巨桃，说赠给功劳最大者，引起三位武士争斗，坏了兄弟情谊，最终都羞愧自杀。

由此可见，点子靠聪明，耳聪目明，对某一事物的某一侧面能提出与众不同、令人称奇的主意和方法,实施后能够"点射"成功。

谋略是智谋韬略的总称,是指关于某项事物、事情的临机变化的技艺和智谋。谋略具有选择性、方向性、运筹性和艺术性。谋略有法、术、势之说,法就是智谋、谋略,术就是权术、手段、手腕,势则是实力、力量和权力。因此谋略有阴谋和阳谋之分,阴谋是指"点火于基层,谋划于密室"的幕后谋划,含贬义。阳谋是指看得见、听得到、正大光明的智谋。

战国时期,田忌赛马的故事就是谋略的经典案例:

齐国大将军田忌与齐威王赛马,每次比赛都是输,因为齐王的一二三等马都比田忌的一二三等马强,因此,一对一总是齐王赢田忌输。孙膑得知后,就让田忌的三等马对齐王的一等马,让田忌的一等马对齐王的二等马,二等马对齐王的三等马,结果,田忌以输一赢二的结果反败为胜。

谋略是临机变化的技艺,在临机变化的行动过程中不断探索最佳的方式和途径,使现有的力量及具有的客观条件这些定数,通过谋略达到最佳组合,谋略靠智慧,是多个点子的集合,比点子更聪明、更机智、更系统、更理性。

策划是关于某项事物、事情的系统创意和创意的实施过程,具有整体性、系统性、全面性和广泛性。比如,越王勾践卧薪尝胆是一系列点子策划的战略组合,谋略实施包括苦肉计、美人计、破釜计、瞒天过海、借刀杀人、趁火打劫、以逸待劳、笑里藏刀等,用一条连环计串联起来,构成一个极为复杂的系统策划。

点子—谋略—策划是现代策划学螺旋式上升的三个阶段,借用军事术语来讲,点子是战术,谋略是战役,策划是战略。策划是对全局态势的战略性把握和运筹,三者之间可以交叉相容、互相转化。

第二节 广告策划的概念、特点及作用

一、广告策划的概念

广告策划思想并不是与广告活动同时产生的,它是商品经济高速发展的必然,是现代广告活动规范化、科学化的主要标志。

20世纪60年代,英国伦敦波利特广告公司创始人斯坦利·波利特首次提出了"广告策划"这一新思想,并得到了英国广告界的认同。目前,广告策划思想已受到国际广告界的高度重视,并且在世界各地迅速掀起了一股广告策划的热潮。

关于广告策划的概念,有宏观和微观之分。

宏观广告策划又叫整体广告策划,它是对在同一广告目标统摄下的一系列广告活动的系统性预测和决策,即对包括市场调查、广告目标确定、广告定位、战略战术确定、经费

预算、效果评估在内的所有运作环节进行总体决策。

微观广告策划又叫单项广告策划，即单独地对一个或几个广告的运作全过程进行的策划。

随着市场经济的发展，广告竞争越来越激烈，过去那种单一、分散凌乱的广告宣传日渐苍白无力，现代企业极需要"用一种声音"系统地、全方位地展示企业的风采和个性，强化消费者对企业及其产品的印象，因此，整体广告策划将日渐受到广告主们的重视。

无论是整体的还是单项的广告策划都是一项极其复杂的综合性系统工程，都是在充分深入调查基础上，结合市场、企业、产品、消费者和媒介状况创造出来的智力成果。

一个完整的广告策划，基本上都包括策划者、策划对象、策划依据、策划方案和策划效果评估五大要素。

1. 策划者

策划者即广告作者，是广告策划活动的中枢和神经，在广告策划过程中起着"智囊"的作用。广告策划者必须知识广博，思维敏捷，想象力丰富，并且深晓市场，谙熟营销，具有创新精神。广告大师詹姆斯·韦伯·扬在《怎样成为广告人》一书中说："广告策划者的特质包括拨动知觉和心弦、训练有素的直觉和最正常的常识——像冒险者一样具备创意的商业想象力。"策划者的素质直接影响广告策划成果的质量水平。

2. 策划依据

策划依据是指策划者必须拥有的信息和知识，策划依据一般包括两大部分：其一是策划者的知识结构和信息储存量，这是进行科学策划的基本依据；其二是有关策划对象的专业信息，比如企业现状、产品特性、市场状况、广告投入等，这些信息是进行策划活动的重要依据。

3. 策划对象

策划对象是指广告主或所要宣传的商品或服务。策划对象决定了广告策划的类型，以广告主为对象的广告策划属于企业形象广告策划，以某一商品或服务为对象的广告策划为商品销售广告策划。

4. 策划方案

策划方案是策划者为实现策划目标，针对策划对象而设计的一套策略、方法和步骤。策划方案必须具有指导性、创造性、可行性、操作性和针对性。

5. 策划效果评估

策划效果评估是对实施策划方案可能产生的效果进行预先的判断和评估，据此可以评判广告策划活动的成功与失败。

广告策划的五大要素相互影响、相互制约，构成一个完整、系统的有机体系。

二、广告策划的特点

广告策划具有目标性、系统性、思维性、智谋性、操作性、变异性、超前性等特点。

1. 目标性

目标性是指进行广告策划时，应首先明确广告活动应达到什么目的，是为了扩大影响，提高知名度，创造名牌企业，追求社会效益，还是为了配合营销策略，抢占市场或促进产品销售，追求经济效益。一般来说，整体广告策划是以追求经济效益和社会效益相统一为目标的广告活动。广告策划目标的明确性是保证广告策划顺利进行的关键所在，也是制定广告策划的基本依据。

2. 系统性

从理论角度看，策划是一门系统科学，从实践角度看，策划是一项系统工程。系统性是策划区别于点子、谋略的一个重要标志。策划人王志纲有一个形象的比喻来形容策划的系统性，他认为，策划像中医而不像西医，西医是头痛医头、脚痛医脚，而中医则是把人当成一个网络系统来考虑，望闻问切，把握整个根本所在，辨证施治，通过运用平衡阴阳、疏通经络、去邪扶正、调和气血等方式从根本上解除病情。

系统性是广告策划工作的哲学基础，它要求在广告策划活动中要整体把握，系统运作，即对策划对象的一切有形的、无形的资源进行梳理、整合，最终构成一个整体性的系统方案、系统工程。

3. 思维性

广告策划的关键是"用策"，而用策就离不开思维，尤其是创造性思维，从根本上讲，策划是一种思维科学、一种创造思维学、一种整合思维学，策划是用辩证的、动态的、发散的思维来整合策划对象的各类有形资源和无形资源，使其达到最大效益的一门科学，思维性是策划的本质属性。

人类的身体就像一根脆弱的芦苇，腿脚不如鹿，爪牙不如虎，然而，人类却成为世间万物的主宰，其原因就在于，人是能够思维的动物。思维使人类产生无穷无尽的创造力，思维的创造力来源于思维的超越性，思维能够超越具体的时间、空间和客观事物，从而产生五光十色的创意。比如，回忆过去是对时间的超越，"身在曹营心在汉"是对空间的超越，"看山不是山，看水不是水"是对具体对象的超越。正是这种超越性使思维成为一切创意的源泉，使思维成为一切策划的起点。

4. 智谋性

广告策划活动是一项运用智谋进行创造性思维的理性活动，是策划者足智多谋的行为过程，也是应用创造学、思维学理论开发创造力的过程。在策划活动的全过程中，智谋既是它的逻辑起点又贯穿于策划行为过程的始终。大凡高明的策划方案都是由智谋高超的奇招妙法所组成，缺乏智谋性就不能称之为策划，充其量是一份计划或规划。

智谋性是策划的核心特征，它要求策划人具有个人智慧的高智性和集体智慧的密集性，个人智慧的高智性是指策划者必须具有良好的记忆力、敏锐的洞察力、丰富的想象力、灵活的思维力、高度的抽象力和娴熟的操作力，即具有构成高智的各种能力，能够发现新问题，提出新观念、新设想，能够创造性地解决问题。集体智慧的密集性是指策划人员的组合应是高智的组合,并且能够优势互补,协同作战。

5. 操作性

广告策划是一门实践的科学,一门经世致用的科学,而不是坐而论道的理论。不具有可操作性的策划方案,不管多么新颖独特、充满新意,都只能是异想天开的胡思乱想。

操作性表现在策划方案上,首先要能够解决现实中的许多难题,能够提出一套行之有效的策划思路,而且要尽量考虑怎样获得现实的操作程序,有效地组合起各类操作人员,以达到最理想的效果。

6. 变异性

广告策划的变异性主要是指广告战术策划的变异性。虽然说战略策划必须具有相对的稳定性才能保证在策划期限内策划活动方向的正确性和目标的明确性,但是,战术策划则必须具有非常强烈的适应性,具有一定的弹性和灵活性。

《孙子兵法》中说"兵无常势,水无常形,能因敌变化而取胜者,谓之神",即是指战术上的灵活性、变通性。西班牙作家塞万提斯说得更为风趣:"被子有多长,脚就伸多远。"意思是要根据具体情况灵活应用。在市场经济条件下,变化是唯一不变的法则。因此,一个成功的策划也必须是一个依据市场变化而变化的策划,而不可能是一个永恒不变的策划。

7. 超前性

广告策划是对组织生存和发展的一种前瞻性的运筹谋划,是一项"未雨绸缪"的智力活动,因此,广告策划具有超前性的特征。"自古不谋万世者,不足谋一时;不谋全局者,不足谋一域",意思是说,自古以来不考虑长远利益的,就不能策划好当前问题;不考虑全局利益,就不能策划好局部的问题。远谋才有好韬略,策划者应有把握全局、深谋远虑的前瞻性头脑,能立足现实、着眼未来,培养未来意识和超越意识,既要站在系统的、战略的高度,用系统的、战略的眼光来认识和把握策划对象的发展趋势,又要站在时代前列,紧紧把握时代脉搏,用当代全新的观念、全新的思维来审时度势、运筹帷幄,以保证策划水平和实践结果达到"两最化",即利益和效益最大,弊失最小;可能性和可靠性最大,风险最小。

三、广告策划的作用

广告策划的重要作用具体表现在以下四个方面。

1. 保证广告活动的计划性

在广告活动的初期,广告只是一种临时性的促销工具,广告活动比较分散、凌乱,缺乏系统、长远的规划。随着广告活动的日渐增多,广告活动的范围、规模和经费投入日渐增大,所使用的工具、手段也日渐复杂。广告不再是简单地购买一个播放时间或刊登版面的机械劳动而发展成为一个极为复杂的系统工程。因此,现代意义上的广告活动必须具有高度的计划性,必须预先设计好广告资金的数额和分配、广告推出时机、广告媒体的选择与搭配、广告口号的设计与使用、广告推出方式的选择等，而这一切都必须通过策划来保证和实现。通过科学的策划，一可以选择和确定广告目标和诉求对象，使整个活动目的明确、对象具体，防止出现盲目性；二可以有比较地选择广告媒体和最有效的推出方式；三可以有计划地安排广告活动的进程和次序，合理地分配和使用广告经费，争取最好的广告效益。总之，通过广告策划可以保证广告活动自始至终都有条不紊地进行。

2. 保证广告工作的连续性

促进产品的销售，塑造名牌产业和名牌产品形象是广告的根本目的。而要达到这一目的，并非一朝一夕之事，仅仅通过一两次广告活动是不能解决问题的，必须通过长期不懈的努力和持之以恒的追求，通过逐步累积广告效果才能实现广告的最终目标。

过去，广告主的广告活动往往是"临时抱佛脚"。当产品滞销、市场疲软或竞争激烈时便向市场投放"广告"这颗炸弹，一旦打开市场，呈俏销之势，便偃旗息鼓，坐享渔利。这样的广告活动由于缺乏精心筹划，很难保持广告活动的连续性，也很难累积广告效果。而通过广告策划既可以总结和评价以前的广告活动，保证广告活动不间断、有计划、有步骤地推出，又可以在此基础上，设计出形式新颖独特、内容与主题又能与以前的广告活动保持有机联系的广告活动方案，从而在各个方面确保前后广告活动在效果上的一致性和连续性。

3. 保证广告活动的创造性

创造性地开展广告活动，使每一次广告活动都能像子弹一样击中消费者，使之采取相应的购买行为。可以说，这是每一个广告活动所追求的目标。广告人员的创造性是保证达成此目标的关键所在。通过广告策划，可以把各个层次、各个领域的创意高手聚集起来，利用集体的智慧，集思广益、取长补短、激发创意，从而保证广告活动的各个环节都充满创意。

4. 保证广告活动的最佳效果

韩非子说："凡功者，其入多，其出少乃可谓功，今大费无罪而少得为功，则人臣出大费而成小功，小功成而主亦有害。"（《韩非子·南面》）这段话是告诉我们，干任何事情都要讲求效益，追求最佳效果。广告策划更不例外，因为市场竞争最重要的原则就是效益第一，广告主投资广告最直接的目的就是追求广告效果。欲达此目的，必须经过系统周密的广告策划。

通过广告策划，可以使广告活动自发地沿着一条最简捷、最顺利、最迅速的途径运动，可以自发地使广告内容的特性表现得最强烈、最鲜明、最突出，也可以自发地使广告功能发挥得最充分、最完全、最彻底，从而降低成本、减少损耗、节约广告费用，形成广告规模效应和累积效应，确保以最少的投入获得最大的经济效益和社会效益、近期效益和长远效益。

总之，追求技术参数上的最优化程度，保证最佳效益是广告策划的重要作用。

第三节 广告策划的基本原则

广告策划是指导广告人如何开展广告活动的实践性理论，它不是"坐而论道"的学问。通过广告策划，广告主可以获得如何布局广告、如何利用媒体、如何进行广告宣传等方面的指导。为保持广告策划的指导性、操作性，在进行操作时必须遵循以下五条基本原则。

一、真实性原则

真实是指符合实际和现状。广告策划的真实性是指广告策划的内容必须以事实为基础，是对客观实际的准确把握和真实反映。真实是广告的生命，也是广告策划的首要原则。

我国自1982年起颁布《广告管理暂行条例》后，1987年正式颁布了《广告管理条例》1994年又正式颁布了《广告法》。国家工商行政管理局也于1988年颁布了《广告管理条例施行细则》，这些条例与细则都明确规定："广告内容必须清晰明白，实事求是，不得以任何形式弄虚作假，蒙蔽或欺骗用户和消费者。"还规定："有缺陷的处理商品、试制和试销商品都应当在广告中说明，不得给人以误认。"这些条款都是广告真实性原则的法律依据。

广告是一种劝说消费者的宣传活动，唯有真实、客观才能赢得消费者的信任，达到最终的促销目的。唯有真实、客观，广告主才会因广告活动而长久获利。如果违背了真实性原则，不仅会给消费者造成损失和痛苦，而且会损害企业的产品形象，最终受到法律的制裁和道义上的指责。

2019年8月中旬，经营浙江日加利生物科技有限公司生产的"日加利酵素胶原低聚肽饮品"的微商由于涉嫌虚假宣传被浙江省永康市市场监管局开出了80万元的罚单。日加利生物科技有限公司对外宣传中一直强调其强身健体的功能，主打绿色天然的特色，产品的相关宣传资料上标注着"预防癌症、瘦身、祛斑祛痘、解酒护肝"等20大功效。但是，当面对监管局的考察检验，该公司的相关人员却不能提供产品具有上述宣传功效的数据，因此涉嫌虚假宣传。

鉴别一则广告是否真实并不是一件很容易的事。因为广告是一门艺术，需要合理的艺术夸张和渲染，缺乏艺术感染力的广告很难打动人心。由此难题出现了：怎样界定艺术上的合理夸张和有意掩盖事实的虚假夸张（即夸大）呢？像"车到山前必有路，有路必有丰田车"的丰田汽车广告是夸张还是夸大？像"今年二十，明年十八"的广告是真实还是虚假？

一般来说，判定一则广告是否虚假，主要是看它是否有实现不了的承诺，以及片面告知承诺而掩盖不可能实现的实质,是否给消费者留下错误印象而产生误导。虚假广告的虚假性,具体表现在以下五个方面。

(1) 把劣质商品说成优质商品以吸引消费者购买。

(2) 隐瞒商品的缺陷,甚至隐瞒于人体有害的问题。比如:染发用品隐瞒对人体有害的铅或对苯二胺的含量;化妆用品隐瞒对人体有害的汞等。

(3) 进行不能兑现或根本不准备兑现的承诺。如声明对产品实行"三包"却并未付诸行动。鼓吹"使用八次彻底改变模样,换回青春"却令人面目全非。这些都是用欺骗手段来吸引消费者购买的行为。

(4) 利用消费者缺少商品知识的弱点愚弄消费者,如把缺点说成优点,把有害的说成无害的。

(5) 有意夸大商品的优点或用途。如国外有则广告说:"有一种特效药,秃子服后能长出头发,还能使汽车的耗油量降低15%—20%。"

除此之外,虚假广告还有许多具体的表现形式,了解并克服它有助于保证广告策划的真实性原则。

二、信息量原则

信息量是指信息有序程度的量度。通俗地说就是信息的容量,一个信息究竟带给人多少东西。比如"如果天不下雨,我们就到黄山去春游"这句话中至少有四个信息容量:下雨、我们、黄山、春游。

广告作为一种信息传播活动,无疑要向消费者传递一定的信息,而广告策划作为一项系统工程,必然要对信息的流程和流量进行有效的控制和引导。从广告前期的调查活动、广告内容的创作,到媒体的选择和发布频次都必须进行合理的、科学的设计和编排。广告策划必须遵循信息量原则,才能充分体现策划活动的巨大魅力,否则必然导致策划活动的失败。

广告策划的信息量原则具体表现在以下三个方面。

1. 提炼广告信息

广告信息并不是显而易见地浮现在广告主体上的,它是"天生在广告主体之中",需要人们去深入挖掘,重新编排。一般而言,消费者接触到的广告信息都是广告策划者分析、比较和评价了广告的立体特点以及广告主对消费者的利益承诺等基本情况之后,精心编制加工而成的,因此广告策划必须遵循广告信息的产生过程,进行精心的选择和提炼。

2. 选择信息通道

信息通道是指广告信息必须依附的传播媒体。广告的传播媒体形式多样,类型复杂,每一种媒体在传递信息时都各有所长、各有所短。比如报刊广告,图文并茂,篇幅可长可短,影响持久,可以加深信息传递的深度和广度,但是,不够生动、直观,而且受读者文化程度的限制。电视广告虽然形象逼真、雅俗共赏,但却受时间的限制,难以进行深入的介绍,而且传播效果稍纵即逝，难以持久。这些情况反映了各类传播媒体传播信息的有限性和技术规定性，它们可以强化某一类信息（或视觉信息、或听觉信息），也可以过滤掉某一类信息。因此，广告策划者必须充分了解和研究广告媒体的技术性特点，扬长避短，进行合理的选择与组合，以确保信息的有效传达。

3. 确保信息流向

广告信息的接受者因年龄、职业、性别、文化程度、生活习惯等方面的差异，呈现出地域性、层次性、对象性等特点。比如农民、出租车司机、店员、老人爱听广播；职业人士多看报纸、电视；儿童喜爱电视、电影等。因此，在广告策划时，必须考虑各类消费者的特点，保证从各个媒体流出的信息能够交错叠加，呈网络性地向社会传递，达到有效而广泛地覆盖各类消费者的传播效果。

总之，遵循信息量原则可以使广告策划活动表现出一种更加冷静的经济性和科学的技术性，从而保证广告策划活动系统有序地层层展开。

三、针对性原则

广告策划的流程是相对固定的，但广告策划的对象却各不相同，存在的问题千差万别，所欲达到的广告目的也不尽相同。因此，广告策划的具体内容和广告策略也要有所不同。针对性是保证广告策划具有个性特色的一个重要原则。

在我们为一些企业进行广告策划时，许多企业都表现出一种倾向：广告诉求对象最好面面俱到，包括所有的男人和女人；广告口号最好老少皆宜，每一个人都喜欢；广告产品最好能够是所有人都需要的。他们不愿意受到任何羁绊而损失每一个可能的消费者。"这种贪得无厌的心理使品牌落入一个完全丧失个性的下场，欲振乏力，一事无成。在今天的商场中，一个四不像的品牌很难立足，就好像太监无法当皇帝一样。"（奥格威语）

因此，广告策划必须具有针对性，对症下药，有的放矢。通过对策划对象大量细致的调查研究来找出存在的具体问题和发展的有利时机，据此，再确立与之相适应的、行之有效的广告战略和策略。唯有如此，才能体现广告策划的作用，产生真正的广告效果。如果不论对象是谁，具体情况如何，一味地套用一个模式代替所有的策划活动，也就失去了策划的意义。

四、心理原则

广告学界有句名言"科学的广告术是依照心理学法则的"。因为从广告作用于消费者的全过程来看，消费者接受广告信息要经历引起注意—激发兴趣—刺激欲望—加强记忆—诱发购买五个阶段。这五个阶段反映出消费者购物时的心理活动过程。因此，广告策划必须遵循消费者的这一心理活动规律。

广告策划的心理原则体现在以下两个方面。

1. 搭配好广告信息的事实部分和心理部分

一般来说,在新产品的导入期,由于消费者一无所知,广告信息应以事实部分为主,这对创造人们的初级需求是极为有效的。比如微波炉刚进入市场时,主要是运用事实来进行告知。当产品进入成长期和成熟期时,由于对手林立、竞争激烈,广告信息则应侧重于心理部分,刺激人们的选择性需求,着重塑造品牌形象,引导人们认牌选购。当然这种搭配并非绝对的,有的企业一开始就注意塑造形象,注重心理感受积累来加强消费者记忆。

另外,广告的事实性部分也要体现和应用心理性因素。心理性因素既要统率广告文稿的编写,又要贯穿于广告文稿之中。

2. 广告策划必须遵循人们的认识规律和程序

人们对客观事物的认识规律和程序表现在正反两个方面。

一方面是正程序,比如,人们认识事物时总是从感性到理性,从个别到一般。从感觉上讲一般还有一个习惯的次序,如从上到下,从左到右,从小到大,由近及远,前因后果,先源后流,等等。广告策划如果遵循这一认识程序,人们便易于接受、乐于接受。

另一方面是逆程序,即突破常规,与正向程序相逆。比如,麦当劳婴儿篇是麦当劳的一则经典广告(图1-1):婴儿面对着窗外坐在靠窗的秋千摇椅中,摇椅一会上一会下。婴儿随着摇椅的上升展露笑颜,随着摇椅下降,则痛苦欲哭。到底是什么力量左右了尚未懂事的婴儿,甚至完全控制他的喜怒呢?最后的镜头揭开了全部的秘密。窗外有一个麦当劳的醒目标志,当摇椅上升时,婴儿能看到麦当劳的标志,而摇椅下降时则看不见了。画面多次表现小孩一会哭一会笑,使人产生悬念。这则广告正好利用了从结果到原因、从理性到感性的逆向认识程序,使人印象深刻。当然逆程序并不是违背认识程序的杂乱编排,而是对认识程序的一种主动应用,仍然是一种有序的活动,只不过复杂一些,更注意人的认识中的细节和要点,给予了突出和强化。

 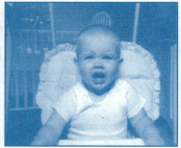 

图1-1　麦当劳婴儿篇广告

五、法律道德原则

广告作为一种大众传播行为,是一种有责任的信息传递。

首先,广告策划必须遵循法律原则,以法律为准绳,在合法化的基础上展开广告策划,不能只顾本组织的利益而置法律于不顾。具体地说,广告策划必须重视社会公共利益,维护民族尊严,不能策划出具有反动、淫秽、丑恶、迷信等内容的广告作品;不能违反国家保密规定;不能用不正当手段贬低竞争对手,抬高自己,以诱惑消费者;不能做虚假广告以损害消费者的利益;等等。

其次,广告策划必须遵循伦理道德原则,不能违背人们的价值观念、宗教信仰、图腾禁忌、风俗习惯。比如日本丰田汽车在南非的一则广告,因有伤害到穆斯林感情的画面而引起强烈抗议,丰田公司除了公开致歉外还不得不修改了广告。

各民族在其漫长的经济生活和社会生活中形成了独特的风俗习惯、宗教信仰等。这些文化背景反映了各族各国人民的共同心理,被看作民族的标志。因此,广告策划者只有充分了解当地的社会文化背景对消费行为的影响,并遵循这一原则才能使广告策划合宜切境,易于接受。

第四节　广告策划的内容和程序

一、广告策划的内容

广告策划的内容主要有广告市场调查、市场认识与细分、产品认识与定位、广告战略的策划、广告媒体渠道策划、广告推进程序的策划和广告效果评估等七项内容。这些内容在后面的章节中均有详细深入的论述,在这里只作条理化、概括化的分析,以便大家从整体上把握广告策划的基本内容。

1. 广告市场调查

广告市场调查是广告策划与创意的基础,也是必不可少的第一步。广告市场调查主要是以商品营销活动为中心展开的、围绕着市场供求关系来进行的。市场调查的主要内容包括广告环境调查、广告主企业经营情况调查、产品情况调查、市场竞争性调查以及消费者调查。通过这样深入细致的调查,对于了解市场信息,把握市场动态,研究消费者的需求方向和心理嗜好,并且明确广告主及其产品在人们心目中的实际地位和形象提供大量的、第一手的信息资料。

2. 产品认识与细分

广告策划的一个重要课题是要使广告产品在人们心目中确立一个适当的、不可替代的位置,从而区别于其他同类产品,给消费者留下值得购买的印象。因此,在了解了本组织、本企业及其产品在社会上的实际形象后,要继续深入研究和分析本企业及其产品的各类特征,比如产品物质特点、产品的文化价值、产品的识别标志等并以此进行产品定位和广告定位,为广告策划与创意指明方向。

3. 市场认识与定位

现代广告与当代市场紧密相连，现代广告需要当代市场为其提供充分发挥作用的广阔天地，而当代市场也需要运用现代广告去开拓和发展。因此，对市场的深入认识和细分也是广告策划的一项重要内容。通过市场认识与细分就可以保住主要目标市场，拓展周边市场，抢占空白市场，避开竞争激烈的市场，使每一分广告投入都获得最大限度的利用。

4. 广告战略的制定

广告战略从宏观上规范和指导着广告活动的各个环节。广告战略一般包括四个方面的内容。

（1）广告战略思想是积极进取还是高效集中，是长期渗透还是稳健持重或消极保守。不同的战略思想会对广告战略起不同的作用。

（2）广告战略目标，根据产品销售战略确定广告目标，决定做什么广告，达到什么目的。

（3）广告战略设计，即确定广告战略方案，可以从市场、内容、时间、空间、优势、消费者心理、传播范围、媒体渠道、进攻性等多角度设计。

（4）广告经费预算，一般应根据营销情况、广告目标、竞争对手等因素作合理的预算分配。

5. 广告媒体渠道策划

广告媒体渠道策划是现代广告策划的重要内容，对广告宣传的得失成败有重要的影响。选择广告媒体应充分考虑媒体的性质、特点、地位、作用，媒体的传播数量和质量、受众对媒体的态度、媒体的传播对象以及媒体的传播费用等因素，再根据广告目标、广告对象、广告预算等进行综合分析与权衡从而选择组合和运用。

6. 广告推进程序策划

广告推进程序策划主要包括后期的广告表现和广告的实施与发布。它们是广告最终影响消费者、产生实效的关键所在，也是广告策略的具体运用。广告实施主要包括广告市场策略、广告促销策略和广告心理策略。广告发布主要包括发布时机策略和发布频率策略。

7. 广告效果评估

广告效果评估是广告策划的最终环节和内容，也是广告主最关心的部分。通过评估可以判定广告活动的传播效果，为下次广告策划提供参考依据。

以上七个方面是广告策划的主要内容，具体内容请参考第二章至第八章。

二、广告策划的程序

广告策划是一项复杂的系统工程，必须遵照一定的步骤和程序，有张有弛、按部就班地进行。

当一家广告公司接受委托进行广告策划时，一般可以按照以下六个步骤进行策划工作。

1. 成立广告策划小组

广告策划工作需要集合各方面的人士进行集体决策，因此，首先要成立一个广告策划小组，具体负责广告策划工作。一般而言，策划小组应由以下几种人组成。

（1）业务主管。又叫AE人才。一般是由总经理、副总经理或业务部经理、创作总监、策划部经理等人担任。在广告公司里，业务主管具有特殊的地位，他是沟通广告公司和广告主的中介：一方面，他代表广告公司与广告主洽谈广告业务；另一方面，又代表广告主监督广告公司一切活动的开展。业务主管水平是衡量一个广告公司策划能力的重要标志之一。

（2）策划人员。一般由策划部的正副主管和业务骨干来承担，主要负责编拟广告计划。

（3）文稿撰写人员。专门负责撰写各种广告文稿，包括广告正文、标题、新闻稿，甚至产品说明书等。

文稿撰写人员应该能够精确地领悟策划小组的集体意图，具有很强的文字表达能力。

（4）美术设计人员。专门负责进行各种视觉形象的设计。

除了广播广告外，任何一类广告都需要美术设计。因此，美术设计人员是策划小组很重要的组成部分。他们必须具有很强的领悟能力和将策划意图转化为文字和画面的能力。

（5）市场调查人员。能进行各种复杂的市场行情调查，并能写出精练的市场调查报告。

（6）媒体联络人员。要求熟悉各种媒体的优势、缺陷、刊播价格，并且与媒体有良好的关系，能够按照广告战略部署，争取到所需要的广告版面或播出时间。

（7）公关人员。能够为广告公司创造融洽、和谐的公众关系氛围，获得有关方面的支持和帮助。同时，能够从公关角度提供建议。

在这个广告策划小组中，业务主管、策划人员和美术设计人员三者是策划小组的中坚力量。

2. 向有关部门下达任务

经过广告策划小组的初步协商，按照广告主的要求初步向市场调查部、媒体部、策划部、设计制作部等有关部门下达任务。

例如，广告策划小组为了了解市场、产品、消费者、竞争者的情况，就要根据广告主的广告目标向市场调查部门下达市场调研任务，以确保后期的广告策划行之有效。

3. 商讨此次广告活动的战略战术，进行具体的策划工作

4. 撰写广告策划报告

5. 向客户递交广告策划报告并由其审核

美国广告学者威廉·博伦认为，广告策划是广告公司给广告客户的一份作战计划。因此，广告策划报告必须经过广告客户的认可方可以进入制作、发布等实施阶段。若广告客户不认可，则必须修改，直到广告主满意方可定稿，进入执行阶段。

6. 将策划意图交职能部门实施

最终实施策划意图的职能部门有两个：设计制作部和媒体部。

设计制作部将广告创意转化为可视、可听的广告作品。媒体部则按策划书的要求购买媒体的时间和空间。

此时,广告策划小组仍存在,主要是对策划出的广告战略战术的实施情况进行监督和修正,同时安排调查部测定广告效果。

第五节　广告策划报告

第一部分：市场分析

一、营销环境分析

1. 企业市场营销环境中宏观的制约因素
   (1) 企业目标市场所处区域的宏观经济形势
      A　总体的经济形势　　　　　　　　B　总体的消费态势
      C　产业的发展政策
   (2) 市场的政治、法律背景
      A　是否有有利或者不利的政治因素可能影响产品的市场
      B　是否有有利或者不利的法律可能影响产品的销售和广告
   (3) 市场的文化背景
      A　企业的产品与目标市场的文化背景有无冲突之处
      B　这一市场的消费者是否会因为产品不符合其文化而拒绝产品
2. 市场营销环境中的微观制约因素
      (1) 企业的供应商与企业的关系
      (2) 产品的营销中间商与企业的关系
3. 市场概况
   (1) 市场的规模
      A　当前市场的销售额　　　　　　B　市场可能容纳的最大销售额
      C　消费者总量　　　　　　　　　D　消费者总的购买量
      E　以上几个要素在过去一个时期中的变化
      F　未来市场规模的趋势
   (2) 市场的构成
      A　当前市场的主要产品品牌　　　B　各品牌所占据的市场份额
      C　市场上居于主导地位的品牌　　D　与本品牌构成竞争的品牌是什么
      E　未来市场构成的变化趋势如何

（3）市场构成的特性

  A　市场有无季节性　　　　　　　B　有无暂时性

  C　有无其他突出的特点

4. 营销环境分析总结

 （1）机会与威胁

 （2）优势与劣势

 （3）重点问题

二、消费者分析

1. 消费者的总体消费态势

 （1）现有的消费时尚

 （2）各种消费者消费本类产品的特性

2. 现有消费者分析

 （1）现有消费群体的构成

  A　现有消费者的总量　　　　　　B　现有消费者的年龄

  C　现有消费者的职业　　　　　　D　现有消费者的收入

  E　现有消费者的受教育程度

 （2）现有消费者的消费行为

  A　购买的动机　　　　　　　　　B　购买的时间

  C　购买的频率　　　　　　　　　D　购买的数量

  E　购买的地点

 （3）现有消费者的态度

  A　对产品的喜爱程度　　　　　　B　对本品牌的偏好程度

  C　对本品牌的认知程度　　　　　D　对本品牌的指名购买程度

  E　使用后的满足程度　　　　　　F　未满足的需求

3. 潜在消费者

 （1）潜在消费者的特性

  A　潜在消费者的总量　　　　　　B　潜在消费者的年龄

  C　潜在消费者的职业　　　　　　D　潜在消费者的收入

  E　潜在消费者的受教育程度

 （2）潜在消费者现在的购买行为

  A　现在购买哪些品牌的产品　　　B　对这些产品的态度如何

  C　有无新的购买计划　　　　　　D　有无可能改变计划购买的品牌

 （3）潜在消费者被本品牌吸引的可能性

  A　潜在消费者对本品牌的态度如何

B 潜在消费者需求的满足程度如何
4. 消费者分析的总结
   (1) 现有消费者
       A 机会与威胁　　　　　　　　B 优势与劣势
       C 主要问题
   (2) 潜在消费者
       A 机会与威胁　　　　　　　　B 优势与劣势
       C 主要问题
   (3) 目标消费者
       A 目标消费群体的特性　　　　B 目标消费群体的共同需求
       C 如何满足他们的需求

三、产品分析

1. 产品特征分析
   (1) 产品的性能
       A 产品的性能是什么
       B 产品最突出的性能有哪些
       C 产品最适合消费者需求的性能是什么
       D 产品的哪些性能还不能满足消费者的需求
   (2) 产品的质量
       A 产品是否属于高质量的产品
       B 消费者对产品质量的满意程度如何
       C 产品的质量能否继续保持
       D 产品的质量有无继续提高的可能
   (3) 产品的价格
       A 产品价格在同类产品中居于什么档次
       B 产品的价格与产品质量的配合程度如何
       C 消费者对产品价格的认识如何
   (4) 产品的材质
       A 产品的主要原料是什么
       B 产品在材质上有无特别之处
       C 消费者对产品材质的认识如何
   (5) 生产工艺
       A 产品通过什么样的工艺生产
       B 在生产工艺上有无特别之处

C 消费者是否喜欢通过这种工艺生产的产品

（6）产品的外观与包装

A 产品的外观和包装是否与产品的质量、价格和形象相称

B 产品在外观和包装上是否有欠缺

C 外观和包装在货架上的同类产品中是否醒目

D 外观和包装对消费者是否具有吸引力

E 消费者对产品外观和包装的评价如何

（7）与同类产品的比较

A 在性能上有何优势，有何不足

B 在质量上有何优势，有何不足

C 在价格上有何优势，有何不足

D 在材质上有何优势，有何不足

E 在工艺上有何优势，有何不足

F 在消费者的认知和购买上有何优势，有何不足

2. 产品生命周期分析

（1）产品生命周期的主要标志

（2）产品处于什么样的生命周期

（3）企业对产品生命周期的认知

3. 产品的品牌形象分析

（1）企业赋予产品的形象

A 企业对产品形象有无考虑

B 企业为产品设计的形象如何

C 企业为产品设计的形象有无不合理之处

D 企业是否将产品形象向消费者传达

（2）消费者对产品形象的认知

A 消费者认为产品形象如何

B 消费者认知的形象与企业设定的形象是否相符

C 消费者对产品形象的预期如何

D 产品形象在消费者认知方面有无问题

4. 产品定位分析

（1）产品的预期定位

A 企业对产品定位有无设想

B 企业对产品定位的设想如何

C 企业对产品的定位有无不合理之处

D 企业是否将产品定位向消费者传达

（2）消费者对产品定位的认知
- A 消费者认知的产品定位如何
- B 消费者认知的定位与企业设定的定位是否符合
- C 消费者对产品定位的预期如何
- D 产品定位在消费者认知方面有无问题

（3）产品定位的效果
- A 产品的定位是否达到了预期的效果
- B 产品定位在营销中是否有困难

5. 产品分析的总结

（1）产品特性
- A 机会与威胁
- B 优势与劣势
- C 主要问题

（2）产品的生命周期
- A 机会与威胁
- B 优势与劣势
- C 主要问题

（3）产品的形象
- A 机会与威胁
- B 优势与劣势
- C 主要问题

（4）产品定位
- A 机会与威胁
- B 优势与劣势
- C 主要问题

四、企业和竞争对手的竞争状况分析

1. 企业在竞争中的地位
   - （1）市场占有率
   - （2）消费者认知
   - （3）企业自身的资源和目标

2. 企业的竞争对手
   - （1）主要的竞争对手是谁
   - （2）竞争对手的基本情况
   - （3）竞争对手的优势与劣势
   - （4）竞争对手的策略

3. 企业与竞争对手的比较
   - （1）机会与威胁
   - （2）优势与劣势

（3）主要问题

五、企业与竞争对手的广告分析

1. 企业和竞争对手以往的广告活动的概况

    （1）开展的时间

    （2）开展的目的

    （3）投入的费用

    （4）主要内容

2. 企业和竞争对手以往广告的目标市场策略

    （1）广告活动针对什么样的目标市场进行

    （2）目标市场的特性如何

    （3）有何合理之处

    （4）有何不合理之处

3. 企业和竞争对手的产品定位策略

4. 企业和竞争对手以往的广告诉求策略

    （1）诉求对象是谁

    （2）诉求重点如何

    （3）诉求方法如何

5. 企业和竞争对手以往的广告表现策略

    （1）广告主题如何，有何合理之处，有何不合理之处

    （2）广告创意如何，有何优势，有何不足

6. 企业和竞争对手以往的广告媒介策略

    （1）媒介组合如何，有何合理之处，有何不合理之处

    （2）广告发布的频率如何，有何优势，有何不足

7. 广告效果

    （1）广告在消费者认知方面有何效果

    （2）广告在改变消费者态度方面有何效果

    （3）广告在影响消费者行为方面有何效果

    （4）广告在直接促销方面有何效果

    （5）广告在其他方面有何效果

    （6）广告投入的效益如何

8. 总结

    （1）竞争对手在广告方面的优势

    （2）企业自身在广告方面的优势

    （3）企业以往广告中应该继续保持的内容

    （4）企业以往广告突出的劣势

第二部分：广告策略

六、广告的目标

1. 企业提出的目标
2. 根据市场情况可以达到的目标
3. 对广告目标的表述

七、目标市场策略

1. 对企业原来市场的分析与评价
   （1）企业所面对的市场
       A 市场的特性
       B 市场的规模
   （2）对企业现有市场的评价
       A 机会与威胁
       B 优势与劣势
       C 主要问题
       D 重新进行目标市场策略决策的必要性
2. 市场细分
   （1）市场细分的标准
   （2）各个细分市场的特性
   （3）对各个细分市场的评估
   （4）对企业最有价值的细分市场
3. 企业的目标市场策略
   （1）目标市场选择的依据
   （2）目标市场选择的策略

八、产品定位策略

1. 对企业以往的定位策略的分析与评价
   （1）企业以往的产品定位
   （2）定位的效果
   （3）对以往定位的评价
2. 产品定位策略
   （1）进行新的产品定位的必要性
       A 从消费者需求的角度
       B 从产品竞争的角度
       C 从营销效果的角度

（2）对产品定位的表述
　　（3）新的定位的依据与优势

九、广告诉求策略

1. 广告的诉求对象
　　（1）诉求对象的表述
　　（2）诉求对象的特性与需求
2. 广告的诉求重点
　　（1）对诉求对象需求的分析
　　（2）对所有广告信息的分析
　　（3）广告诉求重点的表述
3. 诉求方法策略
　　（1）诉求方法的表述
　　（2）诉求方法的依据

十、广告表现策略

1. 广告主题策略
　　（1）对广告主题的表述
　　（2）广告主题的依据
2. 广告创意的策略
　　（1）广告创意的核心内容
　　（2）广告创意的说明
3. 广告表现的其他内容
　　（1）广告表现的风格
　　（2）各种媒介的广告表现
　　（3）广告表现的材质

十一、广告媒介策略

1. 对媒介策略的总体表述
2. 媒介的地域
3. 媒介的类型
4. 媒介的选择
　　（1）媒介选择的依据
　　（2）选择的主要媒介
　　（3）选用的媒介简介
5. 媒介组合策略

6. 广告发布时机策略
7. 广告发布频率策略

第三部分：广告计划

十二、广告目标

十三、广告时间

1. 在各目标市场的开始时间
2. 广告活动的结束时间
3. 广告活动的持续时间

十四、广告的目标市场

十五、广告的诉求对象

十六、广告的诉求重点

十七、广告表现

1. 广告的主题
2. 广告的创意
3. 各媒介的广告表现
   （1）平面设计
   （2）文案
   （3）电视广告分镜头脚本
4. 各媒介广告的规格
5. 各媒介广告的制作要求

十八、广告发布计划

1. 广告发布的媒介
2. 各媒介的广告规格
3. 广告媒介发布排期表

十九、活动计划

1. 促销活动计划
2. 公共关系活动计划
3. 其他活动计划

二十、广告费用预算

1. 广告的策划创意费用

第一章 广告策划概说

2. 广告设计费用
3. 广告制作费用
4. 广告媒介费用
5. 其他活动所需要的费用
6. 机动费用
7. 费用总额

第四部分：广告活动的效果预测和监控

二十一、广告效果的预测

1. 广告主题测试
2. 广告创意测试
3. 广告文案测试
4. 广告作品测试

二十二、广告效果的监控

1. 广告媒介发布的监控
2. 广告效果的监控

附录：

在策划文本的附录中，应该包括为广告策划而进行的市场调查的应用性文本和其他需要提供给广告业主的资料。

1. 市场调查问卷
2. 市场调查访谈提纲
3. 市场调查报告

创意链接1

蚂蚁们在干什么？

蚂蚁们在干什么？

竞猜情节描述

在快速的音乐声中,三只蚂蚁前后成一排在地板上走过,消失在屏幕的左端之后,随着三声有力的"咚""咚""咚",蚂蚁一只只又飞了回来,而且伴着可爱的蚂蚁的欢呼声。它们到底在干什么?这一下子激起了人们的好奇心。

思考题

1. 这是一则什么广告?
2. 接下去情节将如何发展?
3. 这则广告的创意表现在什么地方?

学生竞猜

学生一:可能是啤酒的广告,因为以前曾看过一些啤酒广告,其中也是像这则广告一样有很多蚂蚁的,它们好像是跳来跳去,跳到瓶盖上,想把瓶盖踩掉。

学生二:我猜是不是杀虫剂的广告,因为对这些蚂蚁来说,杀虫剂威力无比,一看见远处有杀虫剂就赶紧跳着逃走了。

学生三:不知道有没有可能是地板的广告,因为蚂蚁在地板上觉得地板很滑,滑到前面去,滑到墙壁上,被墙壁撞了一下,然后就反弹回来。

学生四:是音箱广告吧,我觉得应该是蚂蚁爬过去,爬到音箱上,被音箱发出的声波给震了回来,体现出音箱的效果非常好。

(答案及点评见书末所附部分)

第二章 广告市场调查

内容提要

（1）广告调查是市场营销战略的重要构成内容，它服从于市场（消费者）的需要和要求，是广告策划和创意的基础。

（2）广告调查是把社会科学研究中的方法原理与技术手段运用于广告领域，所考察的对象是广告及广告运动过程。狭义的广告调查主要包括广告主题和文案调查、广告媒体调查及广告效果测试；广义的广告调查除了上述三种具体的操作调查外，还包括广告主调查、行业市场调查、广告公司调查和广告文化调查等较宏观的调查。

（3）从20世纪初广告调查产生以来，广告调查主要经历了广告心理效果测试、广告传播效果调查和系统研究三个阶段。

（4）广告调查要遵循科学性、客观性、系统性、时效性和伦理性原则。

（5）广告调查的操作流程主要包括明确广告调查的目的、调查设计和准备、收集资料数据、资料的处理与分析、结果的解释与提交调查报告五个步骤。

策划案例赏析2

谷歌——*Hey Mom*

谷歌广告

（资料来源：https://v.qq.com/x/page/h086775ztks.html）

策划背景

21世纪，由于技术的发展，人工智能被更多地运用于人们的日常生活中，智能语音助手、智能音箱甚至是智能机器人等产品开始占据一定的市场。作为一个新兴产业，人工智能广告的策划需要更多的市场调查，了解市场信息，把握市场动态，研究消费者的需求方向和心理嗜好，从而进行精准的广告投放，提高产品销售额，树立良好的形象，为企业长远的发展奠定基础。

专家点评

创意是广告的生命和灵魂，尤其在现代这个崇尚个性与多元化的时代，没有创意就没有价值。然而创意并非广告团队的凭空想象，市场调查是创意产生的必要条件。

谷歌的广告就很好地运用市场调查制作了一个定位明确又具有创造性的短片。它宣传的产品Google home hub是一个智能家居控制中心，根据调查发现，在大部分的家庭中，女性承担着绝大多数的家务劳动，尤其在孕育了第二代后还需要兼顾时刻陪伴、照顾孩子的责任。于是谷歌就以此为出发点，用一支一分钟的短片讲述了妈妈的无所不能与无处不在，真实还原各个家庭中孩子与母亲的日常生活场景，画面内容既幽默又温暖，充满了感染力。在片尾自然地推广产品，展示出它的贴心与便捷可以满足妈妈的任何需要，成功引起女性消费者的关注和兴趣，激发起她们的购买欲望。广告选择在母亲节期间发布，具有高时效性和情感力量，精准的广告创意，成功地引起广泛的共鸣，通过对母亲的歌颂塑造了亲民的品牌形象，为企业的未来发展奠定基础。

广告运作中的市场调查又称广告调查，它的基本任务是提供与广告有关的资讯以作为广告决策的依据。广告调查是整个广告运动的基础，广告策划与创意作为广告运动的一环也需要借助广告调查为其提供信息和保证。

广告策划是指对整体广告战略与策略的运筹和规划，是对从广告调查、计划、实施到检测的全过程的考虑与设想，是广告决策的形成过程。在进行广告策划时，要做好充分的广告调查及信息的收集和分析。广告调查是整个广告运动的前提和基础，只有对市场和消费者了解透彻，对有关信息和数据充分掌握才有可能做出全面而实际的策划。创意是广告的生命和灵魂，尤其是在现代这个崇尚个性与多元化的信息飞速生产与流通的时代，没有创意的广告是很难吸引大众的眼球的。但广告创意不可能是广告制作者闭门造车空想出来的，创意从产生到筛选再到评价，每一个步骤都少不了广告调查的参与，产生、筛选创意的调查主要是收集广告创作者所必需的定性资料，而评价创意的调查主要是收集对广告主有用的定量资料。

固特异（Goodyear）Aquatred系列轮胎的推介活动可以说是一次非常成功的广告策划战役。这次广告战役的主角是"桶"，"桶"是一条电视广告，表现Aquatred轮胎每行进一英里可以赶跑多少桶的水。

固特异的营销专家们认为,"桶"之所以能取得如此巨大的成功是因为在推出产品之前和之中,广告经过了广泛而严格的测试。在产品还处在开发阶段时,固特异的营销战略专家就认定他们的具有优异性能的独特轮胎设计会成为定位战略的魅力所在。因此,在准备向市场推出轮胎之前,固特异就与自己的广告公司智威·汤逊公司底特律分公司一起开始着手对几条候选电视广告进行调查。广告公司首先测试了两条不同的基本信息形式:一条是用户的证言(称其为"Aquatred的理查德"篇);另一条是表现轮胎在雪地上的附着摩擦力(称其为"滑雪"篇)。根据这次初步调查,固特异和广告公司最终认定,突出功能性定位的产品性能广告应该是推介战役的最佳形式。

在调查的基础上,广告公司设计了以性能和演示为主的"桶"篇广告。在推介Aquatred的四周时间内,"滑雪"篇和"桶"篇都播出了。产品一上市,固特异便运用一套劝服力评级系统对"桶"篇和"滑雪"篇的效果进行跟踪调查,然后将调查结果与不同市场范围内的销售情况进行对比。公司发现,这两条广告都对销售产生了积极而明显的影响,其中"桶"篇的影响最大。四周以后,两条广告的效果都开始下降[①]。

在为Aquatred轮胎策划广告推介战役中,固特异和广告公司采用了几种不同的广告调查方法。首先,通过广告主题调查,固特异判断出了哪些产品特征和性能特征可以作为独特定位战略的依据;接着,广告文案调查又表明,产品演示式广告比证言式广告的效果更好;最后,在轮胎推介期间播出两条演示式广告时,固特异又对广告的劝服力和产品的销售情况进行了跟踪调查,对这些广告的心理效果和销售效果进行了测试。可见,广告调查在产品广告策划与创意中的重要地位。

第一节　广告调查的概念及原则

一、广告调查的内涵

关于广告调查(advertising research)的定义非常多,各有侧重,本章选取其中比较有代表性的四个,介绍如下:

(1)日本电通公司的《广告用语事典》对广告调查定义为:"广告调查是指伴随着广告活动所进行的一切调查活动。它包括① 为发现或决定广告的诉求点而做的调查;② 为购买者显在化而做的调查;③ 媒介的量的调查;④ 关于媒介特性的调查;⑤ 媒介的接触率的调查;⑥ 商品或企业形象的调查;⑦ 广告影响力的测定调查;⑧ 购买动机的调查;

---

① [美]奥吉恩、[美]艾伦、[美]塞梅尼克:《广告学:从IMC的视点　重新审视现代广告活动》,程坪、张树庭,译,机械工业出版社,2002年,第210页。

⑨ 关于投入市场的广告量的调查。"[1]

这个定义应该算是关于广告调查的一个比较权威的界定,在广告调查的相关书籍中一般都会被引用,它基本上是围绕广告调查所包括的类型来给出广告调查的定义。

(2) 樊志育在《广告效果测定技术》一书中指出:"广告调查就是为了制作有效的广告,测定广告效果所做的调查。"[2]

该定义基本上是从营销学的角度来界定广告调查的,将广告看作企业营销的一种手段,广告调查则主要是针对广告是否达成其预设效果而做的调查,强调的是广告调查中对广告效果的测试部分。

(3) 韦箐、王曦等在《广告调查与设计》中,对广告调查的定义为:"广告调查是指企业为有效地开展广告活动,利用科学的调查、分析方法对与广告有关的资料进行系统的收集、整理、分析和解释。"[3]

这个定义中指出广告调查的主体是企业,这种说法有一定的局限性,广告调查可以是企业进行的,但也可以由广告公司来操作,学界的组织和个人同样也可以成为广告调查的执行者。

(4) 张金海、姚曦在《广告学教程》中,将广告调查定义为:"广告调查是指围绕广告运动所进行的一切调查活动。其目的在于获取与广告运动有关的数据化与非数据化资料并加以分析,从而为开展科学的广告运动提供依据。"[4]

这是从整体广告运动的角度来定义广告调查,认为广告调查是广告运动的基础,是发展一个成功的广告运动的必需环节,所有与广告及广告运动有关的调查,无论是定性还是定量,都属于广告调查的范畴。

对于一门学科来说,理论与方法是两大基石。广告调查就是广告学专业的方法支柱,其地位相当于社会学中的社会研究方法,传播学中的传播研究方法,广告调查是把社会科学研究中的方法与技术运用于广告领域,所考察的对象是广告及广告运动过程。

本章将广告调查分为广义和狭义两种。

1. 广义的广告调查

广义的广告调查(或者称作广告研究)是指围绕着广告及广告运动,为研究其形成、发展的规律和趋势而进行的一系列系统的、科学的探究活动。

现代广告运动一般包括以下程序: ① 广告主依据营销策略和计划制定总体的广告策略和广告计划,包括广告目标、广告费用预算、广告时机、广告规模等;② 市场调查与分析,包括总体的市场构成、同类产品和竞争对手的情况、消费和消费者的情况等;③ 广告策划,包括营销策略、制定具体的广告战略与策略、制定具体的广告运作或广告活动计

---

[1] 黄升民、黄京华、王冰:《广告调查:广告战略的实证基础》,中国物价出版社,1997年,第213页。
[2] 樊志育:《广告效果测定技术》,上海人民出版社,2000年,第1页。
[3] 韦箐、王曦等:《广告调查与设计》,经济管理出版社,1998年,第49页。
[4] 张金海、姚曦:《广告学教程》,上海人民出版社,2003年,第117页。

划；④广告创意,将广告信息转化成富有创造性的广告表现概念；⑤广告设计制作,将创意过程中产生的广告表现概念转化成具体的广告作品；⑥广告运动的具体执行和广告作品的发布；⑦广告效果测定和反馈,主要内容是对广告效果进行测定并将相关信息反馈给广告主。

广义的广告调查既包括广告主调查、行业市场调查、广告公司调查和广告文化调查等宏观的调查,也包括具体操作调查,如广告文案、主题调查、广告媒体调查、广告效果调查等等。

2. 狭义的广告调查

狭义的广告调查是指为了策划、制作和发布成功有效的广告而开展的一切调查研究活动。具体而言,狭义的广告调查包括为广告创作而做的广告主题调查和广告文案测试；为选择广告媒体而做的广告媒体调查、电视收视率调查、广播收听率调查、报纸或杂志阅读率调查；为评价广告效果而做的广告前消费者的态度和行为调查、广告中接触效果和接受效果调查、广告后消费者的态度和行为跟踪调查；为了解同行竞争对手的广告投放情况而做的电视、广播、报纸、杂志的广告媒体监测等。概括起来,狭义的广告调查包括广告主题和文案调查、广告媒体调查及广告效果测试。

3. 广告调查与市场调查

根据美国市场营销协会(American Marketing Association)的定义,"市场调查是一种通过信息将消费者、顾客和公众与营销者连接起来的职能。这些信息用于识别和确定营销机会及问题,产生、提炼和评估营销活动,监督营销绩效,改进人们对营销过程的理解。市场调查规定了解决这些问题所需的信息,设计收集信息的方法,管理并实施信息收集过程,分析结果,最后要沟通所得的结论及其意义。"

市场调查的功能对于企业管理而言,首先是描述,即收集并陈述事实,例如,行业的历史、现状和发展趋势,消费者对产品的认知、态度和购买行为等。其次是诊断,即解释所收集的信息或活动,例如,为什么要建议产品采用这类设计风格,为什么要选择这种形态的销售终端等。最后是预测,即在分析市场的基础上,如何利用市场中已经出现的机会。

在广告的实际运作和理论研究中,广告调查和市场调查之间通常没有严格的界定。在已有的一些广告调查的教材和著作中对两者也没有进行有效的区分,事实上也很难把它们清晰地区分开来。

应该说广告调查与市场调查之间是一种从属关系,广告调查是市场调查在广告运动中的具体应用,虽然在具体的广告调查中会发展出独特的方法和技术,但大的原则和体系与市场调查是共通的。简而言之,市场调查是为了整体的市场营销决策和运作而进行的,而广告调查则是为某一局部目标而进行的,这个局部目标通常都是根据广告活动的不同环节来设定的。

二、广告调查的指导原则

作为一个科学系统的研究活动,广告调查应遵循以下基本原则。

1. 科学性原则

科学性原则是指所有广告调查信息都应该通过科学的方法获得。它要求从调查对象的选取、调查方式的选择、资料分析方法的采用至调查报告的撰写都应该严格遵循科学的规律。具体而言,在广告调查的过程中应:① 树立正确的思想观念;② 制定严格的规章制度;③ 建立科学的工作标准;④ 采用合理的调查方法。

2. 客观性原则

客观性原则是指在广告调查过程中,一切从客观存在的实际情况出发,详细地占有资料,在正确的理论指导下进行科学的分析研究,从现实事物本身得出其发展的客观规律性,并用于指导行动。只有这样,才能真实准确地反映客观情况,避免主观偏见的影响或人为地修改数据结果。在广告调查的活动中,研究人员难免会事先对调查结果形成一定的假设或预测,这种先入为主的看法有时会影响到调查的结果,应该注意避免。此外,有时调查出来的结果与客户的预测不一致,甚至可能对客户不利,在这种情况下,只要整个调查过程是科学的,结果是可靠的,就一定要坚持自己的调查结果,千万不能为了迎合客户而擅自修改数据结果,理智的客户会给予理解并最终接受调查结果的。

3. 系统性原则

根据现代系统理论,凡是由两个以上相互联系、相互作用的要素构成的统一整体都可称为系统,任何客观事物均可看作系统,世界是以系统的方式存在的。作为一个系统,不但内部各子系统之间和要素之间存在着相互作用、相互制约的关系,系统与外部各种环境因素之间也存在相互作用和相互制约的关系。

广告调查也是一个系统,是一个由广告调查的主体、客体、程序、方法、物资设备、资金和各种信息资料等构成的复杂系统。在广告调查的过程中,会涉及很多方面,特别是在广告调查的设计和策划以及对调查资料进行分析处理时,必须综合考虑各种因素,遵循系统性原则。也就是说把调查所获得的资料视为有机整体,在整体与要素之间、整体与外部环境之间寻求相互联系,进行资料分析,以求从总体上把握广告的特征与规律。

4. 时效性原则

广告调查必须要有时效性,这是由广告调查的性质决定的。广告调查的目的是及时搜集资料,及时整理和分析资料,及时反映广告方面的情况。时效性高的广告调查能够为宏观和微观的广告决策提供有价值的依据,不及时的资料则往往失去了价值。市场现象、广告现象是不断变化的,特别是在现在这个信息瞬息万变的时代,谁能最快最准确地了解市场信息、了解消费者动态、了解广告的说服力、了解广告的心理和销售效果,谁就能最先在市场的大蛋糕里分得一块甚至是最大的一块。谁要是不能最快最准确地了解信息,就可能很快地失去在市场中的一席之地,这种先例在广告调查及企业决策中屡见不鲜。

5. 伦理性准则

广告调查的伦理性原则主要体现在两个方面：第一，是要为客户恪守商业机密。许多广告调查是由客户委托广告公司或市场调查公司进行的。因此，调查公司以及从事调查的人员必须对调查所获得的信息和数据保密，不能将其泄露给第三者。在激烈的市场竞争中，信息是非常重要的，不管是有意或无意，也不管信息泄露给谁，只要将信息泄露出去，都可能损害客户的利益，同时也会损害调查公司的信誉。第二，在广告调查的资料收集及结论发布过程中要注意保护调查对象的隐私权，尊重调查对象的人格及权益，不能欺骗调查对象或对之造成身体、精神或物质上的损害。不管调查对象提供的是什么信息，也不管调查对象提供的信息的重要程度如何，都不能随意地泄露。如果调查对象发现自己所提供的信息未经自己的许可就公之于世，一方面会给他们带来伤害，同时也使调查对象对广告调查失去信任，会不愿意再接受调查。另一方面又会给广告调查的执行带来现实和潜在的阻碍。

第二节 广告调查的兴起与发展

一、广告调查的历史

西方国家早在19世纪就开始了广告调查。1879年，美国有一个脱粒机的制造商向驻纽约的艾耶父子广告公司索要一份全国报纸目录，艾耶父子广告公司立刻用电报向全国各地的报纸出版商询问有关脱粒机的市场供求状况，3天后就拿到了一份市场调查报告。这是最早的广告调查。

广告调查的历史大致可分为三个阶段：

1. 第一阶段（1900—1960年）

第一次世界大战后，资本主义社会逐渐由自由竞争向垄断过渡，较高的生产力水平与相对狭小的需求市场迫使生产企业更加注重生产经营过程中的销售环节。销售学的诞生极大地推动了广告调查的发展。1918年，哈佛大学销售学教授丹尼尔·斯达奇（Daniel Statch）开始对广告文案的测验方法进行研究。1933年，美国人乔治·盖洛普、埃尔默·罗博（Elmo Roper）以及阿奇博尔德·克罗斯列（Archibald Crossley）开始共同研究"随意选择技巧"。

第二次世界大战后，西方国家的经济发展进入了高涨期，产品的丰富有力地推动了销售学发生"革命性的变革"，以消费者为导向的生产经营观念应运而生。生产企业极力迎合消费者的兴趣、偏好，以市场需求决定生产的规模和结构。一些大企业往往借助于市场调查人员、广告公司了解目标市场的消费趋势。20世纪50年代，一些广告公司开始研究人们的购买行为和购买习惯,厄尼斯特·迪西特(Ernest Dichter)博士对消费者的购买动机研究取得了显著的成果。他的研究可以概括为两个方面:① 找出促使消费者产生购买行为的内在原因;② 探求消费者从事各种购买活动时所采取的方式、方法。

概括而言,第一阶段的广告调查活动主要集中在美国,其中大部分是对广告心理效果的测评,多以实验心理学的方式调查广告效果[①]。

在这一阶段影响较大的著作和活动有:

1900年 H. S. 盖尔(H. S. Gale)的《广告心理学》;

1903年 W. K. 斯科特(W. K. Scott)的《广告心理学》,主要研究杂志广告的读者的再生率与广告篇幅大小以及提示次数的关系;

1913年 H. L. 欧林沃(H. L. Hollingworth)的《广告与销售》;

1914年丹尼尔·斯达奇(Daniel Starch)的《广告原理》等。

以上著作基本上都偏重对广告文案调查。

之后,E. K. 斯特朗(E. K. Strong)和丹尼尔·斯达奇等对印刷广告的记忆效果进行了调查。尼尔逊(Nielsen)、波利兹(Poliz)和雪林(Schwerin)等公司进行了电波媒体的调查。

到1930年前后,广告调查已开始采用机器来辅助调查。

2. 第二阶段(1961—1969年)

此阶段被称为广告传播效果时代,即以调查传播效果作为广告调查的主要模式。这一时期的主要著作有:

R. H. 库利(R. H. Colley)于1961年提出 DAGMAR(defining advertising goals for measured advertising results)理论,即广告效果测定的广告目标明确化理论,认为广告传达信息分为未知、认知、理解、确信和行动五个阶段,应该根据这五个阶段具体地设定广告目标,强调广告的目标主要是传递信息,即传播功能,增加销售额不是广告的目标。

1963年卢卡斯(Lucas)、布里特(Britt)等出版了《广告效果测评》(*Measuring Advertising Effectiveness*)一书。

1968年日本五家民营广播公司测评研究会编纂了《广播广告效果》。

20世纪60年代,计算机的出现极大地提高了数据处理的速度,使得调查人员统计、汇总调查结果时,覆盖面更为广泛,工作更为简便。这一阶段广告调查的实践在各媒体公司、广告公司、测评公司也开展得如火如荼:

CBC大量发表广告效果研究报告;

MBC、NHK等开始从事视听率预测;

博报堂、电通、万年社等都设置了广告效果测评实验室;

1960年尼尔逊在日本开展电视视听率测评业务;

---

① 江波、曾振华:《广告效果测评》,中国广播电视出版社2002年,第15页。

1965年ASI（Audience Studies Inc.）开始专门从事电视广告效果测评工作。

3. 第三阶段（1970年至今）

此阶段为系统研究时代。

这一时期的广告调查不仅仅限于单项调查如阅读率、视听率等，而是上升到对广告整个销售效果、即时效果与长远效果的综合调查。1969年R. H. 康贝（R. H. Compbell）编写的《广告对贩卖及收益的效果测评》（*Measurement the Sale and Profit Results of Advertising*）一书是这一时期的代表作。

该阶段的系统性不仅仅表现在广告研究的对象和范围上，广告调查所使用的方法也呈现出多元化、系统性的特点。20世纪80年代可口可乐新配方的失败使广告调查人员除了运用定量的方法以外，也开始重视起市场调查中的定性分析。这一时期，广告公司经常用"深度面谈""焦点小组"等方法开展市场调查从而了解消费者对相关产品的态度、兴趣。美国著名的奇阿特·戴（Chiat Day）广告公司将通过定性研究制定广告计划和广告策略的整个过程称为"广告策划"。后来，"广告策划"的思想迅速在西方广告界流行起来。

二、广告调查的未来发展

N. 浩鲁巴曾将今后广告效果调查最明显的趋势归纳为如下六点[①]：

（1）有关广告对社会影响的研究；
（2）对特定对象（如小孩子）的影响的研究；
（3）调查方法的可信度与妥当性比较研究；
（4）媒体的情报来源效果研究；
（5）广告课题设定、商品定位及区隔关系研究；
（6）反复效果与效果减退的研究。

日经广告研究所在其编著的《AR广告效果测定》中指出，目前大家所关心的主题为[②]：

1. 关于广告目标

（1）广告定性课题的再检讨。
（2）长期性的目标与广告运动的目标。
（3）目标值的设定方法。

2. 关于表现计划

（1）广告课题的广告概念发展法。
（2）概念测试的再检讨。
（3）未完成作品测试的实战手法。
（4）长期性表现管理法。

---

① 江波、曾振华：《广告效果测评》，中国广播电视出版社2002年，第17页。
② 同上。

3. 关于媒体计划
附带表现的效果预测。

4. 关于计划评价
（1）广告活动进行中的表现管理。
（2）将目标与成果的资讯反映在下期广告活动表现中的方法。
（3）接受者角度的评价方法。
（4）生理的测定法的重新考虑。
（5）连接流通（POS）效果测定法的开发。

可见，各位学者对广告调查未来发展方向概括的准确性和全面性各有说法。不过，从中我们可以看出广告调查将会向着越来越精细化、具体化的方向发展。21世纪，人类社会进入网络普及的信息化时代。在这样的背景下，企业的营销环境发生了很大的变化，也对广告调查提出了新的要求，并且在技术和应用等方面都提供了新的机会。今天，全球每年在营销调研、广告调查和民意调查上投入的费用超过90亿美元。市场的全球化、消费者的多元化对广告调查提出了新的要求；计算机的普及、互联网的兴起为广告调查提供了强有力的技术支持。在这样的背景下，广告调查在理论、方法和技术上越来越系统化、实用化，未来广告调查在理论体系上将会更加完善，在实践应用上将会有越来越大的发展。

第三节　广告调查的分类

参照已有的关于广告和广告调查的教科书和著作，关于广告调查的分类主要是两种：一种是按传播的要素和过程将广告调查分成：
（1）有关广告传播者的调查；
（2）有关广告信息的调查；
（3）有关广告物的调查；
（4）有关广告媒体的调查；
（5）有关广告受播者的调查。

另一种是围绕广告从制作、发布到产生效果的过程，将广告调查分成：
（1）广告信息调查，包括主题调查和文案调查；
（2）广告媒体调查；
（3）广告效果测试。

本章从广义的角度考察广告调查的分类，将广告调查分为宏观研究调查和具体操作调查。

一、宏观研究调查

宏观研究调查主要是将广告作为一种传播现象,对其存在于其中的宏观环境所作的调查,具体来说分为广告主调查、行业市场调查、广告公司调查和广告文化调查四种。

1. 广告主调查

广告主又称广告客户,是指为推销商品或服务自行或委托他人设计、制作、发布广告的法人及其他经济组织或个人。作为广告市场重要组成部分的广告主是广告行为的发起者、广告信息的发出者,也是广告活动的出资者。对广告主所作的广告调查就是要了解关于广告主方方面面的信息,主要包括广告主战略调查、广告主组织调查、广告主品牌调查、广告主产品调查和广告主文化调查。

2. 行业市场调查

行业市场调查是对广告产品所处行业的市场全貌的调查,包括:① 有关市场规模的调查,指该广告产品在同类产品领域中的全额覆盖面及在数量上的市场规模;② 有关市场结构的调查,指从消费者特点、地域差别、都市规模差别及季节差别等方面分析市场结构;③ 有关市场竞争状况的调查,指各品牌产品的供应数量、产品系列的发展状况及其他竞争公司的动向等;④ 有关潜在市场的调查,指潜在市场的规模及其发掘的可能性;⑤ 有关市场前景的调查,指市场前景的可能性预测及专家的分析;⑥ 有关同类产品领域的调查,指同类产品领域的生产能力、生产状况及其他领域的介入状况。

3. 广告公司调查

广告公司是广告业的核心组织,是广告市场活动的运作主体,是广告主、广告媒介、广告受众三者的联结体。广告公司可分为广告代理公司、广告制作公司、广告主或媒介自办广告公司。研究广告,对广告公司的调查也是其中必不可少的,主要调查其业务运作、客户服务制度、代理收费项目、代理收费标准与方式及财务管理等内容。

4. 广告文化调查

广告虽属经济范畴,主要作用于社会经济,但它却直接或间接地、明显或隐蔽地参与着社会文化的建设与塑造。关于广告文化的意义有两种观点:一种观点认为广告带来了文化低俗化的现象。广告制造了流行,促成了消费的统一化,从而导致了文化低俗化与注重物质的世态,或是制造了大量的噪声[1]。另一种观点认为广告有助于提高地区及全社会的文化水平[2]。不管广告对文化产生的是积极或消极作用,我们至少得承认广告与文化有着极为密切的关系,广告的制作以文化为基础,同时广告本身制造出流行和文化,广告还促进新的文化的引进与变革,甚至广告本身就是一种艺术或文化。因此,要科学地研究广告,对广告文化的调查是必不可少的,对广告在当地所产生的文化进行研究和了解也是广

---

[1] [日]LEC·东京法思株式会社:《广告精要Ⅰ:原理与方法》,复旦大学出版社,2000年,第17页。
[2] 同上书,第74页。

义的广告调查所包含的内容。

二、具体操作调查

具体操作调查包括广告主题和文案调查、候选媒体调查和广告效果调查三类。

1. 广告主题和文案调查

广告主题和文案调查指对广告作品传播的各方面信息进行全面的检测和评定，要在广告作品发布之前检验广告作品定位是否准确、广告创意是否引人入胜、广告作品是否具有冲击力和感染力、广告能不能满足目标消费者的需要、激发起消费者的购买欲望等。包括主题调查和文案调查。

（1）主题（theme）调查是广告调查的第一个环节也是最重要的一个环节。主要是检测表现主题能否引起消费者兴趣，是否赢得消费者的关注以及是否与商品和商品效用相适应等。它直接关系到广告作品有没有把广告主想要传播的信息告知消费者，有没有真正地满足消费者的需求。主题调查主要包括根据从消费者处得到的资料决定适当的广告主题；针对目标消费者，了解他们对广告主题的看法，看看他们是否认可、接受广告主题；看看广告有没有充足的论据来凸显这一主题，有没有充分的感情来渲染这一主题；并测定广告主题产生的效果有多大。

主题调查较简单的做法是委托几位专家依据表现主题应具备的主要条件检查清单，并评估各种表现主题。另外，还可以从一般的消费者处征求意见。比如在广告中，给数张插图配上文字，以故事形式进行说明；或配以音乐和广告词制作成录像后进行实验室测试等。这些方法不仅有利于评估和选择表现案，对于发掘新的表现主题也很有帮助[1]。

（2）文案调查（copy test）是对广告文案及广播、电视广告、网络广告所作的调查，当广告文案接近完成阶段时，选择最优的方案，进行出稿前的最后检查，以便收集广告文案长期品质管理的资料。从历史看，首先是报纸、杂志广告文案调查比较发达。其后，随着电波媒体的发展，文案调查逐步应用于CM测评中。近年来，随着网络广告的兴起，文案调查也相应地应用于网络广告中。

文案调查常用实验室测试方法，至少应招集典型广告诉求对象30人，并尽量创造一切平日接触广告时的条件，运用问卷形式，书面记录诉求对象的心理活动和由心理变化产生的对广告的意见、对商品的意见等。在进行这些测试时，常采用生理反应测定及观察测定等。最具代表性的实验室测定法有调查广告面世前后的品牌选择意图，测定选择率的增加幅度的显示法，调查广告视听过程中每一个场面接受诉求者反应的过程分析法，以及研究广告视听者眼球运动情况的眼部相机测定法等[2]。

---

[1] ［日］LEC·东京法思株式会社：《广告精要Ⅰ：原理与方法》，复旦大学出版社，2000年，第266页。
[2] 同上。

2. 候选媒体调查

在广告活动中，绝大部分费用是用来购买媒介、时间和空间的。如果媒介选择不当或组合不当都会造成广告费用的极大浪费。

广告媒体调查包括广告媒体质与量的调查，对报纸、杂志、广播、电视等大众媒体及户外广告、车体广告、海报等个别媒体及网络等的调查，调查消费者对这些媒体接触程度及这些媒体的特性。具体而言，即研究各广告媒体"质"的特征；媒体投资效益；媒体选择与分配；媒体组合是否恰当；媒体近期视听率、阅读率、点击率有否变化；媒体执行方案的确定与评估等。

3. 广告效果调查

广告效果调查就是对某一产品的广告活动的全部效果的测定及企业广告活动效果的测定。它全面评估广告活动效果，并为新的广告活动提供资料，指导以后的广告活动。

该项调查包括销售效果调查和心理效果调查，因为，广告活动目标不外乎两方面：一是提高商品的销售额，增加利润，使企业获得经济效益；二是使商品或企业在消费者心目中树立良好的形象，为企业长远的发展奠定良好的基础。

（1）销售效果调查。销售效果是企业主和广告商最关心的效果指标。它是人们评价广告活动成败最先想到也是最直观的评价指标。基本上是根据广告宣传的商品在市场上的占有率、销售量、消费者使用情况等统计资料，结合同期广告量进行分析比较，把握广告的总体效果。

（2）心理效果调查。由于广告效果的复杂性，我们必须从广告的传播角度入手测定广告的传播效果，也就是广告的心理效果，这样才能更客观地把握、衡量广告效果的大小。心理效果调查包括消费者对广告信息的注意、兴趣、情绪、记忆、理解、信任、欲望、行动等心理活动的不同侧面，概括起来就是要了解消费者的态度行为反应。具体而言主要有以下三种类型[①]。

a. 广播、电视广告的认知效果：依据视听率来大致判断某广告的视听率，可采用视听率调查法。详细做法有：以访问见面方式调查视听节目记忆度的见面法；以日记形式记录视听情况的日记式记录法；用设置于电视机中的视听率测定器自动测定视听率的机械法。

b. 报纸、杂志的认知效果：在报纸、杂志中，读者对商品广告的兴趣、关心程度。报纸、杂志的发行数据很容易掌握，所以，要了解认知效果，要调查每个广告的认知、阅读率。

c. 受广告单位影响的认知效果：认知效果受广告时间的长短及空间大小等广告单位影响的认知效果。这方面的调查方法如统一广告单位以外的一切条件，仅变更广告单位，从而检测受广告单位影响的认知效果。以报纸为例，用分割揭载方式将读者分为两个群体，对同一广告物分别选择10与15段两种不同的广告单位，然后根据依附于广告部分的反馈卷的回收率来调查两者之间认知效果的差别。

[①] ［日］LEC·东京法思株式会社：《广告精要Ⅰ：原理与方法》，复旦大学出版社，2000年，第267页。

第四节 广告调查的操作流程

科学系统的研究方法应该有一套比较固定的程序,广告调查的操作流程基本可分为五个步骤:① 明确广告调查的目的;② 调查设计和准备;③ 收集资料数据;④ 资料的处理与分析;⑤ 结果的解释与提交调查报告。其流程如图2-1所示:

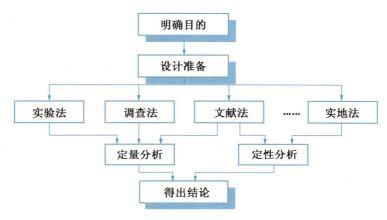

图2-1 广告调查的操作流程

一、明确广告调查的目的

如同旅者前行的目的地,广告调查的目的是整个调查活动的目标和方向,是广告调查的第一步,是之后搜集材料、组织材料及解释材料的依据。广告调查目的的明确是广告调查中最重要的任务,因为正确地提出问题是正确认识问题和解决问题的前提。确定调查目的或主题必须先搞清以下几个问题:

(1)为什么要调查?
(2)调查中想了解什么?
(3)调查结果有什么样的用处?
(4)谁想知道调查的结果?

广告调查的目的必须是具体的、明确的,绝不可笼统。因为,调查目标直接决定了广告调查中其他步骤的执行,如果调查目标不明确、不具体,就不可能进行下面的步骤。

广告调查的目的可以有很多种,不同的调查目的,其调查内容、方法、对象和范围就不同,调查人员的选择、调查队伍的组建等也不相同。选择调查问题应该将需要和可能有机地结合起来。既要从管理的需要出发,也要考虑到实际取得资料的可能性。同时,选择的调查问题应具有重要性、创造性、可行性与最佳性等特点。

在明确调查目的的基础上，调查人员利用自己的知识和经验，根据已经掌握的资料，进行初步分析。分析的涉及面应尽量宽一些，包括对所要调查问题的大致范围、调查的可能性和难易程度等的分析。

二、调查设计和准备阶段

明确调查目的的意义在于设立调查所要达到的目标，调查设计阶段则可以理解成为了实现调查目标而进行的道路选择和工具准备。道路选择指为达到调查的目标而进行的调查设计工作，包括从思路、策略到方式、方法和具体技术的各个方面。工具准备则指调查所依赖的测量工具或信息收集工具，如问卷、实验仪器等的准备，同时也包括调查信息的来源——调查对象的选取工作。调查设计是整个调查工作的行动纲领，进行调查设计就是要对调查的内容进行全面规划。具体而言，广告调查设计的总体方案一般必须包括以下内容。

1. 设计调查的项目

科学地设计调查项目是取得有价值的广告调查资料的前提和基础。调查项目是指调查过程中所要取得的调查对象的类别、状态、规模、水平、速度等资料的各个方面，包括定性分析资料与定量分析资料。例如，在一项了解家用空调广告的诉求对象的调查中，研究的项目可能包括下列三个方面：

（1）现有家用空调使用者的基本情况，包括经济收入、住房条件、家庭人口数、文化程度、职业等；

（2）哪些家庭成员参与空调购买决策，是谁倡议购买、谁收集信息、品牌选择意见由谁提供、谁做出最后的决定、谁执行购买行动；

（3）有潜在购买意向的购买者是什么样的人或家庭。这些人或家庭的经济收入、住房条件、家庭人口数、文化程度、职业等。

在调查设计阶段，确定调查项目是相当重要的一个环节。原因有二：一、调查项目的确定，界定了问卷设计或访问提纲的范围，为问卷设计或访问提纲的编写提供了依据；二、调查目的能否达到，在设计阶段只有通过研究者所界定的调查内容来判断。因此，所确定的调查项目是否全面、适当，会在相当程度上影响调查方案能否被客户所认可、接受。

2. 设计调查的工具

在设计调查项目之后，必须进一步具体设计反映这些项目的调查工具。调查工具是指调查指标的物质载体，如调查提纲、调查表、调查卡片、调查问卷、调查所用的设备和仪器等。所有的调查项目最后都必须通过调查工具表现出来。设计调查工具时，必须考虑到调查目的、调查项目的多少、调查者和调查对象的方便、对资料进行分析时的需要等。只有科学地设计调查工具，才能使调查过程顺利，调查结果令人满意。

3. 确定调查的空间

调查空间是指调查在什么地区进行，在多大的范围内进行。调查空间的选择要有利于达到调查目的，有利于搜集资料工作的进行，有利于节省人力、财力和物力。

4. 确定调查的时间

调查时间是指调查在什么时间进行，需用多少时间完成，每一个时间阶段要完成什么任务。调查时间的确定，一方面要考虑到客户的时间要求，另一方面也要考虑到调查的难度和规定时间内完成调查的可能性。一般用调查活动进度表来表现调查活动的时间安排，进度表不仅可以帮助客户了解整个广告调查的时间安排，对于广告调查公司来说，也有利于其强化调查过程的管理，提高工作效率，节省调查成本。通常的调查活动进度表如表2-1所示：

表2-1 调查活动进度表

时间或日期	作业项目	作业负责人	备 注
	问卷设计		
	抽样实施		
	访问员培训		
	预调查		
	问卷修改印刷		
	资料收集		
	数据录入及统计		
	报告撰写		
	调查结果汇报会		
	报告修改		

5. 确定调查的对象

调查对象有两层含义，广义的调查对象又称调查总体，是指通过调查要了解、研究的人群总体。狭义的对象是指在调查中具体接触的对象。在绝大多数的广告调查中，调查对象不可能是全部的总体而是从总体中抽取出来的一部分个体组成的样本。确定调查对象，具体来说就是设计和安排调查对象的抽样方法和数量。在抽样方法上，是选择概率抽样还是非概率抽样；在数量的决定上，样本大小取决于总体规模及总体的异质性程度；还有研究者的时间和经费是否充足；等等。

6. 确定调查的方法

确定调查的方法，包括确定资料的搜集方法，也包括资料的分析方法。资料搜集方法有电话访问、入户访问、深度访问、焦点小组、固定样本连续调查、邮寄问卷调查、观察法、实验法、内容分析等；资料的分析方法包括定量的分析和定性的分析。调查方法的选择取决于调查的目的、内容以及一定时间、地点、条件下广告市场的客观实际状况。由于同一项调查课题可以采用多种调查方法，因此，调查人员必须认真地比较，选择最适合、最有效的方法，做到既节省调查费用又能达到调查目的。

7. 落实调查人员、经费和工作量安排

调查方案要计算调查人员、经费的数量，并落实其出处，这是调查得以顺利进行的基础和条件，也是设计调查方案时不容忽视的内容。其中，调查的经费项目一般包括印刷费、方案设计费、问卷设计费、抽样设计费、差旅费、邮寄费、访问员劳务费、受调查者礼品礼金、统计处理费、报告撰写制作费、电话费、服务费、杂费和税收等。此外，还应对调查人员的工作量进行合理安排，使调查工作有条不紊地进行。在核算这些内容时，必须从节省的角度出发，但也应注意留有一定的余地。

8. 组建调查队伍

实施调查方案必须有一支训练有素、具有职业精神、专业知识、沟通能力和操作技能的调查队伍。为此，必须做好调查人员的选择、培训和组织工作。需要注意的是，调查一般是由若干人员组成的调查队伍来完成的，所以，在考虑调查人员个人素质的同时，还要特别注意调查队伍的整体结构。要从职能结构、知识结构、能力结构以及年龄、性别结构等方面对调查队伍进行合理安排，使之成为一支精干的能顺利、高效地完成调查各阶段任务的队伍。

除了上述八个项目的预选规划外，如果进行的是定量的广告调查，还需要建立研究假设（hypothesis）。假设可以为研究的下一步工作铺路，指出研究的重点与方向，作为搜集资料的基准及为分析资料的结果提供衡量与评估的标准。广告调查的假设可分为两类：一种是描述性假设，例如，阅读率调查、视听率调查；另一种为相关性或解析性的假设，例如，假设彩色电视广告比黑白广告对消费者的购买行为更有影响力，或经济日报同一版的广告上，右上角位置的广告比左上角位置的广告受到更多读者的注意等。

三、搜集资料数据

这个阶段是调查的主体部分，这个阶段的主要任务是具体贯彻调查设计中所确定的思路和策略，按照调查设计中所确定的方式、方法和技术进行资料数据的搜集工作。在这个阶段，调查者往往要深入实地，与调查对象面对面地接触。资料搜集工作中所投入的人力也最多，遇到的实际问题也最多，因此，需要很好的组织和管理。另外需要注意的是，由于广告及市场的复杂性或者由于现实条件的变化，研究者事先考虑的调查设计往往会在某些方面与现实存在一定的距离或偏差，这就需要研究者根据实际情况进行修正和弥补，发挥研究者的灵活性和主动性。在广告调查中所采取的资料收集方式有调查法、实验法、文献法、焦点小组法、深入访谈法等，具体内容在后续的章节中会详细介绍。

四、资料的处理与分析

搜集完资料后还需将所获得的资料加以整理、分析和阐释，看它是否和原来的假设相符合。如果相符合则原来的假设成立，成为最后的结论。如果所获结论与原来的假设不符合，则假设不能成立，研究者在撰写报告时也必须照实报道，不得虚构。资料的处理与

分析包括资料的整理、资料的分析和资料的阐释。

资料的整理属于技术性的工作，包括分类、编号、计数列表等。

资料的分析是要指出资料所显示的意义，特别需要应用统计学的方法，广告调查中应用最广的是百分率的计算、频数分析、相关系数等。

资料的阐释是要说明这个研究的结果与已有的知识之间的关系，是增加了新的知识还是否定了以往的想法，必须根据理论来说明事实。

五、结果的解释与提交调查报告

根据不同阶段的调查、汇总分析，对整个广告活动过程的效果进行总体评价，写出报告。调查报告是一种以文字和图表将整个工作所得到的结果系统地、集中地、规范地反映出来的形式。它是广告调查结果的集中体现，而撰写调查报告也可以说是对整个广告调查工作进行全面总结。报告内容通常包括调查题目、目的、过程与方法、结果统计分析、调查结论与可行性建议及附录。

创意链接2

比比谁的吸引力更大？

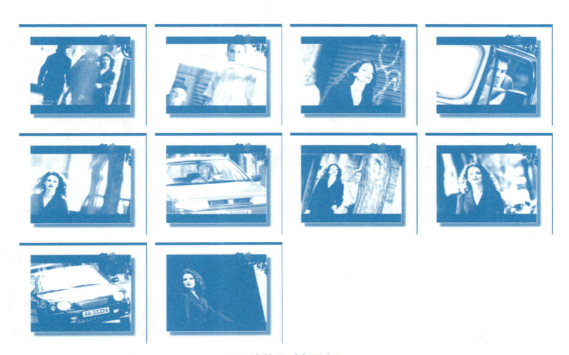

比比谁的吸引力更大？

竞猜情节描述

在十分浪漫抒情的音乐声中,一位美女登场了,她风华绝代,气质非凡,引得无数路人侧目回头,并且还引发了两起车祸,足见其魅力非凡。

思考题

1. 这是一则关于什么的广告?
2. 接下去情节将如何发展?
3. 这则广告的创意表现在什么地方?

学生竞猜

学生一:轿车的广告。开始是美女吸引车上的人,现在可能是车把美女吸引过来了,我认为接下来可能会发生一段恋情,我想是这样的。

学生二:我想接着她的去说,我认为不会发生恋情,而是那个美女会撞上树。

(答案及点评见书末所附部分)

第三章 市场认识与细分

内容提要

(1) 广告离不开市场,消费者市场的三要素为人口、购买力和购买欲望。现代的市场观念已经由产品导向转变为顾客导向,市场功能除交换和供给外,更多地表现为便利性。

(2) 市场细分是广告策划的前提和依据,通常的细分变量有地理、人口、心理和行为。近年来营销界比较流行欲望细分的标准,以便从动态上了解消费者的需求。

(3) 不论是通过单一因素还是综合因素选出来的目标市场都必须具有可盈利性、可测量性、可进入性和稳定性,否则,广告策划就只能对牛弹琴了。

(4) 影响企业营销效果的重要营销变量,通常称为营销组合。随着市场细分越来越科学化,营销组合的内容也经历了三次较大的变革,即4Psd—4C—4R。

(5) 市场细分案例举要,介绍两个有代表性的市场细分方案。

策划案例赏析3

美丽，我自己定义——*The Non-Issue*

客户： 巴黎欧莱雅

创意团队： 麦肯巴黎，麦肯伦敦

巴黎欧莱雅广告

（资料来源：https://www.sohu.com/a/341016038_657211）

策划背景

广告策划中产品定位至关重要，它需要在人们心目中确立一个合适的、独一无二的位置，从而区别于其他同类产品，给消费者留下记忆点，激起购买欲望。巴黎欧莱雅的广告"美丽，我自己定义"，明确消费者群体，通过独特的品牌价值获得了消费者的青睐。

专家点评

根据调查，目前世界上有40%的女性超过50岁，在这个消费群体中依然有很多人活跃在时尚领域，十分注重自己的穿着打扮、仪容举止，因此她们对时尚充满需求和欲望。巴黎欧莱雅抓住这一市场需求和消费欲望，成功地从价格竞争转向产品差异性竞争和服务多样化竞争，开拓了年龄层次较高的女性消费者市场。

从2017年开始，巴黎欧莱雅大胆地突破时尚对于年龄的限制，特邀著名女演员海伦·米伦（Helen Mirren）担任品牌代言人，在戛纳演讲日发表有关"自我认同"的演讲。

2019年出版了时尚杂志 The Non-Issue，模特全部选择了50岁以上的女性，展示了年龄为女性带来的独特之美。该杂志一经出版就超越了 Vogue 九月刊夺得发行量之冠，还获得了2019戛纳创意节 Print & Publishing 金奖。巴黎欧莱雅这次成功的尝试既通过市场的细分和产品定位的调整，拓宽了消费者群体，增加了品牌的产业链；又借助消费者的满意度树立了极具创造性和颠覆性的时尚品牌形象。

人类社会发展表明，广告与市场营销都是商品经济发展到一定阶段的产物。在现代社会经济活动中，广告与市场营销相辅相成。市场营销为广告搭建了广阔的活动舞台，广告是实现市场营销战略目标的重要手段。而两者又都离不开市场，没有市场就没有市场营销和现代广告。市场为市场营销和现代广告提供了天然的活动场所。要认识市场营销和现代广告，首先必须认识市场。

本章将论述市场、市场营销、市场细分等概念及其发展历程，以及它们对广告活动的意义和影响。

第一节 市场与市场营销

一、市场的概念

（一）市场的界定

随着社会经济的发展和理论界对市场研究的逐步深入，对市场概念的界定不尽相同，主要有以下三种定义。

1. 市场是商品交换的场所

"市场是商品交换的场所"是经济学对市场的界定。当代著名经济学家斯蒂格利茨说："市场的现代概念是买卖双方在一起交换物品这种传统村镇市场的延伸。""今天，市场的概念包括任何进行交易的场合，尽管这种交易的方式与村镇市场未必相同。"

早期，市场营销学界对市场的界定沿用了经济学的定义。如美国西北大学教授菲利普·科特勒于1980年指出"市场是指一些买主和卖主聚集在一起交换货物和劳务的有形场所"。"场所论"在商品经济不发达时期或在某些具体物的营销中是可取的。然而，在现代经济社会中，它却不能反映市场的本质，也不利于经营者对市场的分析。

2. 市场是某种商品购买者的集合

市场营销学的发展要求营销学家必须适应企业发展的需要，从微观上研究企业所经营的某种特定产品的市场，重新对市场进行界定。一般市场营销学单纯以顾客需求为导向，认为某种特定商品的购买者及其需求构成市场，将市场界定为对某种特定商品具有需求的购买者的集合,即"市场是指一种商品或劳务的所有潜在购买者的需求总和"(美国市场营销协会,1960)。哪里有对企业所经营的产品的需求,哪里就是企业的市场。市场由具有购买意向、具有支付能力的人群组成,人群、购买意向和购买能力是构成市场不可或缺的三个基本要素。

即:市场＝人群＋购买能力＋购买意向

3. 市场是卖方、买方、竞争者的集合

实际上,从企业经营的角度来看,主要是要研究企业所经营的商品可能进入的潜在市场。对某种特定商品具有需求的购买者构成这种商品的总体市场,而总体市场往往不可能被某一家企业所垄断,往往有众多的竞争者在其中,从而形成竞争局面。因此,"市场应是卖方、买方、竞争者的集合",这是理论界对市场的新认识。

(二)市场的分类

由对市场的不同界定产生了对市场的不同划分。

从经济学角度来看,可按照商品属性的不同将市场划分为产品市场、劳动市场、资本市场三个主要市场。

"购买者"论者按照市场上购买者的属性和购买目的将市场划分为消费者市场、生产者市场、中间商市场和政府市场四种类型。对这四类市场的购买者及其购买行为的研究构成了市场研究的主要内容。

对某种特定商品具有需求的购买者构成总体市场,企业与其竞争者的优势比较则是影响企业市场大小的决定因素。

$$市场＝对某种特定商品具有需求的购买者 \times (企业优势/竞争者优势)$$

企业市场营销中对市场的研究,不仅仅要研究对某种特定商品具有需求的总体市场的大小,注重对购买者及其行为的研究,而且要注重对各类竞争者及其行为的研究,以此为依据,通过分析企业自身的优势和劣势来制定能充分发挥企业竞争优势的营销战略与策略。而广告是企业竞争的有力武器,广告策略是企业竞争战略的重要组成部分。

当代不同类型的市场如表3-1所示。

表3-1 市场分类

序号	划分依据		
1	按社会属性		
2	按流通范围	国内市场、国际市场	
3	按需求性质	工业品市场、消费品市场	
4	按地理环境	地区	国外:西欧市场、北美市场、日本市场……
			国内:东北市场、华东市场、西南市场……
		城乡	城镇市场、农村市场
		气候	寒带市场、热带市场……

(续表)

序号	划分依据		
5	按人口构成	年龄	老年市场、成年市场、青少年市场、儿童市场
		性别	男性市场、女性市场
6	按交易内容	商品市场、金融市场、技术市场……	
7	按竞争程度	完全竞争市场、不完全竞争市场、完全垄断市场	
8	按经济用途	生活资料市场、生产资料市场、服务市场、金融市场……	

二、市场的一般特性与功能

1. 市场的一般特性

无论什么类型的市场,作为商品经济范畴具有以下一般特性。

(1) 形成市场的三个基本条件。市场构成包括:① 存在买方与卖方;② 有可供交换的商品;③ 有买卖双方都能接受的交易价格及条件。只有具备这三者才能实现商品的让渡,形成现实的而不是观念上的市场。

(2) 形成买卖行为的三要素。市场活动的中心是商品买卖,因而就必须具备消费者、购买力和购买意愿三个要素。没有消费者就谈不上购买力和购买意愿,消费者没有购买力和购买意愿也不能形成现实的市场。只有这三个要素结合起来才能实施买卖行为。

(3) 交换顺利进行的条件。市场交易活动的当事人主要是生产者、中间商和消费者。他们在商品交换中地位各不相同,参与交换的目的和要求也不一样,因而都有各自不同的经济利益。正确处理交易活动当事人之间的经济利益关系是市场交易活动顺利进行的条件。

2. 市场的主要功能

市场产生的基础是社会分工和商品生产,市场活动的基本内容有其共性。市场的主要功能包括以下三个。

(1) 交换功能。它包括购买与销售商品活动,通过货币进行交换,实现商品所有权的转移,创造了特有效用。

(2) 供给功能。它包括运输与储存,通过分销渠道或有关商品实体流通的业务活动,实现商品在空间上的移动,创造了地点效用和时间效用,是实现交换功能的必要条件。

(3) 便利功能。它包括资金融通、风险负担、市场情报、商品标准化以及各项服务活动,能为市场活动中各个环节的交易双方带来方便。在社会化大生产、大流通的情况下,这是有效地发挥交换功能和供给功能的主要条件。

三、市场营销

（一）市场营销的定义

市场营销是西方营销学中的一个重要概念，英文为 marketing。人们对市场营销的认识随着社会经济活动的深入发展而不断变化。1960 年，美国市场营销协会给"市场营销"下的定义是："市场营销是引导货物和劳务从生产者流转到消费者或用户所进行的一切企业活动。"这个定义将市场营销活动界定为流通过程中的企业活动，此处的"营销"等同于"销售"。1985 年，美国市场营销协会将"市场营销"的定义修改为："市场营销是通过（个人）和组织对思想（或主意、计策）、货物和劳务的构想、定价、促销和渠道等方面的计划和执行，以达到个人和组织的预期目标的交换过程。"与 1960 年的旧定义相比较，显然这一定义的内涵要宽得多。在新定义中，产品不仅包括货物和劳务，还包括思想（或主意、计策）；市场营销不仅是一种企业活动，某个人和组织也有市场营销活动；市场营销过程是做出管理决策并贯彻执行的过程；交换对实现个人和组织的目标、满足交换双方的需要有着重要作用。

1984 年，美国著名市场营销学家菲利普·科特勒（Philip Kotler）给市场营销学下的定义是："市场营销是企业的这种活动：识别目前尚未满足的需要和欲望，估量和确定需求量的大小，选择本企业能最好地为其服务的目标市场，并决定适当的产品、服务和计划，以便为目标市场服务。"

后来，菲利普·科特勒又在其《营销管理——分析、计划、执行与控制》一书中把市场营销概括地定义为："市场营销是个人和集体通过创造，提供出售，并同他人交换产品和价值，以获得其所需所欲之物的一种社会和管理过程。"①

（二）市场营销观念的演变

营销观念是指企业从事营销活动的思想观念和经营哲学，它是企业制定营销战略和策略的行动指南。市场营销观念随着商品经济的发展而不断演变，经历了从以产品为导向的前营销观念到以市场需求为导向的市场营销观念的演进过程；随着企业营销实践的发展，市场营销观念不断地得到修正和补充，使其在创新发展过程中更加充实和完善。

1. 产品导向营销观念

产品导向营销观念是指"以产定销"营销观念，主要包括生产观念（production concept）、产品观念（product concept）和推销观念（selling concept）。

（1）生产观念。生产观念是以产品生产为中心，以提高效率、增加产量、降低成本为重点的营销观念。在产品供不应求的情况下，经营者往往以生产观念指导企业的营销活动。

---

① ［美］菲利普·科特勒：《营销管理——分析、计划、执行与控制》（第 8 版），梅汝和等译，上海人民出版社 1997 年版，第 11 页。

第三章 市场认识与细分

在生产观念指导下，营销者的主要任务是有效地管理生产，做好以下两项工作：一是尽可能多地向市场提供产品，让广大消费者能够买得到产品；二是通过降低成本来降低价格，为消费者提供价格低廉的产品，以廉价来招揽顾客，扩大产品的销售。

上海堇时生物科技有限公司旗下注册的国产彩妆品牌诗佩妮，以平价好用彩妆作为自身产品的核心竞争力，看重产品的创意和科技性，将几乎所有的资金投入科研。在宣传方面则减少投入，选择以公司自身的销售人员进行网络运营和直播宣传，从而大大降低了成本，口红、粉底液等产品的价格都普遍低于市场价。正是凭借这些优势诗佩妮获得了消费者的青睐，占据了一定的市场。

（2）产品观念。产品观念是以产品的改进和生产为中心，以提高现有产品的质量和功能为重点的营销观念。当市场供求关系发生变化，供不应求局面得到缓解时，一些企业转向产品观念。

在产品观念指导下，企业两眼向内看，一手抓管理，提高人员的素质，制定各种规章制度，使各部分人员训练有素，各方面工作井井有条；一手抓质量，不断改进产品，提高产品的功能和质量。一批批高质量、多功能的产品纷纷问世："从四楼扔下去仍是完好无损"的文件柜；"具有钢一般硬度的结实的"新型纤维；几代人都用不坏的板式家具、老式手表等。

产品观念相对生产观念来讲有了一定的进步，在只抓产量不抓质量、大批劣质产品充斥市场的情况下，产品观念对于提高产品的质量、改善企业的形象起到了一定的作用。然而，不顾市场的实际需要而一味地提高产品的质量、增加产品的功能，无论是对消费者、对企业还是对整个社会都有不利的一面。

西方市场营销学家纷纷对产品观念提出批评。美国西北大学的菲利普·科特勒教授指出：那些以产品观念为指导的组织"应当朝窗外看的时候，它们却老是朝镜子里面看"。美国哈佛大学的西奥多·莱维特（Theodore Levitt）教授指出：产品观念导致"市场营销近视症"。

（3）推销观念。推销观念是以产品的生产和销售为中心，以激励销售、促进购买为重点的营销观念。在产品供过于求的情况下，企业将自觉或不自觉地运用推销观念指导企业营销活动。

在推销观念指导下，营销者的主要任务是在狠抓产品生产的同时，抽出部分精力用于产品的推销。一方面，积极引进先进技术和科学管理方法，不断提高生产效率，增加产品的品种和数量；另一方面，抽调一部分骨干力量，组成强有力的推销队伍，寻找潜在顾客，研究和运用各种方法说服潜在顾客购买本企业的产品，以提高本企业产品的销售量，扩大企业的市场占有率，获取较大的利润。

推销观念不仅注重产品的生产而且注重产品的销售，使企业从单纯生产型企业转变为生产经营型企业。

然而，推销观念注重的仍然是产品和利润，不注重市场需求的研究和满足，不注重消费者的利益和社会利益。强行推销不仅会引起消费者的反感从而影响营销效果，而且使消费者在自愿或不自愿的情况下购买了不需要的商品,严重损害了消费者的利益。但推销作为市场营销活动的一种职能,无论是过去、现在和将来,都会被企业所采用,在企业的市场营销中发挥一定的作用。

2. 顾客导向营销观念

(1) 市场营销观念。市场营销观念是以市场需求为中心,以研究并满足市场需求为重点的新型的营销观念。市场营销观念认为,实现企业营销目标的关键在于正确地掌握目标市场的需求,并从整体上去满足它。因此,企业必须生产、经营市场所需要的东西,通过满足市场需求去获取企业的长期利润。

市场营销观念的基本内容,主要包括以下三个方面。

第一,注重顾客需求。树立"顾客需要什么,就生产、经营什么"的市场营销观念,不仅要将顾客的需求作为企业营销的出发点,而且要将满足顾客的需求贯穿于企业营销的全过程;不仅要了解和满足顾客的现实需求,而且要了解和满足顾客的潜在需求,根据市场需求的变化趋势来调整企业的营销策略,以适应市场的变化,求得企业的生存和发展。

第二,坚持整体营销。市场营销观念要求企业在市场营销中,必须以企业营销的总体目标为基础,协调运用产品、价格、渠道、促销等因素,使其成为一个有机整体,从而从各个方面来满足顾客的整体需求。

第三,谋求长远利益。市场营销观念要求企业不仅要注重当前的利益,更要注重企业的长远利益。在营销中不仅要满足顾客的需要,而且要使顾客满意,通过顾客的满意来树立企业的良好形象,争取再次购买者。

(2) 大市场营销观念。大市场营销是指企业为了成功地进入特定市场并在那里从事业务经营,在策略上协调地使用经济的、心理的、政治的和公共关系等手段,以博得各有关方面的合作的活动过程。

大市场营销观念产生于世界经济发展相对滞缓、缺乏生气的时期。此时,世界各国和各个地区采取封锁政策,贸易保护主义抬头。在进入国际市场进行营销活动时,企业面临各种政治壁垒和公众舆论方面的障碍。菲利普·科特勒提出大市场营销观念,他指出,企业在市场营销中,首先应运用政治权力(political power)和公共关系(public relations),设法取得具有影响力的政府官员、立法部门领导人、企业高层决策者等方面的合作与支持,启发和引导特定市场的需求,在该市场的消费者中树立良好的企业信誉和产品形象,以打开市场、进入市场。然后,运用传统的4Ps(产品、价格、渠道、促销)组合去满足该市场的需求,进一步巩固市场地位。

在大市场营销观念指导下,企业的营销活动由单纯的以产品交易为中心的"交易营销"发展为"关系营销",即通过与顾客、经销商、供应商及其他社会公众建立良好、稳定的关系以实现营销目标的活动过程。

(3) 顾客满意营销观念。随着全球化经济一体化步伐的加快和世界范围内企业竞争的加剧,对"顾客导向"的认识也在不断深化和拓展。20世纪80年代,营销学界提出了顾客满意（customer satisfaction, CS）的概念，体现了在新的市场格局下顾客导向的基本理念。实现顾客满意的关键是提高顾客让渡价值。

"顾客让渡价值"又称"让客价值"，是指顾客总价值（total customer value）与顾客总成本（total customer cost）之间的差额。"顾客总价值"是指顾客购买某一产品与服务期望获得的所有利益，包括产品价值、服务价值、人员价值和形象价值。"顾客总成本"是指顾客为获得某一产品所费的时间、精力以及所支付的货币等。因此，顾客总成本包括货币成本、时间成本、精神成本和体力成本。

对顾客来说，"顾客让渡价值"就是企业所提供的使其感到满意的价值。由于顾客在购买商品时总希望把包括货币、时间、精力在内的有关成本降到最低限度，而同时又希望从中获得更多的利益，以使自己的需要得到最大限度的满足。因此，顾客在购买产品或服务时，往往从价值与成本两个方面进行比较分析，选择对自己来说"让客价值"最大的产品或服务。企业要提高"让客价值"，必须从两个方面改进自己的工作：一是增加顾客购买的总价值；二是降低顾客购买的总成本。

3. 市场导向营销观念

（1）生态营销观念。生态营销观念是以市场需求和市场竞争为中心，以寻找和满足最能发挥企业优势的市场需求、提高企业经营效益为重点的营销观念。

生态营销观念认为，市场上的需求多种多样，任何一个企业都不可能满足市场上的所有需求，而只能将那些最能发挥企业优势的市场需求作为企业的营销方向并设法去满足它。因此，企业在市场营销中，不仅要满足市场的需求而且要发挥企业的优势，将两者有机地结合起来。正如各种生物一样，根据适者生存的原理必须选择那些最能发挥自身机体功能的生态环境作为自己生存和繁衍的场所。

在生态营销观念指导下，企业一方面坚持以消费者需求为中心，按市场的需要来组织企业的营销活动，注重市场调查研究和信息反馈，注重整体营销，注重通过顾客满意而获取长远利益。另一方面强调发挥自身的优势和特长，扬长避短，避免因盲目跟市场、赶浪潮而带来失误，注重企业内部的优劣势分析和竞争状况分析，从而利用和发挥自身的优势取得竞争的有利地位。

（2）社会营销观念。社会营销观念是以市场需求和社会效益为中心，以发挥企业优势、满足消费者和全社会的长远利益为重点的营销观念。

社会营销观念认为，企业的营销活动不仅要满足消费者的欲望和需求，而且要符合消费者和全社会的最大长远利益，要变"以消费者为中心"为"以社会为中心"。因此，企业在市场营销中，要将市场需求、企业优势与社会利益三者有机地结合起来确定企业的经营方向。

（3）绿色市场营销观念。20世纪90年代以后，世界各国开始重视生态环境的保护，企业界也以保护地球生态环境、保证人类社会的可持续发展为宗旨提出了绿色营销。

绿色营销观念认为，企业在营销活动中要顺应可持续发展战略的要求，注重地球生态环境保护,促进经济与生态协同发展,以实现企业利益、消费者利益、社会利益及生态环境利益的统一。

(4)整体营销观念。整体营销观念是指企业营销活动中应将最终顾客、供应商、分销商、内部员工、金融机构、政府部门、同盟者、竞争者、新闻单位及其他社会公众等均作为自己的营销对象,全方位地开展营销活动。

整体营销观念是菲利普·科特勒于1992年提出的新的营销观念,它是在大市场营销观念和关系营销理论基础上进一步发展起来的新观念。

第二节 市场细分与欲望细分

一、市场细分的概念

(一)市场细分的含义

市场细分是市场营销学中的一个重要概念,也是企业营销实战中的重要内容。市场细分是指按照消费者欲望与需求把一个总体市场划分成若干具有共同特征的子市场的过程。

市场细分理论是以下述认识为基础的:

(1)每个组织,不管其规模有多大,资金实力有多雄厚,都不可能满足全部市场的所有需求,所以,企业要选定其能为之服务的市场范围。

(2)消费者对商品的需求千差万别,但有着相似需求的消费者会形成自愿消费者群。这样,市场上就会形成若干个需求差异很大的消费者集团。这就为企业进行有差别的市场营销奠定了客观基础。

(3)企业要取得良好的经济效益,必须实现从注意产品的差别到注意消费的差别的转变。

可见,市场细分是以消费需求的异质性理论为基础。它强调不能笼统地对待所有的消费者。每一个消费者群体就是一个细分市场。市场细分已成为现代市场发展的一种必然趋势,可以说,市场上任何一项产品或劳务如果拥有两个以上的消费者,这个市场便可加以细分并划分为具有不同需求特点的购买群体。

市场细分有利于企业发现和比较市场机会,提高市场占有率;还可以使企业用最少的经营费用取得最大的经营效益,提高营销资源的使用效率。市场细分还使营销变得更加容易,对于一组消费者的需求将会更加容易定义,尤其是他们具有许多共同特征时(例如,寻求相同的利益,具有相同的年龄、性别等)。细分市场还有利于掌握潜在市场的需求,不断开发新产品,开拓新市场。

市场细分对于现代广告策划来说,其重要意义集中体现在一个"分"字上。首先,它把市场从单一整体看成多元异质的分割体,这更符合当今消费品市场的特点。其次,它体现了市场竞争从主要是价格竞争转向产品差异性竞争、服务多样化竞争。再次,由于细分市场的出现,就有了运用目标市场与广告策略组合的前提条件。

(二) 欲望细分的含义

欲望作为营销学中的一个基本概念很早就出现在各类营销学书籍中,但对它在营销实践中作用的研究却显得不够。近年来,营销学专家认为欲望较之需要具有更深刻的含义,在营销实践中它对企业的贡献比需要更大——它是企业利润的真正来源。遂掀起一股研究热潮。

欲望与需要的区别在哪里?这两个概念非常容易混淆。"需要"暗指一种更社会化、更集体化、更客观的现象,而"欲望"则是主观的、遗传学的、生物学的、自发的且逃避不了的现象。

需要只满足最基本的消费,需要把价格作为首要考虑因素,需要并不愉悦人们,而只是满足他们。人们需要喝水,但他们想要的却是可口可乐;人们需要衣服,但他们想要古驰(Gucci,一个著名时装奢侈品牌);人们需要汽车,但他们想要"保时捷"。当经济发展到一定阶段,消费就变成了一种渴望而不再是基本的需要。消费由欲望驱使,甚至在贫穷的地方欲望也能够驱使人们购买。例如,联合利华已经进入印度的贫困地区,公司的市场经理原以为这么做可能会失败,因为存在更便宜的本土化产品。但最后他们发现,很多人都愿意付高价购买其眼中所谓的"真正的东西"。

事实证明,在"需要部分"企业很难获得利润。当人们购物只是为了满足需要时,他们就会寻找最低的价格,而企业真正的利润来自其产品或提供的服务满足人们的欲望而不是需要。因此,对营销者而言,必须把自己的产品和服务从满足需要型转到实现欲望型。这意味着,企业要专注于与欲望打交道,建立以欲望定位的品牌,把欲望细分作为企业的关键工具。

二、市场细分的标准

市场细分是目标市场决策的基础步骤,对广告策划具有重要影响。根据什么,以什么标准进行市场细分是搞好市场细分的重要前提。市场细分有不同的标准,本书采用地理因素、人口因素、心理因素、行为因素等标准对总体市场进行横向与纵向的分割。

1. 地理因素

地理因素是进行市场细分的主要依据。地理因素相对其他因素表现较为稳定,也较易分析。地理因素主要强调市场可根据消费者所在的不同地理位置、气候、人口密度和城乡等情况来细分。

(1) 地理区域。人的地理分布对消费市场具有重要的影响,不同的地域由于自然环境不同，地理气候不同，经济状况不同和风俗习惯不同，因而处于不同地理位置的消费者对某一类商品的喜好与需求也有所不同，对于价格、销售渠道及广告宣传的考虑也有差异，甚至对于商品色彩及商品标志等都有不同的偏好。

处在不同地理位置的消费群体，其消费行为也会有所不同。发达地区消费者的购买行为呈现出明显的品牌趋势；欠发达地区谁给消费者的实惠多，消费者就认谁的商品，受价格、促销影响大。

（2）人口密度。人口密度是指单位面积内居住人口的多少。一般来说，单位面积内居住人口多，该地区人口密度就大，商品的需求量也就大；反之，单位面积内居住人口少，该地区人口密度就小，商品的需求量也就小，可见，高密度的地区市场是推销产品的主要地区，应集中优势力量，把其作为销售的重点地区，在这一地区高频度地推出广告，反复传播商品信息，利用一切空间和时间，抓住一切机遇做广告宣传。

2. 人口因素

人口是构成市场的主要因素。人口结构主要包括年龄、性别、家庭人口、经济收入、职业、文化程度、民族、宗教等。

（1）年龄。按年龄细分市场是市场细分中最一般的方法，它的适用范围也比较广泛，许多消费者市场都可以按这一方法进行细分。

按年龄范围划分市场可分为：儿童用品市场、青少年用品市场、成人用品市场、老年人用品市场等。人们在不同的年龄阶段，其生理、心理、社交、兴趣和爱好等方面的差异是十分明显的。各年龄段的人们具有各自的消费动机和消费心理特点。

（2）性别。按性别细分，市场可划分为男性市场和女性市场。以性别为标准细分市场对于市场营销和广告策划都具有非常重要的意义，因为，某些产品的需求量及其诉求重点不仅取决于消费者的数量，而且还取决于消费者的性别情况。

（3）民族。我国是一个多民族国家，除汉族外还有55个少数民族。少数民族人口约占全国总人口的6.7%，分布在我国50%—60%的土地上。这些兄弟民族都各有传统习俗，过着不同的生活，因而也呈现出各种各样的商品需求。

（4）文化程度。人们所受教育程度不同其文化程度就不同，由此导致其社会地位、经济收入、社交能力、居住环境、兴趣爱好，乃至审美观、价值观等方面都会有所不同，从而影响到他们的购买种类、购买行为、购买习惯等。

（5）职业。从事不同职业的人因其收入不同，其消费需求也有很大区别。这种由职业不同而引起的消费模式的变化尽管大多是由于从事不同职业所获收入不同造成的，但是也有不少需求差别是由职业特点引起的。

（6）家庭人口构成。家庭是购买商品的基本单位，由于文化传统的差异，经济发展水平的差异，家庭人口构成也大不一样。人口多的家庭一般收入也较低，生活必需品为其主要购买种类，而且尽量求实求廉。相比之下三口之家的消费则要丰富得多，除了满足日常生活必需之外更关注精神及文化用品需要的满足。

（7）家庭经济收入。对消费者购买行为影响最大的因素莫过于其经济收入了。一个家庭的收入水平不仅决定其购买各项商品的支出总额，而且也决定其购买商品的性质。收入不同会形成不同的消费习惯和消费偏好。高收入者对商品的要求自然也高，他们的消费顺序一般是用、穿、吃；而中等和低等收入者的消费顺序为吃、穿、用。

可见，了解消费者的收入分布情况对于市场细分极为重要。只有了解这些情况，广告人才能有目的、有针对性地进行产品的宣传，把广告诉求重点对准目标消费者，促进产品销售。

3. 心理因素

消费者受个人心理因素的影响往往比其他因素要深。在企业的市场营销活动中，经常有这样的情况：在人口诸因素大致相同的消费者中，由于个人性格等心理因素的差别，人们对同一商品的爱好和态度会截然不同。

性格是一个比较稳定的心理倾向。人的性格种类是多种多样的，比如，按消费者占优势心理机能来分，性格可分为理智型、情绪型和意志型。按消费者的消费态度来分，性格又可分成经济型、自由型、保守型和顺从型。不同的性格类型在很大程度上影响了消费者对商品的偏好、兴趣及购买行为。

理智型的消费者用理智支配行为，善于权衡商品的各种利弊因素，通过周密思考，理智地做出购买与否的决定。此类人在选购商品时，注重内心体验，不易受他人影响，更不易为夸大其词的广告所打动。

情绪型的消费者举止往往为情绪所左右，购买行为带有浓厚感情色彩，易受营业现场各种因素的影响，他们通常是购买行动的从众者。针对这一类型人的广告策略是唤起他们的愉快情绪，使他们对产品或广告产生好感从而产生购买行为。

意志型的消费者购买目标明确，积极主动，按自己的意图购买商品，购买决定果断、迅速。这类消费者习惯于使用自己熟悉的产品，新产品要为他们所接纳，广告宣传必须针对消费者的某种特殊的需要来突破他们心理上的戒备和防御，以达到产品促销的目的。

经济型的消费者不事奢华、勤俭朴素。他们喜欢那些经济实用的商品，而对那些人为地赋予过多象征意义的商品持怀疑态度；他们特别容易接受能够说明商品内在质量的有关信息。在商品广告宣传时，针对这一类型的人应注意不要过多使用赋予商品其他意义的广告语。例如，"万宝路"香烟的广告意在使消费者在吸"万宝路"香烟时，能把他们带入美国西部大草原去体验牛仔的生活，但对于经济型的人来说则起不到原设计的作用。相反，他们对一些"终身保修"之类的广告兴趣盎然。

自由型的消费者浪漫、豁达。在选购商品时既考虑商品的内在质量也追求商品的外包装、商标等。他们联想丰富，特别乐于追逐那些具有象征意义的商品。例如，获得成功的雪弗莱汽车公司推出的广告画面可以使受众想象出自己驾车漫游在一条弯曲的乡间小路上的美妙情境，进而使观众产生对雪弗莱汽车的好感。

保守型的消费者安于过去的消费习惯，对过去用惯了的商品怀有深厚的感情，对新的商品则持强烈的怀疑态度。此类消费者多是新商品的晚期采用者,甚至永远都不使用。针对这类消费者,广告宣传应集中于产品质量上,使他们对产品产生信赖感。

顺从型的消费者在购买商品时很少有自己的见解,喜欢"随大流"、赶时髦。他们容易受亲朋好友、同学同事的影响,希望别人为其购买出谋划策。这一类型的人不是广告的主要针对对象,广告宣传把其他类型的人的购买欲激发起来了,顺从型的人自然也随之加入购买行列。市场上经常出现的某种商品的消费热,有很大部分原因是这类人竞相争购的缘故。

总之,不同性格的人具有不同的购买行为,因而人的性格也是决定市场细分的一个因素。

4. 行为因素

购买行为也是决定市场细分的一个重要因素。商品经济越发达,广大消费者的收入水平越高,这一细分标准显得越重要。不同人的购买动机、购买频率、购买状态以及对价格的敏感程度和商品品牌的信任程度是不同的。在进行市场细分时,应当对消费者购买行为的差异性进行认真分析。

(1) 购买动机。购买动机是指消费者在购买商品时所追求的利益。每个消费者总是在一定的动机驱使下采取购买行动的。例如,有的消费者为了追求经济利益;有的是为追求社会声誉;有的是追求商品的可靠性;有的是为了追求商品使用的方便。只有深入了解消费者的购买动机才能正确细分市场,选择广告目标。

(2) 购买状态。消费者的购买行为一般都是从认识商品到购买商品。这个过程包括下列购买状态:无知状态、认知状态、发生兴趣、愿意尝试、试用、经常购买等。在每一状态上都有一定的消费者。广告策划者应善于估计每一状态上的消费者数量,并由此决定自己的宣传策略和营销策略。

(3) 购买频率。购买频率反映消费者对商品的使用程度和使用状况。总体上看,消费者购买商品的频率大不相同,有的商品是日用消费品,消费者要天天使用,所以,商品使用率很高;另一些商品一般不大为人们所使用,其使用率很低。这些不同使用率的商品是进行市场细分时必须考虑的,对经常使用的商品和不经常使用的商品应采取不同的广告宣传策略。

(4) 对价格的敏感程度。不同的消费者对商品价格变动的敏感性是不同的。例如,在购买蔬菜时,家庭主妇对价格是极为敏感的,常常因分厘之差争执不休,而青年小伙子就不敏感,几分之差毫不在乎。此外,对价格的敏感程度受家庭收入的影响,如高收入者一般不太在乎商品的价格,而是更重视商品的款式、质量和花色;低收入者则对商品价格十分敏感,购买商品要求价廉物美。

从消费者总体来看,不同的时期人们对价格的敏感程度也是不同的。在经济萧条时期,一般人对价格的变动十分敏感,而在经济形势有所好转时期,人们对价格的变动因有较大承受力而变得不太敏感。

（5）对服务的敏感程度。不同的消费者对服务有不同的要求，在购买日用消费品时，人们不大重视商品的服务，而在购买精致商品和价值较高的耐用消费品时，对商品的售前、售中、售后服务比较重视，特别是对商品的维修、保养、安装、调试、使用知识等方面的服务尤为关注。这就要求企业及广告人必须根据不同的服务来细分不同的市场，尽量满足对不同层次的服务的需求。

（6）对品牌的信任程度。消费者对品牌的信任程度也是市场细分必须考虑的一个因素。一般来说，高度信任某些商品品牌的购买者会不断重复购买这些品牌的商品，形成习惯。而一些不为人所熟知的品牌，消费者对其商品很难采取购买行动。所以，了解不同品牌的商品在人们心目中的信任程度是很有用的。它可以指导广告市场的划分，根据商品品牌的信任程度来调整广告诉求重点，在创立新名牌上下大力气。

5. 欲望因素

近年来，市场营销者发展出很多欲望细分体系。大多数体系把消费者按照定性的标准进行分类，并设置300—400个问题（关于什么在他们生活中最重要之类的问题）以把他们分为特定的群体；然后，营销者根据这些群体的不同特征再设计不同的营销策略。

1978年，SRI咨询公司开发了VALS（Values and Life Styles）体系，以两个核心观念为基础：资源和自我动机。VALS体系可用一个网状结构来表示，纵向为资源差异，横向为个人导向。纵向维度衡量的指标包括收入、教育、自信力、健康、购买欲望、能量水平；横向维度上，消费者可以分为三类：原则主义者遵循自己固有的生活准则；身份主义者易受身份地位的影响；行动主义者喜欢体育活动，追求变化和冒险。如此划分之后，消费者可以归纳为以下八种人：① 实现者自信，喜欢"好东西"，乐于接受新事物，怀疑广告，阅读广泛，资源优异；② 信仰者保守而信奉传统，以家庭为重，不易改变习惯，爱选择便宜货；③ 奋斗者在意形象，关注自身；④ 可支配收入有限，但信用良好的自立者自给自足，躬行实践，追求生活质量；⑤ 满足个人爱好的满足者看重知识，对形象和地位不在意，关注公共事务，深思熟虑；⑥ 成就者较为成功和富裕，非常在意形象，消费名牌产品；⑦ 体验者行动为先，追逐时尚，社交开支大，冲动购买多；⑧ 努力者消费能力弱，保障生活安全，品牌忠诚度高，信任广告，嗜好看电视。

顾客群体不同顾客策略不同。毫无疑问，很少有人能完全符合以上类型中的某一种，但通过对既定的消费者进行这种大体上的分类，营销者可以有针对地出招，避免盲目性。

三、市场细分的要求

市场细分的主要任务是对消费者的构成进行分析，即了解谁是商品的使用者，谁是商品的购买者。为了使细分市场具有真正的实用价值，保证选择的细分市场能为企业制定有效的广告策略和营销策略服务，市场细分应遵循如下原则。

1. 可衡量性

指用来细分市场的标准必须可以衡量。这就要求企业和广告人应把握以下三方面情况：第一，消费者对产品有不同的偏好，对企业的营销策略和广告宣传有不同的反应；第二，企业和广告人必须能够获取有关消费者的准确情报；第三，对于各细分市场的"投入与产出"能够定量分析，且便于对市场进行可行性研究，使企业选择效益较好的目标市场。

2. 可进入性

指对细分出来的市场，企业能够去开发或挤占。市场细分的目的是使企业能够利用自己的资源和力量进入目标市场。当然，企业不可盲目追求市场细分，否则，不仅不能进入细分市场，见不到经济效益，反而会丢掉自己的专长。

3. 稳定性

指在一定时间和条件下，市场细分的标准及有用的子市场能够保持相对不变。通过细分，企业占领市场后在一定时期内不必改变自己的目标市场，这样有利于企业制订较长期、稳定的市场营销策略和广告策略。当然，这种稳定性是相对的、暂时的，企业和广告人应根据客观条件的变化来相应调整自己的市场营销策略和广告策略。

4. 盈利性

指企业在进入细分的目标市场及进行广告宣传之后能够获得预期的利润。这就要求细分出来的目标市场应有适当的规模，有现实与潜在的需求，有一定的市场容量和购买力，不仅能保证企业在短时间内盈利，还能使企业保持较长时期的收益，使企业有一定的发展潜力。

5. 综合性

一个理想的细分市场往往不是用一个划分标准来确定的，通常是用多个因素组合划分来确定的。其原因就在于消费者的需求往往不是由一个因素所影响的，而是多重因素综合影响的结果。因此，在大多数情况下是用一系列因素结合起来进行细分。表3-2演示的就是由九个因素组合而成的牛仔裤的细分市场实例。

表3-2　牛仔裤市场的细分

年龄	性别	月收入	职业	教育	婚姻	地区	住地	气候
儿童	女	2 000元以下	农民	文盲	单身	东部	城市	温带
青年		3 000—4 000元	工人	初等	已婚	西部	郊区	亚热带
中年	男	5 000—6 000元	职员	中等	离婚	南部	农村	寒带
老年		7 000—8 000元	军人	高等	孤寡	北部		
		9 000—10 000元	学生			中部		
		10 000—15 000元	其他					

表3-2给出的是牛仔裤的一个细分市场。如果其中的一个因素发生变化，就会形成一个新的细分市场。若把表中所有的因素进行组合，就会构成成千上万的细分市场。当

然,并不一定所有的细分市场都有实际意义,所以,企业应结合产品的类型和特征,选择适用的细分市场。

四、市场细分的方法

1. 单一因素法

按影响消费需求的某一个因素来细分市场称单一因素法。比如,儿童读物市场,由于儿童的接受能力和年龄直接相关,就可按年龄这一因素把市场划分为:幼儿、学龄前儿童、少儿等不同的儿童读物市场。

2. 综合因素法

综合因素法以影响消费需求的两种或两种以上因素对市场进行综合划分。比如,食品市场的划分就可以根据影响消费者需求的一些主要因素:年龄、民族、购买目的来划分市场。按年龄分成:老年、青年、儿童;按民族可分为回、汉;按购买目的分为:自用、送礼。这样,按三个因素划分后,这种食品市场可分为12个子市场(3×2×2)。

3. 系列因素法

系列因素法根据市场营销与广告策划的需要,按照影响消费需求的诸因素由粗到细地对市场进行系列分割。

五、市场细分与营销组合

市场细分就是根据消费者各方面的属性,按照科学的方法把市场分割为具有不同需要、性格或行为的购买者群体,其主要目的为:使同一细分市场内个体间的固有差异减少到最小,使不同细分市场之间的差异增加到最大。在市场决策上,进行市场细分的目的是针对不同的购买者群体采取独特的产品或市场营销组合战略以求获得最佳收益。

对于市场决策者而言,进行市场细分的目的是针对每个购买者群体采取独特的市场营销组合战略以求获得最佳收益。影响企业营销效果的重要营销变量通常称为营销组合。20世纪60年代,麦肯锡提出了影响深远的"4Ps组合"策略,到20世纪90年代,由于市场营销的发展强调渠道的便利,原来的4Ps组合逐渐由4Cs组合取代,之后又提出了4Rs组合,营销组合经历了4Ps—4Cs—4Rs的演变。

(一)经典的4Ps阶段

4Ps(产品、价格、渠道、促销)营销策略被营销经理们奉为营销理论中的经典。而且,如何在4Ps理论指导下实现营销组合,实际上也是公司市场营销的基本运营方法。4P是指product(产品)、price(价格)、place(地点,即分销渠道)和promotion(促销)四个英文单词的首字母的组合。这一理论认为,如果一个营销组合中包括合适的产品,合适的价格,合适的分销策略和合适的促销策略,那么,这将是一个成功的营销组合,企业的营销目标也可以得以实现。

但从企业营销实践来看该理论并非无懈可击。它具有明显的缺陷。如一位欧洲学者所言，4Ps模型被广泛接受的原因，并非由于其普适性，而在于它是一个优美的理论。4Ps是对卖方市场经营思想的总结，它的核心是产品，主要研究企业如何提高生产效率，生产出更多的产品，然后把产品推销出去，这是产品导向观念的产物。营销的核心是产品，消费者被排除在营销过程之外，没有给予足够的重视。随着市场竞争日趋激烈，媒介传播速度越来越快，以4Ps理论来指导企业营销实践已经"过时"，4Ps理论受到越来越多的挑战。

（二）创新的4Cs的阶段

到20世纪80年代，美国劳特朋针对4Ps存在的问题提出了4Cs营销理论，即4个忘记：① 忘记企业能生产什么产品，首先要了解、研究、分析消费者的需要与欲望（consumer wants and needs）；② 忘记产品的定价策略，首先了解消费者满足需要与欲求愿意付出多少钱（成本）（cost）；③ 忘记销售渠道的选择和策略，首先考虑在顾客购物等交易过程中如何给顾客方便（convenience）；④ 忘记促销活动，实施以消费者为中心的营销沟通（communication），通过互动、沟通等方式将企业内外营销进行整合，把顾客和企业双方的利益无形地整合在一起。

4Cs是买方市场经营思想的总结，它的核心已不是产品而是消费者，主要研究如何最大限度满足消费者的需求，减少经营活动的盲目性，从而为企业获得更大的利益。与产品导向的4Ps相比，4Cs有了很大的进步和发展。但从企业的营销实践和市场发展的趋势看，4Cs依然存在以下不足：① 4Cs是顾客导向，而市场经济要求的是竞争导向。顾客导向与市场竞争导向的本质区别是，前者只看到新的顾客需求；后者不仅看到了需求，还注意到了竞争对手，从而冷静分析自身在竞争中的优、劣势并采取相应的措施，在竞争中求发展。② 随着4Cs理论逐渐融入营销策略和行动中，经过一个时期的运作，虽然推动了社会营销的发展和进步，但企业营销在新的层次上出现同一化，不同企业至多存在程度上差距而并未形成营销个性或营销特色，不能形成营销优势，从而保证企业顾客份额的稳定性、积累性和发展性。③ 4Cs以顾客需求为导向，但顾客需求有个合理性问题。顾客总是希望质量好、价格低，特别是在价格上的要求是无界限的。若只看到满足顾客需求的一面，企业必然付出更大的成本，久而久之会影响企业的发展。④ 4Cs仍然没有体现既赢得客户又长期地拥有客户的关系营销思想，没有解决满足顾客需求的操作性问题，如提供集成解决方案、快速反应等。⑤ 4Cs总体上虽是4Ps的转化和发展，但被动适应顾客需求的色彩较浓。根据市场的发展，需要从更高层次以更有效的方式在企业与顾客之间建立起有别于传统的新型的主动性关系。如互动关系、双赢关系、关联关系等。

（三）竞争的4Rs的阶段

为了弥补4Cs的不足，整合营销理论的创始人唐·舒尔茨（Don E. Schultz）博士提出了4Rs全新营销四要素：关联（relevancy）、反应（response）、关系（relationship）、回报

（return）。该理论主要阐述了以下观点。

（1）与顾客建立关联。根据顾客忠诚度的动态变化，要提高顾客的忠诚度重要的是通过某些方式在业务、需求等方面与顾客建立关联，形成一种互助、互求、互需的关系，把顾客与企业联系在一起以减少顾客的流失。

（2）提高市场反应速度。面对快速变化的市场，要满足顾客的需求，建立关联关系，企业必须建立快速反应机制，提高反应速度和力度，以稳定客户群、减少抱怨、降低客户转移的可能性。

（3）重视关系营销。现今的市场环境中企业与客户已不再是交易关系，必须与顾客建立长期而稳固的关系，从交易变成责任，从顾客变成拥护，从管理营销组合变成管理和顾客的互动关系。

（4）追求回报。对企业来说，市场营销的真正价值在于其为企业带来短期或长期的收入和利润。一切营销活动都必须以为顾客及股东创造价值为目的，并将市场的回应与回报当作企业进一步发展和保持与市场关系的动力和源泉。

4Rs是买方市场后期的经营思想，它的最大特点是以竞争为导向，在更高层次上概括了营销的新框架。4Rs根据市场不断成熟和竞争日趋激烈的形势，着眼于企业与顾客互动与双赢。企业不仅更积极地适应顾客的需求，更应主动地创造需求，运用优化和系统的思想去整合营销，通过关联、关系、反应等形式与客户形成独特的关系，把企业与客户联系在一起，形成竞争优势。当然，4Rs同任何理论一样也有其不足和缺陷。如与顾客建立关联、关系，需要实力基础或某些特殊条件，这并不是所有企业都可以轻易做到的。但不管怎样，4Rs提供了很好的思路，是经营者和营销人员应该了解和掌握的。

4Ps，4Cs，4Rs三者是什么关系呢？它们之间不是取代关系而是完善、发展的关系。由于企业层次不同，情况千差万别，市场、企业营销还处于发展之中，所以至少在一个时期内，4Ps还是营销的一个基础框架，4Cs也是很有价值的理论和思路。因而，两种理论仍具有适用性和借鉴性。4Rs不是取代4Ps、4Cs而是在4Ps、4Cs基础之上的创新与发展，所以不可把三者割裂开来甚至对立起来。在了解了体现新世纪市场营销策略的4Rs理论的同时，根据企业的实际，把三者结合起来指导营销实践会取得更好的效果。

当然从广告策划的角度来看，无论是在4Ps阶段、4Cs阶段，还是最后的4Rs阶段都需要高水平的广告策划与之相配合才能真正实现营销战略的根本任务。

第三节　市场细分案例举要

市场细分解决方案是一个动态的过程，整个过程可以分成六个阶段：定义市场，确定细分标准，收集并分析数据，完成市场的初步细分，评估各细分市场，选择目标市场，设计营销战略。常见做法如下所述。

1. 应用细分模型

市场中的数据如此庞杂以至于细分专家们也很难利用相对常规的方法判断出细分市场来。于是,建立市场细分模型来进行市场细分就成为营销界的共识。

2. 采用分析方法

通常,聚类分析、对应分析、Q型因子分析、方差分析和判别分析等经常用于市场细分研究,此外还有一种卡方自动交互检测(chi-squared automatic interaction detector, CHAID, CHAID分析是决策树分析中的一种)也被视为有效的工具。

因子分析是将相关比较密切的几个变量归在同一类中,每一类变量就成为一个因子(之所以称其为因子是因为它是不可观测的,即不是具体的变量),以较少的几个因子反映原资料的大部分信息。使用因子分析检验数据可以剔除很多变量。因子分析的基本目的就是用少数几个因子去描述许多指标或因素之间的联系。

聚类分析是理想的多变量统计技术,主要有分层聚类法和迭代聚类法。其过程正是市场细分的过程:将受访者按某种方法分组,使组内个体之间差别最小而不同组的个体之间差别最大。需要注意的是,采用不同的聚类方法产生的细分方案会很不相同,如果几种聚类分析产生几乎相同的结果,那么应该说这种细分是很接近现实情况的。

CHAID分类是一种敏感而直观的细分方法。它根据细分基础变量与因变量之间的关系,先将受访者分成几组,然后每组再分成几组。因变量通常是一些关键指标,如使用水平、购买意向等。每次程序运行后会显示一个树状图:顶端是所有受访者的一个合集,下面是2个或2个以上分支子集。与聚类分析不同,CHAID分类是基于一个因变量的分类,而聚类分析是在10个或者甚至是100个变量基础上做的分类。

一、零点公司某奶酪产品市场细分案例(2003年)

(一)背景

客户是一个来自欧洲的世界著名奶酪生产企业,20世纪90年代后期开始在中国设厂生产并销售其奶酪产品。其产品包括四个针对不同目标市场的系列产品,产品在中国大陆的38个城市销售。

中国的奶酪市场相对来说是非常小的(3 000吨/年),而且其中80%是销往快餐店、饭店等食品行业,只有20%是通过零售渠道销售。在这个领域中,真正的竞争对手十分有限并且相对实力较弱。面对这样一个非常不成熟的市场,客户的市场表现在过去几年中一直保持了快速增长。同时站在企业的前瞻性的发展战略角度考虑,客户十分看好中国的经济发展和奶酪市场的机会,因此他们计划大幅度增加在华投资,调整其在华投资战略。

为了配合这一快速发展战略的实施,客户需要进一步明确其主要目标市场,确定最重要的目标市场特征以及该目标市场对产品和品牌的需求特点。

(二) 研究方法

零点公司的研究人员认为在该案例中市场细分和品牌定位是两项不可分割的工作，而该项市场研究的目标在于深入消费者内心中去"理解消费者"，挖掘出消费者内在的心理需求，这是成功完成本项研究的核心工作。

本次市场细分的重点是确定哪个群体是客户现有的主要市场，哪些市场是非常有潜力或可能性的市场。一般划分细分市场的标准包括地理区域、人口学指标、心理学指标、消费行为指标（消费利益、消费场合）等。根据事先与客户的协商，本次研究的重点侧重于消费者心理的挖掘以及使用习惯和消费利益的分析，研究地点选择为中国大陆奶品市场相对较大的两个城市：北京和上海。方法则选择了消费者焦点团体座谈会法。

在每个城市召开了八组座谈会，其中四组为奶酪的实际消费者，四组为奶酪的潜在消费者。在实际消费者和潜在消费者中都分为相同的四个组别，它们是：6—12岁的孩子和他们的母亲组，13—19岁的孩子组（女性2/3），20—28岁的未婚白领组（女性2/3），29—45岁有1岁以上子女的母亲组。

主要研究内容是：

(1) 不同组别消费者消费奶酪的内在心理驱动力是什么？

(2) 不同组别消费者对奶酪的利益的理解以及他们的食用习惯及两者的相互关系。

(3) 中国消费者对奶酪产品的基本认识。

(4) 哪些类别的消费者是奶酪的接受群体？哪些是奶酪的拒绝群体？分类的标准是什么？

研究之后我们要明确给出：

(1) 哪些群体是主要的目标市场？其中哪些是现有的？哪些是潜在的？

(2) 这些目标市场中决定其行为、消费习惯等的核心因素是什么？

(3) 相对于每个主要目标市场，核心的消费利益是什么？

(三) 研究发现

根据研究结果，我们可以得出按照年龄、社会角色划分的奶酪主要市场（包括实际市场和潜在市场）存在于以下六个群体中：

(1) 1—6岁的幼儿；

(2) 8—12岁小学生；

(3) 中学生、大学生；

(4) 刚参加工作的年轻人，已婚但没有孩子的年轻夫妇；

(5) 幼儿的母亲；

(6) 小学生的母亲。

按购物、行为模式划分的目标市场包括下列四个。

（1）1—16岁群体：主要由幼儿、儿童、小学生、中学生组成。

（2）18—25岁群体：主要由大学生、刚参加工作的年轻人、刚结婚但没有孩子的年轻夫妇组成。

（3）26—35岁群体：主要由年幼孩子（1—6岁）的母亲组成。

（4）36—45岁群体：主要由8—12岁孩子的母亲组成。

按心理驱动因素划分的目标市场包含以下三个。

（1）1—16岁群体：欢乐、美味。

（2）18—28岁群体：现代、时尚。

（3）30—45岁群体：健康、活力。

经过整合，以消费核心利益为统领，最终得到三个重要的目标市场，它们是：

图3-1　某奶酪产品的细分市场

最后在深入研究各群体对奶酪产品的理解、消费奶酪的驱动力、对奶酪的需求原因、消费奶酪的主要障碍的基础上给出了针对每个目标市场的市场营销策略要点。

二、在完美细分中赢得"地盘"——"农夫山泉"案例

（一）品牌概述

农夫山泉是近几年在饮用水市场中风生水起的一个老品牌，它成立于1996年，然而2000年前后中国纯净水行业市场的竞争格局基本上已经固化了。以娃哈哈、乐百氏为主导的全国性品牌基本上已经占据了国内的大部分市场。与此同时，很多区域性的品牌，也在不断地冲击纯净水行业市场，但是，基本上很难取得很大的突破。然而从2012年起，农夫山泉投产太白山天然水基地，正式将环保、天然、健康这三个理念融入品牌形象，迎合随着消费水平的提升而对绿色天然产生更大需求的年轻消费者，正是其精准的市场细分让农夫山泉登上了中国制造业500强的名单。

（二）市场细分

"农夫山泉有点甜"这句广告语，是农夫山泉品牌通过定位中青年消费者群体，突破传统饮用水行业一贯的理性诉求模式，将其放到一个更为广阔的竞争环境中并让它和其他年轻时尚品牌一同竞争的设计。

基于对消费者变化需求的一级细分，进而又基于身份特征以及年龄层次的二级细分

是农夫山泉品牌突围的理论先导,科学合理的细分定位手段是其品牌得以确立的现实条件,而建立在翔实分析之上的广告创意和执行则是其品牌迅速腾飞的催化剂。

饮用水产业跟其他制造业一样用户黏性很强,消费者一旦接受、认可了某一品牌,几乎就不会改变。消费者的自身需求是刺激购买的原动力,随着社会的不断发展、生活水平的不断提高,以年轻消费者为代表的群体对纯天然、绿色无公害的产品的需求与欲望越来越高涨。他们的经济实力也提供了购买相关产品的物质基础。

通过科学周密的细分,农夫山泉将品牌定位在"纯天然绿色健康品牌"的行列。将千岛湖五十年的水质独家开采权买断,在瓶身、瓶盖上都进行创意设计,添加"有点甜"的主题,采取差异化广告战略。之后又进一步切合"纯天然"的基调推出了"大自然的搬运工"的营销方案,以水仙花做对比试验表明天然水比纯净水更健康,从而实现了大范围的广告效果,成功树立了品牌的良好形象。

创意链接3

这是什么图画?

猜一猜

竞猜情节描述

一个国外小学生的美术课课堂,孩子们认真进行着自己的创作,老师在巡视课堂。一个女孩画出了自己的样子,一个男孩咬着铅笔冥思苦想,老师很满意,踱着步子。画面切换到一个用力使用画笔在自己稿纸上进行手臂横向运动的男孩。他在画什么?老师拿起了作品,孩子的每一幅画无论是动物还是人物都拖着长长的线。老师很迷惑,眉头紧皱……

思考题

1. 这是一则什么广告?
2. 接下去情节将如何发展?
3. 这则广告的创意表现在什么地方?

学生竞猜

学生一：应该是一则汽车广告。小孩画的都是带线条的，证明他是在高速行驶的汽车上看到的情景。这和骑摩托车飙风的感觉是一样的。

学生二：可能是洗发水之类的广告。孩子的家里有些人的头发是飘逸的，给他特别的感觉。他在画画的时候就把这种感觉表达出来了。

（答案及点评见书末所附部分）

第四章 产品认识与定位

内容提要

（1）现代产品概念是市场观念的产物，即把产品理解为核心产品、有形产品、延伸产品三个层次的组合。

（2）现代产品既具有有形价值，又具有无形价值，广告策划必须充分了解产品的使用价值、社会价值、宣传价值和竞争价值，使广告活动有的放矢。

（3）成功的广告策划是建立在有计划的产品分析基础上的，通过对产品的生命周期、产品形象、产品物质特点和产品识别标志的分析，把握广告产品的特异之处，确定产品的销售重点和广告诉求重点。

（4）广告策划的重大课题是要使广告产品在人们心目中确立一个适当的位置，留下值得购买的印象，这就是广告产品的定位问题。广告产品的定位策略分为实体定位策略和观念定位策略。前者主要包括功效定位、品质定位、市场定位和价格定位等；后者主要包括逆向定位和是非定位等。广告产品能否符合消费者需求是广告成败的关键。

策划案例赏析4

中国银联

中国银联广告
(资料来源：https://www.meihua.info/shots/3398939059848192)

策划背景

互联网时代，广告的形式不再局限于图文，动图、短视频、宣传片、H5等都是现代新兴的媒介手段。形式的创新带来了内容的改革，广告策划的创意是一则广告的灵魂。中国银联的广告，在人们心目中确立了一个特殊的位置，做到了产品自身的精准定位。在广告呈现中，文案利用"银行"和"很行"字形上的相似，宣传了银联的无形价值，引起了中国人民的民族自豪感与荣誉感，树立了品牌在消费者心中的稳定印象，从而获得良好的广告效果。

第四章 产品认识与定位

专家点评

　　中国银联的动图广告一经推出就受到了广泛关注，它定位于中国所有银行，选择"很行"作为广告的鲜明特点，有力地传递了正面积极意义。结合改革开放40周年以来中国交通业、工农业、科技实力等各方面的进步，全面展现了中国银联不仅仅是个银行卡组织，在它背后支撑它成功的是强大的中国，从而形成了产品的社会深层价值，增强品牌认知度和品牌联想度；广告在画面和文字上有着巧妙的创意，结合了中国山水建筑和银行卡造型，具有很强的中国性，为品牌打上了深深的中国烙印，突出了一个强大的中国金融品牌形象，动图的展现形式更增强了画面的视觉冲击力；中国银联设计的广告语"付出必有回报"也具有双关语义，它不仅仅贴合了银行业的借贷生息业务，更代表着中国人民对于祖国的付出都有回报这一深远的意义，成功提高了品牌的声誉度和信誉度，增强了消费者黏性。

　　需要进行市场细分与定位的情况一般有以下三种。① 产品概念已成熟或产品已研发完毕或产品已投放市场，用来确定目标消费人群；② 没有成熟产品概念或现有产品需定位，用来寻找市场空白点和机会点；③ 针对消费者潜在的一般性需求，用来预测与评估目前市场细分状况和未来可能机会点。总之，都与产品有关。下面我们就围绕产品来研究一下产品内涵与广告的诉求。因为，成功进行广告策划创意的前提是了解产品，熟悉产品，准确地根据市场动向进行产品的分析和研究，并采取相应的广告策略以配合广告策划的实施。

第一节　产品认识

一、产品的概念

　　产品不仅是指产品自身的有形物质实体，还包括一切能够满足消费者需求和利益的无形服务及其他因素，即凡是能够满足消费者需要的因素都属于产品范畴。产品是消费者所能获得的"满意的组合"或"效用的组合"。

　　现代产品概念又称为整体产品概念，这种产品概念是现代市场观念的产物。广告策划与创意对产品的研究不仅是指对实体的产品、物质的产品孤立的研究，而且也是对产品能够满足人们所有需要的整体研究，包括对产品的性能、质量、价格、包装、服务等许多有形和无形因素的研究。

　　整体产品概念把产品理解为核心产品、有形产品、延伸产品三个层次的组合。广告策划对于产品的整体研究基本上包括这样三个部分。

1. 核心产品

核心产品又称实质产品，是指向消费者提供的基本效用或利益，这是产品的核心内容。例如，洗衣机能够提供给消费者的核心利益与价值是可以减轻人们日常洗衣服的家庭劳务负担。这是广告宣传产品的根本出发点。

2. 有形产品

有形产品是核心产品借以实现的形式，也就是向市场提供的产品的实体和劳务的外观。它包括产品的商标、厂牌、价格、质量、包装、式样和设计特色等，它对消费者认同和选购产品有巨大的影响力。在广告策划中如果能把产品的实质性与外观性完美地结合起来进行宣传，就会对消费者产生巨大的促买作用。

3. 延伸产品

延伸产品又称无形产品或扩增产品，是指消费者购买有形产品时所能得到的利益总和，也就是有形产品所产生的基本利益和随同提供的各项服务所产生的利益之和。如交货、维修、安装、使用指导、产品担保以及提供的各种售后服务等，它能使消费者获得更大的满足。现代大多数产品结构技术含量高，比较复杂，消费者有使用有服务保证的产品的心理。所以，抓住对产品扩增或延伸特性的宣传是广告诉求的重要方面。

以上三个部分构成了产品的整体观念。广告的策划和创意只有努力从产品的整体性能出发去宣传介绍产品，才能满足消费者对产品整体的需要，广告宣传才能发挥其应有的功效。

二、产品的类型与组合

产品可以依其用途与目的不同分为消费品与工业品两大类。

消费品是指向消费者出售的所有商品和服务。消费品一般又可以分为易购品、选购品和特购品。

易购品包括日用品、急用品和临用品，是消费者常用、急用和临时冲动性购买的产品。选购品是指顾客购买前感到有必要花费一些时间和精力从几个不同的商店进行比较和挑选的产品，如家用电器、屋内装饰等。特购品也叫特殊品，是消费者愿意做出特别努力去购买的消费品，如古董、名画等。

工业品即生产资料，是为满足生产者生产需要而生产的商品。工业品又可以细分为主要设备品、辅助设备品、原料与消耗品、零件与半制成品四大类。

广告策划对于产品的分析研究不仅要求把握产品类别，而且还要深入了解产品的系列及品种结构，即产品组合。产品组合指企业生产或经营的全部产品线、产品项目的组合方式，这里产品线指一组密切相关的产品，又称产品系列或产品类别。产品项目指在同一产品线或产品系列下不同型号、规格、款式、质地、颜色的产品。

产品组合可以从广度、深度和密度三方面进行分析。

1. 产品组合的广度

产品组合的广度又称产品组合的宽度，指企业生产经营的产品线的数目。大中型百货商场、综合商店经营的产品种类较多,产品组合的广度较宽,而专业商店经营的产品种类较少,产品组合的广度较窄。

2. 产品组合的深度

产品组合的深度指各产品线的产品项目的数量。一个企业每年产品线所包含的产品项目数往往各不相等,有的多,有的少。专业商店经营的产品种类较少,但同一产品种类中规格、品种、花色、款式较为齐全,产品组合的深度较大。

3. 产品组合的密度

产品组合的密度又称产品组合的关联性,指各产品线在最终用途、生产条件、分销渠道及其他方面相互关联的程度,即产品种类之间的一致性。一般而言,实行多元化综合经营的企业,因同时涉及几个不相关联的行业,各产品线之间相互关联程度较为松散,而实行专业化经营的企业,各产品线之间相互关联的程度则较为密切。

产品组合的广度、深度和密度不同,就构成了不同的产品组合。

广告的产品研究应该了解每一企业究竟能提供或生产多少种产品类型或产品线,同时还必须考虑竞争者的产品组合。

进行产品研究的重要一环就在于研究产品是否符合消费者的需要。企业的整个产品序列必须优化组合,以最大限度地满足消费者需要。

当企业把满足每位顾客的特定需求作为己任时,"定制营销"就产生了。这种"一对一的定制营销"模式,戴尔计算机公司做得最出色。它不只是满足某一顾客特定需求的个别行为,而是在满足顾客多样化、个性化需求基础上,借助现代最新技术的大规模定制。"戴尔制"营销的适用范围十分广泛,不仅可以用于电脑、冰箱、皮鞋、自行车等有形产品,也可用于无形产品的定制,如金融咨询、信息服务等。

认识和把握产品的类型与组合对于广告的策划与创意具有重大影响。从产品的类型来讲,只有依据产品的不同分类,才能明确广告的宣传对象、宣传方法以及媒体选择等广告战略与策略。从产品的组合来讲,企业要想使自己生产经营的产品适销对路,有竞争力,除了根据不同目标市场的需要决定生产经营的产品系列和品种、实现产品的优化组合之外,很重要的就是企业在拓展产品组合的宽度、深度和密度的同时,采取有效的针对性的广告宣传来配合、实现促进销售、增加利润的目的。如果产品畅销,深受消费者欢迎,其广告策划就不是以告知性为主题,而是以提高企业声誉、树立企业形象、弘扬企业观念为主要目的。尽管上述广告策划与创意在内容上不同,但相互间又有着密切联系。因此,广告的策划与创意一定要根据产品的具体情况(包括产品类型与组合)而定。

三、产品的价值

了解产品的价值是产品认识的进一步深化。在市场经济条件下,既要注重产品的有形价值,又要注重产品的无形价值。

产品的好处是使人的需要得到满足,并感到"买这种产品很值得"。这种评价所反映的是主体与客体之间通过价值关系运动所形成的一种客观的不依赖于人们的主观意识而独立存在的客观事实。

产品的价值除了有形的一面外,还有无形的一面。例如,消费者对某一产品的牌子持肯定态度,这一牌子的产品形象就具有了价值,即这种无形的形象创造了产品的无形价值。

一般地说,在市场经济条件下,产品的价值集中表现在如下四方面。

1. 产品的使用价值

产品的使用价值是指能够满足人们某种需要的物品效用。从某种意义上讲产品的使用价值应排在产品价值的第一位。

从产品使用价值角度分析是广告策划中大量出现的主题。但应该注意的是,把大家熟知的用途作为广告的主题是无意义的。所以,一般地说,产品要从使用价值角度使广告具有挑战性,主要考虑以下问题:① 产品的感官效用,如外观、形式、颜色、声音、触觉等方面有何优点或特点,对于家具、有装饰作用的用品、高档耐用品、家用电器等感官特点往往很重要;② 各种用途和用法,如产品具有功能上的特点等;③ 使用成绩;④ 用户的社会构成,利用名人效应来确立市场位置是非常有效的;⑤ 用户对于商品的赞扬;只要这种赞扬是可信的,也很容易使广告成功,用新闻报道形式往往很有效;⑥ 使用中的方便和乐趣;⑦ 使用过程中的品质、保险及维修;⑧ 包装方面的特点等。

2. 产品的社会价值

一个企业、一个产品的发展应该顺应社会,不仅要考虑产品的利润,还要考虑它的社会价值和社会责任。首要的是它必须满足消费者的需求。消费者的需求有传统的需求,也有新潮的需求,有一般的需求,也有绿色环保的需求。在我国社会经济发展的同时,企业要学会重视其产品的社会价值和社会责任。否则,任何产品及其生产企业不可能有可持续的发展。例如,中国最大的健身综合企业英派斯集团花费1年时间研发并推出了"会呼吸的电动跑步机"。"会呼吸的电动跑步机"的诞生得益于"英派斯"对市场反馈的重视。常去健身俱乐部健身的人们觉得有些健身房的空气污浊,甚至已严重影响到人们的健康。这种情况经媒体披露后引起了社会广泛的关注。作为健身器械的制造商,英派斯人敏锐地捕捉到这个信息。他们意识到,绿色环保是当今世界的潮流,而作为健身行业绝不能危害人们的健康。为此,他们决心创造出一种能最大限度净化空气的健身器。经过科研人员的精心设计,一种绿色环保、"会呼吸"的负离子电动跑步机面世了。这种跑步机可以不断地制造负离子,在跑步机的周围形成大范围的、富含负离子的清新空气,使在室内锻炼的人们就像身处雨后原野里一样心旷神怡。不管在健身房里还是在自家居室里锻炼,人们再也不必担心空气质量。一个产品的社会价值最终决定于市场对它的需求。在一个不断细分的市场里,要想取得超群的社会价值,自然要顺应市场细分的总趋势。英派斯人在长期的市场竞争中不断感悟着这个道理,并把这种感悟融入自己的产品设计理念[1]。

---

[1] 《英派斯健身器世界品牌中国造》,《中国体育报》,2004年2月27日。

3. 产品的宣传价值

这是产品通过生产和使用而达到人们的共识和对新科学、新技术、新包装、新用途的反映。使人们由产品看到整个社会和人类进步的缩影。同时，也使人们从这个宣传的价值中得到启发，以促进产品的不断更新换代。

电脑作为科技进步的代表之一，带来了便利的同时也引起了很多上班族的健康问题。由于长时间的电脑作业，颈椎病成了白领的通病，它不但降低了员工平时的工作效率，甚至还对日常生活造成了一定的影响。如何解决这个棘手的问题？深圳海兰电子有限公司推出了G20 Pro办公一体机，搭载电竞升降旋转底座，不同角度、不同高度的随心调节是它最大的卖点，满足了工作人士的多种需求。

图4-1　G20 Pro升降旋转展示

图4-2　G20 Pro显示屏

从上面的产品介绍图片中我们可以看出这款G20 Pro的商务定位。它搭载了21.5英寸LED背光高清显示屏，屏幕比例为16:9，分辨率1 920×1 080，机身仅仅11 mm，并搭载三面微边框，边框宽度仅为2 mm。它还拥有科技感十足的配套设备，支持屏幕向左向右旋转最大达到45°，还可实现横竖屏的随时切换，具备178°超广视角，再配合屏幕不同的仰角或俯角，就可调出适合每个人的完美视角。例如在晴天朝向窗口的工位的屏幕就会严重反光，而G20 Pro的设计就可以很好地避开光线，提高工作的效率。

4. 产品的竞争价值

产品的竞争价值是产品生产者之间争取最有利的生产和销售条件所进行的争夺的具体体现。一个新的、适用的产品就体现出生产者与其他生产者在争取利益方面的竞争，也正是这种不断的竞争才促进了产品的进步。

总之，通过对产品价值的研究，我们对产品有了更深的了解和认识，这样就会使我们在把产品投放到市场上使之成为商品时，不至于被其假象所迷惑，特别是在进行广告策划和广告宣传时，会更加有的放矢，使广告的产品定位更为准确。

第二节 产品分析

当代美国广告思想家威廉·伯恩巴克指出："如果要我给一个人忠告的话，那就是在他开始工作之前先要彻底地了解他所要做广告的商品。你的聪明才智、你的煽动力、你的想象力及创造力都要从对商品的了解中产生。"伯恩巴克在这里意在说明产品分析对广告策划的重要性。因此，在进行广告策划与创意时，除需要注意收集有关产品的广告资料外，还要有计划地对广告产品进行系统而深入的分析。通过产品分析，把握其品质、性能、价格方面的特异之处，把握其优异于其他同类产品的独到之处，把握它在市场上所处的特殊阶段，明确产品的主要销售对象，明确其个性内涵与精神意义，以便确定产品在市场上的位置，确定产品的销售重点及广告诉求重点，争得消费者的关注与青睐。所以，深入分析产品是现代广告策划创意中的重要一环。

一、产品生命周期分析

产品生命周期是指产品在市场上营销的延续时间，具体是指产品从投放市场到最后被淘汰的全过程。典型的产品生命周期包括四个阶段：引入期、成长期、成熟期和衰退期（图4-3）。

第一阶段为引入期，又称介绍期。是指新产品经过了开发设计和试制阶段转入小批量生产，投入到市场进行试销的阶段。这一时期产品的研制生产费用高、批量小、宣传广告耗费大，在财务上可能出现亏损。

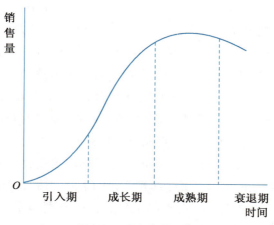

图4-3　产品生命周期

　　第二阶段为成长期，又称增长期。是指产品经过引入期开始被市场接受，大量上市销售阶段。这个时期产品销售量急剧增长，产量增大，生产工艺及设备逐渐配套，成本逐步下降，在财务上开始有盈利，利润不断增长。

　　第三阶段为成熟期。是指产品已占有一定的市场份额，销量大而稳定，但增长率已不如增长期。这一时期产品已基本普及，竞争也相当激烈，销售额已不再增长，甚至趋于下降，预示着衰退期即将到来。

　　第四阶段为衰退期，又称滞销期。是指产品已经老化，不能适应市场的需要，市场上已有更新更廉的产品足以满足消费者的需要。这一时期产品的销售量和利润都会呈现锐减的趋势，甚至还会出现亏损，直到被市场淘汰。

　　绝大多数产品都要经历这样四个阶段。但由于产品种类不同，产品生命周期的长短不尽相同。处在不同的生命发展阶段的产品其工艺成熟程度、消费者的心理需求、市场竞争状况和市场营销策略等也具有不同的特点。广告策划必须与此相适应，在广告目标、诉求重点、媒体选择和广告实施策略等方面要有所不同。

　　在产品的引入期和成长期前期，新产品刚进入市场，产品的品质、功效、造型、结构等都尚未被消费者所认知。这时的广告宣传以创牌为目标，目的是使消费者产生新的需要，因而适宜采用以告知为主的广告策略以突出新旧产品的差异，向消费者介绍新产品的有关知识，使消费者对新产品有所认识，进而引起兴趣，产生信任感，并大力宣传产品的商标和品牌，扩大产品知名度。同时，培养一批广告产品的早期忠实使用者，并逐步过渡到普遍采用，借以形成时尚。所以，在产品的导入阶段，广告策略应以卓有成效的广告宣传、较多的广告费用、综合运用各种媒体，配合促销推广活动，造成较大的广告声势，使新产品迅速打入市场。

　　在产品进入成长期后期和成熟期，产品在市场上已为消费者广泛认识与接受，销售量稳步增长，利润已有保证。与此同时，同类产品也纷纷投入市场，竞争日趋激烈。尤其是在产品进入成熟期后,产品工艺稳定成熟,消费者已形成使用习惯,产品销售达到顶峰,新产品变成普及产品,同类产品竞争更为激烈,广告宣传也相应进入中期阶段。在这一阶段,广告的目标从介绍产品、提高知名度转到突出产品特色、建立产品与品牌形象、争创名牌上来。广告宣传对象主要针对产品的中期与中后期使用者,以巩固原有市场并开拓新市场,展开竞争性广告宣传,引导消费者认牌选购为主。广告诉求必须具有强有力的说服力,突出宣传厂牌与商标,巩固企业和产品的声誉,加深消费者对企业和产品的印象。

在产品进入饱和期和衰退期之后,产品供求日益饱和,原有产品已逐渐变成老产品,其他新的产品已逐步进入市场。这一时期的广告目标应重点放在维持产品市场上,采用延续市场的手段保持产品的销售量或延缓销售量的下降。适时运用广告提醒消费者,以长期、间隔、定时发布广告的方法及时唤起注意,巩固习惯性购买。广告诉求重点应该突出产品的售前、售中和售后服务,保持企业荣誉,维持老用户和吸引后期新用户。

二、产品形象分析

产品形象是较难把握的概念,因为它不仅是人们主观的观念,而且又是由公众的主观观念汇集起来的。任何产品都有满足社会生产和人民生活需要的使用价值,即它的质量、性能、用途、商标等能给人们带来什么好处,这一切构成了产品的品格,形成产品在人们心目中的形象。

产品形象一旦形成就会在某种程度上脱离产品的具体特点,表现为两种情形:一是某种产品在消费者心目中的形象一旦形成就具有一定的延伸性和惰性。人们对产品的印象都是从某个具体的产品产生出来的,当这个特定印象形成之后又会转移到几乎所有该系列产品上去。对其一般不足之处也会持宽容态度的,除非该产品发展令人大失所望。二是消费者对产品的印象并非就是产品的种种具体特点。人们对产品的印象具有能够传播开去的特点,它能够脱离产品的某些具体性能而在社会上广为散发。这种形象一般只被"好""不好""一般"等词所概括,而不是对产品各种性能的具体评说。

产品形象对于企业经营来说至关重要。现代企业正逐渐将竞争的重点从质量、价格、性能等硬指标方面,转向软的综合指标——产品形象的追求。而成功的广告活动是塑造产品形象的有力手段。

通过广告策划和创意来塑造产品形象,其前提是产品必须是经受了市场考验的优质产品或具有生命力的产品。一切优质产品总有其过人之处,在广告策划创意时就要抓住这一点,着重宣传其闪光点,即其他同类产品所不具有的优点、特点,这样的广告往往具有说服力。

在激烈的市场竞争中,要树立起经久不衰的产品形象,最根本的当然是内在质量好。但内在质量好的产品比比皆是,如果广告仅仅着眼于介绍产品特性,其策划和创意也就平淡无奇。当代美国销售学专家韦勒有一句名言:"不要卖牛排,要卖烧牛排的!!声。"韦勒认为:"产品广告如果仅仅是将产品简单地介绍给消费者,那是难以吸引消费者的。广告应在介绍使用,或享受这种产品时,赋予其一种生动、美好的印象——如果这种形象是独一无二的,那么效果更好。"

万宝路香烟的广告创意就是按照"韦勒原则"来策划的。它不去介绍香烟的质量、历史,而是在画面上设计了奔驰的烈马和美国西部牛仔,它使人产生这样的印象:享受万宝路就如同享受自由自在、奔驰不羁的奔马的豪放之情。这种自由生活正是现代人所十分向往的。它唤起了当代年轻消费者的情感。被公认为具有"令人无法抗拒的想象力"的万宝路香烟的广告形象在中国变成了安塞腰鼓、长城、故宫,但万宝路的气势不变、精神不变。可以说,万宝路卖的不是香烟,而是形象。

三、产品物质特点分析

产品的物质特点是产品分析的重要步骤。开展广告活动时必须将产品的物质特点作为广告诉求的基础;消费者对产品印象的形成也是从了解产品的物质特点开始的。因此,分析产品的物质特点,有助于把握消费者对广告产品形成印象的大致趋势,以保证广告运动围绕产品的优势与特色展开诉求,达到引起注意、刺激欲望、导致购买的目的。

进行广告策划时,尤其要重视对产品物质特点的分析。各种不同的传统、心理状况和环境因素都可以引起消费者对产品有不同的爱好和要求。消费者对产品的各种具体要求表现在产品的各个不同方面。从广告策划的角度讲,主要应该抓住如下三项。

1. 用料

分析广告产品所使用的原材料及原材料的产地、性质、特点,与同类产品相比,产品的原材料有无优势。如果为工业用品、食品、药品等做广告宣传时,必须对产品的用料进行深入了解和分析,并在广告中加以适当而求实的介绍。对于出口产品,必须考虑出口对象国政府或其他有关机构对产品健康与安全的有关规定,以及消费者的爱好、要求和当地的风俗对产品用料产生的影响。

2. 用途性能

分析广告产品究竟是为何目的而研制生产的,可以满足消费者或用户的哪些具体要求,如何操作使用;分析产品的性能,能承担完成哪些方面的工作,工作的效率和效果如何;工业产品的各项技术指标,家庭用品的独特性能等;还要分析广告产品与同类产品相比具有哪些优点与独到之处,即使用该产品将为消费者或用户带来哪些具体的利益。这是确定广告宣传重点和进行产品定位的关键所在。

3. 产品外观

主要分析产品的外形特色、规格、款式等。

(1) 色彩。不同地区或同一地区的不同消费者因其生活方式、生活习惯和文化背景不同,对色彩的喜好各不相同。尤其是日用消费品,同一种颜色,在这个地区很受欢迎,在另一地区则很忌讳;或者为一个消费者阶层所喜爱,却为另一个消费者阶层所嫌弃。如阿拉伯地区的民族喜爱鲜明醒目的颜色胜过柔和淡淡的颜色,把粉红色、紫色和黄色作为消极的色彩；而在佛教影响深远的东南亚地区，黑色被认为是丧色等。同时，消费者对色彩的选择还具有某种象征意义，同是一种色彩，用在这种产品上合适，但用在另一种产品上则不为人接受。此外，人们对产品色彩的爱好和要求还会在一定的范围内发生经常性的变化，这在服装的流行上表现得尤为明显。

（2）规格。同色彩一样，消费者对产品规格和尺寸方面的要求和喜爱也是不一样的，并通过具体的产品选择表现出来。如有的要求产品规格大，有的则要求产品规格小。女表要求小巧玲珑，男表则要求大方庄重。所以，产品分析既要考虑到使用上的舒适、方便，又要考虑到使用上的安全可靠，同时还要考虑适合不同性别、年龄、职业人的需要。

（3）款式。分析消费者对产品式样和类型方面的喜爱和要求是制定营销策略和广告策划不可缺少的一个步骤。同样质地的产品，款式新颖更能满足消费者在享受产品的同时对美的追求。所以，广告策划抓住产品销售的目标细分市场的各类消费者所喜爱的式样和类型以及近期可能出现的变化情况，向特定消费者集中诉求就可以得到良好的宣传效果。

（4）产品配套。产品在产品系列中所处的地位，和产品配套使用的特性是产品分析的重要方面。产品在产品系列中的地位有主从关系，如皮鞋与鞋油；配合关系，如牙刷与牙膏；替代关系，如彩色电视机与黑白电视机等。产品配套使用是消费者生活方式的要求。人们不仅对产品结构上要求大小配套，而且在产品外观上要求色彩协调，并要求产品必须与人们的生活环境、工作环境及社会环境在整体上保持一致。广告策划针对产品在其系列与配套中的特点去宣传就能适应特定消费者的需要。

（5）产品工艺与技术。产品的工艺与技术指标无论对于工业用户产品还是消费品而言都是十分重要的。广告策划中对产品的分析必须关注广告产品在生产过程中使用的加工设备、采用的生产技术、依照的科学原理，特别是生产过程对产品用料的影响，对产品质量与产品性能的影响等。例如，SectorQube公司推出的Maid智能微波炉，打破传统微波炉食谱较少的局限，搭载智能操作和远程连接设备，让用户能够随时随地通过手机下达烹饪指令。Maid还搭载了食谱商店，用户只要下载自己想要的菜谱，Maid就能根据指示完成洗菜、搅拌等前期工作，还能根据用户的口味个性化地调整烹饪时间和温度。科技是要给人用的，所以，广告设计不能只是生冷的科技。这支广告不仅是要卖智能微波炉，更重要的是要让用户感受到品牌的科技创新能力和时尚追求。

（6）产品服务。产品服务有无特色也是产品分析不能忽视的重要方面。产品服务分售前服务、售中服务和售后服务，有的产品在售前可以让消费者试吃、试穿、试用后再购买；有的产品如服装等，售中售货员不但充当顾问帮助消费者选购，还可为顾客充当模特，让顾客亲睹试穿效果；有的产品如大件耐用品电冰箱等，不但可以免费送货上门，还可在售后免费维修或更换。广告策划就要注重这些方面产品服务特色的宣传，这是增强消费者对广告产品信任感的重要因素。

（7）包装。包装是实体产品的一个重要组成部分。以往的产品包装仅出于便于贮藏与有利于运输方面的考虑。但随着市场的发展,产品的销售形式从原来的自然销售转向推销促销,包装也就具有广告的作用。随着零售超级市场的兴起和社会整体消费水平的提高,特别是炫耀性消费、精神性消费愈来愈普遍,更带动了工商企业及消费者对产品包装的重视。在广告策划中,包装是必须认真分析的一个产品特点。分析产品包装主要是分析造型是否美观大方,包装质量与产品价值是否协调,是否能够显示产品特点与独特风格,文字设计是否直接回答了消费者最关心的问题,包装装潢所用的色彩、图案是否符合消费者的心理需求,是否与民族习惯、宗教信仰相抵触等。在现代市场经济条件下,包装不仅涉及产品形象问题,而且还涉及广告促销的重要策略问题。

四、产品识别标志分析

广告作为一种有力的宣传促销手段,特别要注意如何生动地将产品的识别标志告知消费者及用户,使之留下鲜明深刻的印象,以便记住它,了解它,偏爱它。产品的识别标志是其名字、外貌特点、个性特征的总称。分析产品时,应特别重视的识别标志是商标、标志、口号、产品代表。

1. 商标

商标是商品的标志,它既是区别不同生产者和经营者所生产的商品的特殊标志,又是区别同一种商品的不同质量和特点的专用记号。商标有多种形式:有文字商标,包括中文字形变化与外文字母变化;有图案商标,即将人物、器物、动物、植物或自然环境加以简化,并进行艺术创造后形成的图案;有符号商标,即由各种几何图案组成;还有组合商标,即文字、图案和符号相互配合运用组成。

商标是人类进行社会活动和经济活动、沟通产销的一种媒介和传播信息的手段。它受到国家的法律保护。其作用表现在:第一,监督并促使企业保证产品质量;第二,维护企业正当权益;第三,保护消费者的利益;第四,促进产品的销售。

一位日本学者说:"商标是商品的脸。"这个比喻很形象。世上有长得漂亮、惹人喜爱的脸,也有长得丑、令人讨厌的脸。一般来说,人们都喜欢前者而不喜欢后者。商品的脸也是一样。有人喜欢这个牌子,有人讨厌这个牌子。如果广告人在广告中能为商品塑造一幅形象感人的"脸",商标的信誉价值就会发生变化。如果信誉价值提高了,产品销量就会大幅度提高。因此,商标的形象和信誉对实现广告目标,提高企业的经济效益起着重要作用。

从现代广告策划的角度,对商标的分析应着重抓住如下问题:① 商标是否独一无二,应避免与他人的商标雷同或类似;② 商标是否将企业与产品的特点充分表达出来,并使它具有一定的意义;③ 商标是否美观大方、构思新颖、造型独特、有吸引力,便于广告促销;④ 商标是否简洁鲜明,易看易记。

2. 产品(或服务)标志

产品(或服务)标志是创造企业形象最重要的手段。进入信息社会的今天,标志的概念早已超出了其本身的含义,应用范围更加广泛,它不仅是企业与产品的代表符号,而且是质量的保障,是沟通人与产品、企业与社会的最直观的中介之一。标志作为一种世界性的语言和文明的象征,展示了新的价值。

标志可以起到让消费公众识别产品或服务的作用。为了能够进行广告宣传,企业应设立一个企业标志,由它来统领本企业的商标。在广告宣传中除突出商标外,还应明确突出企业标志,以便给消费者留下一个完整的印象。分析识别标志,主要看其是否表达了企业的特点,是否鲜明醒目。

现代企业如此重视其产品或服务标志绝非出于对艺术的爱好,而是因为名牌标志具有良好的促销力,能帮助企业走向成功之路,给企业带来巨大的市场效益。

当前世界驰名的标志"身价"高得惊人,见表4-1。

表4-1 世界驰名标志的"身价"

	市场价值/10亿美元			销售额/10亿美元	
1	通用电气	309.46	1	沃尔玛商场	217.80
2	微软	275.70	2	埃克森美孚	213.49
3	埃克森美孚	271.23	3	通用汽车	175.35
4	沃尔玛商场	240.91	4	英国石油	174.22
5	花旗集团	223.04	5	福特汽车	162.41
6	辉瑞	216.78	6	戴姆勒-克莱斯勒	136.07
7	荷兰皇家/壳牌	194.55	7	荷兰皇家/壳牌	135.21
8	英国石油	192.12	8	通用电气	125.91
9	强生	186.94	9	丰田汽车	121.72
10	英特尔	184.67	10	三菱	112.97
	利润/10亿美元			股价涨幅/(%)(自2001年以来按美元计算的百分比变化)	
1	埃克森美孚	15.11	1	AUTOZONE	148
2	花旗集团	14.28	2	EXPEDIA	138
3	通用汽车	14.13	3	AETNA	105
4	荷兰皇家/壳牌	10.85	4	MOHAWK INDUSTRIE	105
5	英国石油	9.88	5	OFFICE DEPOT	100
6	菲利普·莫里斯	8.57	6	MICROCHIP TECHNOLOGY	95
7	辉瑞	7.75	7	SUPERVALU	94
8	IBM	7.72	8	PG & E	89
9	微软	7.72	9	帝国烟草	87
10	默克	7.28	10	牛津健康计划	76

资料来源:摩根士丹利资本国际公司、标准普尔计算统计中心,《商业周刊/中文版》,2002年第8期。

难怪美国可口可乐公司的一位经理断言：即使一夜之间他的工厂化为灰烬，他可凭借可口可乐的标志声誉从银行立即贷款而重建工厂。可见，对拥有名牌标志的企业来说，标志就是企业自身发展的一笔巨大的资产，是销售额、利润及股价涨幅的依托与保证。

3. 口号

用一句口号来代表一个产品是从早年叫卖形式中继承下来的，因其颇为适用于广告宣传，故而在现代产品推销中又受到垂青。在广告策划中，分析产品口号主要包括：第一，广告口号语言要简练、朗朗上口、通俗易懂、合辙押韵；第二，广告口号要情趣相兼，号召力强；第三，广告口号要突出产品或服务的特点，语言要高度概括；第四，广告口号要符合民俗且让人喜闻乐见。

4. 产品代表

产品代表也是一种常见的标识产品或服务的方法。这个代表可以是一个人物形象，也可以是一个动物形象。如加拿大直升机公司就是把和直升机有相同飞行性能的蜂鸟的象征图形作为其产品代表。蜂鸟美丽灵巧，有高超的飞行技术，且善于在空中短暂停留的本领类似直升机的性能，选择它来代表直升机公司的产品不仅十分恰当，而且也使人产生一种轻松欢快的美好联想。

广告策划对产品代表的分析主要是看其人物形象或动物形象是否同特定消费者的民族习惯、宗教信仰等相违背，是否能够同特定消费者的心理与情感相沟通。

第三节　产品定位

一、产品定位的概念

产品定位的概念是由美国两个广告经理艾尔·里斯和杰克·屈劳特于1972年提出来的。他们认为：为了适应消费者心目中的某一特定地位而设计企业的产品和市场营销组合的行为就是产品定位。定位起于一件产品、一种商品、一次服务、一家企业、一个非营利机构，或者甚至是一个人，定位并不意味着企业对一件产品本身做些什么，而是企业在有可能成为顾客的人的心目中做些什么。也就是说，企业得给产品在有可能成为顾客的人的心目中确定一个适当的位置。

由此可见，"产品定位"就是根据消费者对于某种产品的重视程度，而对企业的产品予以明确的市场定位。通俗地讲就是明确产品应在何时、何地、对哪一个阶层的消费者出售并有利于同其他企业的同类产品的竞争。

从广告策划的角度看，产品定位是广告诉求的基础。没有商品的位置就不能决定商品的推销计划和广告所要达成的目标。现代市场经济条件下，人们对于产品的认识往往是根据自己的了解和需要在心目中把产品排成一个顺序,通过横向纵向对比,显示其差别。位置越高的产品或占有特定位置的产品最容易受到消费者的注意,使之产生兴趣并促成销售。这一系列过程就是产品定位的过程。那个位置就是产品在市场上的位置,以及在消费者心目中的位置。

广告的最终目的是促进产品的销售。对于一个企业而言,企业与消费者的关系是通过产品来沟通的。对于广大消费者来说,对于产品的要求,不仅是对产品的占有,更重要的是希望得到某种需要的满足。如果企业设定了一个商品,就应该从实际的市场中去考查和核定该位置是否能存在于广大消费者的心目中,以保证这个位置不会凋落。而一旦找到并确定了产品的位置,就要竭尽全力保持住这个位置,特别是要通过有效的广告活动使产品扎根于消费者心目中并在那里确定自己不可取代的地位。

这里需要说明的是产品定位和广告定位是两个不同的概念。前者是确定产品在市场上的位置,后者则是确定产品在广告中的位置。但两者又有密切的关系:广告定位是产品定位在广告中的体现。广告定位策划的任务就是要解决在广告中给产品确定一个什么地位,突出一个什么形象,创造消费者对产品的何种特有印象等问题。广告定位离不开产品定位。产品定位越明确,广告定位才越准确。所以,确定广告定位,应该从产品定位分析开始,产品在人们心目中居于什么地位,能够给人们带来什么好处和利益,知名度和信任度如何,这一切构成了产品在人们心目中的形象(即位置),这种形象就是广告定位所追求的效果。

反之,广告定位又影响产品定位。一个树立了以消费者为中心的经营思想的企业应该懂得,要提高产品在消费者心目中的地位,首先就必须有针对性地进行广告宣传工作,并通过广告来实现产品定位,使之引起消费者的注意,进而引导消费者的购买。

例如图4-4辣椒酱的广告,一个脑满肠肥、一身短装的男子,坐在椅子上啃吃着比萨饼,吃着吃着,他仿佛想起了什么,翻找出那瓶亨士辣椒酱,涂抹在比萨饼上。涂完之后更加起劲地吃起来。由于辣劲的发作,脸上红彤和油汗双显。这时,源于生活又高于生活的广告创意来了:伴随着一阵阵悠悠的蚊鸣声,一只蚊子正盘旋着寻找吸血的落脚。蚊子嗡嗡地落在胖男人的壮腿上,胖男人斜觑了一眼,依旧气定神闲。蚊子使劲吸足血后,心满意足地飞离了那只胖腿。只见蚊子将出门而未出门之际,突然自身发生了爆炸!一团小的火焰从蚊子小小的身躯向四周扩散着……这就是"辣"的力量!这样的广告怎不叫

图4-4 亨士辣椒酱广告

你辣到心尖,辣得叹为观止?其产品印象怎会不深植于受众的潜意识里?

可见,正确的广告定位有利于进一步巩固产品定位。甚至在某些情况下,错误的产品定位能被正确的广告定位所挽救。但需要指出的是,在产品生产之前必须有正确的产品定位,"亡羊补牢"毕竟是下下策。

二、产品定位策略

广告产品定位策略是在广告活动中通过突出商品符合消费者心理需求的鲜明特点确立商品在竞争中的地位,促使消费者树立选购该商品的稳定印象。其主要特点就是突出产品的个性,即同类产品所不具有的优异之处,而这些优点正是为消费者所需求的。广告产品能否符合消费者的需求是广告成败的关键。广告产品定位策略包括实体定位策略和观念定位策略两大类。

(一)实体定位策略

实体定位策略就是在广告宣传中突出商品的新价值,强调与同类商品的不同之处和所带来的更大利益。实体定位策略可分为功效定位、品质定位、市场定位和价格定位等。

1. 功效定位

功效定位就是在广告活动中突出产品的特异功效,使该产品与同类其他产品有明显区别,以增强选择性需求。它是以同类产品的定位为基准,选择有别于同类产品的优异性为宣传重点,以增强产品的竞争力。

一般来说,人们在选购产品时都十分注重产品的功能与实用性。人们是不会对任何没有功效的产品形成购买动机的。所以,在进行功效定位时,就必须注意研究商品的性能。尤其应该突出产品的独特功能;突出产品的高效功能;突出产品准确无误;突出产品效率高且快速安全;突出产品的节能特点;突出产品的新技术……这样就会使商品的功效深深地印在消费者的心中。

例如,P&G公司的洗发水就是通过突出产品功效而击败众多竞争对手的。去头屑专家海飞丝;从发根滋润到发梢的新潘婷;令头发飘逸柔顺的飘柔。再如,羽西化妆品不脱色唇膏"不易脱色——无论你亲吻筷子、茶杯、还是……它处处不留痕"。这些都是运用功效定位的典范。在产品的导入期,功效定位是优先考虑的定位方法之一。

2. 品质定位

品质定位是通过强调产品具体的良好品质而对产品进行定位。其实质也就是通过广大消费者对产品品质的认识来启动自己的需求欲望和购买欲望并在其心目中确定产品的位置。

产品品质和质量的定位,在定位理论中占有很重要的地位,绝不能忽视。特别是在我国国民的购买力并不是很高的情况下,消费者在选购商品时,质量问题总是被看得很重。

因为质量好,则可以耐用,不必经常为质量问题伤脑筋,同时,也可以减少投资花费。所以很多企业在推销自己的产品时,大都非常注意产品质量的广告宣传,使消费者有安全感,往往取得奇好的效果。

【案例】*Live Test Series*——沃尔沃

沃尔沃作为全球知名汽车品牌,它的广告不仅仅局限于汽车的理性诉求介绍,还经常设计一些超出常人想象的测试,通过新鲜刺激的视觉冲击展现沃尔沃汽车的性能。

在2013年11月沃尔沃推出六支主题为*Live Test Series*的视频广告,最后一支由好莱坞动作巨星尚格云顿拍摄的视频效果极佳。两辆卡车的倒车和尚格云顿的高难度"一字马"动作同时进行,画面虽然惊险,但利用一镜到底的拍摄手法和*Only Time*的音乐,反而营造出了潇洒自由、活出自我的意境,不仅突出沃尔沃汽车系统的平稳性以及极高的可靠性,还展示了沃尔沃自身的品牌理念和视觉形象,将"技术+创意+意境"做到极致(图4-5)。

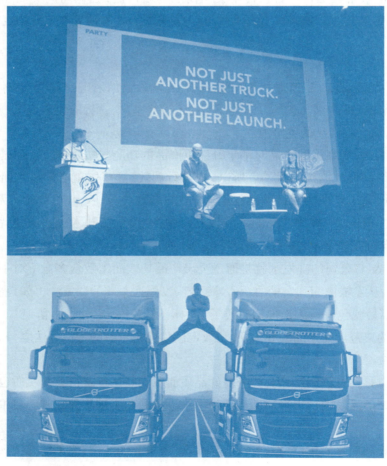

图4-5 沃尔沃广告

再如，索尼（Sony）公司还有则广告（图4-6）做得可谓大胆、幽默、好笑。它让石山上的四位美国总统雕像带上索尼耳机，顿时，石头雕像复活了，有的微笑，有的哼唱，有的闭着眼作自我陶醉状，有的张着大嘴作兴奋不已状。广告标题：索尼耳机……能使顽石重生。顽石都能被索尼耳机复活得如痴如醉，那索尼耳机的品质还用多说吗？真可谓"一切尽在不言中"。

3. 市场定位

市场定位是市场细分策略在广告中的具体运用，将产品定位在最有利的市场位置上。它又称目标市场定位。

任何企业，无论其规模如何，都不可能满足消费者的整体需要而只能为自己的产品销售选定一个或

图4-6　索尼耳机"使顽石重生"广告

几个目标市场，满足一部分特定消费者需要，这就是市场定位。企业的目标市场定位不同，销售策略不同，广告策划也不一样。概括地讲，广告策划必须依据企业的目标市场的特点来规定广告对象、广告目标、媒介选择、诉求重点和诉求方式等。

企业的目标市场定位是在细分市场的基础上进行的。商品市场按消费者的需求和满足程度来分，有同质市场和异质市场两类。同质市场是指消费者对商品的需求有较多共性，消费弹性小、受广告宣传影响不大的商品市场，一些生活必需品，如柴米油盐糖醋茶等，就属于同质市场类型。异质市场则与同质市场相反，它是指消费者对同类产品的品质、特性有不同的要求，强调商品的个性，消费弹性大、受广告宣传影响也较多的商品市场。如服装、钟表、化妆品、烟酒等，即绝大多数商品都属于异质市场。在满足消费者需求时，不仅要考虑到生理上的需要，还要考虑到心理上的需要。可是生理上的需要有一定的限度，而心理上的需要则是变幻莫测的。因此，在同类商品的大市场上，每一个企业都可以依据消费者生理上和心理上的需求以及企业自身的经营条件，将市场细分成许多子市场，然后再依据目标市场的特点，制定企业的定位策略，并采取相应的广告宣传手段，争取不同的消费者。

4. 价格定位

价格定位是指因产品的品质、性能、造型等方面与同类产品相近似，没有什么特殊的地方可以吸引消费者，在这种情况下，广告产品便可以运用价格定位策略，使商品的价格具有竞争性，从而击败竞争对手。价格定位主要是说明其产品价格的合理性、适应性以及和同类产品的可比性，并以此来激起消费者的购买欲。

从产品价格角度分析，无非有三种情况：第一种情况是价格与市场价持平，一般不作为特点分析。第二种情况是价格高于同类产品，这时一般需要用价格与产品的各种性能

进行比较，一般的结论是"优质优价"。但是这种产品不可能成为普遍适用的消费品，而只能适合社会中一部分收入高、追求高素质生活的消费者。第三种情况是价格低于同类产品，这本身就具有一定的吸引力，可作为一个重要特点突出。这种定位无疑可在市场中确立最理想的位置，其竞争也是强有力的。但想长期保持这种理想位置甚为艰难，付出的代价也很大。

例如，"赤裸"的价格，"赤裸"的广告——Naked折扣商店广告，如图4-7。

红色的背景，本身就象征着热情与欲望。而其上若隐若现的女性裸体无疑更具有吸引力，美丽而充满诱惑的曲线令人浮想联翩。画面右方的小字写着：prices stripped，大字则是折扣商店的店名——Naked。

图4-7　Naked折扣商店广告

"prices stripped"中的"strip"原指脱去、剥去（衣服），在这里的意思成了"价格脱去"，意即"裸价"，这样价格的"裸"与人体的"裸"就建立了一种美妙的联系，折扣商店也就恰如其分地表达出了自己的价格超低、几乎是零价的优点。

店名"Naked"，也含有"赤裸"之意，与广告相映成趣。

（二）形象定位策略

1. 逆向定位

逆向定位是借助于有名气的竞争对手的声誉来引起消费者对自己的关注、同情和支持，以便在市场竞争中占有一席之地的广告产品定位的方法与策略。

逆向定位的特点在于：通常，大多数企业的产品定位都是以突出产品的优异性能的正向定位为方向的，而逆向定位则反其道而行之，在广告中突出市场上名气响亮的产品或企业的优越性，并表示自己的产品或企业不如它好，甘居其下，但准备迎头赶上；或者通过承认自己产品的不足之处来突出产品的优越之处。可见，逆向定位主要是利用社会上人们同情弱者和信任诚实的人的心理,故意突出自己的不足之处,以换取同情与信任的手法。

例如,美国第二大出租汽车公司——埃比斯出租汽车公司就是采用两面提示的逆向定位而取得成功的。它在广告中同时谈竞争对手的优点和本企业的不足,在其"第二位宣言"中宣称:"本公司与哈兹公司相比是第二位的,因此要在充实服务上全力以赴。"这一定位利用了人们心理上认为第二位与第一位相差不多,同情弱者的倾向以及良好服务的许诺,赢得了消费者的同情和信任,使广告活动获得了成功,很多人开始租用埃比斯的车,其营业额迅速提高,几乎赶上了第一位的哈兹公司,从而打开了市场局面。

2. 是非定位

是非定位是从观念上人为地把产品市场加以区分的定位方法。

进行是非定位最著名的事例是美国的七喜(7-Up)汽水。美国或世界饮料市场几乎是可口可乐和百事可乐的天下,其他饮料几乎无立足之地。但七喜汽水采用了是非定位方法,在更新消费者观念上大做文章,创造了一种新的消费观念。其著名广告词"七喜:非可乐"(7-Up: The uncola)奇妙地把饮料市场分为可乐型饮料和非可乐型饮料两部分,进而说明七喜汽水是非可乐型饮料的代表,促使人们在两种不同类型的饮料中进行选择。这种"非可乐型"的构想,在产品定位的时代是件了不起的广告宣传活动,它在人们心目中确立了在非可乐市场上"第一"的位置,致使销量不断上升,数年后一跃而成为美国市场的三大饮料之一。

3. 品牌定位

产品的高级阶段是形成该行业的品牌,也就是说品牌是对所有产品信息的综合。这个过程正是广告的用武之地。

(1)品牌的相关内容。

品牌就是品牌形象,品牌就是消费者如何感觉产品的,品牌代表消费者在生活中对产品与服务的感觉。最典型的代表是大卫·奥格威(David Ogilvy, 1955)的定义:"品牌是一种错综复杂的象征。它是品牌属性、名称、包装、价格、历史、声誉、广告网络的无形总和,品牌同时也因消费者对其使用的印象,以及自身的经验而有所界定"。

营销之父菲利普·科特勒认为,品牌是由五个层次的产品构成的满足消费者需求的综合体。品牌包括以下五个层次:精神产品、核心产品、有形产品、增值产品、潜在产品(图4-8)。

精神产品:强调产品的文化内涵。

核心产品:强调产品的利益点、差异点或品牌所具有的人格特性。

有形产品:包括品牌名称、包装、式样、质量等。

增值产品:售后服务、增值产品、利益价值。

潜在产品:品牌延伸。

比如：

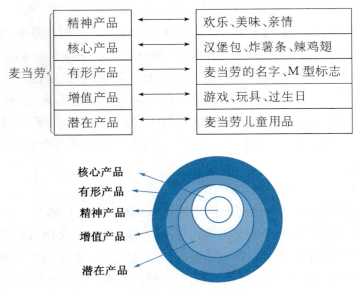

图4-8　品牌的五个层次

按照奥美的解释：品牌就如同坐火车旅行一样，在站台启程的是产品，抵达终点站的才是一部完整的品牌。品牌专家大卫·爱格认为：品牌是一个全方位的架构，牵涉到消费者与品牌沟通的方方面面，并且品牌更多地被视为一种"体验"，一种消费者能亲身参与的更深层次的关系，一种与消费者进行理性和感性互动的总和，若不能与消费者结成亲密关系，就根本丧失了被称为品牌的资格。

现在通常认为构筑品牌资产有五大元素即：品牌知名度（brand awareness）、品牌认知度（perceived brand quality）、品牌联想度（brand association）、品牌忠诚度（brand loyalty）和其他独有资产。

支持品牌定位的有六种基本的理论：品牌标识理论、品牌形象理论、品牌个性理论、品牌识别理论、品牌资产理论和品牌关系理论（表4-2）。

表4-2　品牌定位的理论、时间和构成元素

品牌观	品牌标识	品牌形象	品牌个性	品牌资产	品牌识别	品牌关系
时间	20世纪上半叶	60年代	80年代	90年代初	90年代末	20世纪末
构成元素	标识	形象	个性	价值	识别	关系

（2）品牌定位的策略。[①]

第一，强强定位。追求品牌成为本行业领先者或市场占有率第一或销售量第一的市

[①] 张多中：《营销八段——市场定位方略》，广东经济出版社，2002年。

场定位。广告以这些元素为卖点。

第二,避强定位。寻找市场空当,这些细分市场为顾客所重视,但尚未被开发。

第三,对比定位。通过与竞争品牌的比较,拿出优势确立自己的市场地位。例如,美国经营汉堡的公司汉堡王,它的销售额虽然常年居于麦当劳之下,但在广告中也会瞄准一些机会针对麦当劳,在广告中利用麦当劳的包装盒和汉堡王的汉堡的大小对比讽刺麦当劳的巨无霸其实很小。

第四,高级俱乐部定位。强调自己是某个具有良好声誉的小集团的成员之一。如美国克莱斯勒公司就宣称自己是美国"三大汽车公司之一",自从推出这个小圈圈,一下子就使自己和"巨头"们坐在一个平台上了。

品牌是对所有产品信息的综合。

创意链接4

运动的沙发?

运动的沙发

竞猜情节描述

熟睡的主人躺在沙发上,沙发不是自动的,主人却被推出了家门。原来是家里的狗在后面用力。车来车往的街道上,面对着路人的惊讶和交通的喧闹,主人依然没有醒来。狗用力推着沙发在车流中快速穿梭做着惊险动作,喇叭声以及刹车声中,主人和小狗差点与一辆大型货车相撞,但是狗轻松自如操作着,主人也酣睡如故。他们最终停了下来,主人终于醒来,却是一脸的诧异。

思考题

1. 这是一则什么广告?
2. 接下去情节将如何发展?

3. 这则广告的创意表现在什么地方?

学生竞猜

学生一:还是汽车广告,主要以沙发来表现驾驶的舒适和安全等。

学生二:我猜测狗和主人可能进了一个狗食专卖店。狗的眼神很像见到了食物的样子。

(答案及点评见书末所附部分)

第五章 广告战略策划

内容提要

（1）广告战略策划就是指对整个广告活动指导思想、目的、原则的宏观运筹与谋划，是广告策划活动的中心，是决定广告活动成败的关键。

（2）广告战略具有全局性、指导性、对抗性、目标性、稳定性的特征。它规范着广告活动的实施并对各个广告环节有指导作用。

（3）广告战略策划的一般程序是：确定战略思想—明确战略目标—分析内外环境—确定广告战略任务—设计广告战略—选择广告策略—广告预算。其中关键是明确战略目标、设计广告战略、广告预算。

（4）广告战略目标是广告活动所要达到的预期目的。制定广告战略目标要考虑企业经营战略、商品特点、市场环境、广告对象等因素，坚持目标单一性原则、具体性原则、合理性原则、稳定性原则。

（5）广告战略设计就是确定广告战略方案。可以从市场角度、内容角度、时间角度、空间角度、优势角度、消费者心理角度、传播范围渠道媒体角度、进攻性角度来设计广告战略。

（6）广告预算是以经费的方式说明在一定时期内广告活动的策划方案。要根据营销情况、广告目标、广告收益和销售收益、竞争对手、企业实情等来采用恰当的预算方法，合理的预算分配。

（7）广告效果是广告实际上对消费者的影响程度。首先要考虑影响广告效果的相关变量，其次要了解广告效果的评估模式。

策划案例赏析5

故宫文化珠宝×百雀羚

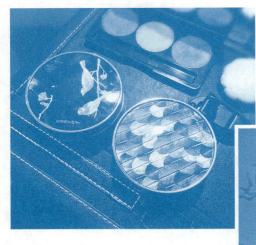

百雀羚+故宫联名款

（资料来源：https://www.sohu.com/a/201908988_556345，
https://www.sohu.com/a/303179847_552335）

第五章　广告战略策划

策划背景

2020是一个IP时代，许多厂商开始着重建设IP效应，也就是品牌效应。在自身品牌已经基本确立的情况下，为求创新与突破，不少品牌纷纷开始采取联名IP的营销战略，期望能达到"1+1>2"的效果。但联名IP这么多，能出彩的案例却很少，故宫和百雀羚的合作就是成功的联名案例之一，他们通过出色的跨界IP获得了广大受众的喜爱。

专家点评

联名IP要想成功地进行联名，广告团队必须进行极其细致的战略规划，深入分析两个IP的特点和亮点，实现锦上添花式的联名效果。

在故宫和百雀羚的联名中，故宫拥有着雄厚的历史底蕴，品牌自身有着极高的信誉度；百雀羚则是中国老牌日化产品，曾经代表着一个时期的时尚与潮流。它作为一个中国民族品牌的代表保持了很好的产品质量和品牌口碑，使得联名IP的专注度和号召力得到了有效保证。两者又有很多相近的品牌内涵和理念，他们都很好地呈现出了中国的传统特色，天然地具备一种时代的冲击感，能够形成品牌价值的合力。产品华美的包装和广告精心的设计更加放大了这种时代感，融合古典的故宫元素，通过复古的色调和雅致的背景彰显了品牌的东方之美，广告内容的艺术性提升了产品的无形价值。中国传统文化的传承和几近于工艺品般的设计感是广告的精髓，它成功地引起了众多消费者好奇心，增加关注度，诱发了人们的购买欲望。

第一节　广告战略策划概述

无论何时看到一个出色的广告宣传，你都会发现其背后包含着非凡的战略思想。有时候，你只要将精心设想出来的计划再往前推进一步就可能获得一个极好的创意。

广告战略策划是广告策划的中心环节，是决定广告活动成败的关键。一方面，广告战略是企业营销战略在广告活动中的体现。另一方面，广告战略又是广告策划活动的纲领，它对广告推行程序策划、广告媒体策划、广告创意等都具有统率作用和指导意义。

理查德·里恩斯在《勇气》一书中是这样描述"战略"的："战略是为置竞争对手于死地而精心设计的计划。任何一项广告战略，如果它缺乏置对手于死地的决心，如果它不能反映消费者对产品的强烈需求，如果它用生硬、平淡无奇的文字来表现，如果它不加区分地以全世界所有人为对象，比如说针对从3岁到93岁的所有年龄段的女性，如果它的内容可以轻易地换去表现另一种产品，那么，它就称不上是什么广告战略。真正检验一项广告战略的办法是让另一个人来读它，如果这个人说三道四，那么，这项战略就该扔到一边去。"

一、广告战略策划的概念

进行广告战略策划,首先必须明确广告战略策划的概念。

1. 战略

战略本是一个军事术语。《现代汉语词典》将"战略"解释为"指导战争全局的计划和策略"。"战略"也"泛指重大的、带有全局性和决定性的计谋"。(《辞海》)

2. 广告战略

战略这一术语运用在广告学中就称为"广告战略"。广告战略是指在一定时期内指导广告活动的带有全局性的宏观谋略。

3. 广告战略策划

广告战略策划是指对整个广告活动指导思想、目的、原则的宏观运筹与谋划。

二、广告战略策划的特征

成功的广告战略策划具有以下四个基本特征。

(1)全面性和长期性。广告战略并非一时一地的权宜之计或随心所欲地玩弄手段,而是在周密的调研基础上、从企业全局的长期的发展角度,高瞻远瞩、审时度势谋划制定出来的。它与一般的策略、战术不同,具有鲜明的全面性、长期性特征。

(2)科学性和创造性。广告战略不是市场营销战略的简单翻版,而是在市场营销战略指导下,对营销战略创造性的发展。广告战略的形成是一个创造性的过程,广告战略因市场条件和营销目的的不同而不同,把一般营销战略发展为具体、可执行的广告战略。

(3)指导性和方向性。广告战略是企业广告策划的核心。战略一旦确定就对广告策划、创意、具体广告作品设计、制作具有指导意义。作为战略还规定整个广告活动发展的方向。战略是实现目标的核心机制,直接制约其他一切因素,是在特定的目标条件下如何去做,如广告战略重点、突破口、覆盖区域、纵深发展以及各个阶段、各环节的设计、布局、衔接、组合发挥都必须以实现战略目标为依据。

(4)抗衡性和协调性。作为市场竞争谋略之一的广告战略常常是针对某一具体的营销目标、某一特定竞争形式,某个或某些特定竞争对手而制定,它必须考虑与竞争对象在市场上的抗争和制衡的问题。在考虑具体竞争、制衡需要的同时,还要从全局出发协调好与各社会环境因素、传播环境因素的关系,协调好与对手竞争的关系。

三、广告战略策划的程序

广告战略策划程序一般包括四方面:一是指导思想的确立,即明确开展广告活动的基本观念、基本目标;二是分析内外部环境;三是确定广告战略任务,选择广告战略方案;四是采用相应广告策略,广告预算策划。其中广告战略目标的确定、广告战略选择和广告预算策划是关键,将在第二节、第三节、第四节中详细阐述。下面先简要介绍确定广告战略思想、分析内外部环境、确定广告战略任务、确定广告策略等程序。

1. 确定广告战略思想

广告战略思想是广告活动的指南。开展广告活动首先要解决"为什么做广告"的问题。这里"为什么"包含两层意思：一是对开展广告活动意义的认识。要弄清广告活动对企业的整个经营会产生什么影响。二是对广告预期达到的效果要心中有数。要解决"为什么"的问题，关键是在广告战略策划中要有明确的战略思想。

例如，海王集团的"海王银得菲"和"海王金樽"经过叶茂中的细心包装，打造出一句"健康成就未来"的品牌广告语，这句广告语使一个普通的制药企业传达出一种超越行业的理念，其核心就是人类的真爱、人文关怀。"健康"首先是指消费者的身体健康。其次是消费者的心理健康。许多人活了大半辈子才真正领悟到"人生真正的本钱是健康"。权力、金钱、关系、资源只有在"健康"这个载体的基础上才能发挥作用。这就引出了"健康成就未来"的品牌内涵。再次是企业健康。企业如果不能"健康"地发展，不能从机制力、生产力、营销力、资源力、形象力、资本力、文化力等各个方面提高企业的竞争优势，也很难在激烈的市场竞争中站稳脚跟。因此，广告战略思想具有长期性、渗透性，对树立产品形象、品牌形象至关重要。因此，在广告战略中思想观念是十分重要的。思想观念往往决定了整个广告战略的基本特征和价值取向。

以下五种思想观念对广告战略会产生不同的影响：

（1）积极进取的观念。对广告的作用十分重视，一般来说，持进取观念的企业大多在市场上尚未占据领导地位，处于二三流的位置，但却具有较强的竞争实力。因此，他们希望通过积极的广告宣传来向处于市场领导地位的企业发起攻击，扩大影响，主动争取市场领导者的地位。此外，积极进取的观念也较多地出现于企业在推广新产品和开拓新市场的过程之中。

（2）高效集中的观念。很重视广告的近期效益，在广告战略策划中强调"集中优势兵力，打歼灭战"。以集中的广告投资和大规模的广告宣传在某一个市场上或某一段时间内形成绝对的广告竞争优势，以求短期内集中奏效。以高效集中的观念作广告战略策划的风险较大，所以，对广告战略策划的质量要求比较高。

（3）长期渗透的观念。持长期渗透观念的广告战略策划者特别重视广告的长期效应，在广告战略中强调"持之以恒，潜移默化，逐步渗透"。持长期渗透观念的企业一般面临的市场竞争比较激烈，产品的生命周期较长，企业要在广告宣传上及时奏效困难很大，需要花费较长的时间付出较高的代价。所以企业往往采取长期渗透的战略，逐步增强企业在目标市场上的竞争优势。

（4）稳健持重的观念。主要以维持企业的现有市场地位和既得利益为主要目标，很少有进一步扩张的要求。其战略姿态往往是防御型的，以抵御竞争者的进攻为主。持稳健持重观念的企业一般有两种：一种是已处于市场领导地位的企业，对使自己获得成功的传统手段充满信心，往往倾向于用稳健持重的观点维护企业的利益；另一种是受主客观因素制约一时无能力开展积极竞争的企业,其往往从维持现状的目标出发而持稳健持重的观念。

(5)消极保守的观念。对广告的战略作用不是很重视,广告活动的主要目标在于推销产品。一般在产品畅销时就停止广告宣传,缺乏市场营销意识,不懂得广告的战略作用。当然有些企业处于垄断地位或由于市场环境的原因而缺乏外在的竞争压力,也会持消极保守的观念。

以上几种广告战略观念各有特点,不应当凭空去判断它们的优劣。因为,任何观念都产生于一定的客观条件,同时又与特定的客观条件相适应。广告战略策划者应当根据客观条件确立与之相应的广告战略观点,这样才可能使广告战略具有正确的指导思想。

2. 分析环境

(1)内部环境的分析。内部环境的分析主要是对产品和企业进行分析。对产品的分析要从产品、产品的供求关系、产品方案等方面进行分析。对企业的分析主要是对企业规模、企业观念、企业文化等进行分析。企业规模是指企业的人数、生产规模、产值、利润率及所占的市场份额。企业观念是指企业在市场及产品的策略上所体现的思想观念。企业除重视生产、技术、利润外,还强调观念、精神、信仰等文化因素。要分析企业文化中的竞争意识、广告意识、形象意识、创新意识、全球意识、公共意识、忠诚意识等。

(2)外部环境的分析。外部环境的分析主要是指对市场环境、消费者和竞争者的分析。对市场环境的分析能为确定目标市场、制定成功的广告策略提供可靠的依据。对消费者的分析主要包括分析消费者的风俗习惯、生活方式,不同类型的消费者的性别、年龄、职业、收入水平、购买能力,以及对产品、商标和广告的认识态度。对竞争对手的分析主要是分析竞争对手的数目、信誉、优势、缺点及产品情况,找出最具威胁性的竞争对手,并对主要竞争对手的优缺点进行比较,使广告战略的确定更具针对性。分析外部环境是找出外部环境中的问题与机会,从而把握有利因素,消除、克服不利因素,制定出正确的广告战略。

3. 确定广告战略任务

确定广告战略任务就是要具体确定广告内容、广告受众、广告效果等。

(1)确定广告内容。在一定时期的广告活动中要对众多内容进行选择,比如是以宣传企业为主,还是以宣传产品为主。对于规划期内的广告活动也可以确定不同阶段广告的重点内容。如产品刚上市,可以以宣传品牌为主;产品已为人所知,可以以宣传功能为主;在市场竞争激烈时应以宣传质量或服务为主。

(2)确定目标受众。广告的效果体现在与其产品有关的那部分受众身上。只有明确了广告宣传的目标受众,广告策划者才能根据目标受众的社会心理特征,采用心理战略确定广告的形象和媒体,以符合消费者的关心点,使目标受众成为广告宣传的主要接受者,从而提高广告宣传的实际效果。

(3)确定广告效果。在广告战略指导思想中已经明确了广告的主要目标,但那还是比较抽象的,在广告宏观战略的制定中应将此目标体现为一系列衡量广告效果的指标体系。如销售额增长的百分比,市场占有率的提高幅度,企业形象的衡量指标,等等。有了这样的指标体系才可能对广告的战略效果进行评估,才能确定广告战略的实施步骤。

4. 确定广告策略

广告策略是广告过程中具体环节的运筹和谋划,是实现广告策略的措施与手段。广告策略的主要特点是多样性、针对性、灵活性、具体性。

多样性指在广告活动及各个环节中都含有相应的广告策略。

针对性指广告策略要针对不同的产品、不同的媒体、不同的消费者、不同的广告活动环节来策划。

灵活性指策划方案随背景条件、媒介的差异等因素而相应调整。

具体性指广告策略侧重于广告活动的具体环节。

常见的广告策略主要是从时间、空间、产品、市场等方面制定的。

从时间上看,广告策略要考虑产品的寿命期,选择广告策略与产品营销的最佳组合。主要包括广告时限策略、广告时序策略、广告频率策略。其中广告时限策略又包括集中时间策略、均衡时间策略、季节时间策略和节假日时间策略等。

从空间上看,广告策略要考虑社会、经济、文化与自然等条件,确定最为理想的广告策略。主要包括目标市场广告策略和全球市场广告策略。

从产品条件看,广告策略要考虑广告产品的特性和用途,确立传播媒介和广告推出的方式。主要包括产品生命周期广告策略、产品系列的广告策略、产品好处广告策略。

从市场条件看,广告策略要考虑不同市场的特点采取恰当的广告对策。主要包括目标市场广告策略、市场渗透广告策略、市场开发广告策略、无差别市场广告策略、差别化市场广告策略和密集型市场广告策略等。

四、现代广告战略策划的发展趋势

现代广告战略可分为量的战略、质的战略和整合战略三大类型。这样划分纯属研究需要,三者并无截然分割。

量的战略指的是以广告量的决策为基本内容的战略。如广告发布量:覆盖空间大小、出现频率高低等;广告信息量:广告的主题、图像、文字等信息量的多少及其相互关系等。以量为特征的现代广告战略以人们的行为科学为依据,以广告效果为中心,十分讲究数量与效果之间的辩证关系。如以全国性电视媒体集中曝光取得高档次品牌印象;用高频度密集性广告轰炸来造成产品营销强势;以大信息量或简洁明了的信息提高注视率和反复注视频度,加深人们对产品的印象等。

质的战略即形象战略,它以塑造企业形象、产品形象为目标。目前主要的广告战略呈现出三个基本的特点:企业广告活动的社会性、绿色化和人格化。力图在公众心目中留下好的广告、好的产品、好的企业是质的战略要达到的最直接的目标。

20世纪90年代后,特别是进入21世纪以来,人们从系统论角度提出了整合营销传播战略的观念,提出从横向到纵向,系统地对各营销传播手段进行整合运用的战略构想,同时,也提出企业整合营销传播战略的四个层次:在产品、企业形象层次上的整合;在企业传播层次上的整合;在企业与各类公众双向沟通层次上的整合以及在企业文化与商业行为层次上的整合。

纵观广告战略的发展轨迹,从注重量开始,到逐渐注重质,随着整合营销传播战略的迅速崛起,今后将走向以整合战略为主导的新时期。

第二节 广告战略目标

在广告策划过程中,对广告活动所要达到的目标的策划是确立广告战略的中心环节。

一、广告战略目标的概念

广告战略目标是广告活动所要达到的预期目的。作为广告活动的总体要求,广告目标规定着广告活动的总任务,决定着广告活动的行动和发展方向。要有效地确立广告战略目标,首先必须了解广告战略目标与营销目标、广告指标、广告效果之间的联系与区别。

1. 广告战略目标与营销目标

营销目标是企业市场活动所要达到的总体要求,它包括市场开拓目标、利润目标、销售增长率目标和市场占有率目标等。而广告活动的目的是以一定方式促成上述目标的实现。

广告战略目标不完全等同于营销目标。

第一,广告仅仅是诸多影响营销的因素中的一种。营销目标的实现不但受广告活动影响,还要受到产品质量、价格、销售渠道、人员推销、市场等其他因素的影响。

第二,广告可以促成销售目标的实现,但广告本身并不能直接达到销售目的,它只是促进销售的一种重要手段。

第三,广告对于销售的影响是长期的。营销目标通常以某一时期的状况作为评价标准。而广告不但可以推动某一时期营销目标的实现,还对营销目标具有长期性、迁延性的影响。

第四,广告不仅可以推动促销,促成营销目标的实现,而且还可以通过传播提高产品知名度,树立品牌形象。这些或许并不能立即体现在营销指标上,但对企业的营销有好处。

2. 广告战略目标与广告指标

广告战略目标是指广告活动所要达到的目的,着重揭示行为、活动方向,包括广告指标。广告指标是指衡量广告活动效果的数量、质量等方面的计量标准。没有具体指标的广告战略目标是空泛的,不便操作的。

3. 广告战略目标与广告效果

广告效果是广告作品通过广告媒体传播之后所产生的作用。广告效果一般表现为广告的经济效果、广告的心理效果、广告的社会效果。广告战略目标是广告活动的预定营销目标,而广告效果则是广告活动实际达到的目的。

二、广告战略目标的分类

1. 按内容划分

（1）产品推广目标。确定该目标旨在扩大产品的影响,希望通过一个阶段的广告活动使企业的产品为目标市场的消费者接受。一般注重产品知名度与美誉度的提高,注意广告的覆盖面和目标市场消费者对广告的接受率,较适用于企业新产品的宣传。

（2）市场扩展目标。确定该目标旨在拓展新的市场,希望通过一个阶段的广告活动使一批新的消费者加入本企业产品的消费行列。一般注重在新的消费群体中树立产品或企业的形象,注重改变这些消费者的消费观念,广告战略具有较强的竞争性和挑战性。

（3）销售增长目标。希望通过一个阶段的广告活动使企业的总销售额或某一类产品的销售额能增长到一定的程度。一般注重对消费者购买欲望的刺激。通常适用于在市场上已有一定影响力和销路的产品。

（4）企业形象目标。确定该目标旨在扩大企业的影响,希望通过一个阶段的广告活动提高企业的知名度和美誉度,或提供某种服务,以显示企业对社会和大众的关注,注重同目标市场消费者之间的信息和情感沟通,努力增强目标市场消费者对企业的好感,建立良好的公共关系。

2. 按阶段划分

（1）创牌广告目标。一般着重于开发新产品、开拓新市场。在广告活动中,着重宣传新产品的性能、特点和功效,以提高消费者对产品商标、厂牌的认识、理解、记忆程度,加深对产品的印象,从而提高产品的知名度。

（2）竞争广告目标。竞争广告目标在于提高产品的市场竞争力。在广告活动中,把重点放在突出广告产品与同类产品相比较而存在的优异之处,并努力转变消费者对竞争产品的偏好态度,促使其转而购买和使用广告产品。

（3）保牌广告目标。广告活动中,致力于加深对产品的认识和印象。着重劝说和诱导消费者保持对自己产品已有的好感和偏爱,增加对产品的信心和信任,形成消费者对产品的购买习惯。

3. 按效果划分

（1）广告促销目标。指广告活动所要达到的促销指标。它主要指具体的利润增长率、销售增长率、市场占有率等内容。

（2）广告传播目标。指广告活动所要达到的心理指标。它包括对广告信息的视听率、读者率和注意、理解、记忆、反应等内容。

此外，还可以按重要程度把广告战略目标分为主要目标和次要目标。按不同层次，把广告战略目标分为总目标和分目标等。

三、广告战略目标的制定

制定广告战略目标需要系统地分析与广告目标有关的因素，制定明确的广告战略目标，确定广告目标的指标。

1. 分析影响广告目标制定的因素

影响广告目标制定的因素主要包括企业经营战略、商品供求状况及生命周期、市场环境、广告对象等。

（1）企业经营战略。经营战略不同，广告战略目标也不同。经营战略决定了广告目标。如经营战略是长期渗透战略，那么广告战略目标就要有长期目标和为了实现长期目标而制定的各相应阶段的短期目标，采用持久的广告手段和多种广告形式宣传企业和产品形象。

（2）商品供求状况及生命周期。在商品供不应求条件下，一般应把目标定在进一步巩固企业与品牌形象上。在供过于求的情况下，应针对产品滞销的主要原因来确定广告目标。在供求平衡情况下，广告一般把目标定在产品的促销上。

在商品生命周期的不同阶段，广告目标也有所不同。成长期，主要传播产品信息；成熟期，保证已有的市场份额；衰退期，延缓产品的衰退。

（3）市场环境。处在不同市场环境下，广告战略目标不同。处在寡头垄断的市场情况下，广告如何为品牌定位是关键问题。广告目标一般应围绕品牌定位而确定。处在垄断性竞争市场情况下，市场定位空隙大，具有分散性特点。广告目标主要放在提高企业或商品知名度、熟悉感上。处在纯粹竞争市场情况下，人员推销占重要位置，广告推销主要是辅助人员推销，广告目标可放在辅助推销上。

（4）广告对象。广告对象是影响广告目标确定的重要因素。广告并不是决定商品销售的唯一因素，因此，从广告对象因素来确定广告目标，较为合理的做法是以产品的认知度、广告的回想率、品牌的知名度和消费者行为态度的转变作为广告活动的目标。很多人研究过广告是如何影响广告对象的问题，比较有影响的有科利的广告传播四个阶段理论（知名、了解、信服、行动）、莱维和斯坦纳的从知名到行动发展模式、沃恩的层级模式。其中，科利提出并由他人不断丰富的"达尔玛法"为根据广告对象制定广告目标提供了一个科学合理的思路。

"达尔玛法"的中心内容是针对消费者来确立一系列具体的、可以测定的目标。这些目标不是指产品的销售量，而是指在一定时期内某一特定的目标市场中，广告活动所能达到的一系列有关消费者心理、行为、态度方面的指标。

2. 制定明确的广告战略目标

（1）介绍新产品的质量、性能、用途和好处，促使新品进入目标市场，即以提高产品的占有率为目标。

（2）介绍老产品或改进后的产品所具有的新用途或改进后的好处，即以扩大产品的销售量、延长产品的生命周期为目标。

（3）增加产品的销售量，突出产品质量和特殊的好处，激发消费者直接购买的欲望，提高销售增长率，以扩大产品的市场占有率为目标。

（4）保持原销售数量，稳定老客户的购买频度，吸引潜在的客户。即以维持原有利润水平为目标。

（5）支持人员推销，一要靠广告宣传，二要靠人员推销。

（6）树立品牌形象和企业形象，提高产品知名度和信任度。

（7）扩大销售区域，开辟新市场或吸引新客户。

上述七条是大部分企业在确定广告目标时最优先考虑的因素。这些要素是促使企业效益直接增加或间接增加的主要方面。

第三节　广告战略设计

一、广告战略方案设计的基本要素

广告战略方案是用广告手段解决营销问题的基本战略性思路、基本谋略的表述。它必须明确广告活动是为何，对谁，将何种事物，何时，何处，用何种方式，手段来进行的问题。由此可见，广告战略方案基本是由以下五大元素构成。

1. 对象或目标

必须明确广告战略要解决的问题是什么？针对的对象或目标（target）是谁？为什么要做广告？即要明确开展这一广告活动的意义、对整个企业经营活动应产生的影响以及最终应达到的效果。只有明确对象和目标才能进一步考虑用什么谋略来达成目标。

2. 信息或内容

信息或内容（concept）也是广告战略方案的主要组成部分之一。广告传达内容并非只罗列与购买者吻合的商品特性，而是应进一步在竞争的分析中提炼最有利的广告运动的传播主题，寻找具有广告作品创意构想的依据，确定诉求的要点和表现的基本素材。

3. 时机

广告时间选定和广告机会把握关系到战略实现的程度和质量，这是任何广告战略决策都必须十分谨慎处理的问题。对于时间，一般可针对商品需求旺季集中广告推销商品；针对需求淡季向消费者建议新的生活方式。广告时机（timing）不一定与需求时期一致，机会需要靠敏感捕捉。

4. 地区

确定广告地区（area）要考虑市场需求量的大小，集中广告于需求量最大的地区，这是一般的做法。但仅仅根据商品需求的大小是不够的，也要考虑本企业、本产品的品牌，要根据自家品牌在各地区的销售实绩来确定重点地区。此外，对自家品牌的弱势地区要重点考虑如何前瞻性地开发、培育未来市场。

5. 媒体

针对广告目标设定媒体（media）目标。首先，要考虑媒体对目标的适合性如何，各媒体都有正负两面，为了选择适合目标的媒体必须了解媒体特点，了解其量的、质的情况以及媒体购买成本等问题。其次要考虑所要选择的媒体对广告对象效率如何，然后从表现策略加以衡量究竟应该选择何种媒体才能发挥最大效果。最后要在广告预算约束下确定购买适当的媒体以及广告刊播数量。

二、广告战略设计方法

审查你制定的广告战略，看它是否触及一个或更多方面的人的基本需要：被人喜爱；富有魅力；被人需要；拥有物质财富；享受便利舒适的生活；创造良好的家庭氛围；获得情爱与性爱；拥有权力；克服恐惧；仿效所崇拜的偶像；获得新体验；保持和增进健康。

1. 角色界定法

这个方法主张潜入顾客的心里，自己作为一名顾客去考虑问题。请从顾客的角度回答下面的第一至第六题，第七个问题则按你自己的意愿回答。

（1）我们的目标受众是谁？

（2）现在我们在顾客心中处于何种地位？

（3）我们的竞争对手在顾客心中处于何种地位？

（4）我们希望在顾客心中取得什么地位？

（5）我们对顾客的承诺是什么？

（6）我们承诺的依据是什么？

（7）广告所用的是何种语气？

2. 要点思考法

制定广告战略时应考虑下面三个问题：

（1）和你竞争的是谁或是什么？除了你的品牌，你还应知道别的品牌的情况。要记住你的竞争对手不仅仅是同类产品。

（2）你的广告对象是谁？你是在针对其他品牌的使用者做广告吗？他们是否从未使用过同类产品？或许，你的对象是正在使用相关产品但可能转向你的产品的消费者。

（3）你要让广告对象知道什么，希望他们产生什么样的感受？看看那些广告名作，想一想这些广告是要你对其公司、产品或服务产生什么样的观念、态度和感受。

3. 广告战略模型

该模型建立在这样两个事实基础之上：一些购买决定以理性考虑为基础，另一些则更多出自感性因素；一些购买行为需要较长时间的慎重考虑，而另一些则不需要或只需要花少量时间决定。我们将这一模型用一个坐标的四个象限来表现（图5-1）。

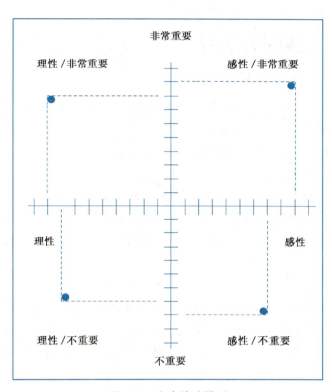

图5-1　广告战略模型

第一象限：理性/非常重要。这一象限也叫信息模型。这一方法的前提是消费者需要了解较多信息方能作出购买决定，因为购买重要的大件商品需要理性的思考和权衡。为汽车、家具、高档照相机、计算机等做广告就可以采取这种策略。为消费者提供详尽的说明或是图示介绍等可以加强说服购买的效果。

第二象限：感性/不重要。这一象限又叫感情模型。适应这一模型的条件是消费者不太注意有关的产品信息，而主要凭兴趣、态度、感情等因素作出购买行为，因为这样的购买决定与个人的自我意识与评价密切相关。可以采用这种策略的产品有珠宝首饰、化妆品、高档时装等。做这样的广告要用刺激的画面、富有感情的语言去打动受众，调动起他们的感情而让他们舍弃理性的思考。

第三象限：理性/不重要。这一象限又叫习惯信息模型。它以消费者只花少量时间考虑便可作出购买决定为前提。只要能让顾客尝试购买一次，比如用赠优惠券的方法吸引他们,他们就会继续购买使用下去——这比在产品说明中罗列许多无差别的特点来说服顾客购买容易得多。食品、家居用品等适用这种广告方法。

第四象限:感性/不重要。这一象限又叫自我满意模型。这种方法所针对的消费者一旦认为产品符合自己的品位就会一直选用,成为品牌忠实者。香烟和酒的消费多是这样,他们选用某种特定品牌会令他们觉得自己在同伴面前显得比较特殊。做这一类的广告,信息设计应能让受众把注意力放到品牌上。

三、九种广告战略设计途径

(一)市场设计途径

从市场角度设计广告战略,可选择目标市场战略、市场渗透战略或市场开发战略。

1. 目标市场战略

目标市场战略是企业把广告宣传的重点集中在目标市场上的一种广告战略。目标市场广告战略主要有两种类型。

一种是整体性市场广告战略,即以整体市场为目标市场,仅推出一种产品,使用一种市场广告战略。其关键是在较大的市场中占有较大的份额。

另一种是集中性市场战略。即将广告力量集中对准细分市场中的特定市场,争取在较小的细分市场中占有较大的份额。

2. 市场渗透广告战略

市场渗透广告战略是一种巩固原有市场,并采取稳扎稳打的方式逐渐开辟新市场的战略。市场渗透战略主要包括两方面内容:① 尽可能挖掘原有老主顾的购买潜力;② 在稳定原有市场占有率的基础上利用原有的产品及市场去争取更多的消费者,开辟新的市场。

市场渗透广告战略是指企业在原有的市场基础上,巩固其产品在原有市场的占有率,同时将未改变的原有产品打入新市场的战略。通常把这种市场开发战略作为"现有的产品"与"待拓市场"的组合方式。这一战略的实质是向市场广度进军。

(二)内容设计途径

从广告内部角度设计广告战略,可选择企业广告战略和产品广告战略。

1. 企业广告战略

企业广告战略是以提高企业知名度,树立企业形象,宣传企业信誉为主要内容的广告战略。一般来说,企业广告战略的重点不是直接宣传其产品,而是通过对企业的规模、业绩、历史、实力、精神等特点的介绍来宣传企业,提高企业的知名度和美誉度。

2. 产品广告战略

产品广告战略是以推销产品为目的,向消费者提供产品信息,劝说消费者购买其产品的广告战略。一般来说,产品广告战略的重点是宣传该产品独有的特点、功能以及给消费者带来的好处等。

产品广告战略又可分为品牌战略、差别战略和系列战略。由于篇幅关系,这里仅介绍品牌战略。

(三) 时间设计途径

1. 长期广告战略

长期广告战略指为期2年以上的广告。如百威啤酒、百事可乐等公司长期的体育明星广告。长期广告的目的不仅在于开拓市场,打开产品销路,而且着眼于提高产品的知名度和美誉度,树立企业形象。

2. 中期广告战略

中期广告战略也称年度广告战略,是指为期1年的广告。一般说来,中期广告战略多用于时间性、季节性不强的产品。

3. 短期广告战略

短期广告战略是指1年内按季度、月份所实施的广告,多用于新产品或时令性较强的产品。

(四) 空间设计途径

从空间范围角度可选择特定区域广告战略或全球广告战略。

特定区域广告是指对某一国家、地区或区域所作的广告。特定区域广告战略是根据特定地区情况,对广告活动作统筹规划的广告战略。

全球广告是指以国际市场作为目标市场的广告。一般说来,全球性广告战略谋划深远,考虑全面,注重广告口号、广告风格、表现手法的一致性,以期在世界范围内塑造一个统一的产品形象或企业形象。如百事可乐和麦当劳等统一配方、统一口味、统一规格,形成了一个统一的品牌形象,表现出广告战略的宏观性和深远性。

(五) 优势设计途径

从发挥优势的角度来看可选择集中广告战略或整体广告战略。

集中广告战略是选择产品优势或市场优势集中进行宣传的广告战略。采用这种广告战略,广告宣传要选择产品占有率最高的地区集中宣传产品的质量、价格、好处、良好的售后服务等优于同类产品,以争取使用同类产品的用户,先突破这一点,取得市场优势,然后再逐步扩大到其他地区。这种战略花钱少、见效快。

整体广告战略是指将企业形象与产品形象作为一个统一整体进行宣传的广告战略。整体广告战略常用在新产品的导入期和成长初期,它有利于运用各种媒介宣传统一的广告内容,迅速提高产品和企业的知名度,以达到创牌的目的。

(六) 消费心理设计途径

从消费者心理角度看,可选择广告诱导心理战略、广告迎合心理战略和广告猎奇心理战略。

（1）广告诱导心理战略，是抓住消费者潜在的心理需求，通过某种承诺，使消费者接受广告宣传的观念，自然地诱发出一种强烈购买欲望的广告战略。

【案例】让想象成为现实——百岁山广告心理策略

"水中贵族百岁山"这句经典的口号相信大家都不陌生，百岁山以其高端定位的品牌理念，打造了系列性的贵族风格广告。精准定位高端消费者的目标市场挖掘出了消费者内心对高品质生活、贵族般享受的期待。因此，它的广告就针对这一诉求，在制作风格、装置布景、环境塑造乃至主角的选择上，以城堡、古建筑、皇冠、公主等元素，让人们对于百岁山的联想和想象真正以画面的形式呈现，使自己的诉求重点能够顺利地为受众所接受。

这其实是巧妙了运用了消费者的广告联想效应，通过广告所塑造的品质生活、慢节奏生活的画面，将百岁山与这些代名词挂钩，在消费者心目中形成一种真实的向往，进而向消费者传达"水中贵族"的广告主题，让消费者对广告的理解与广告主达成高度一致。

百岁山的这则广告不仅仅是抓住了它产品自身的定位，更重要的是它所传递的这种生活理念给予消费者充分的消费理由和选购机遇。故事性的主线安排、造价高昂的华贵布景等等都在渲染与传达百岁山能够带给大家的生活体验，从现实的消费价值无形中嫁接为对高质量生活的追求，才能最终达到对百岁山品牌的消费黏性和情感信赖。

（2）广告迎合心理战略，是根据消费者不同性别、年龄、文化程度、收入水平、工作性质而在广告中迎合不同消费者的需求的广告战略。

（3）广告猎奇心理战略，是在广告中采用新奇的媒体，新颖的形式，独具特色的内容等特殊的手法，使消费者产生强烈的好奇心，从而引起购买欲望的广告心理战略。

美国广告商在做广告时已经把目光从单纯的产品宣传转移到了消费者的生活和产品结合上。比如 Harry's 全麦切片面包的广告，将一个普通人从起床到入睡的一天巧妙地比喻成一个切片面包。表现形式极具创意，富有强烈的视觉冲击感和猎奇性，将消费者和产品紧密结合，突出了面包能够让人们享受一整天的功能。

采用这种心理战略关键在于用新奇的手法引起消费者的注意，但也要注意"奇"不"离谱""离奇"。过于刁钻、怪异的事物并不能引起人们的好感。

（七）渠道设计途径

从传播范围渠道的角度来看，可选择全方位战略或多层次战略。

全方位战略是在全国范围内多方面、多角度地做广告，"四处开花"，影响面比较大，可以取得"东方不亮西方亮"的效果。这种战略适合于资金雄厚，产品面向全国的大企业。

多层次战略是指采用从地方到中央的多种宣传渠道，形成全国性或地方性的宣传网络。这种战略既利用多种媒体进行宣传，又利用人员推销进行宣传，体现出广告宣传的多层次性。

（八）媒体设计途径

从媒体的角度看，可选择多媒体战略或单一媒体战略。

多媒体战略指选择多种广告媒体同时做广告，花钱虽多，但传播范围广，覆盖面大，效果非常好，资金雄厚的企业多采用多媒体广告战略。

单一媒体战略指只用一种媒体做广告的广告战略。采用单一媒体战略，花钱不多，有一定的效果，但要特别注意媒体的选择。

（九）进攻性设计途径

从广告战略的进攻性角度来看，可选择进攻型战略或防御型战略。

进攻型战略是以竞争对手或市场某一目标为出发点，通过广告宣传，在广告的覆盖面、促销力、信任度及产品的公众知晓率、市场占有率等方面要超过主要竞争对手，这是一种赶超型的进攻战略。一些能够左右市场的大公司经常运用大量的广告来保持产品或企业的知名度、市场占有率。即使产品畅销，也不间断地做广告。

防守型战略是在广告活动中以防御对手为主的广告战略。有些企业受主客观因素的制约，没有进攻的愿望或进攻的经济实力，在广告活动中处于防守地位，因此，只有千方百计地防御竞争对手击败自己。采用这种战略，在广告宣传上处于守势，只求保持原有的销售市场和知名度，没有开发潜在市场的能力。

第四节　广告预算策划

广告策划的中心任务是以尽可能少的经费达到最佳的广告效果,广告预算的作用就在于使广告经费得到科学、合理的使用。因此,广告预算也是广告战略策划的一项重要内容。

企业在确定其营销战略目标时,通常也划拨了与之相应的广告活动资金,并规定了在广告实施阶段内从事广告活动所需要的经费总额、使用范围及使用方法。

广告预算是在一定时期内,广告策划者为实现企业的战略目标而对广告主投入广告活动所需经费总额及其使用范围、分配方法的策划。

如何合理地、科学地确定广告投资方向,控制投资数量,使广告投资能够获取所期望的经济效益和社会效益,是现代广告预算的主要研究课题。

一、广告预算的内容

广告预算的内容包括广告活动中所需要的各种费用。具体地说,广告预算包括以下四个方面的内容。

广告调查费。包括市场调查研究费用,购买所需资料和情报等费用。

广告制作费。包括照相、翻印、制版、录音、录像、文字编辑、美术设计等费用。

广告媒体费。购买广告传播媒体的版面和时间费用。

广告行政管理费。广告人员的行政费用,包括工资、办公、出差和管理费用等。

一般来说,上述广告费用四个方面内容的支出比例大体是:广告制作费用约占广告预算的10%;购买传播媒体的版面、位置和时间的费用约占80%;调查研究与购买调研资料的费用约占5%;行政与管理费用约占5%。当然,每个企业的管理情况是不同的,因而其广告费用的内容和支出的比例也会有一些区别。

二、广告预算的方法

合理的广告预算步骤必须和科学的预算方法相结合。广告预算的方法多达几十种。选择什么样的广告预算方法要根据实际情况而定。现在选择其中五种主要的方法加以介绍。

1. 根据营销情况而定的预算方法

这种方法主要根据营销情况和营销需要来确定。主要有销售百分比法、利润百分比法和销售单位法。

(1) 销售百分比法。销售百分比法是以一定时期内销售额或利润额与广告费用之间的比率来预算广告费用的方法。其具体运算程序是,企业根据自身在特定阶段内销售总额的预测，把广告费用的投入确定为销售额一定百分比就可以预算出下一阶段的广告费用的投入量。

销售百分比法的计算公式为：

$$广告费用 = 销售总额 \times 广告费用与销售额的百分比。$$

如果企业去年销售额为2 000万元，而今年预计的广告费占销售总额的4%，那么今年的广告预算为：

$$广告费用 = 2\,000 \times 4\% = 80（万元）$$

销售百分比法可以根据销售额、利润额的不同计算标准细分为历史百分比法、预测百分比法和折中百分比法。历史百分比法，一般是根据历史上的平均销售额或上年度的销售额加以计算的。预测百分比法，一般是根据下年度的预测销售额加以计算的。折中百分比法，是以上两法的结果加以折中计算出来的。

（2）盈利百分比法。盈利百分比法是根据一定期限内的利润总额的大小来预算广告费的一种方法。这里的利润可以是上一年度已经实现的利润，也可以是计划年度预计达到的利润；可以按毛利计算，也可以按纯利计算。但一般按毛利计算。其计算公式与销售百分比法相同。

如某企业今年预计实现的毛利为1 000万元，广告费用占毛利的2%。其广告费用为：

$$广告费用 = 1\,000 \times 2\% = 20（万元）$$

（3）销售单位法。销售单位法是按照一个销售单位所投入的广告费进行广告预算的。它的特点是把每件商品作为一个特定的广告单位，对每个特定单位以一定金额作为广告费，然后再乘以计划销售额就可以得出广告费用投入的总额。

销售单位法的计算公式为：

$$广告费用 = 每件产品的广告费 \times 产品销售数$$

如某产品每件的广告费用为0.1元，计划销售100万件，其广告预算为：

$$广告费用 = 0.1 \times 100 = 10（万元）$$

销售单位法简便易行，容易掌握，而且可了解产品广告的平均费用。

这种方法尤其适合于薄利多销的商品。因为这类商品销售快，但没有较高的利润，能够较为精确地预算出商品被均摊后的广告费。采取这种计算方法，可掌握各类商品的广告费用开支及其相应的变化规律。例如，以销售单位法说明广告费用支出的话就能清楚地表示出每个商品需花费多少广告费。从企业的静态经营状况考察还能较为确切地估算出销售单位的数目，进而估算出广告的预算。

2. 根据广告目标而定的预算方法

根据广告目标而规定的广告预算方法又叫目标达成法。这是一种比较科学的计算方法。使用这种方法不仅能够明确广告费用与广告目标之间的关系,而且便于检验广告效果。

目标达成法的实施主要分为三个步骤。第一,明确广告目标,即确定广告所要达到的传播目标、销售目标和系统目标。第二,明确达成相应目标所要进行的工作。如广告策划、广告制作、媒体传播、管理活动等。第三,计算这些工作所需要的经费。如调查费用、策划费用、制作费用、媒体租金、管理费用等,从而确定整个广告活动的总体经费预算。

目标达成法根据所依据的目标和计算方法的不同又细分为销售目标法、传播目标法和系统目标法。

(1) 销售目标法。这种方法是以销售额或市场占有率为广告目标来制定广告预算的一种方法。也就是说依据设定的广告目标来拟定广告活动范围、内容、媒体、频率、时期等,再依此计算出每项所必需的广告费用。销售目标法可以根据广告活动的具体情况而分为实验性和非实验性两种方法进行。实验性销售目标法能够较好把握市场占有率和广告费用占有率之间的因果关系,可较准确地计算出下期市场占有率及其所需要的广告费用。

(2) 传播目标法。这种方法是以广告信息传播过程中的各阶段为目标来制定广告预算的。它是以传播过程的知名—了解—确信—行为几个阶段为目标来具体确定广告预算的。因为广告费与销售额的关系是通过消费者对广告信息的反应过程与深浅程度表现出来的。因此,传播目标法较销售目标法更科学。传播目标法为一种中间目标,将各种媒体计划与销售额、市场占有率以及利润额等目标有机地联结起来,因而能够更科学地反映出广告费用与广告效果的关系,利用现代化的数学模式和计量分析方法已能很好地解决两者之间的关系。

(3) 系统目标法。系统目标法是采用系统分析和运筹学的方法,将系统的目标范围扩展到整个企业的生产经营活动之中,也就是说把与广告、销售密切相关的生产、财务等因素一并纳入广告预算所应考虑的范围之内加以系统分析和定量分析,从而使广告预算更合理、更科学、更完善。

目标达成法的基础和依据是比较科学的,它避免了某种公式化的计算广告预算方法的不足。强调广告预算主要是服从于企业的营销目标。这就抓住了广告预算的主要矛盾,即以广告目标实施为目的来制定具体的广告预算方案,突出了广告手段服从广告目的这一基本原则。在通常情况下,目标达成法对新开发的产品有较大的广告推销优势。

3. 根据广告收益和销售收益而定的预算方法

这是一种动态的广告预算方法,主要有根据广告收益递增广告预算和根据销售收益递减广告预算两种。

(1) 广告收益递增法。广告收益递增法是一种动态的计算广告费用的方法,即按照企业销售额的增加比例而增加广告费用投入比例的一种方法。这种方法是浮定比率法的一种形式。企业的营销目标是促进产品销售。随着企业营销目标的实施,产品的销售额就会有所增长。销售额增加了,广告费的投入也会增加。两者比照递增,这也是广告预算的一种主要方法。

广告收益递增法的特点是使用方便,易于把握。其基本原则是,企业的广告费用按照企业的销售额的增加而增加。从理论模式上分析,如果某家企业的销售额较之上一年度提高了一倍,那么,广告的投资额相应地也要增加一倍。当广告投资增加一倍时,销售总额也应该增长一倍。

(2)销售收益递减法。销售收益递减法和广告收益递增法恰好相对照。由于销售收益有时差性变化的特点,所以,此种方法也称为销售收益时差递减法,就企业产品销售发展阶段来看,任何产品都不可能永远处在销售旺季,都有其销售的最高点,当此种产品达到高峰后,其销售总额就会减少。如果产品处于供不应求阶段,可以采取广告收益递增法计算广告费用的话,那么,当市场的产品需求量处于饱和状态时,就需要运用销售收益递减法来确定计算广告费用。由于销售额的增加与广告费用的增长不可能完全成正比,这种情况下,就可采用广告费用递减法,把市场处于饱和状态产品的广告费用支出限制在最佳销售额以下。采用此法,关键在于企业是否审时度势,有效利用广告收益递减法作出广告预算。

4. 根据竞争对抗而定的预算方法

竞争对抗法是根据竞争对手的广告活动来制定广告预算的方法。具体地说,是根据同类产品的竞争对手广告费用的支出情况来确定本企业的广告预算的一种方法。采用这种方法的依据和参照系数是市场上同类产品的竞争对手。这一方法的基本特点是面对市场产品的销售实际情况,选择或确定广告费用的投入。这种方法强调在与对手竞争、比较中动态地确定广告预算。

竞争对抗法主要有市场占有率法和增减百分比法。

(1)市场占有率法。市场占有率法是根据竞争对手的广告费用与市场占有率的比例来确定本企业产品预期市场占有率所需广告费用的预算方法。其计算公式为:

$$广告费用 = \frac{对手广告费}{对手市场占有率} \times 本企业预期市场占有率$$

如竞争对手每年的广告费用为100万元,占有目标市场为50%,而本企业则希望预期市场占有率达到25%,那么其广告费为:

$$广告费用 = \frac{100}{50\%} \times 25\% = 50(万元)$$

本企业的广告费用至少50万元。

(2)竞争比照法。竞争比照法是企业根据其主要竞争对手的广告费支出水平来确定本企业保持市场占有率所需相应的广告费用的预算方法。其计算公式为:

广告费用＝本企业上年广告费×(±竞争对手广告费增减率)

如竞争对手上一年度的广告费为500万元，今年比上年的广告费增加了10%，今年投入了广告费550万元，而本企业去年广告费为750万元，为了保持原来占有的市场份额，本企业今年的广告费为：

广告费用＝750×(1＋10%)＝825(万元)

一般来讲，企业应尽可能保持同竞争对手差不多的广告费用水平。这是因为，一方面企业不愿使自己的广告费低于其竞争对手，否则就有可能由于广告宣传量的差异而使企业处于不利的竞争地位；另一方面，企业一般也不想使自己的广告费用过多地超出其竞争对手。双方增加广告费用所产生的效应都有可能相互抵消。因此，企业一般采用广告费与竞争对手保持平衡，避免过多地刺激竞争对手。

5. 根据企业实力而定的预算方法

这种预算方法是根据企业财力和营销情况而定的广告预算方法。主要有全力投入法、平均投入法和任意投入法三种预算方法。

(1) 全力投入法。全力投入法是根据企业的财力，将广告资金一次全力投入的预算方法。

企业在做广告预算时，根据企业财力，能拨多少钱做广告就拿出多少钱做广告。这种方法能够保证资金在"量入为出"的前提下进行适度的调整。如广告费在某个活动阶段相对地集中使用，而在有些阶段则可以相对减少使用，使广告活动尽可能具有完整性。

这种方法适合于必须进行广告宣传，而又没有必要进行长期规划的中小企业。

(2) 平均投入法。平均投入法是根据企业财力，将广告资金分阶段等量投入的预算方法。如每月平均投入多少，或每季度平均投入多少等。采用这种做法的企业主要是资金不足，也可能是先要看看广告的实际效果再做决定。

这种方法较适用于资金不足，而又有必要进行一定期限广告宣传的企业。

(3) 任意投入法。任意投入法是以一时期的广告费用为基数，根据企业财力和市场需要增减费用的广告预算方法。常见的做法是广告主只支付广告活动的启动资金即第一阶段的广告资金，后续资金要看第一阶段的广告促销效果再考虑投不投入资金或投多少资金。采用这种预算方法通常由企业高层领导人决定下一时期的广告费用。

这种方法较适合于没有必要进行长期广告规划的中小企业。

三、广告预算的分配

广告预算方法着重解决企业对广告活动的经费投入的方法。而广告预算的分配则着重解决广告经费的使用。

在广告预算中根据不同需要确定了广告活动经费投入的方法及总额之后，便要在广告预算总额的范围之内将其按照一定的目的、要求进行合理的分配。广告预算的分配是广告预算的具体规划阶段，广告预算分配的恰当与否直接影响到广告战略的实现。

1. 影响广告预算分配的因素

广告预算的分配必须考虑到广告活动产生直接或间接影响的条件因素。一般说来，广告预算分配要考虑以下五种因素。

（1）产品因素。广告预算分配首先应该考虑产品因素，然后根据产品状况作出合理的广告经费分配，如产品是新产品还是老产品、是差别大还是小、是内销还是外销、是日用的还是特购的、是处在产品生命周期的引入期和成长期还是成熟期或衰退期，等等。以产品生命周期而论，处于引入期和成熟期的产品一般要投入较多的广告费用，而对于成长期和衰退期的产品则应适当减少其广告经费。

（2）销售因素。广告预算分配要考虑销售目标、销售范围、销售对象、销售时间等因素。不同的产品有不同的销售目标，销售额高、利润率高的产品广告经费分配也要较多，反之较少。不同销售范围其广告经费分配要有所不同。如本地销售和外地销售、国内销售和国外销售。一般本地销售和国内销售分配广告经费要少，而外地销售、国外销售分配的广告经费要多。不同销售对象其广告经费分配也不同。销售对象是集团消费还是个体消费，消费者的收入、需求有何不同。这些因素也影响广告预算分配。不同的商品有不同的销售时间，广告宣传时间有长也有短，时间长则广告费多，时间短则广告费用少。

（3）竞争因素。广告预算分配还要考虑竞争因素。对市场竞争激烈，竞争对手多且强、市场范围大、供应过于需求的产品，应投入较多的广告经费。而对市场竞争缓和、市场范围小、供不应求、竞争对手少而且弱的产品，则应投入较少的广告经费。对市场占有率低又有潜力可挖的产品应投入较多的广告经费，而对市场占有率高，市场已饱和的产品应投入较少的广告经费。

（4）媒介因素。广告媒介租用是广告投资的主体。通常要占到广告总投资的70%—90%。广告预算分配还要考虑广告媒介因素。电子媒介尤其是电视融声、光、电为一体，声色并茂、传播广、覆盖率高，分配经费就多。报刊广告图文并茂、传播面广，传播速度快，分配广告经费也较多。而一般的直邮广告、招贴广告、POP广告等分配的广告经费就少。

（5）经济因素。广告预算分配还要考虑整个经济背景。如国际国内的经济形势、政府的经济政策、通货膨胀因素、社会自然阻力等大的经济环境。一般说来，经济环境有利时要投入较多的广告经费，反之则相应减少。

2. 广告预算的分配方法

广告预算的分配主要有以下几种方法。

（1）按广告的商品类别进行分类。即按同一企业的不同产品类别进行广告预算分配。通常将同一企业的不同产品分为几大类，凡可以一起做广告的产品归为一类，然后确定每类产品在一定时期的广告经费。按产品的类别分配经费，应根据产品的生命周期，产品的竞争状况，产品的市场占有率，产品在企业产品体系中的地位、产品的利润水平、产品的销售潜力等因素综合考虑。这种分配通常对企业的发展具有战略意义。

（2）按传播媒体进行分配。即根据传播同一广告内容所需不同的媒体进行经费分配。广告媒体费用一般占预算费用总额的70%—90%，而广告的传播效果又主要是通过媒体传播效果来体现的。因此，按照传播媒体的不同来分配广告预算是企业常用的方法。这种预算分配的目的在于使用综合的传播媒体以达到广告目标所期望的信息传播效果。

　　按传播媒体进行分配有两种方法，一种是用于综合媒体的不同媒体之间的广告预算分配，即根据不同的媒体需求，分配广告经费。另一种是用于单一媒体的同一类型媒体内的广告预算分配，即根据同一媒体在不同时期的需求来分配广告经费。这种分配方法主要用于单一媒体的广告宣传。总之，按传播媒体分配广告经费，要根据产品、市场、媒体的使用价格等因素综合考虑。一般来说，在广告预算中首先应该保证的是传播媒体的经费。

　　（3）按广告的区域分配。这里的广告区域指的是广告信息传播的地区，实质上是产品销售地区。在广告策划中将不同的广告地区进行切块，然后根据各个区域分配广告经费。按广告的地区进行分配，要根据各个地区对商品的现时需求和潜在需求，市场细分和目标市场的分布以及市场竞争状况等合理分配广告费用。一般来说，产品销售容易的地区要比销售困难的地区少分，人口密度低的地区要比密度高的地区少分，地方性市场的广告经费要少于全国性市场的经费。总之，广告经费的分配要向产品销售量大的和潜在销售量大的区域倾斜，其最低界限应不少于维持产品在该地区竞争地位所需的基本费用。

　　（4）按广告的对象进行分配。如果企业的销售目标比较集中、比较典型，企业还可以考虑采用按广告对象分配的方法。这里的对象是指广告信息传达的受众，通常是广告产品的消费者。一般说来，对以工商企业、团体用户为对象的广告则应多分配广告费。这种方法的优点是有利于提高广告宣传的效果，有利于广告预算及其效果的检验与测定。

　　（5）按广告的时间进行分配。这里的广告时间，指广告活动进行的时间。用这种方法进行广告预算分配主要有两种情况。一种情况是按广告活动期限长短分配，有长期性广告预算分配和短期性广告预算分配。还有年度广告预算分配、季度广告预算分配、月度广告预算分配。另一种情况是按广告信息传播时机进行广告预算的分配。对于一些季节性、节日性、流行性商品，要合理地把握广告时机，采用突击性广告预算分配和阶段性广告预算分配抢占市场。对于一些季节性强的商品和一些新上市的产品，用短期性广告和突击性广告预算分配方法。

　　（6）按广告活动分配。如果企业在规划期内要组织几次大型的广告宣传活动，在广告经费的安排上，则可根据各个广告活动的需要来加以分配。在总费用水平确定的前提下，按各个活动的规模、重要性和技术难度投入广告费用。对于持续进行的广告活动，在广告经费的安排上，也要根据不同阶段和时期的广告活动加以统筹分配。

　　（7）按广告的机能进行分配。在采用以上广告预算分配方法的同时，为了便于对广告财务的管理和监督，企业还经常采用按广告的不同机能分配广告预算的方法。按广告的机能分配广告预算，一般可按广告媒体费、广告制作费、一般管理费和广告调研费进行分配。这些费用还要看是企业自营广告还是他营广告，还是两者兼而有之的广告的不同情况而加以细分。

第五节　广告效果策划

一、广告效果定义与变量

（一）广告效果的定义

翻开任何一本广告学论著，其中对广告效果的描述都不尽相同。这也不足为奇，列宁曾说过："定义可能有许多，因为对象有许多方面。"现列举几种有代表性的说法：

"广告效果是指广告活动的产品，也就是广告对企业经营活动所产生的促进作用。"

"广告效果是指广告作品通过广告媒体传播之后所产生的作用。"

"广告效果是在广告活动中通过消耗和占用社会劳动时间而得到的有用效果。"

"广告效果是指广告对销售额的一般影响。"

"广告效果是指广告到达消费者的时间；被注意的时间；广告带来消费者态度变化的时间；广告给消费者的影响以及消费者行动带来的效果。"

"广告效果是广告的投入和产出的一个过程，是广告目的的结果。"

"广告效果具体表现在三个方面，即社会的广告效益、企业的广告效益和作品的广告效益。"

关于广告效果的定义还可以列举出很多说法。究竟哪一种提法更符合客观实际，值得广告界同仁再进一步研究。

在上述广告效果定义中，有强调"作用"的；有把效果等同于"目的"的；有理解为对企业"有益的"；有用"时间"衡量的；有用"销售"衡量的。但这与客观事实都有些出入。"吃一餐饱饭不能马上使人发胖，做一个广告不可能立刻呈现出明显的效果。"

那么，什么是广告效果呢？我们认为，广告效果最有效的衡量指标是广告活动对消费者的影响。可以表述为：广告信息通过广告媒体传播之后对消费者产生的所有直接和间接影响的总和。

由此可见，广告效果的内涵首先表现为传播效果，即社会公众接受广告的层次和深度。它是广告作品本身的效果，反映消费者接触和接受广告作品的一般情况。如广告主题是否准确，广告创意是否新颖，广告语言是否形象生动，广告媒体是否选用得当等体现广告作品水平的各种指标。这是测定广告效果的一个重要内容。

其次，表现为经济效果，即企业在广告活动中所获得的经济利益。它是广告主做广告的内在动力，直接反映广告所引起的产品销售状况。如销售量的增加，利润的大幅度提高等一切同经济活动有关的指标。它是测定广告效果的最重要内容。

再次，表现在心理效果上，即广告对社会公众的各种心理活动的影响程度。它是广告活动对消费者内心世界的影响，反映消费者对广告的注意度、记忆度、兴趣以及购买行为等方面。心理效果主要测定消费者对广告的态度变化，因此，它是广告效果测定不可缺少的内容。

最后，表现在社会效果上，即广告构思、广告语言及广告表现所反映出的道德、艺术、审美、尊严等方面对社会的经济、教育、环境等的影响程度。它是广告作品的高层次追求，反映一个社会的文明程度。

（二）广告效果的相关变量

在广告效果假设中一直存在着"效果等级"假设，即对某一变量的刺激会引起另一个变量的反应。等级效果假设提供了一个方便的框架，把所有的广告因素联系起来，见表5-1。

表5-1　广告效果的刺激反应模式

沟通阶段	变量类型	测量数据
企业广告刺激	强度	广告开支、开支比重、发布次数、收视（听）率、收视（听）范围、平均频率、毛收视点数、广告发布比重
	媒体	电视、广播、报纸、杂志、电话、因特网、户外广告牌、信件、黄页
	广告内容：创意	说理和其他口头提示，图片、声音、其他情绪上的提示，代言和其他推论性提示
消费者思维处理	认知	想法、识别、回忆
	感受	温暖、喜欢、态度
	意向	信服、购买意图
市场反应	品牌选择	试买、再购买、转向
	购买强度	发生、频率、数量
	合计	销售量（相对的和绝对的）

1. 广告传播效果的主要刺激（变量）指标

广告传播效果的好坏主要考察指标是广告强度，广告强度指广告施加于目标消费者的水平。广告强度最重要的3个计量值是广告开支、开支比重及发布次数。广告开支是企业用于广告的花费。开支比重是指企业的广告开支在整个行业的广告开支中的比重。广告发布次数是指一个广告针对某一个体受众或家庭的展露次数。

媒体是广告触及目标消费者所要经过的沟通渠道。主要的媒体包括电视、广播、报纸、杂志、电话、信件、因特网、户外广告牌、黄页等。最基本的5个测量广告通过媒体传播的计量值为收视（听）范围、收视（听）率、平均频率、毛收视点数（GRPs）和广告发布比重。

收视（听）范围指在单位时间内至少收看到一次该广告的家庭数。此定义中不包括在某一时段中由于多次广告造成的重叠收看的受众数。

收视（听）率指在单位时间内观看某一广告的受众在人口中的比重。

毛收视点数简称毛评点，是指某时段中整个广告系列的收视率的总和。注意毛收视点数是从整个广告活动中的广告的收视率中计算出来的。毛收视点数是现今购买媒体时间最主要的一个指标。

频率是指在单位时间内一个广告发布的次数。企业一般用平均频率来计量频率。平均频率是在单位时间内广告发布的平均次数，它是用整个广告活动的毛收视点数除以该广告活动的平均收视范围计算得出。广告的发布次数是描述广告强度的最具体的、直接的、非综合性的计量指数。因为，它衡量了广告针对每个受众家庭或消费者的发布量。

广告发布比重是指某一个企业的广告发布量占该行业所有广告发布量的比重。

广告创意效果的主要变量指标有三类：说理和其他口头提示；图片、声音和其他情绪提示；代言和其他推论性提示。

2. 广告传播效果的主要反应（变量）指标

反应指广告主引起的消费者或市场需求在行为上的改变。反应可以表现为消费者对某一品牌的试购，或者是某品牌销售量的变化。有各种各样的计量行为变化的指标，它们可以被大致分为4类：品牌选择、购买强度、销售数量和市场输出。

品牌选择是指消费者对品牌的价值取向，一般用试购、再购买和转向这三个指标来确定某品牌吸引力的全过程。通常品牌体验的宽度就是试购的人数；再购买显示了消费者对某品牌忠诚的程度；转向显示了某一品牌相对竞争品牌的瞬时推动力。

广告的主要功能之一就是树立品牌在消费者心中的地位。所以，品牌选择是广告效果测量的一个自然和最具关联性的指标。再购买比试购与广告的关联性更强。试购也许是促销活动所激发而再购买表现了广告的威力。广告的创新可能会引起品牌的试购和转向。

3. 研究方法

模型方法运用统计模型来确定广告对消费者行为的影响以及对市场刺激的影响。运用模型方法的学者们大多数采用广告预算和发布作为其独立变量；采用销售量、市场份额或品牌选择作为其条件变量。这种方法用于在真实的市场情况下研究分析广告的效果。

行为学方法关注消费者行为，即他们如何对待和处理广告诉求。用消费者的思维过程去评估广告的效果。一般通过实验室或剧场实验研究诉求对于思维过程的影响。

二、广告效果评估模式举要

1. 白德尔三要素法则

也称因果理论模式，表述为：$AE = P3A[(II \cdot PP \cdot CQ)A]TF \times FT \times S \cdot D$。按照克莱德·白德尔（Clyde Beddle）的说法，广告效果（advertising effectiveness, AE）是由广告前要素、广告本身要素和广告后要素三要素构成的。

（1）广告前要素是指广告主题要素，即产品（product）本质问题的3种魅力（appeal）。具体指产品本质魅力（item appeal）、商品价格魅力（value appeal）、品牌魅力（name appeal），最后表述为P3A。

（2）广告本身的要素是指广告作品所表现出的魅力及作品与媒体的配合。

好的广告必须引起消费者注意，必须对消费者提供良好的服务，必须解答消费者的疑问，博得信赖，激起某种行动。这就要求作品要有趣味（interest），要有冲击力（impact），同时要具有说服力(persuasive power)。

作品与媒体的配合主要是指广告内容与媒体的吻合程度即传播质量问题(communication quality)。

由此可见,广告本身要素是由趣味性、冲击力、说服力和传播质量等要素构成的。取这些要素英文缩写即可表述为:II·PP·CQ。

要使广告本身有效还须考虑接受者(audience)的问题。这样表达式就被写为(II·PP·CQ)A。

(3)广告后要素是指除广告以外对广告产生影响的因素。具体是指广告作品推出的时机(time factor),广告结束后公司的打算(follow through)以及广告推出后外界的刺激或抑制(stimulants or depressants),如舆论、消息、天气、竞争对手等对广告的补强刺激或抑制作用。

根据上面分析可知,广告后要素有推出时机、公司下一步打算、外界的刺激或抑制。用英文缩写可表述为:TF×FT×S·D。

把广告前要素、广告本身要素和广告后要素代入广告效果表达式中,完整的白德尔三要素模式即可表述为:AE=P3A〔(II·PP·CQ)A〕TF×FT×S·D。

白德尔模式的特点如下。

(1)各要素全部使用乘号相连。这就意味着如果一个要素是零(没有考虑到)整个广告等于什么效果也没有取得。如果一个要素是负值,广告效果也是负的。

(2)这个模式不能运算。这是因为各相关因素无法量化处理。

白德尔模式有其无法弥补的缺点,但在广告效果的观念上留给后人的启示是空前的。它提醒广告人注意:广告效果的取得是极其微妙的,只有能卖商品的广告才是好的广告;广告效果的提高不能只靠广告部门努力,其他相关部门也要通力合作。各要素均衡发展才能使广告效果达到最佳值。

2. AIDAS法则

该法则也称有效广告模式。这个法则是把广告理论与心理学理论有机结合的产物。该法则认为广告的功能在于引起消费者的心理变化,这个变化有用四个阶段表述的,也有用五个阶段划分的。具体如下:

四个阶段通常是:引起注意(attention)—发生兴趣(interest)—产生欲望(desire)—引起行动(action),即表述为AIDA。

五个阶段通常是:引起注意(attention)—发生兴趣(interest)—产生欲望(desire)—记忆(memory)或确信(conviction)—引起行动(action),即表述为AIDMA或AIDCA。

AIDMA模式使用多一些,它还有个名字叫汤逊广告评价法。

现代营销理论要求企业不但要把产品推销出去,而且还要让消费者满意(satisfaction)。不满意不但不能增加产品的销售额,反而会对广告效果产生抑制作用。在AIDA法则后再加上个S(满意)变为AIDAS模式,使其更接近广告效果本质。满意的消费者产生出的能量是不容低估的。

如果预期率能准确地推算出来，那么，这个模式就有很高的利用价值。例如，现在刊播的某一广告，假定注目率为50%，而注目的人中有70%感兴趣，感兴趣者中60%有购买欲望，有欲望的人中有80%买了商品，那么受广告影响而购买商品的人就是50%×70%×60%×80%，等于16.8%。这个数字是购买商品的人数占全体消费者的人数的百分比。广告效果有二次传播性，假如购买者中有接近一半的人不满意，广告效果就会远远低于16.8%。满意度达到多少时才能维持既定的广告效果，广告界尚无定论。

最后要提醒注意的是这个模式中的过程并非适合于任何一个消费者，有的人购买商品时可能越过某个阶段直接到达行动阶段。

3. DAGMAR法则

该法则也称传播扩散模式。DAGMAR原是美国广告主协会于1961年出版的一本有关广告效果测评的书名缩写，该书的书名是 *Defining Advertising Goals for Measured Advertising Results*。主要是记述美国广告学家罗素·科利（Russeu. H. Colley）的研究成果。

该模式认为：广告可以由广告目标来管理。广告效果也可以通过假定的广告目标来确定。具体过程是企业先拟定一个在某个特定时间段内所要达到的广告目标，然后将该目标与广告调查结果加以对比。广告担任总行销中的传播任务，所以，广告目标是指在一个特定时期内向消费者传播扩散广告信息的程度。扩散的程度是根据消费者的行为划分的，这在广告学上称为"反应顺序"，因研究者不同而有较大差别。广告学家樊志育认为，谢思（Sheth）教授的划分方法最为科学，如图5-3所示。

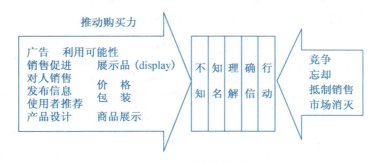

图5-3 行销传播扩散

DAGMAR模式把消费者的行为划分为四个阶段：知名—理解—确信—行动。广告不一定都希望广告产品马上销售，一般情形在于能逐渐增加选择该品牌的消费者。由于广告的力量，消费者如爬阶梯一样，不断从梯子最下端的不知名开始爬到知名、理解、确信、行动。知名即知悉品牌名称，产生印象。理解即了解产品特色及功能，产生热爱或厌恶的情感。确信即确立选择品牌的信念。行动即指品牌购买的准备阶段和实施阶段如索要说明书、去参观展览、到经销店等。此种阶梯，越往高处越窄。换言之，越往上人数越少，最上一段表示经常购买该一品牌的人数即品牌忠实度。

4. 广告销售效果模式

对广告活动好坏的评价有四个相关联的小模式需要介绍给大家，它们是Reeves的牵引率, Wolfe 的 PFA, Starch 的 NETAPPS 率及广告效果指数法即 AEI 法。

(1) Reeves 的牵引率。牵引率实际上是一种抽象访问法。也就是从全国范围里抽样, 并访问他们。特点是样本数大, 母体范围遍及全国。是在 Reality in Advertising 一书中提出的。

具体做法是, 访问那些对现在你所实施的广告毫不知情的人。这些人不知你的广告内容是什么, 没看过没读过也没听说过。调查他们当中有多少人正在使用你的商品。假定百人中有 1 人, 也就是 1% 的人不知道你的广告却是你的用户。

现在再去访问那些对你的广告有深刻印象的人, 调查他们当中有多少人正在使用你的商品。这一组假定为 21%。

以上假定事实说明, 不做广告时只有 1% 的人买你的商品, 做了广告购买你商品的人数增加到了 21%。这两组百分比的数字之差即 20% 就称之为使用牵引率。

按照 Rossor Reeves 的说法, 这是最简单的判断广告活动好坏的算术算法。有人戏称此法是把"全国人民关进两个大得不得了的屋子里"。

(2) Wolfe 的 PFA (plus for ad, 因广告带来的效果)。此模式是这样的: 第一步, 通过调查研究确知消费者是否看到或听到该品牌的广告; 第二步, 询问该品牌的商品近期购买情况, 算出 PFA。

例如, 我们假定调查总人数是 5 000 人。其中接触过广告的有 2 000 人。接触广告人中有 700 人购买该品牌, 占接触广告人数 35%; 有 1 300 人没有购买, 占接触广告人数 65%。没接触广告的有 3 000 人, 购买的有 600 人, 占 20%; 没购买的有 2 400 人占 80%。如表 5-2 所示。

表 5-2 广告效果调查

	接触广告层	非接触广告层	计
购买层	700, 35%	600, 20%	1 300, 26%
非购买层	1 300, 65%	2 400, 80%	3 700, 74%
计	2 000, 100%	3 000, 100%	5 000, 100%
	40%	60%	100%

PFA 数值有 PFA 购买率、对全体的 PFA 的比率、PFA 购买人数、所有购买者中 PFA 比率等四种。在上例中:

PFA 购买率 = 35% - 20% = 15% (PFA 购买率和 Reeves 的牵引率是相同的);

对全体 PFA 的比率 = 40% × 15% = 6%;

PFA 购买人数 = 5 000 × 6% = 300 人;

所有购买者中 PFA 比率 = 300 ÷ 1 300 = 23%。

(3) Starch 的 NETAPPS 率。NETAPPS (net ad produced purchases) 表示在购买者中纯粹受广告刺激而购买的人数。

Reeves 是以 campaign 的效果即以大规模的广告活动效果作为研究对象,而 Starch 是以销售量作为效果测定的指标,将商品的销售量与广告的接触关系,用数学方法加以分析。具体地说是限定特定媒体的读者,再限定商品的购买期限,限定在最近的一周内。

此模式由四个阶段测定:一是看到广告而购买的;二是未看到广告而购买的;三是看到广告的购买者中,非广告刺激而购买;四是看到广告的购买者中,因广告刺激而购买。

在阅读广告且购买广告商品的人中,有的受广告的刺激而购买,有的不是受广告的刺激而购买。NETAPPS 法是以阅读广告不受刺激的购买者与不阅读广告而购买的比率相同为假定前提的。

NETAPPS 法的实际操作程序如下:

将 X 商品的广告刊登在某一报纸或杂志上,测定该报纸或杂志的读者有多少人读过 X 商品的广告。假定 100 个读者中有 33 个人看到过该商品的广告,其中购买 X 商品的有 5 人,而在没看过 X 商品广告的 67 人中也有 8 人购买了 X 商品,那么购买者中全部购买人数为 5+8=13 人。

没看过 X 商品广告而购买 X 商品的购买率是 8 人/67 人=12%。按照 NETAPPS 法的假定,看过广告而不受刺激的人数也应为 12%,即 33×12%≈4 人。那么,看过广告而购买的 5 人中,有 5 人−4 人=1 人是因为广告刺激而纯粹购买商品的,这 1 人就是 NETAPPS 数。它占总购买者的百分比就是——NETAPPS 分数,此假设为 1/13×100% 即 7.7%。

Starch 认为,纯粹受广告刺激而购买的消费者百分比即 NETAPPS 分数,可用来比较新旧广告活动的效果或比较竞争者厂商相互间广告活动效果,亦可比较不同媒体之间的广告效果。

(4) 广告效果指数法即 AEI 法。

广告效果指数(advertising effectiveness index, AEI),是使用牵引率、PFA、NETAPPS 的依次排列比较后真正因广告而唤起购买的效果 NETAPPS 与全体调查者的比值。

在广告刊播后,调查:① 看没看过广告;② 有没有购买广告的商品。将结果用英文字母替代并整理成数学表达式,如表 5-3 所示。

表 5-3 广告效果指数法

(2) 购买		(1) 广告接触		合计人数
		看	未看	
	有	a 人	b 人	a+b 人
	无	c 人	d 人	c+d 人
合计人数		a+c 人	b+d 人	N 人

a 表示看过广告而购买的人数;
b 表示未看过广告而购买的人数;
c 表示看过广告而未购者人数;
d 表示未看广告亦未购者人数。

由上表可以看出使用牵引率即PFA的购买率是从看过广告人们的购买率$a/(a+c)$减去未看广告人们的购买率$b/(b+d)$。

对全体的PFA比率,是看过广告层次的大小乘上PFA的购买率。结果是$\frac{1}{N}\left[a-(a+c)\times\frac{b}{b+d}\right]$,即看到广告的$a$人中,减去因广告以外影响而购买的$(a+c)\times b/(b+d)$人数,将这个人数除以全体人数所得的值,称为广告效果指数:

$$AEI=\frac{1}{N}\left[a-(a+c)\times\frac{b}{b+a}\right]$$

广告效果指数比较见表5-4。

表5-4 广告效果指数比较

指数名称	指数意义	方程式
UP(usge pull)	使用牵引率(广告吸引力)或PFA购买率	$UP=\frac{a}{a+c}-\frac{b}{b+d}$
AEI(ad effect iveness index)	真正因广告而增加的购买效果与全体的比值(对全体PFA比率)	$AEI=\frac{a+c}{N}\left(\frac{a}{a+c}-\frac{b}{b+d}\right)$ $=\frac{1}{N}\left[a-(a+c)\frac{b}{b+d}\right]$
NETAPPS(net ad produced purchases)	因广告增加的销售额(所有购买者中PFA比率)	$N=\frac{a-(a+c)\frac{b}{b+d}}{a+b}$

5. 盖洛普广告测试法

盖洛普和罗宾逊(Gallup & Robinson, G&R)公司率先创立了一种广告测试方法。它是一种文字-逻辑模式,到1990年止,已测试过12万则印刷媒体广告和6 000则电视广告。

测试工作的基本要求是:① 接受测试者自己选择常看的媒体,但要求最近的一次没看过;② 受测试者的年龄应在18岁以上;③ 每次测试的人数要在150名左右;④ 测试样本分布控制在10个城市。

测试要点主要有下面三个。

第一,对市场上各个广告的表现进行评估。

第二,分析全盘广告活动及其策略的效果并与其以前的广告策略和其他相同商品广告作比较。

第三,对同一类型产品或某一行业的销售及执行方案作效果评估。

G&R公司的测试人员通过电话访问受访者在该杂志的广告中记得哪几则广告,以此确定广告的阅读率。对于记得的人继续询问:

(1) 那则广告是什么模样？内容说些什么？
(2) 广告的销售重点是什么？
(3) 你从该广告中知道些什么？
(4) 当你看这则广告时，心理有何反应？
(5) 看完该广告后，购买欲望是增加还是减少了？
(6) 广告中的什么因素影响你的购买欲望？
(7) 最近购买的此种产品是什么品牌的？

根据这些答案可整理归纳为以下三种广告效果。

一是吸引读者注意的能力。该能力的测试以百分比来评断，版面大小、色彩等其他影响因素事先已量化。得分越高，表示其吸引力或使消费者记住广告内容或广告的能力越强。

二是被测试者对某广告的心理反应或对销售重点的理解能力。

三是看了广告后，购买该产品的欲望，受影响的程度。产品的销售主要受购买欲望的影响，注意力高的广告并不表示购买欲也高。

例如，利用盖洛普广告测试法对A，B两则化妆品广告的测试[①]，见图5-4。

"在广告A中，三个格子告诉读者保养头发的知识，其他文案部分以推销产品为主"，"直接说出能给读者带来的利益"。

另一个强有力的说服因素是"雇用有一头浓密健康美发的Victoria Principal"。

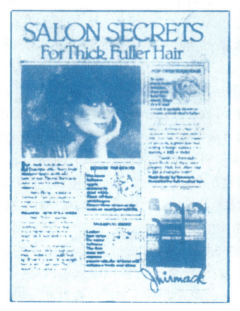

图5-4　供测试用化妆品广告

---

① 樊志育：《广告学原理》，上海人民出版社1999年，第304—305页。

广告B的"标题语义含糊",名人选用与洗发精关联度差。

因此,"广告A在图片、标题及文案上均较广告B有力",测试结果见表5-5。

表5-5 化妆品广告测试结果

	吸引读者注意的能力(PNR)	广告说服能力(persuasion)
广告A	8%	
广告B	28%	57%
平　均	11%	44%

三、广告效果评估方法

大卫·奥格威曾说过:"所谓好的广告,不是广告本身引起注意就算好的,而是为了卖东西。"

(一)广告效果的事前测定

事前测定是指对广告作品刊载前的测定。它包括测定媒体和测定作品两部分。

1. 对媒体的事前测定

(1)测定内容有以下两项。

一是各媒体的单位数。印刷媒体指销售份数,电子媒体指收视该节目的接收机台数,户外广告或其他媒体以装置数计。

二是媒体视听众数。视听众指媒体受众,是读者、听众、观众的总称。事前要测定读者、听众、观众的人数。

(2)视听率调查。视听率调查有以下三种方法。

第一种,日记式调查法。调查者把调查问卷放在调查对象的家里,由调查对象把每天收听、收看的节目名称、台名、日期、时间、视听众年龄等填入调查问卷,再由调查者收回。通常是把全天的节目印在问卷上,调查期限为一周,所以要准备七张调查问卷。

第二种,电话调查法。调查者用打电话的方式向调查对象询问打电话时他们的收视情况。通常是随机抽查10个样本户,同时向各样本户家庭打电话,询问看没看电视,看的是什么节目之类的问题,然后由调查者填写在调查表上。

第三种,机械调查法。用机械方法对选定的样本户进行调查。具体做法是在选定的调查对象的家用电视机上,安装一种"自动记录仪",能把电视机内每一分钟所发生的电视台发振周波数自动记录下来。据此调查者便可知道收视时间及电视台代号。它使用胶带记录,一刻不停地正常行走,每周回收一次,用计算机即可统计出视听率。

机械调查准确性高,目前已受到各国调查界的重视。世界著名的广告调查公司如美国的ARB公司,尼尔逊公司,日本的电通公司以及我国台湾的益利公司、润利公司等都采用收视率即时联机调查。一般在电视广告播出15分钟后,就能得到收视率数据;每60秒更新数据一次;每30分钟完成最后统计数据的确认与显示。我国报纸调查从1982年开始,主要使用访问法。广播、电视的视听率调查始于1987年,主要采用日记式调查法,每周回收一次调查问卷。

2. 对广告作品的事前测定

（1）构想测定。构想测定(concept test)指广告作品完成前,对其诉求内容是否可行而进行的各种测定,也称创意测定。多采用实验室测验,如表5-6。

表5-6 构想测定种类

	记号化的手法	反应测定法（直接法、间接法）
文字记号	单字表现 文章表现 图形表现(形态、色彩、文字) 声音表现	① 自由表述法 ② 联想法 ③ 选择法 　a 一般比较法 　b 顺位法 　c 多项选择法 ④ 配合法 ⑤ 同意法
样本 (dummy) 广告	标题 草图(rough sketch) 故事板	

由表5-6可以看出,构想的表现手法有两种:一种是记号化手法;另一种是反应测定手法。在记号化手法里,可以把构想(concept)用文字记号勾画出来,也可采用样本(dummy)广告的形式表现出来。在反应测定法里,可以直接向被测试者询问广告商品与构想的关系或用诱导的方式让被测试者谈论有关广告商品与构想的联系。不论是直接反应测定还是间接反应测定都可以使用自由表述法、联想法、选择法、配合法、同意法等,最后测定出诉求方向是否正确。

自由表述法是用指示的口吻询问被测验者(消费者代表诉求阶层代表)的建议或意见,例如"你怎么看的?""你的意见呢?"这类问题获得的答案有两个缺点:一是冗长;二是含义不确定。

联想法是指就给定的一些单词、文章或图形,让被测验者说出所想到的事物。

选择法是在很多项目中,让被测验者通过比较判断选出他们认为最恰当的,由两个中选一个称为一对比较,由多个中选一个称为多项选择,将多个项目按其重要性排列起来称为顺位。

配合法是让被测验者选择两个项目群之间如何相连最为恰当的一种对应方法。例如,各种商品名称和多种构想并列在一起,由被测验者确认哪种商品名称和哪种构想配合最为恰当。

同意法是让被测验者回答对某一构想的态度。

（2）文案测定的方法。文案测定是指用广告作品提示被测试者，观察他们的反应。主题和综合因素是测定时要考虑的两个方面。

① 残留印象测试法。此种方法多用于主题测试，实际上是利用人的记忆特点完成的。因为人在短时间的记忆力是有限的，记住的东西即残留的印象必是刺激强烈的，这也正是广告主要诉求的。具体做法是，将已设计好的广告作品短暂暴露在被测试者面前，拿走文案后立即询问被测试者对该广告作品的印象。假如描述的印象与广告作品所要突出的主题相吻合，说明广告运用的主题是正确的；若描述的残留印象与设计的主题距离太大，则需要重新提炼广告主题。

② 专家意见综合法。此法又称德尔菲法，是指将设计好的广告作品，逐个交给与广告活动有关的10—15名专家进行评审，请他们在规定的时间内用书面形式给评审表指标打分，寄回组织者，这是第一轮评审。之后组织者以匿名的方式进行综合整理，再分发给各位专家征询评审结果。经过3—5轮背靠背反复评审，各专家意见渐趋一致，以最后一轮分值的高低作为判定标准。若有几个广告作品也可以用此法选出最佳的那一个。

③ 要点采分法。又称检查表测验法。它是先设计一个广告要点采分表，然后请诉求阶层代表和消费者代表打分，以分值高低判断优劣。如表5-7所示。

④ 仪器测定法。即运用各种生理仪器对广告作品中各要素进行综合测定，见表5-8。主要方法有下面三种。

a. 皮肤电反射测定，又叫生理电流计测定。具体做法是在被测试者看到或听到广告作品的同时，通过监视仪观察被测试者的情绪对电流变化的影响，据此检测文案的可行性。

表5-7　广告效果等于各项权系数与各项评价分数之和

评价项目	评价依据	权系数	广告效果积分
吸引力	吸引注意力的程度	0.2	
认知性	对广告销售重点的认识程度	0.2	
易读性	能否了解广告的全部内容	0.1	
说服力	广告引起的兴趣及对广告商品的好感	0.2	
行动率	由广告引起的立即购买行为及潜在购买准备	0.2 0.1	
优劣标准	最佳　　优等　　中等　　下等　　差 80—100　60—80　40—60　20—40　0—20		

b. 视向测定。通过视向仪测定被测试者观看广告文案的顺序和时间长短以及瞳孔的大小变化，以此来判断广告文案的吸引力。

c. 瞬间显露测定。让被测试者辨认瞬间闪现的广告作品,借以判定广告作品的辨别度和记忆度。

表5-8 文案测验所用的各种测定

	field survey (对广告)(对商品)	labo test (对广告)(对商品)
①知觉的侧面	• 注目率 (认为看过的比率)	• 诱目点,凝视点,轨迹测定(eye camera) • 认知度,认知阈测定(tachistoscope) • 外观大小之测定(distance-rater)* • 要素的相对强度测定(stereo-rater)* • 一种注意度(脑波测定机)*
②感情的侧面	• "感觉"的测定(尺度法:SD法、一对比较法、顺位法、系列范畴法)(联想法)*(配合法)*	• 好嫌度之时间系列变化测定(program analyzer)
③情绪的侧面		• 自律神经系反射测定(瞳孔反射计* / GSR测定机,其他)
④态度的侧面	• 有关意图、意见、评价等之测定(态度尺度法、李嘉图尺度法)	• 露出,非露出之差测定▲(Schwerin等方法)
⑤学习、记忆的侧面	• 再认率、再生率、再学习率、忘却率(再认法、再生法、再学习法)测定	• 易于记忆程度之测定(完全学习法)
⑥思考的侧面	• 精读率▲测定(认为读过的率) 正解率测定*(achievement test法之应用) • 理解阈测定(速度测定*) 复元率测定(closed法*)	
⑦行动的侧面		• 行动观察(行动观察法*) • coupon回收率测定▲(利用keyed ad.)
⑧其他		• group interview法 • 投射法

注:*非一般的手法。
▲纳入其他范畴有可能性者。

(二)广告效果的事中测定

广告效果的事中测定是指在广告活动期间内对广告效果进行的测定。事中测定的目的是了解消费者的反应,验证广告策略与实际情况的吻合程度,为修正广告策略和事后测定提供依据。通常采用下列测定方法。

（1）市场销售试验法。又称实验调查法。它包括纵向试验和横向试验两种。

纵向试验是指选某一特定地区和特定时间推出广告，对被确定的广告因素做推出前后的销售状况对比调查，根据销售变化的大小，考察广告活动的效果。

横向试验是指在选定一个"实验市场"推出广告的同时，设置一个"比较市场"。这个比较市场应同实验市场的各种条件相似，经过一个较长时期的实验后，比较两个市场的销售差别，以此测定广告活动的效果。

例如，新包装效果的测定。某日化公司要测定某种高档化妆品新包装效果，选定甲地为实验市场，以新包装推销，乙地为比较市场，仍以旧包装推销，该两地市场在实验前的销售量相同，上季均为 x_0，经过三个月的实验，甲地为 x_2，乙地为 x_1。则新包装实验效果：

$$绝对值效果 = (x_2 - x_0) - (x_1 - x_0)$$

$$相对效果(\%) = \left[\frac{x_2 - x_0}{x_0} - \frac{x_1 - x_0}{x_0}\right] \times 100\%$$

（2）分割测定法。又称分割刊载法，它是询问测验的一种变形。主要目的是判断同一媒体上只有一种因素不同时的广告效果差别，从中选择有效的那一个。具体做法是，对同一种所要广告的商品作出A，B两种广告文案，在同一种报纸或杂志、同一日期、同一版位及同一面积上，交互印刷A，B两种广告文案，然后将两者平均寄给读者，将反馈的信息统计后即可知道A，B两则广告的优劣，显然反馈信息多的广告要优于反馈少的广告。

这种方法的优点是测定对象明确，测定条件一致，信息返回率高。利用广告费低廉的报纸，分割测定文案及销售效果是最经济的途径。缺点是能承担机械分割刊载的媒体版面十分有限。竞争对手会采用同样方法干扰测定结果。

例如：下面这则分割刊载的例子说明了如何使用上述方法的一点技巧。

凡函索者，赠精美礼品！（A，B两文案均有此字样）

A文案回函寄××路×号×××收

B文案回函寄××路×号××收

其他如图片、布局、色彩等作不同处理。

（三）广告效果的事后测定

事后测定是广告活动结束后，有关方面对所做广告做综合评估，这是广告效果测定时最常采用的一种方法。虽不能再改变广告活动的方针，但却可以知道此次广告活动发挥的效益及存在的不足，为再次广告活动的策划提供第一手材料。

事后测定一般采用事前事后调查法进行比较。纵观各类广告书籍，我们认为，广告效果的事后测定应包括传播效果的测定、销售效果的测定、心理效果的测定。

1. 传播效果的测定

传播效果是指消费者对广告的接受程度即通常意义上的宣传效果。正如前面章节所述,它不是纯粹的广告效果,而是广告、信息发布、销售促进、销售活动等综合效果。广告主投入大量广告费在媒体上做广告,到底消费者看没看到?有多少人看到了?他们理解广告主的意图吗?传播效果的指标接收率就回答了上述问题。

接收率指接触媒体广告信息的人数占媒体受众的百分比,有时也称广告视听众。对接收率的测定可分为两部分,即感知程度测定和认知程度测定。

（1）感知程度测定。主要是测定广告到达效果,即对广告视听众的调查情况。具体包括以下六点。

① 广告到达地区的消费者家庭电视机普及状况。

② 消费者每天收看电视节目的时间是多少?

③ 什么电视节目收视率最高?

④ 广告到达地区报纸、杂志发行份数。

⑤ 报纸、杂志的阅读情况。

⑥ 读者的构成状况。

感知调查的方法见广告事前测定部分。

（2）认知程度测定。主要是测定广告的阅读率（表5-9）。按照美国一家广告阅读率调查公司——斯塔夫公司的分类,阅读率可分为注目率、阅读率和精读率（认知率）。

表5-9 A广告的阶段卡片

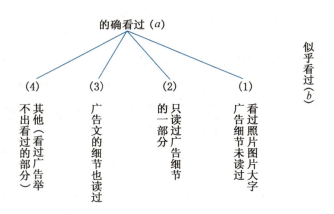

假设读过刊载A广告的报纸人数为c,规定①、②、③、④…注目,②、③为精读

$$A广告的阅读率 = \frac{a(的确看过)}{c(读过刊载A广告的报纸人数)}$$

$$A广告的注目率 = \frac{a+b(的确看过+似乎看过)}{c(读过刊载A广告的报纸人数)}$$

注目率是指见过测定广告的读者百分比。这里的见过仅指注意到了,包括对广告信息有点印象的人和所有浏览一遍或细看的人。注目率可以反映广告最大传播范围,是对广告的广度调查。

阅读率是指看过、听过某种广告的一部分内容,并能回忆起此种情形的读者比率。它是粗略阅读和详细阅读的人数总和,在一定程度上反映广告的深度。

精读率(认知率)是指理解广告内容的人数与注意到该广告的人数之比率。理解广告内容一般指对广告内容细看或至少看过一半广告内容并能复述主要情景。精读率是真正意义上的广告深度测定。

2. 销售效果的测定

销售效果指广告活动实施后的销售量、利润等经济指标同广告活动实施前的指标相比增长的额度。由于促销的方法很多,广告只是一个侧面,所以,销售效果只能在一定程度上反映广告对促销所发挥的作用。在实际测定中采用事前事后比较法和小组比较法。

在广告结束后用销售或利润的增长同广告的费用增长进行对比测定广告效果。

$$测定公式为 E = \frac{Y}{C}$$

式中,E 为销售(或利润)效果比率,又称边际效率;C 为广告费用增加率;Y 为销售额(利润额)增长率。

例如,某企业为配合旺季销售,第一季度广告费用增加率为50%,而该季利润率增长为20%,以此推算出销售效果比率为40%。

销售效果比率的判断标准是 E 越大广告效果越好。但这种方法不能十分准确地测定出广告效果,因为没有排除其他促使销量增加的因素。

3. 心理效果测定

心理效果是指广告运动实施前后消费者对企业形象的认知改变程度,有时也称广告形象效果。所以,它主要是测定由广告所引起的企业形象或产品形象的知名度和美誉度问题。在广告效果当中它属于长远效果,是累积形成的,测定方法分为形象测定和人类行为三向度测定。

企业形象表现为以下两方面。

(1)总体形象,即企业或产品在消费者心目中的综合印象。一般以知名度和美誉度两项指标来衡量。总体形象效果的评价是通过企业形象地位图来体现的。具体方法是:收集原始资料,将组织在公众心目中的地位用百分比计算相对数,画出形象地位图。如图5-5所示,横坐标表示企业或产品的知名度,纵坐标表示企业或产品的美誉度。

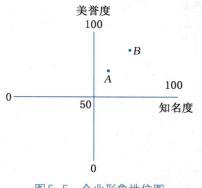

图5-5 企业形象地位图

第五章 广告战略策划

假定调查是以问卷形式进行,调查对象是100名,广告宣传前有60人知道本企业,即知名度60%,若这60人中有40人对企业有好印象则美誉度为$\frac{40}{60}\times 100\%$即60%,由此可确定企业原有形象在$A$处。经过广告和其他方面努力,对同样范围的消费者再次调查,知道本企业的上升为80人,这些人中有68人对企业有好感,即知名度为80%,美誉度为85%,企业现在的形象应位于B。由此可确认广告(还有其他手段)使企业形象知名度上升了20%,美誉度上升了20%。

(2)具体形象即消费者对企业或产品各方面的具体印象和评价。通常用企业或产品形象的各项指标来衡量。具体操作包括下面2个步骤。

第一,对公众意向进行调查。调查方法是采用"语义级差表"对所选定的具体形象指标进行公众意向调查,让他们在认为适当的栏目里打"√",然后加以统计,形成"公众意向汇总表"(表5-10)。

第二,计算出各项指标的相对数值(如产品一项,$70\times 80+25\times 60+5\times 40/100=73$),并画出形象间隔图(图5-6)。形象间隔图是一种用形象曲线表示企业各具体形象指标在广告前后变化的状况。根据上面的公众意向调查,此结果的形象间隔图如图5-6所示,斜线部分为广告心理效果。

表5-10 公众意向汇总表(广告前)

评价 权数 项目	很好 80	较好 60	一般 40	较差 20	很差 0
产品	70	25	5		
服务		40	50	10	
效率		30	40	30	
道德		30	50	20	
规模		50	50		

表中数字是对受众调查的结果

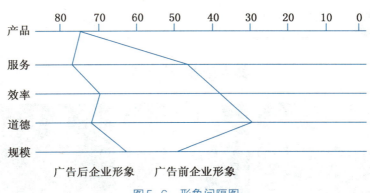

图5-6 形象间隔图

广告心理效果的测定还可通过人类行为三向度测知。三向度指：① 认识向度即意识和了解；② 情动向度即喜爱和偏好；③ 动机向度即决心和购买。

这三种向度分类意味着广告应具有的三种基本功能。

认识向度要求广告能对潜在消费者提供资料与消息。

情动向度要求广告能改变潜在消费者对产品的态度与感情。

动机向度要求广告能刺激潜在消费者的欲望，并帮助消费者选择购买方向。

针对消费者购买行动过程中广告在每个阶段所担任的任务，广告界提出了如下的测定模式表（表5-11）。

广告的心理效果测定是广告活动效果的落脚点，它反映了传播效果的成果，又直接影响销售效果的好坏。

表5-11　广告效果测定模式

人类行为的三向度	消费者的购买行动过程	不同阶段的广告方式	不同阶段的广告效果测定方法
动机的向度 压迫力的状态 广告能刺激欲望 并决定购买的方向	行动 ↑ 决心	证明型的广告（testimonial advertising）	销售市场法（sales market test） 回单法（coupon test） 投射法（projective test）
情动的向度 情绪的状态 广告能变更消费者的态度与感情	偏好 ↑ 喜爱	竞争型广告（competitive advertising）	意见法（包括消费者陪审法，consumer jury test） 优劣次序法（order of merit method） 态度法（包括语义差异法，semantic differentiation test）
认知的向度 理性的状态 广告能提供资料与消息	了解 ↑ 意识	开拓型广告（pioneering advertising）	认知法（recognition test） 回忆法（recall test）

创意链接5

美人鱼要干什么？

美人鱼要干什么?

竞猜情节描述

大海、小船……一阵狂风把水手卷进了大海,美人鱼急速游来,亲吻着水手,苏醒的水手惊恐地睁大了双眼……

思考题

1. 这是一则什么广告?
2. 接下去情节将如何发展?
3. 这则广告的创意表现在什么地方?

学生竞猜

学生一:这位男士的表情十分惊讶,可能是因为他不敢相信在海底深处口红也不会褪色,所以我认为是防水口红的广告。

学生二:我认为是保险公司的广告,在你遇到危险的时刻保险公司就会像美人鱼一样来救你。

(答案及点评见书末所附部分)

第六章 广告媒体渠道策划

内容提要

（1）广告媒体渠道是广告者用来进行广告活动的物质技术手段和广告信息传播通道，主要有报纸、杂志、广播和电视、互联网五大媒体。不同的广告媒体具有不同的特点。

（2）广告媒体渠道策划就是选择恰当而有效的广告媒体与组合方式，适时而准确地将广告信息传播给广告对象。它是现代广告策划中的重要环节，对广告宣传的得失成败具有重要意义。

（3）广告媒体渠道策划是一个由调查研究开始，经过构思、论证，直至实施的完整过程。其一般程序依次为广告媒体调查、确立目标、媒体方案分析和组织实施。

（4）广告媒体渠道策划受来自媒体自身及其外在诸多因素的影响，主要有产品特性因素、媒体受众因素、营销系统的特点因素、竞争对手特点因素、广告预算费用因素、媒体成本因素、媒体寿命因素、媒体灵活性因素、广告文本的特点因素和政治、法律、文化因素等，只有在对这些影响因素进行审慎的研究与分析的基础上，才能建立起最佳媒体渠道组合。

（5）进行广告媒体渠道策划，必须遵循目标原则、适应性原则、优化原则和效益原则；按目标市场、产品特性、消费者的记忆规律、广告预算和广告效果等方法来选择广告媒体渠道。

策划案例赏析6

欧莱雅创新VR全景广告

欧莱雅创新VR全景广告

策划背景

VR技术是2019年广告涉猎的新领域，通过将内容与VR技术相结合，极具创意的呈现方式让广告更具竞争力。然而VR技术虽然是一种全新的媒体渠道，具有很强的科技感，但是它的广告投入和对受众的经济要求较高，因此品牌需要更加谨慎地进行选择。欧莱雅作为一个全球知名的美妆品牌，它定位于中高端的消费群体，因此VR技术的科技性和新奇性能够获得目标消费者的关注，达到刺激购买欲望的效果，它为旗下勇气主题香水"Diesel"所制作的高空VR体验就是一个很好的VR广告策划。

专家点评

VR广告 *Only The Brave*，全片时长仅有1分03秒，虽然篇幅短小，但是通过VR技术的运用很好地放大了广告的感染力。由于受众的消费水平和对高科技产品的兴趣程度会极大地影响VR的广告效果，因此欧莱雅的广告团队在策划时高度明确目标群体，主要针对20—35岁之间的青年消费者。在广告的内容设计上别出心裁，观众戴上VR设备后，发现自己就靠在纽约市高层建筑的墙壁外侧，脚下方就是纽约市中心的车流，抬头可看见城市壮观的日落景色。而体验者则需要鼓起勇气沿着外墙向前走，紧贴墙壁，尝试去克服恐惧的心理走到安全的室内。广告选择勇气作为主题，主要关注消费者的感性诉求，消费者可以清晰地看到自己如何走在危险的高楼壁架上，当人们最终走过去的时候，就能拿到欧莱雅的勇气主题香水"Diesel"，从而留下深刻的品牌记忆力，从而促进消费者的购买行为。

广告媒体渠道策划,就是为了经济有效地实现广告目标,运用科学的方法对各种不同的广告媒体渠道进行有计划的系统选择与优化组合的过程。究竟应该选择何种广告媒体渠道,应该运用哪种或哪几种广告媒体渠道的组合,如何最大限度地发挥广告媒体渠道的效果,这些就是广告媒体渠道策划所要解决的问题。因此,广告媒体渠道策划的基本任务就是把握各种广告媒体渠道的作用与特点,进行科学系统的选择优化,选定能够适时而准确地将广告信息传播给广告对象、传播效果最佳、广告投资省但又能够圆满达成预期目标的广告媒体渠道及其组合方式。可见,广告媒体渠道策划,是现代广告策划中的重要环节,也是开展有效的广告活动的关键之一。

第一节 广告媒体渠道概述

一、广告媒体渠道及其种类

广告媒体渠道,又称广告媒介物,是广告者用来进行广告活动的物质技术手段,也是沟通买卖双方的广告信息传播通道,报纸、杂志、电视、广播、互联网是广泛使用的广告媒体渠道,统称五大媒体。而今网络媒体已粗具规模,被称为第五媒体。

由于广告媒体渠道的不断发展,对广告媒体的分类也日趋复杂。最常见的分类主要有两种。

(1)按其表现形式进行分类,广告媒体可分为印刷媒体和电讯媒体。

印刷媒体是用印刷在纸张上的文字符号及图案,通过作用于人的视觉以达到传播目的,从而施行广告宣传的媒体。包括报纸、杂志、电话簿、图片、商标、说明书、包装装潢等。其特点是广告宣传时间较为长久,同时便于查询和留存,具有自身重复性宣传的长处。

电讯媒体(又称电子媒体)是一种光电性能的媒体,包括电视、广播、电影、互联网、霓虹灯、电子显示屏幕等。因其与当代科学技术联系紧密,所以具有极强的时代特征。电讯媒体传播信息迅速、广泛、适应性强、感染力强,在各类媒体中后来居上,独领风骚,越来越被人们看好。

(2)按其功能进行分类,广告媒体可分为视觉媒体、听觉媒体和视听两用媒体。

视觉媒体包括报纸、杂志、邮递、海报、传单、招贴、月历、售点广告以及户外广告、橱窗布置、实物和交通广告等媒体形式。其主要特点是通过对人的视觉器官的信息刺激,影响人的心理活动中的感觉过程,从而使人留下对所感知事物的印象。

听觉媒体包括无线电广播、有线广播、宣传车、录音和电话等。其主要特点是通过对人的听觉器官的感官刺激,激发人的心理感知过程,从而使人产生对广告内容的印象。

第六章 广告媒体渠道策划

视听两用媒体主要包括电视、电影、网络及其他表现形式。其主要特点是兼备形象和声音的双重功能,广告效果相应增强,在广告市场竞争中具有明显优势,对社会大众具有非凡的影响力。

二、广告媒体渠道的特性比较

1. 报纸媒体

报纸是用作广告的最早的大众传播媒体,也是目前世界上公认的最主要的广告媒体。报纸本身有全国性、区域性和地方性之分。按其内容有综合性和专业性之分。按其出版周期则可分为日报、晚报、周报和旬报等。

报纸媒体的优势在于:① 报纸的版面大,篇幅多,可供广告主充分地进行选择和利用。② 传播面广,传播迅速。报纸发行量大,触及面广,遍及城市、乡村、机关、厂矿、企业、家庭,有些报纸甚至发行至海外,且看报的人数实际上大大超过报纸发行数。新闻报道是报纸的主要任务,但新闻报道带动着广告信息的传播速度,保证了广告宣传的时效性。③ 报纸具有特殊的新闻性,从而使广告在无形之中增加可信度。而且将新闻与广告混排可增加广告的阅读率。④ 报纸广告的编排、制作和截稿日期比较灵活,所以对广告的改稿、换稿和投稿都比较方便。

对于广告宣传,报纸也具有不可克服的缺点:① 时效性短。由于报纸出报频繁,每张报纸发挥的时效性都很短,很多读者在翻阅一遍之后即将其弃置一边,所登广告的寿命也因此而大打折扣。② 受版面限制,经常造成同一版面广告拥挤。且报纸广告强制性小,容易被读者忽略。③ 无法对文盲产生广告效果。④ 缺乏动态感、立体感和色泽感。

2. 杂志媒体

杂志也是用作广告较早的大众传播媒体。据记载在18世纪英美杂志中广告雏形开始出现,到19世纪末就已发展成为仅次于报纸的一种重要的广告宣传媒体。杂志按其内容可分为综合性杂志、专业性杂志和生活杂志;按其出版周期则可分为周刊、半月刊、月刊、双月刊、季刊等;按其发行范围又可分为国际性杂志、全国性杂志、地区性杂志等。

杂志媒体的优势在于:① 杂志具有比报纸优越得多的可保存性,因而有效时间长,且没有阅读时间限制。杂志的传阅率和重复阅读率也比报纸高,广告宣传效果持久。② 读者集中,选择性强。杂志不管是专业性的还是一般消遣性的,都有较集中的读者对象,这样就有利于根据每种杂志的特定读者群,进行适合他们心理的广告设计。③ 杂志的编辑精细,印刷精美。精美的印刷品不仅可以逼真地表现产品形象,而且可以给读者带来视觉上美的享受,进而产生心理上的认同。④ 杂志的发行量大,发行面广。对于全国性的商品或服务的广告宣传,杂志广告无疑占有优势。

然而在实际中,杂志广告的刊发量远远小于报纸,主要是因为杂志存在诸多局限性:① 杂志的时效性不强,因其出版周期长、灵活性差,就难以刊载具有时效性要求的广告。

② 印刷复杂,更改和撤换都极不方便,成本费高。③ 综合性杂志由于具有广泛影响力的为数过少,而一般水平的偏多,因此广告宣传的效果不突出;专业性杂志因其专业性强,读者有一定的限制,广告登载选择面小。

【案例】百合花干邑白兰地

法国百合花干邑白兰地为吸引美国较年轻的消费者,在媒体选择上也是以杂志为主。下面是该产品1983年9,10两个月的刊期表:

时代杂志	一页、四色、刊八次
新闻周刊	一页、四色、刊八次
商业周刊	一页、四色、刊六次(每月三次)
财星	一页、四色、刊二次
富比世(Forbs)	一页、四色、刊二次
巴伦周刊	一页、四色、刊二次
美食者	一页、四色、刊二次
烹调周刊	一页、四色、刊二次
Bon Appetit	一页、四色、刊二次

以上将实现该广告的全美到达率约40%(达到目标市场95%)。此外,百合花干邑白兰地还将在美国一些地方刊物中刊登全页四色广告,以在主要市场加强广告。

3. 广播媒体

广播媒体是传播广告信息速度最快的媒体之一。在我国也是最大众化的广告媒体。

广播媒体的优势在于:① 传播速度快,覆盖率高,不受时间和空间的限制,在五大媒体中它是传播速度最快、传播范围最广、覆盖率最高的媒体。② 传播次数多,收听方便。③ 广播广告通过语言、音乐来塑造产品形象,听众感到真实、亲切,具有现场感。④ 改动容易,极具灵活性。有利于根据市场行情的瞬间变化而及时调整广告内容。⑤ 制作简便、费用低廉。

广播媒体的不足之处在于:① 时间短暂,难于记忆,广播广告很难给人以深刻的印象和较长久的记忆效果。② 听众分散,广告宣传效果相对难以测定。③ 有声无形。没有视觉形象,言之无物,难以表现出商品的外在形象与内在质量,因而无法得到对商品的清晰的认识,使广告效果受到一定程度的影响。④ 广播广告转瞬即逝,不易存查。

4. 电视媒体

五大媒体中,电视的发展历史较短,却是最具发展势头和发展潜力的广告媒体,也是当代最有影响、最有效力的广告信息传播渠道。

电视具有报纸、杂志和广播所没有的优势:① 声形兼备。电视以感人的形象、优美的音乐和独特的技巧给人以美的享受,同时有利于人们对产品加深了解,突出商品的诉求重点。② 电视覆盖面广,收看率高,诉求力强。③ 电视传播不受时间和空间的限制,传递迅速。④ 电视媒体具有娱乐性,利用电视作广告,能取得较好的效果。⑤ 电视具有强制性广告的特点,这是其他媒体难做到的。

电视媒体的不足之处在于:① 电视传播信息迅速,时间短暂,稍纵即逝,大大影响了广告商品的记忆效果。② 观众选择性较低,广告信息不易保存。③ 电视广告制作费用高,中小企业无力利用电视媒体进行长期的广告宣传。④ 电视广告制作复杂、制作时间相对较长,因而时间性很强的广告往往无法满足。

5. 网络广告媒体

网络号称第五媒体,兼备电子和印刷两类媒体的共同特点,同时又在整合中呈现出基于网络技术的新特点。网络媒体将声音、文字、图形、动画融为一体,形象直观,视听合一。网络广告提供给广告主六大优势:免邮费、印刷费;测试的时间快100倍;回复率高15倍;可提供充足的产品和服务信息;不限次数的接触,可以反复地和特定对象进行有效的对话;符合网络消费者的心理。

与传统媒体相比网络媒体的优势表现在:① 即时双向沟通。网络媒体改变了大众传播媒介的本质,信息传播者和接受者成为真正意义上平等交流的伙伴,所有用户既是传播者也是接受者。② 海量传播。每一个站点在主页之下都可以有无数个链接页面发布广告,广告信息在量上实现了无限性,成为广告主发布广告详情的最佳媒体。③ 阅读层次化。交互式界面可以使消费者对网络广告的阅读层次化,对产品介绍感兴趣的用户,可以阅读有关详细资料,可以很方便地与企业或个人进行即时互动。④ 参与性强。任何人都可以成为广告主,做网页建网站,无须代理审批,费用低廉,个性化设计的网页广告,为广告大师创意提供了无限空间。⑤ 针对性强。网络媒体是一种寻求深度的个性化的传播媒体,没有"黄金时间",只有"我的时间"。网络广告趋向于针对目标群的窄播,可以按访问者的地理区域选择不同的广告出现,根据一天或一周中不同的时间段出现不同性质厂商的产品等。

网络媒体的不足之处:① 用户不确定。虽然网络的用户群已经形成,但其资料数量还远未达到进入实际操作阶段,用户定位十分模糊。② 垃圾信息过多。网站之间信息的非法拷贝现象严重,重复率高,使其价值体现不出差别化。

2020年销售额接近万亿的直播带货,则是将网络广告与销售直接结合起来,并通过算法进行精准营销,加上弹幕互动,将网络广告推到新的层级。

6. 其他广告媒体

除了上述五大广告媒体之外,还有许多其他的广告媒体渠道。关于它们的分类,中外广告学者各自采用不同的方法,这里统称为其他广告媒体,并选择其中几种常见的媒体形式加以介绍。

(1) POP广告媒体。POP是英文 point of purchase advertising 的英文缩写,意思是售货点的广告或购物场所广告。

POP广告属销售现场媒体广告。销售现场媒体是一种综合性的媒体形式,从内容上大致可分为室内媒体和室外媒体。室内媒体主要包括货架陈列广告、柜台广告、模特广告、圆柱广告、商店四周墙上的广告、空中悬挂广告等。室外媒体是指购物场所、商店、超级市场门前和周围的一切广告媒体形式。主要包括广告牌、霓虹灯、灯箱、电子显示屏、招贴画、商店招牌、门面装饰、橱窗等。

POP广告的特点在于：① 提醒消费者认牌购买，尤其是在五大媒体对产品已进行广告宣传之后，起一种关键性的最能见成效的劝购作用；② 室内室外的广告设置一般都没有时间限制，长期重复出现，可以加深消费者对产品的印象，具有广泛性和时效性，能起到无声推销的作用；③ 简单易懂，适合不同阶层的消费者；④ 美化环境，增加零售点对消费者的吸引力，并烘托销售气氛。

POP广告是直接沟通消费者与商品的小型广告，在设计上必须考虑到与其他广告的不同之处：① 要考虑到销售场地的大小、商品的性质，消费者的物质需求和心理需求，以求有的放矢地表现最能打动消费者的广告内容。② 应该造型简练，设计醒目，阅读方便，重点鲜明，有美感、有特色。POP广告并非节日点缀，越热闹越好，而应视之为构成商店形象的一部分，其设计和陈列应从加强商店形象总体出发，加强和渲染商店的艺术气氛。③ 室内和室外的广告分布要保持平衡，不能虎头蛇尾，避免消费者由此产生心理上的不平衡。

（2）直接邮寄媒体。直接邮寄的英文为direct mail，这里指通过邮寄网络把印刷品广告，有选择性地直接送到用户或消费者手中的广告形式。其类型主要包括：商品目录、商品说明书、商品价目表、明信片、展销会请帖、宣传小册子、招贴画、手抄传单等。

直接邮寄广告在各种媒体中具有与众不同的功能。如果对邮件精心设计，恰当运用，往往可取得相当好的效果。其特点在于：① 针对性最强，广告主对广告活动进行自我控制，根据预算选择诉求对象。② 不受时间和地域的限制，也不受篇幅和版面的限制，在广告形式和方法上都具有较大灵活性。③ 邮寄广告是针对具体单位和个人的，具有"私交"的性质，可以产生亲切感。④ 反馈信息快而准确，极易掌握成交情况，有利于产品广告计划的制定和修改。⑤ 在同类商品的竞争中，不易被对手察觉。

直接邮寄广告的不足之处在于：① 由于针对性强，推销产品的功利性就特别明显，往往使接受者产生一种戒心，因此广告文稿一定要写得诚恳亲切，避免引起收件人的反感。② 邮寄广告按对象逐个递送，流通中间费用昂贵。因此，先不宜大规模寄送，应根据最初的信息反馈，然后再酌情而定。

（3）户外广告媒体。户外广告的英文为out door advertising，是指设置在露天里没有遮盖的各种广告形式，主要包括路牌、灯箱、气球、霓虹灯等。

户外广告的优势在于：① 广告形象突出，主题鲜明，设计新颖，引人注目，易于记忆。② 不受时间和空间的限制，任人随意欣赏，具有长期的时效性。③ 美化市容。

户外广告的缺陷在于：① 内容受限。由于户外广告所处的特殊环境和自身条件的限制，广告商品的文字内容与图画内容的表现受到制约，虽然简单明了，有时甚至只是品牌名称或商标符号,但其效果也因此而大打折扣。② 促销滞后。户外广告多数是企业性的广告,给消费者留下的往往是对企业的印象而不能立即产生促销的作用。

(4) 楼宇视频广告。楼宇视频广告是在户外播放视频广告的一种广告媒介形式,是新型的户外广告媒体。它主要分布在写字楼、公寓、酒店及各种休闲娱乐场所的电梯间及入口处,它以电视广告的表现形式为特征,在特定的时间和空间对目标人群进行广告信息传播(图6-1)。

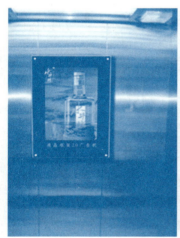
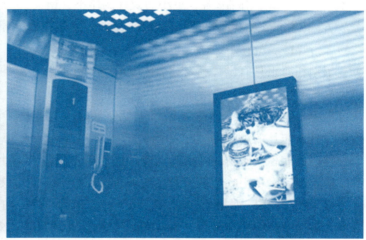

图6-1　楼宇视频广告

楼宇视频广告的优点：① 广告受众针对性强。楼宇户外视频广告正是把目光瞄准了传统媒体所不能充分覆盖的中高收入人群,把自己定位于面向中高收入人群的新媒体。② 接触点传播。联播网根据受众类别细分出了领袖人士、商务白领人士、商旅白领人士、时尚人士等不同的广告对象,并根据他们的工作和生活轨迹的接触点设计不同形态的广告信息传播网络,对他们进行广告信息的补充覆盖和重度覆盖。③ 主动收看与强制收看并存。楼宇视频媒体的出现,正是整合了户外与电视媒体的优势,在特定的时空通过精美的音画吸引观众的注意力,同时由于控制权不在观众手中,使得受众只能观看一个频道滚动播放的广告信息,形成视觉和心理上的强制性。④ 抗干扰性强。由于楼宇视频广告媒体的独有性和排他性,不允许其他广告信息在其周围存在,有效地降低了其他信息的干扰程度。⑤ 成本优势明显。

楼宇视频广告的局限性是：① 与报纸相比,它不具有稳定的发行量；② 与电视相比,它传播的信息内容不够完整,只是在受众等电梯的瞬间传达一个信息片段；③ 与传统户外媒体相比,由于楼宇液晶电视广告系统所用的液晶电视是定做的,制作成本较高,加上候梯厅的租金、系统维护成本,对经营者设立了较高的进入门槛；④ 内容过于单一,循环播放很容易让人厌烦。

(5) 交通广告媒体。交通广告媒体就是利用公共汽车、电车、火车、地铁、轮船的厢体或交通要道设置或张贴广告以传播广告信息。

交通广告的优点是：① 交通广告流动性大，接触的人员多，阅读对象遍及社会各阶层，有利于提高商品的知名度，能产生较好的促销作用。② 具有预告性的作用，当商品上市之前利用车船媒体作预告性宣传，有助于消费者指牌购买。③ 制作简单，费用低廉，适应中小企业的广告需求。

交通广告的缺陷是：① 交通广告属流动性广告，一触即逝，影响广告宣传效果。② 交通广告受空间限制，容积过小而设计制作不够精美。

（6）招贴、海报、传单和挂历。招贴、海报、传单和挂历等类型的印刷广告均属于辅助性的广告媒体。

招贴和海报具有设计新奇，制作和印刷精美的特点，对消费者具有很强的吸引力。同时还具有时效长的优点。

传单是针对消费者心理而设计的，能够唤起消费者潜在消费需求，对促进消费者的购买行为具有非凡的影响力。

挂历是兼备美观和时效性长双重功能的广告媒体。设计精美的挂历能够逼真地反映产品形象、特征，从而唤起消费者美的联想，并对产品产生兴趣。

设计制作招贴、海报、传单和挂历广告，要求有灵巧的构思，画面应让人赏心悦目，语言应力求精练。一般在配合广告运动时使用，以提高广告功效。

（7）包装。包装是指百货商店或零售店的包装纸或购物袋，也包括企业产品的软包装，如衣袋等，一般随货赠送。

包装广告是与产品贴得最近的广告宣传。随着大型百货公司、超级市场及自选市场的普及，包装广告，特别是日用消费品的包装广告越来越被人重视。包装广告的优势在于：① 同商品一体，广告宣传的验证性强。② 精美的包装，可使消费者对商品或服务产生好感，在某种程度上抬高商品的身价，使消费者产生荣誉感。③ 有些商品包装具有重复使用的价值，诸如精美结实的购物袋之类很少被丢弃，大都挪作他用，无形中使广告的传播范围扩大和时效性延长。④ 包装广告是商品的"免费"附加物，因而极易被人理解和接受。而留给人们的记忆往往同商品形象联系在一起，有利于培养消费者的购买习惯。

对包装的重视，已成为世界性的发展趋势。"一个没有牌子和没有包装的商品，只能算半成品"，这话强调了包装在企业的产品经营和销售中的重要作用。因此，产品的包装装潢必须注意：① 具有保护产品的功能。② 广告内容应能够向消费者提供有关产品的信息。③ 应具有美感和艺术感染力，能吸引消费者认牌购买。④ 整体设计力求精美，风格独特，体现产品形象。

总而言之，上述几种广告媒体渠道是国内外常见的，也是为群众喜闻乐见、效果显著的形式。但是广告媒体渠道之多正如广告信息之多一样，可以说是数不胜数，由于篇幅的限制，本书也只能选择几种主要形式介绍。

第六章 广告媒体渠道策划

第二节 广告媒体渠道策划的程序

从现代广告策划的角度看,对广告媒体的选择并非只是进行简单的广告媒体排列或机械的组合,而是通过对各种广告媒体的深入研究,拟定出一整套传播广告信息的方案。具体地说,广告媒体渠道策划是一个由调查研究开始,经过构思、论证,直至实施的完整过程。

一、广告媒体调查

广告媒体调查的目的是掌握各个广告媒体单位的经营状况和工作效能,以便根据广告的目的和要求,运用适当的媒体,取得更好的广告效果。

广告媒体调查是广告媒体渠道策划的首要环节,是拟定广告媒体计划的必要前提。广告媒体调查的主要内容包括以下四点。

(1)分析媒体的性质、特点、地位与作用。

(2)分析媒体传播的数量与质量。

(3)分析受众对媒体的态度,即他们是经常阅读报纸杂志,还是经常收听广播或收看电视等。

(4)分析媒体的广告成本。媒体不同,传播广告信息的效果不同,其广告成本费用也必然不同。因此,广告媒体调查需要综合比较各个媒体的成本和使用某一媒体所能获得的效果。

广告媒体调查的中心就是全面收集广告媒体在质与量方面的资料,并予以综合评价,从而为广告媒体渠道策划提供有价值的资料与备选方案。

二、确立目标

确立目标,就是明确媒体计划的具体目标对象。确定目标需要明确以下四个目标因素。

1. 明确传播对象

明确传播对象,也就是明确谁是广告媒体的广告对象。这是决定广告效果的重要因素。广告主投入广告费用,无论多寡,其最关注的都是希望广告达成广告目标,获得最佳期望值。然而,任何一种传播媒体都有特定的范围和受众,只有把广告诉求对准传播对象,才能取得理想的广告效果。因此,广告主或广告策划者必须将传播对象弄得清清楚楚,把握准确。

2. 明确传播时间

明确传播时间,也就是选择恰当合适的时间作为广告推出的时间。总的来说,广告信息传播的时间应根据消费者购买商品的时间而定。认真了解消费者的购买时间有助于对广告媒体作出合适的选择。此外,任何传播媒体自身又有时间的限制,如一般时间与"黄金时间"等。因此,广告推出的时间选择亦很重要。广告主及广告策划者必须把握好广告信息的传播时间,以期达到最佳的广告效果。

3. 明确传播区域

明确传播区域,是指确定市场的位置,并按照市场的位置选择广告媒体。在选择传播媒体时,必须清楚了解目标市场消费者居于何处,即是在城市还是在乡村,是在江南还是在北国,是地区性的还是全国范围的,广告媒体的选择应以此为依据。如果产品行销全国就可选择全国性传播媒体做广告;如果产品只在某一地区销售,那就选择该地区的传播媒体作广告。

4. 明确传播方法

明确传播方法,涉及广告媒体的受众率、频率和广告形式两方面的问题。

广告媒体的受众率和频率与广告媒体传播广告信息的次数相关。一般说来,广告推出的次数越多,对受众的影响当然也就越大。

广告的表现形式与体裁是多种多样的,但广告总体表现形式无非两种:一是理性诉求;二是情感诉求。不同的广告形式具有不同的感染力与吸引力。

总之,明确传播媒体的受众率、频率,把握各种广告表现形式是确定广告媒体的重要内容。

三、媒体方案分析

为了准确选择广告媒体,减少广告媒体策划过程中的偏差失误,必须对广告媒体方案进行严格的分析评估。其内容主要包括三个方面。

1. 效益分析

效益分析主要是指广告媒体方案的经济效益与社会效益分析。对广告媒体方案的经济效益分析,应从广告投资额度与促销效果彼此间的比较中得出结论。一般来说,广告成本投入较小而营销获得的利润较丰,即谓之经济效益好;反之广告成本投入大而营销无获利或获利较少,即谓之经济效益差。对广告媒体方案的社会效益的分析,主要是看媒体所传播的广告信息对社会的生产经营活动,对社会与公众是否有益。有益者为好,有害者为劣。

总之,效益分析就是在确定媒体方案前,必须充分考虑媒体方案的可行性,并且与媒体的质与量结合起来分析,从而测定出媒体方案的真正的广告效益。

2. 危害性分析

广告是一种负有责任的信息传播,对社会有着重大影响作用。就概念而言,广告本身并无好坏之分,但就广告通过媒体传播而言,其内容与形式就有良莠利害之别了。因此,对媒体方案的分析必须着力研究评估方案付诸实施后可能造成的不良影响。

3. 实施条件分析

实施条件分析,是指对实施媒体方案时可能遇到的困难与阻力等客观棘手情况的分析。主要有两种情况：一是媒体经营单位的广告制作水平或传播信息水平不高，并不具备圆满完成媒体方案指定传播任务的能力；二是客户（或广告代理）与媒体经营单位关系紧张，媒体经营单位不愿意承担客户委托的任务。因此，在拟定广告媒体方案时，必须周密设想实施方案过程中可能出现的各种不利因素，以策万全。

四、组织实施

组织实施是广告媒体方案的具体落实，也是媒体选择程序的最后一个阶段。

广告媒体方案组织实施内容包括以下四点。

（1）与广告主签订媒体费用支付合同。
（2）购买广告媒体的版面、时间与空间。
（3）推出广告，并监督实施。
（4）搜集信息反馈，并对传播效果作出评价。

第三节　广告媒体渠道选择的影响因素与优化组合

一、影响广告媒体渠道选择的因素

广告媒体渠道策划就是选择最佳的媒体渠道传播广告信息，以最少的广告投入获得最大的广告效果。影响广告媒体渠道选择的因素是多方面的，尤其是对于广告媒体渠道组合的影响因素更为复杂，下面仅就影响广告媒体渠道选择的若干重要因素，概述其要。

1. 产品特性因素

广告产品特性与广告媒体渠道的选择密切相关。广告产品的性质如何、具有什么样的使用价值、质量如何、价格如何、包装如何、产品服务的措施与项目以及对媒体传播的要求如何，这些对广告媒体渠道的选择都有着直接或间接的影响。因此，必须针对产品特性来选择合适的广告媒体渠道。例如，化妆品常常需要展示产品的高贵品质及化妆效果，就需要借助具有强烈色彩性和视觉效果的宣传媒体，诸如杂志、电视媒体等就比较合适；而广播、报纸等媒体就不宜采用。一般来说，对于机械设备、原材料等生产资料性的产品，采用商品目标、说明书、直接邮件、报刊广告、展销展览等媒体形式就能起到很好的宣传作用；而服装最好选用时装表演；自选商品最好采用包装广告；等等。总之，广告媒体渠道是否适合产品特性是制定媒体计划时必须审慎考虑的。

2. 媒体受众因素

广告媒体受众既是广告信息的传播对象，也是接触广告媒体的视听众。它是影响广告媒体渠道选择的重要因素。媒体受众在年龄、性别、民族、文化水平、信仰、习惯、社会地位等方面的特性如何，以及经常接触何种媒体和接触媒体的习惯方式等直接关系到媒体的选择及组合方式。例如，广告信息的传播对象如果是成熟男性，那么《特别关注》等专以成熟男性为读者群的杂志就是理想的媒体。

3. 营销系统的特点因素

广告主的市场营销策略与特性直接影响着广告媒体渠道的选择与组合。产品究竟以何种形式销售，是批发给经销商，还是直接向消费者或用户推销？营销范围真正有多大？营销的各个环节如何配合？全面了解这一营销系统的特点，是确保所选择的广告媒体触及目标对象并促进产品营销的前提。一般来说，在拉式市场营销策略下，广告主就会选择较多的大众广告传播媒体；在推式市场营销策略下，广告主就会选择较多的促销广告媒体。例如，采用拉式市场营销策略的消费品，其广告媒体渠道的选择主要是报纸、杂志、广播、电视等大众传播媒体，其他媒体的选择只起辅助作用。而采用推式市场营销策略的工业品，其广告媒体渠道的选择主要是采用配合人员推销的各种促销媒体，包括产品说明书、产品目录、产品展销、促销赠品等媒体形式。

4. 竞争对手的特点因素

竞争对手广告战略与策略包括广告媒体渠道的选择情况和广告成本费用情况，对广告主（或广告代理）的媒体渠道策划也有着显著的影响。如果没有竞争对手，那么广告主就可以从容选择自己的媒体和安排其费用；如果竞争对手尚少，不足以对广告主构成威胁，就只需要在交叉的广告媒体上予以重视；如果竞争对手多而强大，广告主在财力雄厚的情况下，可采取正面交锋，力争在竞争媒体上压倒对方。在财力有限的情况下，就采用迂回战术，采用其他媒体渠道。总之，广告主要针对竞争对手的特点而采取适合自己需要的媒体渠道及推出方式。

5. 广告预算费用因素

广告主投入广告活动的资金费用使用计划，包括规定在广告计划期内从事广告活动所需的经费总额、使用范围和使用方法，叫作广告预算。一个广告主所能承担的全部广告费用的多少，对广告媒体渠道的选择产生直接的影响。例如，一些效益不佳的中小企业因受其广告费用的限制，就很少采用报纸、杂志、广播、电视等费用昂贵的广告媒体；而一些经济效益好的大型企业，因其有较多的广告费用开支，像报纸、杂志、广播、电视、网络等五大媒体就是其经常采用的媒体对象。因此，具有不同广告经费开支的广告主应根据自己的财力情况，在广告预算许可的范围内，对广告媒体渠道做出最合适的选择与有效的组合。

6. 媒体的成本因素

广告媒体的成本是媒体选择中应倍加关注的一项硬性指标。不同的媒体，其成本价格自然不同；不同的版面、不同的时间，也有不同的收费标准。在媒体选择中，可能会有多个媒体颇为适合广告信息的传播，但由于费用过高而使广告主难以负担，那就不得不忍痛放弃,另择价格品位适合于自己的广告媒体渠道。

7. 媒体的寿命因素

广告媒体渠道触及受众的时间有长有短,这就是媒体的寿命因素,它直接影响着广告媒体渠道的选择。总体来说,播放类媒体寿命最短,印刷类媒体寿命长短不一。例如,报纸媒体的寿命大约为3—5天,杂志媒体的寿命为一个月至两个月,电话号码簿上的广告寿命约为一两年。媒体寿命期一过,受众便难以或很少再触及这一媒体上的广告了。因此,若要广告发挥更大的效果,就应多次重复推出,以延长整体的广告触及受众的时间。可见,广告媒体的时间要求、信息传播的速度与持久性等问题是广告媒体渠道策划时需要认真考虑的。

8. 媒体的灵活性因素

广告主选择广告信息传播的媒体渠道必然会考虑其灵活性。能否对媒体渠道上的广告作一定程度的调整和修改是衡量广告媒体灵活性高低的标准。一般来说,若在广告推出前可较容易地修改广告文本,调整推出的时间与形式,则此媒体的灵活性就高;若在某一媒体上确定广告,推出之前不太容易修改文本或调整推出时间、形式,则此媒体的灵活性就差。例如,电视广告,其媒体灵活性就很差;广播广告,其媒体的灵活性就很强。凡是促进短期销售、推销产品多样化、推销产品多变、广告文本中需标示可能调整的价格等情况,就应该选择灵活性较强的媒体为佳。

9. 广告文本的特点因素

一般地讲,如果是以文字为主的广告,选择报纸杂志等印刷媒体就较适宜,而其他媒体如广播、电视就无法使受众对文字内容有较深的理解和认识。相反,如果是以彩色画面及动作为主的广告,那么选择电视媒体就最适宜,因为,只有电视广告能对动态式的彩色画面广告予以最充分的表现。如果是以音乐、歌曲、音响等为主的广告,广播媒体就是最恰当的选择。它可以最充分地发挥声音传播技巧,使受众获得最深刻的感受。

10. 政治、法律、文化因素

对于国际广告媒体而言,所在国的政治法律状况、民族特性、宗教信仰、风俗习惯、教育水平,对广告媒体渠道的选择也有重大影响。在进行广告媒体渠道策划时,国家政权是否稳定,社会经济文化是否繁荣,法治建设是否健全,尤其是国家对广告活动的各种法规限制和关税障碍,广告宣传是否符合宗教礼仪与禁忌等方面的情况等必须全面虑及。例如,采用国际广告媒体的广告主,对所在国的这些政策、法规、宗教礼仪、文化习俗一窍不通或知之甚少,那他便无法合理地选择广告媒体渠道。

二、广告媒体渠道的优化组合

不同类型的广告媒体渠道在其传播功能上各有特色,也各有缺点。对不同类型的媒体进行综合比较,选择合适的广告媒体渠道,并对各种媒体进行合理搭配、各取所长。这就是广告媒体渠道的优化组合问题。

广告媒体渠道组合的方式是多种多样的,既可以在同类媒体中进行组合,也可以用不同类型的媒体进行组合。由于不同的媒体具有不同的对象,即使是同一对象,其效果也不同。因此,在媒体组合中,一般应有主要媒体和其他几个辅助媒体。每种媒体组合方式均有其独特的长处,而最佳媒体组合是通过使各种媒体科学地相互协调,效果配合,试图以最少的投入获取最大的广告效果。

如何实现广告媒体渠道的优化组合,是广告策划要解决的一个重要问题。在广告运动中,要真正实现最佳媒体组合,关涉到诸多方面的因素,广告学界对此进行过不少有益的探索。其中美国的玛嘉丽特·赖尔所著《媒体选择备忘录》一书中提出的"主要媒体效果比较图"(表6-1),对于广告媒体渠道的优化组合来说,就极具参考价值。

表6-1 玛嘉丽特·赖尔的"主要媒体效果比较图"

项　　目	电视	电台	杂志	日报	户外
目标传达(18岁以上的妇女)	A	A	A	C	C
创造情绪的能力	A	C	B	C	D
消费者参与媒体	A	B	B	C	C
视觉特征	A	D	B	C	B
支配感觉	A	B	B	B	B
都市集中	A	A	B	A	A
市场弹性	A	A	B	A	A
季节弹性	B	A	A	A	B

玛嘉丽特·赖尔认为这是几种主要媒体在各种情况下的效果比较,其中A表示优秀,B表示良好,C表示尚好,D表示不适当。

广告媒体渠道的优化组合并不存在一成不变、放之四海而皆准的模式,何种媒体组合方式效果最佳需视具体情况而定。然而在广告实践活动中,人们通过概括总结,公认效果较好的媒体组合形式主要有下列七种。

(1)报纸与广播媒体搭配。这种组合可使各种不同文化程度的消费者都能接受广告信息传播。

(2)报纸与电视媒体搭配。这种组合可以用报纸广告作先行,先将广告信息传播给广大受众,使之通过文字资料对本产品先有个较为全面详细的了解,再运用电视媒体通过图像来展示产品的优良品质和产品形象,以大规模的广告宣传,制造声势,配合产品销售,逐步扩大产品销售市场。

(3)报纸与杂志媒体搭配。这种组合可利用报纸广告做强力推销,而借助杂志广告稳定市场;或利用报纸广告进行地区性信息传播,而借助杂志广告做全国性大范围的信息传播。

（4）电视与广播媒体搭配。这种组合有利于城市与乡村的消费者能够普遍地接受广告信息传播。

（5）报纸或电视与销售现场媒体搭配。这种组合有利于提醒消费者购买已有印象或已有购买欲望的商品。

（6）报纸或电视与邮政媒体搭配。这种组合以邮寄广告为开路先锋，作试探性的广告宣传，然后利用报纸或电视广告做强力推销。这样，先弱后强，分步推出广告，可以取得大面积的成效。

（7）邮寄广告与销售现场广告或海报搭配。这种组合可以对某一特定地区进行广告宣传，以利于巩固和发展市场。

总之，广告媒体渠道的组合方式还有很多，其优化组合，必须根据广告费预算、市场前景、广告时效要求来妥善安排，以利于扩展广告的功效。

在广告活动中，企业之所以要选择多种具体媒体并加以最佳组合推出广告，根本原因在于单一的媒体无法触及所有的目标市场消费者。选用多种媒体，其总体考虑就是要尽可能多地触及所有的目标市场消费者，因此，在媒体组合运用时必须注意以下三个问题。

第一个问题是媒体组合如何能包括所有的目标市场消费者。可将所有选用的广告媒体的覆盖域加在一起，其总覆盖域是否可把绝大多数目标市场消费者归入广告可产生影响的范围内；再将选用的广告媒体的针对性累加起来，看广告是否使必须对准的目标市场消费者都可以接收到广告信息。如果这两种形式累加组合尚不能达到，则应将遗漏的目标市场消费者，用再增加媒体的办法纳入广告影响的范围。

第二个问题是媒体组合运用如何选取影响力集中点。多种媒体组合，势必会发生两种或两种以上的媒体影响力重叠在一起的情况。因而就要分析媒体影响力重叠的形式所带来的问题。如果重叠在重点目标对象上，那么企业在媒体购买上花的费用就很合算；反之，媒体影响力重叠在不重要的目标对象上，甚至是在非目标对象上，则企业投入的这部分广告费就不合算。在媒体组合时，应考虑在哪些媒体上多投入广告费，以增加其对重点目标对象的影响力，同时削减另外一些媒体上的广告费，以免在非目标对象或非重点目标对象上花费过多的广告费。

第三个问题是选择运用广告媒体的技巧。一般地说，任何广告主都可以选用，并都在运用一定的广告媒体。然而，效果却大不一样。这里面就有一个技巧问题，即广告在媒体上推出时所采用的具体形式和技能。常见的媒体运用技巧有：稳定推出法、重点推出法、波浪式推出法、大周期式推出法、渐强式推出法、渐弱式推出法、组合同时推出法等。每一种媒体运用技巧，都只适用于一定条件下的广告活动需要。运用技巧本身既丰富生动，又无固定模式，要靠在广告活动实践中积累经验，灵活运用，不断采用和总结新的技巧。

创意链接6

地球的声音？

地球的声音？

竞猜情节描述

绿色的草地上——

孩子用他稚气的声音对父亲说：爸爸，地球在动耶！

思考题

1. 这是一则什么广告？
2. 接下去情节将如何发展？
3. 这则广告的创意表现在什么地方？

学生竞猜

学生一：保护地球绿色环境的公益广告。

学生二：人在饥饿时会产生错觉，他觉得地球在动可能是饿了，因此我认为是食品广告。

（答案及点评见书末所附部分）

第七章　广告推进程序策划

内容提要

（1）广告表现是广告创意的物化过程，是整个广告活动的转折点，其表现好坏直接影响着广告效果的实现。运用语言和非语言两种基本手段，可以形成多种多样的表现形式，概括起来不外乎三种，即理性诉求、感性诉求和情理交融诉求。

（2）广告推进策略是对广告表现可行性的一种分析，主要考查了市场策略、促销策略、广告心理策略在广告活动中的地位和作用。其中广告心理策略着墨较多，要求从五个层面掌握，即注意—兴趣—欲望—记忆—行动。

（3）广告实施策略实际上是对广告的推出策划，主要包括广告差别策略、广告系列策略、变相广告策略及广告刊播策略，这一部分内容是本章的重要部分。

策划案例赏析7

解放双手，不畏前行——做一颗行星

客户： 新秀丽（Samsonite）

创意团队： MRM//麦肯上海

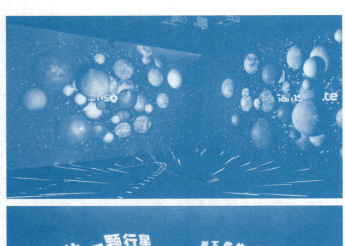

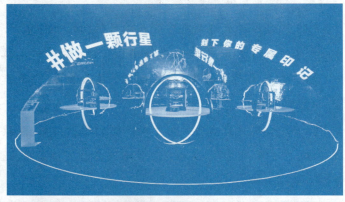

新秀丽广告

（资料来源：https://www.sohu.com/a/272698397_659855）

策划背景

日本知名箱包品牌新秀丽是以高品质为特色的旅行箱包品牌，产品的目标群体主要集中在30—45岁具有较高经济能力的商务差旅人士。2018年新秀丽意欲拓宽20—35岁客户群体的市场，从较为单一的产品线延伸到多元化产品链，形成进程式的品牌策划。公司广告团体根据年轻人的特色与需求进行广告创意，将新秀丽双肩包比作他们前进旅途上的伴侣，陪着年轻人一起去开创新世界，引起年轻消费者的关注，拉动消费。

专家点评

新秀丽作为知名箱包品牌为了扩展产品线，通过广告介入展现了新产品的特色，既传递了原有品牌DNA中高端、经典的要素，又注入年轻人时尚、奋进、个性的特征，形成品牌新的广告推进程序策略，以此形成品牌广告的延展性和产品的差异性。

广告文案将年轻人比作一颗行星，虽然前进的轨道难以捉摸，时常会遭遇摩擦和撞击，但他划过天空时，总会留下耀眼的光芒。前行的力量和勇气是广告的主基调，唤起年轻受众的共鸣，迅速占领了微博、微信等各大社交平台。广告画面通过暗调和亮调分别展现行星的神秘、深邃与光亮、耀眼，以此喻示年轻的个性与朝气，迎合消费者的消费偏好。通过视觉与听觉的强刺激，诱发年轻消费者的兴趣，产生购买欲望，形成消费行为。

生活需要陪伴，事业需要相助。广告片中彰显的新秀丽背包伴你一起去拼搏、一起去创造，一起去闪耀，这些信息淋漓尽致地体现了品牌的张力和产品的特性——我的世界有我，还有新秀丽。

第一节　广告表现策略

广告表现就是借助各种手段将广告的构思创意转化为广告作品的过程，即创意的物化过程。广告表现的好坏直接影响广告效果的实现。

一、广告表现的意义

1. 广告表现是实现广告目标的中心环节

广告表现是整个广告活动的转折点，它前面的工作多为科学的调查、分析、提出方案、构思、创意，它后面的工作是将这些装在创作人员脑海中的创意转化成看得见、听得见，甚至是摸得着、嗅得着的、实实在在的广告作品，并将这个作品传达给目标市场的消费者。因此，我们说广告表现在整个广告活动中处于承上启下的地位，是实现广告目标的中心环节。

2. 广告表现反映了创作人员的基本素质

创作人员水平的高低可从他的广告作品中一眼看出。水平高的创作人员在创作广告作品时能充分理解广告战略的目标方针，准确地抓住诉求重点，而水平差的设计人员的广告作品没有魅力，吸引不了消费者的注意。

3. 广告表现的好坏决定了消费者对产品的评价

消费者是从广告作品中认识广告商品的，根据A.波利兹的说法，广告的原理有"说服原理"和"亲近性原理"两种。说服原理是就一般情况而言。亲近性原理指"已知的东西比未知的东西能使人抱有更大的信任感"的一种假说。消费者看到两种不了解其特性的商品的广告时，无疑要选择其中广告作品有亲切感的商品。所以，即使只喊出品牌名称的广告，如果能让消费者觉得亲切可信，同样有助于产品的推销。

二、广告表现的手段

广告表现的最终成果是广告作品，表现作品的手法虽五花八门、千奇百怪，但表现作品的手段却只有两种，即语言手段和非语言手段。

1. 语言手段

语言分为有声语言和无声语言两种。有声语言是指声音，如广告歌曲、广告中的对话、旁白等，它是电子媒体的主要表现手段，并且广播媒体中的广告信息几乎都是用有声语言表达的。无声语言是指符号化语言，即文字，它是平面广告信息的主要承载者，如报纸、杂志、招贴、路牌等，广告文字部分占有相当大的比例。

2. 非语言手段

非语言手段也可分为两类，即有声语言和无声语言。非语言中的有声语言指音响，它烘托、渲染、强化了广告表现，是电子媒体广告不可缺少的部分。非语言中的无声语言主要有两类：① 姿态语言，也称行动语言或体态语言，它基本上不发声音，消费者可从广告作品中人的面部表情、四肢姿态、躯干动作及全身姿势来接受有关传播的广告信息。② 物体语言，物体语言指广告作品中出现的构图、色彩及其他一些有形实体所传达的广告含义。这部分内容请参看平面广告创意以及相关的广播广告创意、电视广告创意。

下面是各种非语言技巧的经验判断，或许对你创作广告有帮助。

3. 表现技巧的经验准则

（1）会说话的手。

① 把手背贴在面颊上——变成可爱的、明朗的。

② 把手心放在面颊上——变成暗淡的。

③ 把手背放在额头上——变成淘气包儿。

④ 把手心放在额头上——表示头痛和烦恼。

⑤ 把小臂交叉放在胸部——表示反抗和否定。

⑥ 把手心放在胸部——表示喜悦、希望、感谢。

（2）运动的特性。

① 从左向右动的商品——好像轻快。

② 从左上向右下动的商品——好像美丽并富有情趣。

③ 从右向左动的商品——给人以反抗的、强烈的印象。

④ 从右上向左下动又停止在那里的商品——好像有力量、有说服力。

⑤ 向直上动的商品——有力、印象强烈。

⑥ 后退的商品——感到稳定、沉静。

⑦ 接近的商品——感到兴奋。

（3）商品的取法和视线。

① 拿着小巧的东西、可爱的东西和贵重物品的时候,把商品拿到脸旁或前面（爱情表现）。

② 拿着大东西和长东西的时候,把东西的线和身体的线在面部交叉（作成一个单位）。

③ 厨房等实用品,要表示用力拿（结实、耐用的表现）。

④ 在拿不动的东西旁站立时要表现出商品和单位。

⑤ 不乱动身子、手、手指（注目度的集中）。

⑥ 演员的视线也一样,要只看拿着的商品和镜头。

⑦ 开始时一边讲寒暄话,一边凝视听众、观众（镜头）,之后边凝视商品边出示商品,最后再将目光投向观众、听众,然后谨慎地结束寒暄。

⑧ 视线要明确地看着那个东西。

⑨ 把商品放在右手或右手心上,稳定一下之后,再轻轻地加上左手手指。

⑩ 有时带着微笑。

（4）人体造型的角度和形象。

① 钝角——除表示笑之外,还表示宽容、安乐、成熟、亲近。

② 锐角——除表示有活力之外,还表示紧张、拒绝、活力的动态、年轻与不成熟。

③ 直角——除表示缺乏变化外,还表示男子汉气概、强壮、意志。

④ 水平线——表示平安和安乐。

⑤ 直线——表示紧张感和严肃。

⑥ 斜线——表示活动和活力。

（5）手脚表演的角度和形象。

① 钝角——表示与女性相称的优雅、成熟、老实。

② 锐角——表示积极感、幼小儿童的滑稽感、滑稽味道、不礼貌。

（6）人体创造的姿势和形象。

① S形姿势——表现女性优雅、成熟、深思、哀愁。

② C形姿势——表现女性的年轻、活泼、不礼貌、不成熟、诙谐、可爱。

③ I形姿势——表现紧张、威严、严肃、缺乏变化。

三、广告表现的策略

用语言和非语言形式把广告创意反映在广告作品中的诉求方式称为广告表现策略。通常认为广告表现策略有三种,即理性广告表现策略、感性广告表现策略、情理交融的广告表现策略。

1. 理性广告表现策略

理性广告表现策略是指直接向消费者实事求是地说明产品的功能、特点、好处等,让接收信息的消费者进行理性的思考,做出合乎逻辑的判断、推理、选择。有时这种广告表现策略也称伦理型或逻辑型广告表现策略。例如,立邦漆的一则报纸广告就是典型的理性诉求。这则广告是这样写的:拥有一百二十多年历史的立邦漆,自1992年来到中国后,致力于研制生产更多的优质立邦漆产品以满足中国消费者的不同需求。10年来,立邦乳胶漆以其优异的性能、绚丽的色彩受到广大消费者的青睐。今天,立邦漆更是将品种齐全的木器漆推荐给中国的千家万户,将您的居室装点得更美丽。这则广告经得起任何专业眼光的挑剔,对于正欲装修的消费者具有很强的促销作用。

根据不同的分类标准,可把理性广告表现策略分为不同类别。

(1) 根据理性诉求的侧重点不同,可将其分为一面理诉求和两面理诉求。

一面理诉求是指只向消费者介绍本企业产品的优点,其他方面只字不提。这是大多数广告宣传喜欢采用的策略。两面理诉求是指既指出本产品的优点,同时也指出其微不足道的缺点。再如,英国某刀片公司的广告是:"我公司的刀片十分锋利,经久耐用,缺点是易生锈,用后需擦干保存,才能久放。"两面理诉求难度较大,一般应慎重使用。

传播学家霍夫兰专门研究一面理诉求与两面理诉求的差异,他得出的结论是:

第一,两面理诉求对于受教育程度高的人有效,一面理诉求对于受教育程度低的人有效。

第二,对于文案的见解,最初持反对意见的人由于两面理诉求而改变态度。

由此可见,广告文案中两面理诉求比一面理诉求更易获得成功。

(2) 根据理性诉求的方式,可将其分为鼓励诉求和恐怖诉求。

鼓励诉求又称为正向诉求,是指在广告文案中使用肯定的语气告诉消费者选用此商品的正确性,有时此种文字采用奖励形式出现在广告文案中。比如,饿了么星选制作的《饿了么星选好运餐》,以鼓励诉求作为主基调,展示了春节返乡归来的职场人士在饿了么的陪伴下,从普通的职场白领成为人生赢家的故事,呈现了极具吸引力的逆袭场景。在理性诉求的广告中,鼓励性诉求是使用频率很高的一种。

恐怖诉求是指利用人们害怕生病、衰老、死亡等恐惧心理,提醒消费者购买或使用某种商品可能带来的不利。

恐怖诉求的有效性依赖于消费者对广告的信任程度和对身体的关心程度。

(3) 根据理性诉求的表达方式,可分为直接诉求和间接诉求。

直接诉求是指直截了当地叙述诉求点,赤裸裸地表示说服意图。可用正向诉求也可正话反说,如"救救蟑螂,别买新配方的雷达",这是最经济地表达广告信息的方式,主要强化消费者对广告产品已有的态度,或用在广告结论的理由不说自明时。间接诉求是指婉转地表达说服意图。它的作用是促使消费者改变已有的态度,但如果消费者不能充分理解广告主意图时就会毫无效果。比较广告和隐蔽的刺激广告都属于间接诉求。

(4)根据理性诉求广告文案的结构,可分为先后法诉求和详略法诉求。

先后法诉求是指在广告创作时把主要的诉求信息放在开头部分,结尾时再用不同的语言予以重复,而在中间部分进行要点解说。详略法诉求是按照广告诉求信息的重要性、新颖性具体地予以删减、排序。这两种方法都是根据消费者阅读文章的习惯总结出来的,在文案创作中实用性很强,是文案人员的基本功。

总之,理性诉求适合于广告内容复杂难懂的工业品用户及高档耐用消费品的广告诉求,利于理解和记忆的特点使其受到理智型消费者的广泛认可和欢迎。

2. 感性广告表现策略

感性广告表现策略是指依靠图像、音乐、文字的技巧诱导消费者的情绪(表7-1),使其产生购买欲望的一种广告表现形式。

表7-1 感性诉求的基础

个人的状态或感受	社会性的感受
安全(safety)	认同(recognition)
安定(security)	地位(status)
爱情(love)	尊重(respect)
亲情(affection)	参与(involvement)
快乐(happiness)	尴尬(embarrassment)
享受(joy)	归属感(affiliation/belonging)
思乡(nostalgia)	拒绝(rejection)
伤感(sentiment)	接受(acceptance)
激动(excitement)	赞同(approval)
刺激(arousal/stimulation)	
伤心(sorrow/grief)	
骄傲(pride)	
成就感(achievement/accomplishment)	
自尊(self-esteem)	
实际感(actualization)	
欢乐(pleasure)	
雄心(ambition)	
舒适(comfort)	

感性表现策略容易引人注目，但使用时需注意，只有在品牌特性很难明显地用语言表述时和广告主不喜欢明确表现时，诉之于情才会有效，否则就会显得很牵强、做作，让消费者倒胃口。

3. 感性表现策略的手法

感性表现手法主要来源于日常生活中最易激发人们情感的生活细节。具体可分为生活片段型、歌曲型、解决难题型、演出型、幽默型。

（1）生活片段型。生活片段型是指模拟某一类似真实生活的场面，表现两人谈论或使用商品的情况，以此来证实商品给消费者带来的收益。

（2）歌曲型。歌曲型就是利用广告歌曲的形式传达广告主题。优秀的广告歌曲不仅能引起消费者的好感，加深对广告的印象，而且还能变成这种品牌的标志，使人们一听到广告歌曲就联想起这种品牌的商品。在现代广告表现手法中这是最受人们欢迎的广告形式。

（3）解决难题型。解决难题型是指广告主把消费者经常碰到的难题，用夸张的手法表现出来，然后出现产品形象或介绍产品的优点，以此帮助消费者解决难题。

（4）演出型。演出型是将广告编成一个节目，以此增添娱乐性，从而获得观众的注目。演出型广告由于表现题材固有的情绪形象的形成而带来改变品牌形象的效果。这一形式除上面提到的喜剧小品型外，还可采用漫画型、音乐节目型、故事型等其他灵活多变的类型。

（5）幽默型。用幽默的人物或幽默的情节表现广告内容，完成产品或服务诉求。幽默式诉求能使广告内容生动逗趣、俏皮轻松，因而很受消费者的欢迎。例如，在2019戛纳广告节平面广告获奖的Marmite品牌，作为英国一款风味独特的调料，类似中国的螺蛳粉、豆汁。消费者对其的态度往往截然相反，爱的人很爱，恨的人很恨。在广告中它就充分利用这个特点，打出"Lovers, don't spread the hate"的广告语，告诉消费者只要爱不要传播仇恨，让人忍俊不禁的同时又有深层次的人生意义。这种巧妙的处理手法令人在会心一笑之余，把品牌永久地烙印在脑子里。

使用幽默表现广告内容时，切忌出现庸俗噱头和无理取闹的场面，否则会使消费者产生逆反心理。另外在严肃和令人伤心的事情上，如保险、死亡等也不适合用幽默表现。

4. 情理交融的广告表现策略

这种表现策略是指在广告宣传中既同消费者讲道理，又同消费者交流感情，即大家常说的动之以情、晓之以理。

在现实中纯粹用理性诉求或感性诉求的广告的比例是很少的，绝大多数都是情理交融的，所不同的是有的偏重理，有的偏重情。归类的时候把偏于理的归为了理性诉求，把偏于情的归为了感性诉求。有代表性的情理交融的广告，一般文案和情景都比较长，例如安德玛（Under Armour）的广告。

它属于系列广告，还与知名广告公司Droga5一起制作了两支全球营销计划的广告，邀请了美国女子体操队成员和荷兰足球明星孟菲斯·德佩一同参与，而2016年游泳世界冠军迈克尔·菲尔普斯的参演也将这个以 Rule Yourself 为主题的系列广告推向了高潮。它以"因错过而获得快乐"为核心，加以"看得见的闪耀，是因为在黑暗里的历练"的品牌口号为感情诉求，致敬每一位刻苦训练的运动员，通过广告画面展示了运动员全年无休的付出、远离日常生活的干扰专注训练，突出了他们站在领奖台上的荣耀是因为背后默默的付出，而安德玛的运动功能和高质量的品质也在情节中得到了充分的展示，与广告情节配合得天衣无缝。

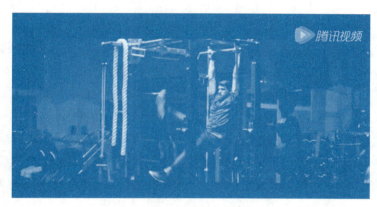

迈克尔·菲尔普斯正在训练

黑暗中的历练

第二节　广告推进策略

一般来说，广告推进策略是由广告市场策略、广告促销策略、广告心理策略构成的。

一、广告市场策略

假如某一广告主想让"自己的产品遍天下"，把所有的人都变为自己产品的消费者，这种想法固然无可厚非，但这种做法却很荒唐。那么，广告主如何开展业务活动呢？关键就是要确定目标市场。只有正确地选择了目标市场，广告主才能有针对性地根据消费者心理生产和销售消费者需要的商品，才能把广告信息通过不同的媒体传递给目标市场的消费者。

广告市场策略往往是根据市场细分所规定的营销策略来制定的。常见的营销策略有三种，即无差别化策略、差别化策略、集中市场策略。针对以上三种不同的营销策略，广告策略也相应变换为无差别化广告策略、差别化广告策略、集中市场广告策略。

1. 无差别化广告策略

当广告主认为各个市场细分的具体情况大致相同，即同质市场时，就可采用这种无差别化的广告策略。无差别化广告策略是指企业生产一种产品，采用一种定价，使用相同的营销渠道，在同一时间内，运用各种媒体组合，向同一个大的目标市场，做相同主题的广告诉求。无差别广告策略容易给消费者留下深刻的印象，迅速提高知名度，同时大大降低广告成本。例如，德国豪华轿车制造商宝马公司把以电影短片形式拍成的"宝马"车广告搬上了网络。这部名为《雇佣》的系列短片讲述了一位驾驶着宝马车的保镖是如何受人雇佣，出生入死地完成使命的。在夜色的掩护下，银灰色的宝马不仅把追逐的车辆甩得不见踪影，更衬托出主角的勃发英姿。短短5分钟的广告俨然就是一部"缩水"版的"007"电影。这个短片在电视、电影院里也做宣传，但只有30秒钟。这种策略仅适用于少数供不应求的产品，或产品处于引入期与成长期以及没有竞争对手或竞争对手软弱时期。随着生产力的发展，消费水平的提高，无差别化的广告策略已经满足不了消费者的需求。近年来，大多数企业开始放弃这种策略，而转向差别化市场广告策略。

2. 差别化广告策略

差别化广告策略是指广告主在不同的细分市场上，根据目标市场的不同要求，设计不同的产品，制定不同的价格，使用不同的营销渠道，运用多种媒体组合，做不同内容的广告诉求，以满足不同消费者的需求。差别化广告策略能增加消费者对商品的信赖程度，更好地满足不同消费者的不同需求，有利于增加企业的销售量，提高市场占有率。例如，美国福特汽车公司19年只生产一种黑色T型车，而它的竞争对手美国通用汽车公司却在差别化广告策略指导下，推出了高级豪华的富翁型"卡迪莱克"牌汽车，中档的"奥尔兹·莫比尔"牌汽车，低档适用的"雪佛莱"牌汽车。通用汽车公司的市场占有率一下升为第一，打败了老牌的福特成为美国最大的汽车公司。这种策略适用于进入成长期后期或成熟期后期的产品，这时竞争激烈，各目标市场要求有不同的广告表现及广告发布，缺点是增加了促销成本。要用不同的广告媒体和广告设计进入各个细分的目标市场，必然使促销成本提高。有时对市场过于细分后，反而达不到预期的利润目标。

3. 集中市场广告策略

集中市场广告策略是指广告主选择一个或几个小市场，制定相应的销售、广告计划。

广告主的目标是在较小的目标市场中占有较大的份额。集中广告策略有利于了解较小的细分市场中消费者的需求并有针对性地开展广告宣传活动,使广告主在该市场赢得特别荣誉。比如强生公司其实对成人产品市场十分看好,但进入中国大陆后他们却把目光锁定在婴儿市场,给消费者灌输的广告语是"强生的,婴儿的""best for baby"等,目的是强调自己在婴儿市场的垄断性。这种策略适用于资源有限的中小型企业,大企业亦可采用,缺点是广告主对单一市场依赖性过强,一旦目标市场的消费者改变了需求或有强大的竞争者进入时,就会影响广告效果,甚至导致亏损。

二、广告促销策略

广告促销策略是为配合市场营销,促进某商品或劳务的销售,激发短期的购买动机而采取的各种销售促进(sales promotion)的广告策略,也可简称SP广告策略。它的最大特点是广告中告知消费者更多的附加利益,如有诱人的赠品、抽奖的机会等,以促使消费者马上购买。广告促销策略包括折价、馈赠、兑奖、文艺、公共关系等促销手段的运用,其活动类型有四种,即对消费者、对销售业者、对推销者及联合式促销。

1. 对消费者

SP广告对消费者主要是认知、理解、试用购买、再购买。通常的做法有下面六种。

(1)折价广告。这是一种奖励性广告,告知消费者该商品正以低于正常定价出售。在促销活动中,这种广告应用最为广泛,不论广告主或消费者均乐于接受。主要方式有:① 特价拍卖,如清仓大处理、节庆大优惠、每日特价等;② 折扣优惠,消费者在购买某种商品或到某店消费,享受特别折扣;③ 加量优待,增加商品的数量或容量,却不抬高售价,这是一种变相的折价促销方式,此种方法对精打细算的消费者很有用;④ 以旧换新折价优惠。目的是刺激消费,抢夺其他品牌市场占有率,常有意想不到的效果,以家电最为风行,其他日用品也可采用。

(2)兑奖广告。这是一种许诺消费者购买某一商品后可能获得物质或现金奖励的广告形式。常用的方式有瓶盖兑奖、"刮刮乐"、抽奖、猜奖等。

(3)馈赠商品广告。购买商品即能获得赠品,这对消费者来说是最直接、最实际、最有效的利益。各商品都能用此法诱导购买。常用的方法有同商品一起赠送、由零售点另外赠送。

(4)免费送样品广告。当新产品发售时,以样品赠送可较快获得消费者的认同。日用品和食品都适合采用这种方法。使用的方式有定点分送、广告街角赠送、零售点分送、逐步投递等。

(5)文艺广告。也是一种常用促销手段,常用方法有有奖征集歌词、摄影比赛、赞助文艺节目的制作、设立消费者联谊会等。

(6)公共关系。把公益活动和广告结合起来的一种促销手段,通过关心公益活动,开放参观等形式争取消费者的信赖,树立企业形象。

2. 对销售业者

主要是提高他们的进货意愿，使其大量进货，并向顾客推荐，优先销售。

（1）共同广告。不论是印刷媒体还是电子媒体均可用于与经销者共同广告，同时提供POP及陈列用具，必要时派遣人员示范以强化销售，提高销售量。

（2）进货优待广告。对一定时间内进货者或特定商品进货齐全者提供短期优待折扣，加强企业与销售者间的关系。

3. 对推销员

SP广告对推销员主要是让他们了解SP广告活动的目的、内容，以便统一意志，灌输销售知识，激发销售意愿。主要做法有推销员对商品特性的再认识、了解促销整体计划、明确奖励办法等。

4. 联合式促销

为制造销售声势，吸引更多消费者，许多非竞争厂商经协商联合提供优惠服务，发布广告彼此呼应，此种促销方式就是联合式促销，在现代商战中这种方式经常被运用，尤其是节假日显得更红火。

以上讲到的广告促销策略主要是SP策略，目前广告促销策略已发展到活动行销（event marketing, EM）和整合行销传播（integrated marketing communications, IMC）。

活动行销是指企业凭借自己的人力、财力、物力以及有创新性的举措，使自己成为公众的话题或议题，吸引大众媒体报道，通过人际和大众的多次传播，提升企业形象，促进产品销售。有创新性的市场调查、商品定位、广告策略、CI及管理技术和方法等都可成为活动行销的话题；企业从事的艺术、音乐、文化、体育、环保等公益活动，既可以提高消费者的生活素质，又是被追踪的新闻，因而是实惠的EM；为现代人灌输新知识，使其成就自己，实现自我，已成为时尚的EM，这是因为它不仅获得了媒体的好评，还受到大众的欢迎，企业也乐此不疲。

整合行销传播也叫整合营销沟通、感捆策略或"全蛋策略"。其英文简称为IMC，是指企业整合本身的推广工具，如商标、广告、公众、DM、EM等，整体向消费者进逼，使目标消费者处在多元化又目标一致的信息包围中，从而对商品的品牌和服务有更好的认识和接受，达到1+1=3的行销推广效果。

这种IMC策略突出了沟通的重要性，运用了整体大于部分之和的原理，强调不能单独使用某种促销手段而要通过多元化结合充分发挥整合力量来促进销售。

整合行销的优点如下。

（1）所有推广人才都集中在一家，广告客户可享受"一站办妥"的商品或服务。

（2）在综合使用了广告、公关、SP、EM等推广策略后，广告客户的产品或服务信息能做到四面包围，无孔不入，达到最有效的传播效果。

（3）全面统一的商品或推广策略，有利于产品的定位，建立品牌个性，推广企业文化。

目前，IMC理论仍处于研究和实战阶段，但它已成为国际广告界认同的广告发展趋势。

三、广告心理策略

广告作为一种信息传递方式,首先作用于消费者的感官,通过视觉、听觉器官对广告信息的选择、判断,引起消费者的兴趣,产生购买欲望,形成消费行为。研究广告传播过程中消费者心理活动的特征和规律,对广告课题如何设计,增强其表现力和吸引力,以及如何选择传播媒体,确定发布的数量,从而以最少的资本投入获得最佳的传播效果,都具有积极的作用。

1. 消费者的心理活动

(1) 社会心理活动。美国研究广告心理策略的学者把广告传播过程概括为"人们在微笑中被广告说服"。这种形象化的说法说明广告文案影响消费者的途径,主要通过心理暗示激发消费者的注意力,从而实现广告主的欲求。研究表明,对外界的广告信息刺激,消费者的心理反应呈动态分布的特点,包括感知过程、情感过程、意识过程,进而形成消费观念。

① 感知过程。商品信息直接作用于消费者的感官,是引发消费者心理反应的初始阶段,包括感觉、注意、知觉三个层面。商品的各种属性,如品牌、商标、规格、价格、用途、购买地等,通过感官传递到神经中枢,消费者据此形成了对某种商品简单的、表面的心理认识,形成消费者对商品的感觉。在此基础上,消费者把接收的信息调到他认为有趣的、有用的信息上,消费者对信息进行选择性的接受。引发注意是广告成功的基础。注意反映了刺激的强度和消费者的兴趣。在感觉和注意的基础上,消费者的意识逐渐能够对商品的外在特征和组成部分进行综合判断,形成对商品的整体印象,即消费者的知觉过程。

② 情感过程。消费行为是购买商品的生理需求和社会需求的体现,同时还受到消费者好恶情绪的制约。情感过程反映了消费者对广告信息的评定和信任与否,通过神态、表情、语气等行为表现出来,是消费者对商品需求多重属性的体现。当广告文案符合消费者的购买欲望并产生愉快的情绪时,就会导致积极的购买行为。如果违反或者不符合其购买欲望,就会形成消极愿望,导致广告文案的失败。当然也会遇到不置可否的中性态度。情感过程受到消费者生理特征、个人阅历、知识水平、社会经验等因素的影响,具有不确定性倾向。

③ 意识过程。这是消费者对广告信息进行整理、筛选、取舍的结果,是心理反应的第三阶段。它包括消费者对商品的记忆、态度和信念等内容。记忆可能是有意识的、自觉的,也可能是无意识的、不自觉的。在人们的心理活动中,这两种情况有可能是交织在一起的。记忆反映了广告信息储存的时间长短和储存量的多少,表明广告文案对个体影响的深度和持续程度。态度体现了消费者对商品的评价,是指导消费行为的依据。信念是复杂的心理反应过程,广告信息和社会经验的积淀,能够使消费者对商品的态度趋于固定并产生自觉的消费行为。

感知过程、情感过程和意识过程是心理反应的三个环节,体现了人类消费行为的复杂性。感知过程形成消费行为的基础,情感过程是催化剂,而意识过程反映了消费行为的目的性,是感知的提升,又调节着情绪的演化。在任何环节上都可能阻断信息的传播,影响广告的传播效果。

(2) 个体心理特征。消费行为具有鲜明的个性色彩,并因为个体的能力、气质、思维方式、性格等特征的差异,接受广告说服的方式和程度而有不同。广告学研究者们制定了不同的模式来表述和分析广告影响个体心理的途径。这些模式主要有AIDA模式、效果层次模式、创新采用模式和沟通模式,如表7-2所示。

表7-2 消费者心理反应模式

模式 阶段	AIDA模式	效果层次模式	创新采用模式	沟通模式
认识阶段	知晓→	知晓→认识→	知晓→	显露、接收→认识反应→
情感阶段	兴趣→欲望→	喜欢、偏好、坚信→	兴趣→评估→	态度→意图→
行为阶段	行动	购买	试用	行为

这些模式表明,广告影响个体心理活动的正向途径为认识→情感→行为,但有时可表现为逆向方式,比如先听他人介绍购买了某件商品,在使用过程中对其产生满意、喜欢的情感,逐渐形成对商品的认识,继而了解商品的基本信息,即行动→情感→认识。还有跳跃式的方式,即消费者接受广告信息后,简单地产生了购买行为,以后在使用过程中产生了满意、愉快的情感,即认识→行动→情感方式。对消费者个性化心理活动的分析有助于研究广告刺激反应的方式,加强广告宣传的针对性,探讨个体影响群体的效果,提高广告宣传效果。

2. 广告的心理功效

广告的心理功效就是通过说服的形式,使消费者相信广告信息的真实性,并且按照广告主的预定意图购买某种商品或者劳务。广告说服是通过广告诉求,即广告信息促使消费者从认知到购买的心理过程来实现的。它告诉消费者如何满足自身需要,并敦促他们购买某种商品。消费者购买商品的心理过程通常用AIDMA表示,即:

attention	注意	知觉阶段
interest	兴趣	探索阶段
desire	欲望	评估阶段
memory	记忆	记忆阶段
action	行动	购买阶段

(1) 消费者的知觉阶段——注意。

① 注意的类型。能否引起消费者注意是广告心理策略成败的关键。可以说,有效广

告最重要的课题就是注意力问题。注意指的是消费者的意识活动集中指向特定的广告信息。注意可以是有意识的，也可以是无意识的。

消费者事前没有预定的注意，就是无意识的注意。消费者有特定需求，或者为广告多次传播所吸引，就容易形成有目的性的自觉注意，这就是有意识的注意。在广告信息泛滥的现代社会，如何吸引消费者的注意，避免消费者对广告产生厌恶、逃避情绪并非易事。一般而言，广告吸引消费者注意都是从无意识开始的。

② 注意的原因。哪些信息容易引起人们的注意？归结起来，引起人们注意某一信息的原因不外乎三种：一是消费者有需求；二是外界的刺激；三是消费者的好奇心。

第一，消费者注意广告的动机——需求。消费需求是个体注意广告的内在动因。生活状况的差异决定了消费者对自身需求的信息更易引起注意。需求是复杂的社会心理机制，指的是消费个体因感到某种欠缺而渴望得到满足的一种心理状态。例如，失业者最注意就业广告，想买便宜货的会注意促销广告，等等。

人的需求按照马斯洛需求层次理论可分为五种层次：

自我实现——自我满足
自我需求——荣誉、成功、自尊等
社交需求——爱情、友谊、归属等
安全需求——保护、秩序、稳定等
生理需求——食物、水、住所、空气等

在社会发展的低级阶段，生理需求和安全需求是人们需求的基本形态，在广告上强调品名、特征和价格的低廉，就能促进商品的销售。当社会经济发展程度较高时，个性化更强的社交需求和自我需求逐渐增长，大众传播媒体对人们的影响开始减弱。当社会发展到更高阶段时，特定社会群体更注重自我需求的满足，订购商品的购买方式出现了，广告宣传的效果达到最低程度。

第二，增强注意的强度——刺激。引起人们注意的因素除需求外，还有外界刺激。当外界输入的信息达到一定强度时，也能引起人们的注意。此时，消费者并不计较这信息是否与自身的需求有关，比如热闹的开张仪式总能吸引街上的很多行人围观就是这个道理。通过增强广告信息的相对强度，有助于提高消费者的接受程度。这些做法通常有以下三种。

a. 增强色彩刺激。美国学者研究证实，在报刊广告的设计中，增加一种颜色，比黑白广告能增加50%的销售额，全色广告比黑白广告高出70%的广告效益。在广告设计中突出字体或画面，使其成为广告作品的焦点，也能吸引消费者的视觉注意，收到良好的效果。

b. 增大刺激物间的对比。实践证明，广告作品中刺激物间的对比越强烈，越能吸引消费者的注意。增大对比的做法有：色彩的明暗和光线的强弱对比；语言的长短、轻重对比；音响的高低、快慢对比；画面实体与空白的对比等。这些做法都能增强广告的注意效果和审美价值。

c. 增强刺激物的感染力。消费者都是社会的人，有归属和情感的需求。选择消费者喜欢的题材，设计消费者易于接受的情境，就能以情动人，增强广告作品的感染力。

第三，吸引消费者注意的催化剂——好奇心。表现奇特反常的广告几乎都能引起更多的关注。具体的做法有下面四种。

a. 开发新的广告信息传播通道。常见的广告信息通道包括视觉、听觉、视听觉。新的传输途径有味觉、嗅觉、触觉等媒质，让广告信息作用于受众以达到感官平衡。如香味广告就是顺应这一趋势出现的刺激嗅觉的广告。美国有家香水厂商曾在杂志中埋设"香水地雷"，当读者翻阅杂志触及"香水地雷"时，芬芳的气味扑鼻而来，让人陶醉，引发好感，刺激购买欲。在广告实务中，广告商为吸引读者注意，将各种酒味、食物、调味品的香味掺进印刷材料中制成味浆，香味广告可谓芬芳满天下了。

b. 采用新技术新材料制作的视觉媒体，别具特色。例如，新奇别致的烟幕广告，就是利用科学家在人工造云、人工降雨时发现的减少云烟中微粒的比重，可以延长人造烟幕在空中停留的时间这一原理创制的。据此，广告商让一朵彩云在城市的繁华地段飘浮，不断地变换颜色，在引起许多人注意后，彩云中映出"精工表世界销量第一"的字样。

c. 使用熟悉的媒体却有全新的创意。美国广告学家威廉·彭立克说："使观众在一瞬间发生惊叹，立刻明白商品的优点，而且永远不忘记，这就是创意的真正效果。"比如日本资生堂的"男扮女装"的广告，故事发生在中学的教室中，画面随着女老师进教室慢慢扫过教室内每一个可爱的女高中生，然而在广告的最后却定焦在"你注意到教室里的男孩子了吗？"的一本书上。男扮女装的创意不仅诙谐有趣，还突出了品牌彩妆的功能足以以假乱真的特点，获得了多个国际创意类奖项。

图7-1　资生堂广告

d. 反常奇异的表现手法。人们习惯于定势思维，习以为常，因而奇异反常的广告设计方法容易使人们觉得新鲜、好奇。广告设计中把文字倒写、反写、错位及利用生活中的常见现象组合出的离奇古怪效果,都是吸引人们注意的有效方法。如把项链套在形似脖颈的缸颈上,以突出项链的精致;把茶杯倒过来用杯底装水,以示节约用水等。但反常的奇异要以"出乎意料之外,又在情理之中"才最为适度。

(2) 消费者的探索阶段——兴趣。广告界流行这样一句话:使人注意到你的广告,就等于你的产品推销了一半。这里的"注意到"其实就是一种有意注意。以人的视觉而言,通常视线按照书写的习惯从左向右看,再从上向下,沿顺时针方向进行全面浏览,然后把注意力集中到自己最感兴趣的一点,接着移动到第二点……这里,注视的时间长短反映人们感兴趣的程度,视觉中心在某种程度上代表了趣味中心。

引导视线的方法有:放大画面的某一部分,使其成为视觉中心;完整的东西比较让人感兴趣,容易形成视觉中心;用符号作提示,把视线引向兴趣点;给予物质或精神上的许诺,包括给予消费者希望得到的利益(如健康、金钱、闲暇、信心等)、希望做的快乐事(满足好奇、美的鉴赏、自我表现等)、希望拥有的刺激(如时髦、创造性、权威等)、希望支持与自己观点一致的广告信息(如烦恼、危险、个人困惑等情感、价值判断)。

兴趣和消费者自身的性格、气质特征紧密相关,反映了消费者对广告信息的综合比较。

(3) 消费者对广告的评估阶段——欲望。消费者在物质消费过程中表现出来的心理满足程度可以用欲望的满足与否来表达。欲望反映了广告信息的社会心理功效。

刺激消费欲望是广告信息传播的根本目的所在。满足人的基本生理需求的消费,形成基本的消费,这类商品数量最大,消费者注意更多的是商品的质量和价格的低廉。在基本需求得到满足的基础上,消费者依据自己的兴趣、爱好、个性而形成的发展性需求,具有选择性、复杂性和可变性强的特点,反映了个体独特的生活观念和社会经验。因此,广告心理学的研究者们认为广告设计中有效地刺激这种消费欲望,比注重影响人的注意、感觉和知觉更为重要,因为它有助于激发潜在需求,形成新的消费潜力。当然,处于消费欲望金字塔顶端的是心理感受程度最高的完全个性化需求,普通大众传播媒体对其影响甚小,基本上没有效果。对这部分的购买行为,应当采用专门订购上门服务的方式。

消费欲望还直接影响着消费者心理满足的距离远近。商品的普遍适用性和个人的特定需求不可能完全吻合,同时,人的需求是多层次的,经常在发生变化,消费心理又有着求实、求新、求廉、求异、求美的特点。当消费需求与情感变化相一致时,消费者会支持和信任广告信息,久而久之,广告产品就能保持畅销不衰的势头。反之,消费者就会对广告信息敬而远之。遇到后一种情况时,广告主应当及时转变宣传策略,采取适当的方式,改变消费者的态度。

(4) 产生印象的阶段——记忆。曾经见过的广告信息,通过刺激神经系统形成的心理特征就是记忆。记忆是购买决策的先决条件,它能帮助消费者筛选、识别、保持头脑中储存的各类广告信息。因为消费者在接受广告信息后,即使对某种商品印象良好,通常也不会立即去买。广告创作中刻意增强易于记忆的视听要素,就是便于消费者再认识、回想广告内容，便于消费者决策，使广告产生最佳的效果。广告记忆过程，可分为识别、保持、再认识、回想四个基本环节。

记忆的规律。19世纪英格兰哲学家威廉·哈密顿提出，人的眼睛只能同时准确无误地感知七个物体。1871年，英国经济学家和逻辑学家威廉·杰沃斯也通过数豆子的实验证实了这一假定的正确性。1945年，美国心理学家约翰·米勒科学地分析了记忆过程，并重新确定人们感知物体的数目为7+2或7−2。它告诉我们，消费者形成广告记忆就如同在黑板上写字，当达到7±2的极限时，便要擦去，再写新的。在此过程中，有的广告信息会成为记忆储存在大脑中，有的很快被遗忘。遗忘的原因有"自然崩溃"和"干涉说"两种。自然崩溃说是指刚看完的广告，在头脑中只能留下些痕迹。若不再反复刺激，短期内自然就会淡薄下去，以至消失。干涉说认为广告A的记忆痕迹被下一个广告B的记忆痕迹干扰，致使每个类似的痕迹相互干扰，而产生遗忘。

强化广告记忆的方法有以下四种。

① 利用遗忘曲线。即人在接触一个新的信息后，最初几小时遗忘的速度很快。适时重复广告，变换重复节奏是增强广告记忆的重要手段。

② 运用意义记忆。广告主在创作广告文案时，把复杂的内容分解成相应的段落，让消费者在理解的基础上，把有关信息存贮起来。一则表达广告信息的平面广告，至少要让消费者弄清楚有什么用、怎么用、到哪买三个理解环节，但最多时理解环节不宜超过五个。

③ 运用形象记忆。日本语言学者时枝诚记说："通过语言得来的印象是抽象的、易逝的，可能只有一般价值，掌握需要时间。而通过照片得到的印象则是具体的，能够看到确定的特殊的例子，瞬间就可以把握。"在人的记忆中，语言信息量与图像信息量的比例是1∶1 000，采用形象记忆是广告成功的有效策略。

④ 运用联想记忆。联想是由当时感知的事情，"触景生情"地想到有关的另一事物的心理过程。联想是创作的源泉，运用联想创作，才能使广告作品更加形象生动。丰富人们的联想是增强广告心理效果的手段之一。联想的类型有接近、关系、对比、相似等，请参看本书有关章节。

（5）消费者的尝试阶段——行动。消费者对有关商品信息及销售信息进行处理后，按照自己物质和心理上的需要以及社会环境的制约，公开反映的心理活动就是购买行动。这一阶段看得见摸得着，因此，是广告主制订广告策略时最感兴趣的部分。根据消费者购买时的动机，可将购买行动分为理性购买行为和感性购买行为。

① 理性购买行为。理性购买是指消费者在购买商品时经过了理智的思考后才实施的购买行为。按思考时间的长短又可分为潜意识思考、一定时间的思考和长时间思考三种类型。

其一，潜意识思考的商品通常都是日用生活消费品，通常使用完了便马上购买，几乎不怎么考虑或者说是潜意识思考的。这类商品的特点是价格便宜，需求量大。消费者购买时抱着一种无所谓的态度,这次买得不好用,下次换一个或者扔掉损失也不大,这类商品主要是日用小百货如牙膏、香皂、洗衣粉、电池等。

消费者购买此类商品虽不怎么思考,但随着购买次数的增多,会养成习惯使用某种商品的趋势,这种习惯一经确立,可持续几年甚至十几年,这些品牌忠实者是产品稳定销售的基石。对这类潜意识思考的消费者广告需要做的是:

大力宣传产品特点,提高本企业产品在同类产品中品牌的知名度,培养消费者认牌购买的习惯。

对于已使用该品牌的消费者,广告宣传中要明确告知连续使用的好处,强化使用者的积极性,使其习惯固定下来。

对于个性消费,广告要采用USP战略,告诉这类消费者买这个产品或服务将得到特殊的身份、地位、风度、时髦等特别利益。

其二,需要一定时间思考的商品占消费者整个购买活动的绝大部分。思考的过程是初步了解商品的基本情况,再同其他商品比较或讨价还价,最后决定购买。广告对这类消费者的作用体现在两个方面:一是购买前的告知作用,多使用理性诉求;二是购买中的催化作用,可采取情理交融的诉求方式。

其三,需要长时间思考才能购买的商品,通常是价格昂贵、物品名贵的商品,这类商品消费者很少重复购买,如大件商品中的电视机、洗衣机、家具、住房、汽车等,名贵商品中的高档服装、金银首饰等,因此购买时慎之又慎。通常购买名贵物品的消费者具有以下几个特点:不急于做出购买决策;往往是多听、多看、多比较;不斤斤计较价钱,而是追求商品的质量;相信名牌,轻易不购买从未听过的品牌。针对消费者的这些特点,广告在推销这类商品时的应对措施是:

采用固定推出方式,使其同消费者保持经常的联系,这有助于提高本企业品牌的知名度,树立企业形象。

广告的类型应以企业形象广告为主,增强消费者对企业的好感。

广告最好采用系列策略,如主题系列、内容系列、形式系列等,从不同侧面详细介绍产品的特点及技术优势。

广告的语言最好不以促销的形式出现,留给消费者充足的时间和空间去思考、比较是明智的做法。

② 感性购买行为。感性购买行为是指消费者在外界因素刺激下,瞬间做出的购买行动,常表现为心血来潮。有购买力的人几乎都有过临时做出购买行为的经历。这类购买心理的形成与消费者的"贪小便宜"及好奇心有很大关系。推销这类商品的关键是向消费者告知低廉的价格及新奇独特之处。促销广告中的售点POP广告在烘托气氛,吸引消费者注意力方面有独特的作用。另外店员讲解、产品说明和包装等也能起到诱导情绪的作用。至于那些"做笼子"诱骗消费者感情的做法,最终将砸掉自己的牌子,实不足取。

第三节　广告实施策略

广告实施策略是广告推进程序的最后阶段,它包括广告媒体策略、广告差别策略、广告系列策略、变相广告策略、广告刊播策略等。广告媒体策略请参看上一章。下面我们主要介绍其他四种实施策略。

一、广告的差别策略

广告的差别策略就是指企业在一定时间内,针对不同的营销手段,着重对产品、劳务及企业形象寻找不同于他人的特点,然后通过一切传播手段充分展示的一种广告策略。

1. 产品差别广告策略

同类产品无论有多像,也存在功能、品质、价格、品种、包装及售后服务等诸多方面的差别。产品差别广告策略的目的就是要努力发现新旧产品及同类产品间的这种功效差别,充分反映在广告作品中,让消费者一目了然地看清自己产品的优点,他人产品的缺点及带给消费者的实惠,从比较中鉴别优劣,加深消费者对产品的印象。

2. 劳务差别广告策略

劳务差别主要是为了突出劳动力的素质即人的素质方面的差别,主要体现在劳务的知识水平、专业技能及操作的熟练程度上。劳务差别直接制约产品在质量、花色品种、包装、售后服务等方面的差别,在可能的情况下,劳务差别应是广告作品中一个需要重视的诉求信息,如在文案中突出职工的大中专比例及岗前培训等字样就是运用了劳务差别这一广告差别策略。

3. 企业差别广告策略

企业差别就是指能代表企业特色,反映企业水平的各种差别。包括厂房、设备等"硬件"差别和技术、管理水平、服务措施及环境等"软件"差别。强调这些差别的目的在于给企业定位,树立起别具一格的企业形象,赢得消费者的好感与信赖。比如,小米在过去八年内所做的广告语,"小米,为发烧而生"已经成为它的知名口号(slogan),还有诸如"小米手机就是快""十余项黑科技,很轻狠快""自拍美,拍人更美"等都是以突出小米手机与别的品牌不同的优势进行宣传,显示出小米注重科技,以消费者为中心,以创新为追求的品牌理念。

广告差别策略的优点是广告费用适中,效果较好,促销力强,常为中小企业所采用。缺点是广告的印象受产品生命周期、消费观念及服务质量的影响,稳定性差。

二、广告的系列策略

广告的系列策略就是指在广告刊播期限内,有计划地连续刊播一系列设计风格统一、内容相关的广告,以强化消费者对广告的印象,增加购买行为。广告的系列策略主要体现在广告品牌系列、广告主题系列、广告形式系列、广告功效系列等。

1. 品牌系列广告策略

品牌是指某个产品区别于其他同类产品的外在标识。品牌有两个特性:① 它同商品的品质联系在一起,品质好的商品品牌能起到促销作用,相反则不然;② 它是一种产品形象符号,由具有一定含义的词或图形组成。消费者一旦对某一商品品牌有好感,就会把这种好感转移到使用相同品牌的其他商品上,这就是品牌效应。衡量品牌效应的指标是"品牌忠实度",它直接反映市场占有份额。

品牌系列广告策略就是利用品牌的特性为同一系列产品进行"品牌定位"的配套组合,系列推出。在实施中又可分为单一品牌策略和多品牌策略。

单一品牌的系列广告策略的第一步是品牌定位即创牌阶段。创牌阶段要注意的事项有:① 设计的商标和品牌要有独创性和新颖性,符合消费者的心理;② 选择推出的时机要恰当,最好能以势借势,韩日世界杯期间,丝宝集团利用受众对电视的高度依赖,强力推出顺爽洗发露,一举成名;③ 创牌广告的推出节奏对广告创牌也有影响,初创时最好采用大规模快节奏,以时效媒体为主,有一定知名度后再考虑选择其他推出方式和媒体。

第二步是传牌阶段,即把一种商品的名气扩大到整个都使用该品牌的商品上,有人形象地称为"家庭的荣誉"。比如金利来的西服、衬衣、皮鞋、领带、箱包等是属于同一品牌的系列产品。这时的广告策略有:① 将全部系列产品一起推出,强调品牌的整体性;② 将一种或两种组合推出,直到系列完毕,再全部推出,再组合。如此循环往复既可充分利用媒体展现产品全貌,又有机会突出单一产品个性。单一品牌系列广告的优点是声势大,种类多,连带性强,广告传播效果好。

多品牌策略是指企业在同时间或某一段时间内推出两种以上的品牌系列产品来占领市场,树立企业实力雄厚、产品品种丰富的形象。多品牌策略可在广告传播中根据消费者的不同层次和偏好,突出自己品牌的差异,使自己的产品分别成为此类或此档产品的代表品牌。广告中要告知消费者"××牌"是企业的高档品,"××牌"是企业的大众商品。突出品牌差异的好处是消费者可以根据自身的需求和能力,同心目中的"理想品牌"对号入座。接下来广告传播的任务是使用上面单一品牌策略,推出系列产品。

2. 主题系列广告策略

主题系列是指企业在发布广告时,按各个时期营销要求,推出按同一风格设计而主题不断变换的系列广告,以适应不同消费者的心理需求。

在不同的广告运动时期,围绕广告的基本主题深化或扩展是一种行之有效的广告策略。它避免了单调的重复,又不脱离基本主题思想,对已树立起来的产品形象和已固定下来的消费观念起支持强化作用。

3. 形式系列广告策略

形式系列是指在广告刊播期间内,有计划地连续推出数量不等但形式相同,内容各异的系列广告。

4. 功能系列广告策略

功能系列是指从不同角度连续发布数则系列广告，以强调商品的不同功效。功能系列广告适用于多功能产品的广告宣传或系列产品的宣传。它的优点是便于突出商品的优势，易于消费者记忆。

【案例】中央广播电视总台"中国2019"系列形象宣传片赏析

由中央广播电视总台制作的"中国2019"系列形象宣传片，意欲表达中国人的努力奋斗、团结友爱和幸福美满，在中国各个驻外使领馆播放，进行了全球的传播。《追梦人》是该系列的第一部影片，3分钟的短视频将中华人民共和国成立70年来的奋斗化为每一个中国人的付出，结合了不同地域、不同职业、不同年龄的普通人在生活和工作上的坚持与奋进，展现了中国的强大。"创造历史的是伟大，更是一个又一个平凡的小"，不仅揭示一种人生哲理，也寓意中国始终和人民紧密结合在一起，用更国际化、更具有视觉冲击力的方式表示了"我们都是追梦人"的含义。

《长相知》则从中美两个角度描绘了一个两国人民共同寻找丁龙——一个在一百年前拿出毕生积蓄提议建立哥伦比亚大学东亚系的华工的故事。丁龙的捐款促进了两国人民的互相了解和尊重，中国关于丁龙的话剧和美国对于丁龙的历史采访相穿插，讲述了两国人民源远流长的民间交往史，通过对话的方式突出了在国际环境中交流的重要性，展现了中国希望以开放的姿态站在时代的前沿，建立和谐的国际关系。

《美丽中国》则又采取了一个新的视角，以俯瞰的角度拍摄了中国大地的自然风光、古老文明、现代生活等场景，视频以高空无人机拍摄的自然风景开始，结合中国的古诗词和悠长的中国传统音乐描绘了大气磅礴的中国全貌；进而视角慢慢贴近地面，京剧、评弹、泼水节等生活场景展示了中国人民的风俗习惯和传统文化，随着时间推移转向现代的农牧种植、制造业发展和现代产业的崛起，音乐也变得轻松欢快，人民生活的幸福感充斥了整个画面；最后以"美丽中国"结尾，配合缠绵的昆曲，彰显了主题（图7-2）。

图7-2　美丽中国

三、变相广告策略

变相广告策略是指企业不直接利用媒体发布广告,而是采用间接形式达到宣传企业和产品的目的。变相广告的方式主要有新闻报道、报告文学、商品信息发布会、专题演讲会、赞助文艺和体育比赛、赞助媒体各类节目制作、扶持社会公益事业、向受灾地区捐款捐物、示范表演、赠送纪念品等。严格意义上说它属于公共关系活动而不是商品广告,但它有意无意地传播了企业和产品的信息,并使人们在接受这些信息时处于愉快的、信任的心情中,避免了人们在接受广告时的排斥、厌恶及不信任,达到了不是广告胜似广告的目的,可谓最理想的广告。

比如,麦当劳对北京发售月票的网点调查后得知,北京有600多万人使用月票,但月票网点只有8处,乘客深感不便。于是他们便"拾遗补阙",干起了代售月票的营生,为广大乘客提供了便利,吸引了大批食客。另据报道,在高考前夕,他们允许学子在餐厅看书,为了一杯茶的生意,特意为他们延长营业时间。这种好人好事,虽微不足道,但却精彩地诠释了麦当劳的本质理念——"方便",予顾客方便,即予自己方便。这说明企业的每一个举动都是一面镜子,直接反映企业的经营水平,行动胜过言辞,不以善小而不为。美誉的精髓在于企业与社会公众情感的互动。这就是变相广告要达到的真正目的。

案例 方太《隔壁家人的公约》H5广告

图7-3 方太《隔壁家人的公约》H5广告

(资料来源:http://bincepp.com/newsshow.php?cid=16&id=326)

通常人们把广告策略称为"硬"宣传,把公关策略称为"软"宣传。前者偏重产品,后者偏重企业形象。

2019年方太为了给幸福共比邻年度新品发布会预热，方太联合微笑明天慈善基金会、网易新闻[1]，共同发起了《隔壁家人的公约》的社会公益活动，同时以户外广告和公关活动的方式进行了全城共创。

公益广告的形式能够引起社会广泛的共鸣，从最根本的大众认知层面为方太的品牌形象奠定基础，塑造正面的国民品牌形象，有效拓宽知名度。

《隔壁家人的公约》以邻居的视角切入，关注隔壁的"家人"的一举一动，与社会中超过2.4亿人背井离乡、在外打拼的社会痛点相结合，表达人们对于"远亲不如近邻"的态度与想法，号召全中国人民互相帮助、邻里保持友爱和谐的关系。[2]

更特别的是，这次活动最开始是以一封信的形式展开的，这封《致老家的邻居》的书信在户外大面积铺开，为众多在外漂泊、背井离乡的异乡人发声，展示了北漂、沪漂等人生活的不易，抒发了他们内心强烈的思乡之情。同时，也对同在一个城市打拼的老乡人发出呼吁，希望能够一起抱团取暖，互相帮助，在他乡也感受到家的感觉。

这封书信起始于一张简单诚挚的平面展示，之后它不仅仅局限于线下户外广告，更是进入各大地铁站、机场，甚至是线上通过朋友圈、电视媒介等传统媒体，多角度地渗透到了社会的各个层面、各种人群，触及到人们内心最深处对家的归属感。[3]

之后，方太继续进行组合拳的广告攻势，推出了用书信任务制作的视频广告片和H5动态交互式广告，人们可以借助H5进行落款签名，为书信的传递增添一份力量，还可以借此机会向自己的老家社区写一句话甚至是一封信。最后则是开放了15天的快闪电台（FM812幸福兆赫），倾听来自各个地方感人的邻里故事。

由日本报纸协会主办的第四十届"报纸广告奖"中，一张以"即使无法见面，但一生都是同期"为主文案的报纸获得了头等大奖。该广告作品发布于2020年4月，即新冠疫情席卷全球的时期，在这个特殊的阶段，为了迎接新一届员工的入职，日本广告公司在前期收集了新员工的基本信息和入职寄语，通过对其进行彩色处理和格式变化，最终形成了几位员工携手向前，加油打气的马赛克式画面。这一创意打破了疫情期间的空间限制，通过对文字的特别设计展现了企业面对未来的十足勇气，更将每一位员工的心沟通在一起，给人以抚慰鼓舞的力量。

四、广告刊播策略

广告刊播策略主要指广告发布的时间和频率。

---

[1] 《策划丨远亲不如近邻的新诠释——方太《隔壁的家人公约》》，齐天小省，2019，https://baijiahao.baidu.com/s?id=1642340899501500038&wfr=spider&for=pc。
[2] 《户外广告：浅析创意户外广告经典案例5则》，搜狐网，2019，https://www.sohu.com/a/351698562_120104552。
[3] 《方太发起〈隔壁的家人公约〉，为2.4亿人写了一封信》，数英网，2019，https://www.digitaling.com/projects/77426.html。

第七章 广告推进程序策划

1. 发布时间

发布时间指广告刊播时机。根据商品的类别可分为集中刊播和分散刊播。

（1）集中刊播又可分为在固定时间集中刊播和在变动时间集中刊播。固定时间的集中刊播是针对季节性商品和非季节性商品而言的。对于季节性商品，如空调、大衣、灭蚊器等淡旺季明显的商品，当今季节是最佳的时机，但因受广告效果滞后性的影响，季节性商品的广告应集中在旺季前刊播。对于非季节性商品如洗衣粉、电视之类四季通用的物品，可以进行周期性的集中刊播。

变动时间集中刊播是针对下面这两种情况而言的。一是在季节外实行集中刊播，以期形成新的消费习惯。这时的竞争品牌广告量少，集中刊播易收到最大效果，假如成功，就可以开辟新市场。二是在新产品上市时要实行一定期间的集中宣传。除此之外，企业还可根据市场和社会环境寻找有利时机，集中刊播广告。这些能利用的时机有以下四种。

① 流行性商品和热点消费，表现为一种风潮，产品寿命短，要么不刊播，要么赶紧集中刊播。

② 借用重大政治事件的高阅读率和收视率的时机集中刊播广告。

③ 借用重大文体活动集中刊播广告。

④ 在收视率高峰期（19：00—22：00）集中刊播广告。

（2）分散刊播。分散刊播指计划的广告量分散在全年中刊播。适用于集中刊播的商品同样可用分散刊播形式，只是广告效果不甚理想。分散刊播主要用在非季节性商品的刊播中。

以化妆品广告为例。一般化妆品的媒介投放，重头戏大多放在电视媒介上，据AC尼尔森2001年1至5月的数据显示，国内化妆品业广告费已超过34亿元，仅次于保健品/药品广告的投放。从前20大品牌的媒体投放态势看，电视投放占绝对优势，其份额超过95%，而且广告多集中在每天的电视连续剧时间播出。其中宝洁、大宝等以常年投放电视广告为主。索芙特则利用电视广告打品牌，用平面广告完成功能诉求。可见不论季节还是非季节的刊播投放，只要取得了良好的营销业绩都是成功的投放策略。

2. 广告频率

发布频率是指单位时间内广告发布的次数。频率和时机通常是配合使用的，如在旺季来临前、新产品投放市场前、展销会开始前等一般均强调高频率，而在其他情况下以维持低频率为主，只强调到达率。

关于广告频率的类型以P.柯特拉研究的刊播模式最有代表性，见图7-4。

一般认为产品处于成熟期时水平式较适宜。节假日商品广告适用于上升式频率，

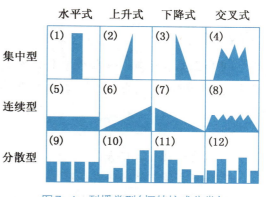

图7-4 刊播类型（柯特拉式分类）

广告由少到多，在节日来临时广告达到高峰并停止，如2型。递减频率的下降式是由多到少，最后慢慢停止，文艺广告、新产品上市或优惠酬宾的促销广告适用此频率，如7型。递增递减的交叉型刊播频率，适用于预算少的企业安排季节性及流行性商品广告的播出，如8或12型。

广告在一天中的刊播频率是根据消费者的生活时间确定的。如"快乐香皂"上市时，在很多城市的全部商业广播电台都安排了每天36次插播，使得凡是收听广播者没有人不注意到这首歌曲广告。

创意链接7

考场上的秘密？

考场上的秘密

竞猜情节描述

考场上鸦雀无声——每个考生都坐得直直地在答题，严厉的老师走下讲台——开始巡视考场，奇怪的是，当老师经过时，每个学生都一改坐姿，靠向椅背。

思考题

1. 这是一则什么广告？
2. 接下去情节将如何发展？
3. 这则广告的创意表现在什么地方？

第七章 广告推进程序策划

学生竞猜

学生一:可能在衣服后面有什么标志怕老师看到所以大家都往后靠,我认为是个服装的广告。

学生二:我认为是打印机的广告,因为大家都穿的是白衣服,可能是衣服后面印了考试答案怕老师看到于是都往后靠。

(答案及点评见书末所附部分)

广告创意

下编

第八章　广告创意概说

（1）"创意"一词表述众多，广告创意也有动静之分，有大小创意之争。广告创意具有抽象性、广泛性、关联性和独创性等特点，创意时必须遵循目标原则、关注原则、简洁原则、合规原则和情感原则。

（2）六大创意策略理论在广告史上影响深远，它们是USP理论、BI理论、定位论、CI理论、BC理论和ROI理论。

（3）广告创意是一个复杂的思维过程，与创造过程一样，必须经过收集资料—分析资料—酝酿—顿悟—验证五个阶段。

（4）创造性思维与创意密切相关，主要包括抽象思维、形象思维和灵感思维三种类型。开发创造性思维应从发散思维和聚合思维、顺向思维和逆向思维、横向思维和竖向思维等方面加以训练和培养。

（5）创造技法是产生广告创意的具体方法，主要包括头脑激荡法、默写式头脑激荡法、卡片式头脑激荡法、检核表法、联想法和组合法。

（6）广告创意者素质直接影响着创意质量的高低。其中，创意者的知识结构、创意动机和创意智力是培养的关键。

策划案例赏析8

海尔智家《新治家之道》

海尔智家《新治家之道》

(资料来源：https://creative.adquan.com/show/291317)

策划背景

2020年春节期间中国大型物联网生态品牌海尔推出广告片《新治家之道》，很好地阐释了品牌自创立以来始终秉持的"人的价值第一"的企业价值观。广告巧妙地将中国传统佳节中的核心元素"家庭"与海尔的智能家电技术相结合，采取中国儒家文化奠基人孔子和人工智能之父图灵的双视角，融合人文与科技，展现了当今社会的热点现象——多元家庭结构的关系转型，深耕海尔"用智慧，支持家的各种可能"的品牌理念，推广了企业的产品。

专家点评

此短片一经投放就收获了上百万的播放量，其广告创意的独特可见一斑。它以独身主义、双城家庭、双职伴侣等新家庭结构为主要内容和线索，关注"家"与中国传统新年春节"团圆"的关联性，以"人、家、物"传递了海尔"人的价值第一"的物联网生态品牌特性。

创意角色选用了孔子和图灵，通过两位主人公的对话，形成具有强冲击力的品牌精神。广告以孔子的视角映射海尔作为传统中国品牌"以人为本"的特色；又从计算机科学之父图灵的视角展示了企业对科技的追求和智能家电技术的应用。广告片中人文精神与现代科技思维的火花碰撞,强烈地传达出海尔兼容并蓄的品牌核心理念。

广告发布后,海尔的话题度和热度也随之上升。广告创意的思维与技法给广告带来的效果由此可见。

第一节　广告创意的基本内涵

一、创意及广告创意

在今天,"创意"似乎已是一个非常流行的词汇。在许多需要智慧和创意的行业,诸如公关界、广告界、营销界、服装界、新闻界、传播界、信息咨询业等,人们都已开始广泛地使用它。其使用频率之高大有超过"点子""主意"等常用语之势,许多行业人士已不再说"我有一个好点子、好主意"之类的俗语,而是说"我有一个创意"。创意已成了"好点子、好主意"的代名词、洋称谓,并被行业界人士推崇到"芝麻开门"之类的神奇地位。"创意是广告的生命和灵魂""创意是公关活动的中心""创意是信息传播的关键"等诸如此类的说辞非常普遍,只要有好的创意就能够化腐朽为神奇,变幻想为现实,这似乎已经成为毋庸置辩的事实。但是,一个奇怪的现象是:创意一词的概念是什么?源出何处?有何特点?这些问题却很少有人研究。在此,我们做一个初步的探讨和梳理,以供参考。

关于"创意"一词是汉语语汇还是外来语,人们有不同的看法。有人考证认为创意原本就是一个古老的汉语词汇,早在公元1世纪东汉王充所写的《论衡》一书中就已出现过,其意是指写文章能有新意。在以后的作品中却很少有人使用创意一词,可见,"创意"并没有成为一个固定的词汇广泛地流行开来,在1989年版的《辞海》中仍然查不到"创意"一词。因此,可以推断出"创意"成为固定词汇、专业术语应是现代之事,应是从国外引进的外来词汇。

但是,令人奇怪的是,在英文中,"创意"似乎也没有形成统一的、被广泛使用的专有名词,从"创意"一词的多种英文表达中我们就可以证实这一点。据调查,以下三个单词都曾被翻译为"创意"。

其一,creative,其英文原意是创造性的、有创造力的,现在常常被人们引申为"创意",如"creative strategy"一词常被译为"创意策略"。

其二,creativity,其英文原意是创造力,有时也被人译为"创意"。

其三,idea,其原意是思想、概念、主意、念头、计划、打算等。这是创意最普遍、最有代表性的英文词汇。其出典是著名广告大师詹姆斯·韦伯·扬(James Webb Young)的广告名著 A Technique for Producing Ideas,此书被译为《产生创意的方法》,自此,idea作为创意一词便被普遍认同并广泛使用开来。

通过对"创意"词源的考究,我们可以更加深刻地理解创意的内涵:

好点子⇐创意⇒出点子

也就是说,"创意"这一概念包含多层含义,它既是一个静止的概念,又是一个动态的过程:静态的"创意"是指创造性的意念、巧妙的构思,即我们常说的"好点子、好主意";动态的"创意"是指创造性的思维活动,是"从无到有"这一逻辑思想的产生过程。马克思在《资本论》第1卷中的一段论述能够最恰当、最贴切地揭示"创意"的双重内涵。他说:"蜘蛛的活动与织工的活动相似,蜜蜂建筑蜂房的本领使人间的许多建筑师感到惭愧,但是,最蹩脚的建筑师从一开始就比最灵巧的蜜蜂高明的地方是他在用蜂蜡建筑蜂房以前,已经在自己的头脑中把它建成了。劳动过程结束时得到的结果,在这个过程开始时,就已经在劳动者的表象中存在着,即已经观念地存在着。"

从创意的源泉来看,它是在"广告"这个母体中诞生的,是广告赋予了"创意"生命力,使它被广泛地使用开来,是广告创意使人类的创造力得到了最典型、最集中、最广泛的体现。那么,什么是广告创意呢?

所谓广告创意,从动态的角度看,就是广告人员对广告活动进行创造性的思维活动。从静态的角度看,就是为了达到广告目的,对未来广告的主题、内容和表现形式所提出的创造性的"主意"。

关于广告创意,一直有"小创意"和"大创意"之争。

"小创意"观是从"广告是一门艺术"这一观点出发,认为广告创意单纯指广告艺术创作。下面这则小故事最能说明小创意的内涵。

> 古时候,有一次举行绘画比赛,画家们云集京城。主考官临场出的题目是"踏花归来马蹄香"。这句话的意思是,有人骑马去赏花,归来后连马蹄都散发出花香。画家们绞尽脑汁,都想寻求最好的角度来表现主题。有的画了许多花瓣儿,在"花"上下工夫;有的画个跃马扬鞭者,打"马"的主意;有的画了一只马蹄,想在"蹄"上做文章。主考官看了都不中意。正在焦急的时候,看到有位画家的画面上只画了几只蝴蝶绕着马蹄翩跹起舞,巧妙含蓄地把"香"字表现出来了。主考官喜出望外,连声赞叹:"好画!"

由此可见,小创意主要是指广告文案或画面的表现创作。

"大创意"观是从"广告是一门科学"这一观点出发,认为广告活动中涉及创造性领域的所有环节都可称之为创意。比如,广告战略创意、广告战术创意、广告主题创意、语言创意、插图创意、色彩创意、版面设计创意等。

大创意、小创意之争实质上是"广告是科学还是艺术"这一世纪之争的延续。100多年来,广告界的大师们一直对"创意"争论不休,集中地体现在"艺术论"和"科学论"两个流派上。威廉·伯恩巴克和丁·威扬格是"艺术派"的代表,大卫·奥格威和罗素·雷斯则是"科学派"的旗手。

"艺术派"创意哲学的观点是：广告的本质是艺术。"广告在基本上是说服……而说服的发生并不是科学而是艺术。"（伯恩巴克语）因此广告创意的着眼点应该是"怎么说"（即广告表现），而不是"说什么"（广告内容）。而"科学论"创意哲学的观点是：广告是一门科学，不能仅凭"感觉"，用惯常的"艺术观"来进行广告创作。广告创意的最终目的是产生"实效"（即引发购买行为）而不仅仅是"有效"（即只引起消费者注意）。因此，广告创意不仅仅包括表现创意，还应包括对广告所有环节的创意，广告创意应该是一个系统工程，而不仅仅局限于某一环节。由于章节安排的缘故，本书采用的是小创意观。

虽然至今广告创意的"大、小"问题仍然争论不休，但创意在广告中的核心地位却是毋庸置疑的。艺术派广告大师伯恩巴克称"广告创意是赋予广告生命和灵魂的活动"，他曾幽默地打了一个比喻："一个化学家不必花费太多就可以用化学物质堆砌成人体，但它还不是真正的人，它还没有被赋予生命力；同样，一个广告如果没有创意就不能称其为广告，只有创意才能赋予广告以精神和生命力。"可见他把创意提到了至高无上的地位。科学派广告大师大卫·奥格威也一再强调，"没有好的创意，广告充其量是二流作品"。"若是你的广告的基础不是上乘的创意，它必遭失败。"

在1991年的首届国际广告研讨会上，智威汤逊广告公司的一位经理总结了127年的广告实践，深有感触地说："创意能引导消费者以新的眼光去观察做广告的产品或服务。创意能使消费者停下来甚至目瞪口呆。在127年的公司历史中，我们一再地感受到，有'创意'的广告是真正起作用的，而且能经受住时间的考验。"

由此可见，无论在广告活动的哪一个历史阶段，广告创意的核心地位从没有动摇过。

二、广告创意的特点

广告创意具有抽象性、广泛性、关联性和独创性等特点。

1. 抽象性

抽象性是指广告创意是一种从无到有的精神活动。具体地说，就是从无限到有限，无向到有向，无序到有序，无形到有形的思维过程。广告创意在转化为"有"之前，它只是一种内在的、模糊的、隐含的意念，一种看不见、摸不着的感觉或思想，而在转化为"有"之后（即经过广告表现之后），它也不能告诉你它是什么东西，它只是一种感受或观念的意象的传达。比如"你要把所有的钱都烧光吗？"这一案例。

如图8-1，画面上只有一只大大的燃烧着的香烟，香烟外面缠着的是钞票，在香烟燃烧的

图8-1　你要把所有的钱都烧光吗？

同时,钞票也被烧掉了。文字与香烟构成了一个十字架,寓示着吸烟的人将承受财物和精神的双重枷锁。由此可见,广告创意是要经过分析判断才能感觉得到的一种抽象理念。

2. 广泛性

广泛性是指广告创意普遍存在于广告活动的各个环节。广告创意不仅可以体现在主题的确定、语言的妙用、表现的设计等方面,还可以体现在战略战术的制定、媒体的选择搭配、广告的推出方式等每一个与广告活动有关的细节和要素上。因此,有人提出了大创意的观点。从广义上说,广泛性也是广告创意的重要特点。

3. 关联性

关联性是指广告创意必须与广告商品、消费者、竞争者相关联,必须要和促进销售相关联。詹姆斯·韦伯·扬说:"在每种产品与某些消费者之间都有其各自相关联的特性,这种相关联的特性就可能导致创意。"找到产品特点与消费者需求的交叉点是形成广告创意的重要前提。例如,联广广告公司为索尼(Sony)彩电做的电视广告,荧屏上出现一个鲜艳的胡萝卜,鲜脆欲滴,简直呼之欲出,而在画面下方却蹲着一只雪白晶莹的小兔子,圆睁着两只红红的眼睛紧紧盯着屏幕上的胡萝卜。最绝的还是那句广告词:"对不起,我们不是故意的。Sony彩电。"从而使整个广告真正具有了幽默艺术,既滑稽可笑又不动声色地表现了产品品质。这一创意充分反映了广告创意的关联性特点。

4. 独创性

古人云:"善出奇者,无穷如天地,不竭如江河。"奇即"超凡脱俗",具有独创性。独创性是广告创意的本质属性。我们平常所说的"独辟蹊径,独具匠心,独树一帜,独具慧眼"等都是指广告创意的独创性。广告创意必须是一种不同凡响、别出心裁、前所未有的新观念、新设想、新理论,是一种"言前人所未言,发前人所未发"的创举。缺乏创新性的广告不仅不能使广告本身从广告的汪洋大海里漂浮出来,更无法使广告商品从商品的海洋里漂浮出来。

如图8-2,广告的出现总是让人措手不及。这一幅名为《商业社会的世纪婴儿》的照片幽默地形容了当今时代无孔不入的广告:一个刚刚出生的婴儿浑身上下、从头到脚贴满了广告,额头上顶着微软,脸上贴着耐克,肚子上印着麦当劳,腿上黏着索尼,更有意思的是,在小宝宝的左手拳头上,还印有"YAHOO!"的标识呢!无与伦比的独创性让所有看过的人不能忘怀。好广告是不说话的,看了这则广告从此信焉。

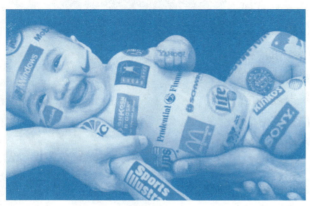

图8-2 商业社会的世纪婴儿

三、广告创意的原则

"原则"是指从无数事实中概括提炼出的一种明确的、可以永存和共享的客观知识。对于广告创意来说,讲"原则"似乎违背了创意的独特性、突发性、跳跃性和变通性等特点。艺术派广告大师们认为,广告是一种艺术,而艺术是否定原则的,因此,广告创意也是没有方程式的,它无须任何原则性的清规戒律,可以海阔天空,任意抒发。但事实并非如此,广告创意虽然属于一种艺术创作,具有艺术创造的一切属性,但是,广告创意却不能像纯艺术那样天马行空、无拘无束。因为,广告是一种功利性、实用性很强的经济行为,其最终目的是引起人们对产品或产业的注意,促进销售,树立形象,而不是仅仅供人观赏、消遣或者收藏。对广告来说,无论多么精妙的创意,如果它不能达成功利目的就一文不值,是一个失败透顶的创意。在广告活动中,创意永远只是一种手段,是把消费者引向企业或产品的桥梁。正因为如此,广告创意必须接受一些"清规戒律"的约束和制约,有人把它比喻成"戴着枷锁跳舞"。在不自由中寻找更高境界的自由也许正是广告创意最迷人之处。

广告创意原则的积累和提炼是人类广告活动进一步的体现。广告创意原则深刻地影响了广告人的创意思路和具体实践。在进行广告创意时,我们必须遵循以下五项基本原则。

1. 目标原则

广告创意必须与广告目标和营销目标相吻合。在创意活动中,广告创意必须是围绕着广告目标和营销目标进行的,必须是从广告服务对象出发,最终又回到服务对象的创造性行为。广告创意的轨道就是广告主的产品、企业和营销策略,任何艺术范围的营造都是为了刺激人们的消费心理,促成营销目标的实现。广告大师大卫·奥格威说:"我们的目的是销售,否则便不是广告。"这一口号应成为广告创意的圭臬。

例如,Grey广告公司为P&G公司开发出来的网络广告专为女性美容定位设计,它拥有170页的个性化美容指南,由于定位是青年的女性,所以广告的色彩均采用极美的粉色系列组合,粉红、粉绿、粉紫、粉蓝……,充满了一种高贵、典雅的气质,让人赏心悦目,流连忘返,若访问者输入有关自己的头发、眼睛以及皮肤等信息,广告会针对你的特点给你个性化的建议。以"轻松愉快美容法"为宗旨,一边辅导女士们如何化妆,一边介绍其产品,还激发观众加入网上美容俱乐部,通过详尽的在线指导,广告会为你提供个人形象设计,为你介绍最新美容流派和时尚等,为培养其潜在用户打下了良好的基础。

广告创意的目标原则告诉我们任何创意都必须首先考虑:我的广告创意要达到什么目的,起到什么样的效果。唯有将妙不可言的创意和"步步为营"的营销目标有机融合在一起才是一则成功的广告。

2. 关注原则

日本广告心理学家川胜久认为:"捉住大众的眼睛和耳朵是广告的第一步作用。"意思是说,广告创意要千方百计地吸引消费者的注意力,使其关注广告内容。只有这样才能在消费者心中留下印象,才能发挥广告的作用。而"要吸引消费者的注意力,同时让他们来买你的产品,非要有很好的点子(即创意)不可"(奥格威语)。因此,运用各种可能的手段去吸引尽可能多的消费者的注意是广告创意的一个重要原则。

例如,立邦漆广告画面的主体是8个孩子的小屁股对着受众。孩子是家庭生活的中心,立邦漆是家庭装修产品,多种肤色的小孩表现出立邦漆是一个国际品牌,而小屁股上的亮丽油漆更让人感到漆就像皮肤一样细嫩。该广告用强烈的视觉冲击效果表达了产品的健康品质和丰富的内涵。

3. 简洁原则

简洁原则又称"KISS原则"。KISS是英文"keep it simple stupid"的缩写,意思是"使之简单笨拙"。广告创意必须简单明了、纯真质朴、切中主题才能使人过目不忘,印象深刻。广告大师伯恩巴克认为:"在创意的表现上光是求新求变、与众不同并不够。杰出的广告既不是夸大,也不是虚饰,而是要竭尽你的智慧使广告信息单纯化、清晰化、戏剧化,使它在消费者脑海里留下深刻而难以磨灭的记忆。"如果过于追求创意表现的情节化,必然使广告信息模糊不堪,令人不知所云。

例如,中国台湾地区的一则"家庭计划生育"报纸广告堪称简洁的经典之作。计划生育广告历来是让广告人士颇为头痛的事,稍有不当就会被责为"粗俗"和"有性教唆"倾向。而台湾黄禾广告公司却以"一语天然万古新,豪华落尽见真淳"的简洁、质朴创意获两项国际广告大奖。该广告的画面上只有一个避孕套头和一个婴儿奶嘴,其余部分均为空白,给人疏朗、明快之感。文章也只有一句话"多一分小心,少一分担心"。极为简单、原始,有说服力,画面和文章都简练到像一首唐人绝句,多一字则累赘,少一字则害意,因而给人留下深刻难忘的印象。

4. 合规原则

合规原则是指广告创意必须符合广告法规和广告的社会责任。随着广告事业的蓬勃发展,广告的商业目标和社会伦理的冲突时有发生,广告主与竞争对手的火药味也愈来愈浓,广告对消费者,尤其是青少年的负面影响越来越大。因此,广告创意的内容必须要受广告法规和社会伦理道德以及各国家各地区风俗习惯的约束,以保证广告文化的正面影响。比如:不能做香烟广告,不能做比较广告和以"性"为诉求点的广告,不能做违反风俗习惯、宗教信仰和价值观念的广告,等等。

【案例】最有争议的广告"贝纳通"品牌

意大利的服装品牌"贝纳通"(Benetton)在广告界创下了诸多争议与奇迹,按时尚的说法,贝纳通算得上当今最"酷"的品牌。贝纳通的奇迹来自它的广告,它的广告已经超出人们对服装广告的"期待模式",因而成为"有争议的广告"的代名词,在世界各地,要么获大奖,要么被封杀。

以"全色彩的贝纳通"(united colors of Benetton)这一口号为广告主题的贝纳通公司,在致力于展现"世界的全部色彩"(all the colors of the world)与"种族和谐论"的过程中,不得不承认这个世界有不可逾越的"文化鸿沟"与宗教、种族的禁忌。

1991年,贝纳通使用了三个孩子伸出舌头的广告形象(图8-3),本意是尽管我们肤色不同,舌头的颜色却是相同的。此广告在英、美、德获奖,但却受到伊斯兰国家的谴责而被撤销,因为,在那些国家,暴露人的内部器官被认为是色情的。某些国家"难以预料"的文化要求常使"全球统一化"的贝纳通陷入尴尬。

在另一则遭受了诸多争议的《上帝之吻》(图8-4)广告中,贝纳通推出教父吻一个修女的广告。这在那些宗教力量不十分强大的国家得到很好的理解——爱能超越所有传统禁忌。但是,在意大利,这种"亵渎"宗教的做法遭到了禁止。

图8-3　三个孩子

图8-4　上帝之吻

在种族问题上,贝纳通的一幅裸露出一个乳房的黑人妇女在哺乳一个白皮肤的婴儿的广告宣传画在种族主义行径已成型的美国、英国被认为是"太具煽动性"而找不到容身之所。

20世纪90年代末,贝纳通打出的一系列广告都与这个时代的社会问题,如环境污染(图8-5)、犯罪、艾滋病等有关,广告把人体的内脏(图8-6)、安全套(图8-7),甚至更加直白地把男性的性器官赤裸裸地暴露在平面上,使公众大为震惊,批评者认为:"艾滋病同编织衫广告有什么关系?"认为贝纳通纯粹是利用艾滋病做广告,这一举措在各国都引起了不小的轰动,甚至在英国有激进派组织毁掉了贝纳通商标,并且威胁说他们将开展一场抗议贝纳通的运动,并告知公众不要购买贝纳通的产品。2011年,贝纳通以"Unhate"为主题,表现了多国领导人相互亲吻的场景,以诙谐的手段传达"冰释前嫌,摒除仇恨"的主旨,这则具有争议性的"接吻广告"在2012年戛纳国际创意节中成功斩获平面类全场大奖(图8-8)。然而,这种大胆而前卫的广告在展出后掀起了不小的轰动,梵蒂冈极力反对其中所涉及的尖锐政治问题,但贝纳通依然坚持在欧洲各国投放,并试图通过社交网络扩大宣传效果和影响力。

图8-5　环境污染广告

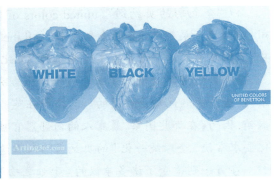

图8-6　人体内脏广告

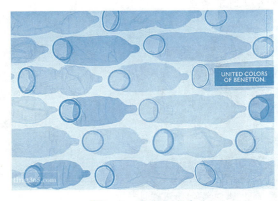

图8-7　安全套广告

图8-8　冰释前嫌广告

5. 情感原则

俗语说"天老情难老",情感是人类永远不老的话题,以情感为诉求重点来寻求广告创意是当今广告发展的主要趋势。因为,在一个高度成熟的社会里,消费者的消费意识日益成熟,他们追求的是一种与自己内心深处的情绪和情感相一致的"感性消费",而不仅仅注重于广告商品的性能和特点,因此,若能在广告创意中注入浓浓的情感因素便可以打动人,感动人,从而影响人,在他们强烈的感情共鸣中,宣传广告内容,达到非同一般的广告效果。许多成功的广告创意都是在消费者的情感方面大做文章从而脱颖而出的。

四、广告创意的基本理论

从20世纪50年代至今,广告创意策略理论一直在不断地发展和演变,从而形成了丰富多彩、变幻无穷、各具特色的理论流派。下面我们着重介绍卢泰宏总结出的七大创意策略理论,以飨读者。

这七大创意策略理论分别是罗素·瑞夫斯的USP理论(独特的销售主张)、大卫·奥格威的BI理论(品牌形象论)、A.莱斯和J.屈特的Positioning理论(定位论)、CI理论(整体形象论)、BC理论(品牌性格论)、ROI理论(创意指南)和附加价值理论。

1. USP理论

USP的英文全称是unique selling proposition，译为"独特的销售主张"。其创始人是美国极具传奇色彩的广告大师罗素·瑞夫斯，他是世界十大广告公司之一的达彼恩广告公司的老板，美国杰出撰文家称号的第一位得主。20世纪50年代，他冲破广告艺术论迷雾，第一个向当时的广告界扔下了一枚重磅"炸弹"：广告是科学。广告创意必须遵循USP的创意原则。该理论使广告界摆脱了随意性很大的经验状态，为广告学殿堂树立了一根坚实的支柱。

USP理论的基本要点是以下三点。

（1）每一则广告必须向消费者"说一个主张"（proposition），必须让消费者明白，购买广告中的产品可以获得什么具体的利益。

（2）所强调的主张必须是竞争对手做不到的或无法提供的，必须说出其独特之处，在品牌和说辞方面是独一无二的。

（3）所强调的主张必须是强而有力的，必须聚焦在一个点上，集中打动、感动和吸引消费者来购买相应的产品。

该理论的经典之作是m＆m's奶油巧克力糖果的电视广告，一句"只溶在口，不溶在手"的USP使用了40年，而且历久弥新。

2. BI理论

BI的英文全称是"brand image"，译为"品牌形象论"。其创始人是被称为"广告怪杰"的大卫·奥格威（David Ogilvy），奥格威在全球广告界负有盛名，他被列为20世纪60年代美国广告"创意革命"的三大旗手之一，"最伟大的广告撰稿人"。他提出的"品牌形象论"是广告创意理论中一个非常重要的流派。

品牌形象论的基本观点如下。

（1）广告最主要的目标是为塑造品牌服务，力求使广告中的商品品牌具有较高的知名度。

（2）任何一个广告都是对广告品牌的长期投资。广告的诉求重点应具有长远性，为了维护一个良好的品牌形象可以牺牲短期的经济效益。

（3）随着同类产品的同一化趋势，同类产品的差异性日渐缩小，消费者往往根据对品牌的好恶来选择购买，因此，描绘品牌形象比强调产品的具体功能特征重要得多。

（4）消费者购买时所追求的不仅是量的满足，质的提高，而且是感性需求的满足，即"实质利益＋心理利益"，因此，广告应尤其重视运用形象来满足消费者的心理需求。

BI理论的经典广告是奥格威创作的《戴眼罩的穿哈撒韦衬衫的男人》。该广告以戴单眼眼罩的男人为主角，通过穿衬衫的人的神秘形象而不是衬衫本身来定义品牌形象，只用了3万美元就使一个默默无闻了116年的衬衫在短期内成为一个具有全国影响的服装名牌。

3. Positioning理论

Positioning理论又称"定位理论"。其创始人是美国两位行销大师J.屈特（Tront）和

A.莱斯(Ries)。20世纪70年代,他们在《工业行销》(*Industrial Marketing*)杂志上提出了广告定位理论。他们主张在广告创意中运用一种新的沟通方法,创造更有效的传播效果。

广告定位论的基本观点如下。

(1)广告的目标是使某一品牌、公司或产品在消费者心目中获得一个据点,一个认定的区域位置,或者占有一席之地。

(2)广告应将火力集中在一个狭窄的目标上,在消费者的心智上下工夫,要创造出一个心理的位置。

(3)应该运用广告创造出独有的位置,特别是"第一说法、第一事件、第一位置"。因为,创造第一,只有这样才能在消费者心中形成难以忘怀的、不易混淆的优势效果。

(4)广告表现出的差异性并不是指出产品的具体的、特殊的功能利益,而是要显示和凸显出品牌之间的类的区别。

(5)这样的定位一旦建立,无论何时何地,只要消费者产生了相关的需求,就会自动地首先想到广告中的这种品牌、这家公司或产品,达到"先入为主"的效果。

定位理论的经典之作是七喜汽水的"非可乐"定位和艾维斯(Avis)出租汽车公司的"我们是第二"的定位。非可乐定位使七喜汽水一跃而起,成为美国市场上与可口可乐、百事可乐并驾齐驱的三大饮料之一。"我们是第二"的广告定位使艾维斯出租汽车公司以弱胜强迅速成长壮大起来。

4. CI理论

CI的英文全称是"corporate identity",译为"企业识别或企业形象"。20世纪70年代,CI作为一种企业系统形象战略被广泛运用到企业的经营发展当中,并掀起了一场风起云涌的"形象革命"。在CI战略的统率下,广告只是其中一个组成部分,因此,对广告"说什么"提出了新的要求和主张,即形成了广告创意理论中的CI理论。

CI理论的基本观点如下。

(1)广告内容必须与CI战略所规定的整体形象保持统一性,CI战略中的广告应注意延续和积累广告效果。

(2)CI战略中的广告应着眼于塑造公司整体形象,而不仅仅是某一品牌的形象。这是比BI理论进步的地方。

在CI统摄下的成功广告之作当数IBM公司和可口可乐公司的了,它们的系列广告不仅使IBM和可口可乐成为"美国国民的共有财富",而且成为世界级的超级明星。

5. BC理论

BC的英文全称是"brand character",译为"品牌个性"。美国格雷广告公司对品牌内涵进一步挖掘,提出了"品牌性格论",这是一种后起的、充满生命力的广告创意新理论。该理论可以用公式表示为:产品+定位+个性=品牌性格。意思是广告在"说什么"时,不只是"说利益(产品)"、"说形象(定位)",还要"说个性"。

品牌个性论的基本要点如下。

（1）在与消费者的沟通中，从标志到形象再到个性，"个性"是最高的层面。品牌个性比品牌形象更深一层，形象只是造成认同，个性可以造成崇拜。

（2）为了实现更好的传播沟通效果，应该品牌人格化，即思考"如果这个品牌是一个人，它应该是什么样子……"（找出其价值观、外观、行为、声音等特征）

（3）塑造品牌个性应使之独具一格，令人心动，历久不衰，关键是用什么核心图案或主题文案能表现出品牌的特定个性。

（4）选择能代表品牌个性的象征物往往很重要。例如，"花旗参"以鹰为象征物；IBM以大象为象征物；"万宝路"以马和牛仔为象征物；BRAND'S鸡精以灯泡为象征物；骆驼牌香烟以驼脸人身为象征物等。

品牌个性论的成功之作是1972年的苹果牌牛仔裤广告。其广告画面是这样的：一匹没有鞍的马背上，骑着赤膊的二女四男，一只红苹果由下而上，在他们手中一一传递，女模特是著名影后，而且赤裸着上身。此广告将苹果牌牛仔裤"反叛""个性主义"的品牌性格显露无遗。

6. ROI理论

ROI的英文全称是"relevance, originality, impact"，译为"关联性、原创性和震撼性"，它是20世纪60年代DDB广告公司的一套很实用的创意指南。

ROI理论的基本观点如下。

（1）一个好的广告创意应具备三个基本特质：关联性（relevance）、原创性（originality）和震撼性（impact）。

（2）关联性要求广告创意要与商品、消费者、竞争者相关，没有关联性的广告就失去了广告的意义；原创性要求广告创意要突破常规，出人意料，与众不同，没有原创力，广告就缺乏吸引力和生命力；震撼性要求广告创意能够深入人性深处，冲击消费者的心灵，没有震撼性，广告就难以给人留下深刻印象。

（3）同时实现关联性、创新性和震撼性是一个广告的要求，因此，必须明确解决下列五个基本问题：广告的目的是什么？广告的对象是谁？品牌有什么特别的个性？何种媒体最合适？受众的突破口或切入口在哪里？

ROI理论的成功之作是W.伯恩巴克为金龟车创作的"次品"广告，他首先深入工厂找到了广告与商品的关联性，"这是一辆诚实的车子"，然后又充分发挥原创力，出人意料地说"这是一辆不合理的车子"，并辅以车门某处有肉眼不易发现的微伤的"次品车"画面，使消费者深受震撼。

7. 附加价值理论

附加价值理论是根据消费者在购买产品时的三项主要顾虑（三大风险）：功能性风险（performance risk）、自我形象风险（self-image risk）、社交风险（social risk）而提出的相应解决对策，即功能型附加价值（le registre fonctionnel）、社会型附加价值（le registre sociologique）、心理型附加价值（le registre psychologique）。

（1）功能性风险指的是你购买某一产品的最基本的目的。偏重功能的消费者购后会视其基本功能是否能满足自己的期望来衡量对该产品的满意度。这种情况,表示该产品的功能性风险对你来说是高的。比方说你是喝茶的行家,你十分在意茶是否苦涩或甘冽,于是对你而言,一杯茶的功能性风险是高的,反之则低。

假设你设定的目标对象在意你所售卖产品的功能,担心在功能上会冒太高风险,你的广告诉求就应考虑强调产品基本功能。采取"只说事实,不加引导"的表现方式突出表现商品在"品质-功能"上的实用价值,这就是功能型附加价值。通常采取分析、描述、展示、示范、提出证据的方式表达。佳洁士的一则牙膏广告就采取了这种手法。

开始,屏幕上出现了一个小孩的脸,佳洁士牙膏变成一个橡皮擦的形状把小朋友的蛀牙一个一个地"擦掉"。接着,一小格、一小格的彩色画面像排纸牌一样出现,每一格里都有一个小朋友正在用佳洁士牙膏刷牙。原来它在表现自己的功能"奋力使蛀牙成为历史"(图8-9)。

图8-9　佳洁士牙膏广告

(2)自我形象风险是指消费者主观上认为产品的形象和大众评价是否符合自己的身份地位或个性品位。尤其是精品服饰等产品和人的整体形象关系密切,消费者购买时会非常注意是否与自我形象互相搭配。对自我形象风险较高的产品的广告可以试着进行心理诉求,"让我提醒各位,这个商品可以让你获得异乎寻常的感受"。这种借想象力之名激发受众的遐想,突出表现受众心理上"自在""享乐人生"的"想象型附加价值"就是心理型附加价值。

戛纳电影节的广告金狮奖中有这样一个广告:两个推销员在餐厅碰面,两人都想让对方试一下自己的产品,第一个推销员礼貌地试用了一下以后把对方的产品退还回去,但是,第二个推销员却彻底爱上对方的产品,不肯退还产品。在广告里,第一个推销员卖的是百事可乐,第二个卖的是可口可乐。就这样,爱出风头的百事可乐成为新一代的选择。

(3)社交风险是指消费者的"群体认同感"会影响他们的言行举止以及偏好倾向,同时,随着群体的趋向选择性地接受一些符码或象征。消费者依照身份去追逐产品,会顾虑的是该产品的社交风险性。一条口香糖对成人的社交风险性很低,对年轻人则很高,嚼错了牌子很可能会被同伴嘲笑为"逊毙了"。

不少品牌善于运用社交风险性抬高自身声势,如VOLVO这些高级进口车等。不断塑造身份地位象征的品牌形象,吸引金字塔顶端的消费者购买,因为,社会大众普遍承认这些品牌代表尊贵不凡,所以,坐在其中,不会有什么社交风险——被人瞧扁了的风险。

社会型附加价值就是将商品依附在一些"已经被社会公认、定型的象征符码上",与它们融合在一起以取得社会名声、威望与信用。

"社会型附加价值"并非直接取材于商品本身,它借用了社会上有关文化层面、意识形态的内涵并加以扩大。如图8-10奔驰车利用情人节推出的系列广告,借助花瓣上的甲壳虫和隐藏在巧克力中的标志,告知消费者送奔驰车更能表达爱。

第八章 广告创意概说

图8-10 奔驰车系列广告作品2幅

（资料来源：[美]理查德·J.塞梅尼克、克里斯·T.艾伦、托马斯·C.奥吉恩著，程平、张树庭译，《广告学》，机械工业出版社，2002年）

附录：九种基本创意策略

资料来源：〔法〕贝纳德·格塞雷、罗伯·埃伯格著，沈吕百、黄振家编译，《广告创意解码》，中国物价出版社2003年9月。

表8-1 九种基本创意策略

传 播 类 型	附 加 价 值
本体诉求	功能型
自夸诉求	社会型
唯美诉求	心理型
分类诉求	功能型
悲剧诉求	社会型
喜剧诉求	心理型
实用诉求	功能型
地位诉求	社会型
享受诉求	心理型

第二节　广告创意的产生过程

一、创意的过程

创意表面上看是"眉头一皱，计上心来"的灵感，实际上却是"十月怀胎，一朝分娩"

205

的产物。加拿大内分泌专家、应力学说的创立者G.塞利尔认为，创意是一个复杂的思维过程。其过程就好像人类的生殖过程一样要经过以下七个阶段。

（1）恋爱或情欲。指创造者对知识的强烈兴趣、热情和欲望，以及对真理的追求。

（2）受胎。指创造者的创造潜力，必须用具体事实和知识来进行"受胎"，否则其智慧依然是"无生殖力"的。

（3）怀孕。指创造者孕育着新思想。其间经历了无意识孕育的漫长过程，也即十月怀胎的全过程。

（4）产前阵痛。当新思想完全发育成熟时，创造者感到有一种不舒适，一种"答案即将临近"的独特感受。

（5）分娩。指新思想的诞生，即创意的清晰出现。

（6）查看和检验。像查看初生婴儿一样，使新思想接受逻辑和实验的检验。

（7）生活。新思想被确认之后，开始存活下来，并可能被广泛使用。

塞利尔的比喻非常形象地表明创造或创意确实存在一定程序的阶段性，存在着一个漫长的过程。从这个过程来认识创意就可以认清创意的来龙去脉，把握创意的发展规律。

关于创意的发展过程有多种说法。有美国当代著名创造工程学家、创造学奠基人奥斯本的三阶段论（寻找事实—寻找构思—寻找答案），英国心理学家G.沃勒斯提出的四阶段论（准备期—酝酿期—豁朗期—验证期），还有苏联学者加内夫提出的五阶段论（提出问题—努力解决—潜伏—顿悟—验证），以及塞利尔的七阶段论。尽管各阶段论都有其特点，但都反映出创造是一个过程而不是一个"片断"，就如同一口气吃了六个大饼的饿汉，饱足感是六个饼累积后的心理状态而不是第六个饼的功劳。创意的过程论对我们分析和认识广告创意的产生有极大的帮助和借鉴。

二、广告创意的过程

当代著名的广告大师J.韦伯·扬认为：广告创意的产生如同生产福特汽车那么肯定，创意并非一刹那的灵光乍现，而是经过了一个复杂而曲折的过程，靠人脑中的各种知识和阅历累积而成，是通过一连串看不见、摸不着的心理过程制造出来的。韦伯·扬把创意的产生比喻为"魔鬼浮现"：在古代航海时代，水手传说中的突然闪现、令人捉摸不定的魔岛，就如同广告人的创意一般。魔岛其实是在海中长年积累，悄然浮出海面的珊瑚形成的。创意＝魔鬼浮现。

为了科学地阐述广告创意的过程，他把它划分为五个阶段：① 收集原始资料；② 用心智去仔细检查这些资料；③ 深思熟虑，让许多重要的事物在有意识的心智之外去作综合；④ 实际产生创意；⑤ 发展、评估创意，使之能够实际运用。韦伯·扬的创意五部曲已获得广告界的广泛认可，下面我们具体介绍广告创意的这五个步骤。

1. 收集资料

收集资料是广告创意的前提准备阶段，也是广告创意的第一阶段。这一阶段的核

第八章 广告创意概说

心是为广告创意收集、整理、分析信息、事实和材料。按照韦伯·扬的观点,广告创意需要收集的资料有两部分:特定资料和一般资料。特定资料指那些与创意密切相关的产品、服务、消费者及竞争者等方面的资料。这是广告创意的主要依据,创意者必须对特定资料有全面而深刻的认识才有可能发现产品或服务与目标消费者之间存在的某种特殊的关联性,这样才能导致创意的产生。韦伯·扬举了一个肥皂创意的例子:"起初,找不到肥皂的特性来支撑创意,但经过一项肥皂与皮肤及头发的相关研究后,得到了一本厚厚的资料。这本资料在这五年内成为了我们的广告创意来源,使肥皂销售增长达十倍之多。这就是收集特定资料的重要意义,许多人天真地认为,创意就是一种毫无缘由、不可捉摸的灵光闪现。任何人为的准备都是对创意的一种桎梏,这是一种非常普遍的错误认识。俄罗斯著名音乐家柴可夫斯基说得好:"灵感——这是一个不喜欢拜访懒汉的客人。"灵感都是在长期的艰苦的资料储备和思想酝酿之后出现的,灵感绝不会在一个对创意对象一无所知的懒汉身上"从天而降"。广告创意绝不是无中生有,而是对现有的特定资料进行重新组合的过程。不掌握特定资料,创意就成了无本之木,无源之水。

一般资料是指一切令你感兴趣的日常琐事,也即指创意者个人必须具备的知识和信息。这是人们进行创造的基本条件。不论你进行什么创意,都绝不会超出你的知识范畴。广告创意的过程,实际上就是创意者运用个人的一切知识和信息去重新组合和使用的过程。可以说,广告创意者的知识结构和信息储备直接影响着广告创意的质量。

收集一般资料,用广告大师乔治·葛里宾的话说就是"广泛地分享人生"和"广泛地阅读"。说白了就是要做生活的有心人,随时注意观察生活、体验生活,并把观察的新信息和体验到的新感觉收集和记录下来,以备创意的厚积薄发之用。

广告大师李奥·贝纳在谈到他的天才创意时说,创意秘诀就在他的文件夹和资料剪贴簿内,他说:

> 我有一个大夹子,我称其为 corning language(不足称道的语言),无论何时何地,只要我听到使我感动的只言片语,特别是适合表现一个构思或者是使此构思神龙活现,增色添音,或者表示任何种类的构想——我就把它收进文件夹内。
>
> 我另有一个档案簿,鼓胀胀的一大包,里面全是值得保留的广告,我拥有它已经25年了,我每个星期都查阅杂志,每天早上看《纽约时报》以及芝加哥的《华尔街时报》,我把各种吸引我的广告撕下来,因为它们都做了有效的传播,或是在表现的态度上,或是在标题上,或是其他的原因。
>
> 大约每年有两次,我会很快地将那个档案翻一遍,并不是有意要在上面抄任何东西,而是想激发出某种能够运用到我们现在做的工作上的东西。

李奥·贝纳的话具有很强的代表性,国内外许多在创意上有杰出表现的广告大师都是这样来搜集和积累创意源泉的。例如，有一次，罗素·瑞夫斯在餐厅里吃午饭，在等待上菜的时候，在餐巾上随意涂鸦，画了一个人头，人头上有三格，一格是电视，一格是一个吱吱作声的弹簧，一格是不停敲击的锤，这个餐巾上的意念后来成为了"Anacin"头痛药的电视广告。据说，这个广告为其客户美国家庭用品公司带来的利润比"好莱坞"旷世电影杰作《乱世佳人》还要多。

在日常生活中，我们每天在街上行走会碰到各种各样的人物、事件，平时读书或独坐，会涌起各种各样的心念和感情。这种时候，事物的新鲜意味常会电光似的忽然自己投入到头脑中来，把它捉住了就可以引发创意。搜集这些原始资料是一项很琐碎的工作，因此，需要广告创意人员有一份耐心，有一份坚持，最好用专门的记事本、剪贴簿或索引卡片分门别类，整理归档。

2. 分析资料

毛泽东曾经用"观察、体验、研究、分析"八个字概括了文学艺术家摄取和积累材料的创作准备过程。这一点，对于广告创意也同样适用，在广告创意的前期准备阶段资料搜集完成之后，便进入了广告创意的后期准备阶段——分析研究阶段。

在这一阶段，主要是对收集来的一大堆资料进行分析、归纳和整理。从中找出商品或服务最有特色的地方，即找出广告的诉求点，然后再进一步找出最能吸引消费者的地方，以确定广告的主要诉求点即定位点，这样广告创意的基本概念就比较清晰了。

对资料的分析研究一般要经过如下步骤。

其一，列出广告商品与同类商品都具有的共同属性。

其二，分别列出广告商品和竞争商品的优势、劣势，通过对比分析，找出广告商品的竞争优势。

其三，列出广告商品的竞争优势带给消费者的种种便利，即诉求点。

其四，找出消费者最关心、最迫切需要的要求，即定位点，找到了定位点也就找到了广告创意的突破口。

韦伯·扬把这一阶段称为"信息的咀嚼"阶段，创意者要用自己"心智的触角到处加以触试"，从人性需求和产品特质的关联处去寻求创意。如果能在看似毫无关联的事实之间找出它们的相关性，并把它们进行新的组合，这样就能产生精彩的创意了。

3. 酝酿阶段

酝酿阶段即广告创意的潜伏阶段。经过长时间绞尽脑汁的苦思冥想之后，还没有找到满意的创意，这时候不如丢开广告概念，松弛一下紧绷的神经，去做一些轻松愉快的事情，比如睡觉、听音乐、上厕所、散步等等。说不定什么时候，灵感就会突然闪现在脑际，从而产生创意。化学家门捷列夫为了发现元素周期，连续三天三夜不停地排列组合，却仍未解决问题，他疲劳至极，便趴在桌子上不知不觉地睡着了，在梦中，竟然把元素周期排出来了，他醒后马上把梦中的元素周期表写下，后来经过核实，只有一个元素排错了位置，其他都正确，他就这样首创了元素周期表。数学家高斯为了求证一个数学定理，经反复思考、研究,始终未能解决。一天,他准备出去旅游(思想放松了),一只脚刚踏上马车时,突然灵感降临,难解的结一下子就解开了。后来他在回忆时说:"像闪电一样,一下子解开了。我自己也说不清楚是什么导线把我原先的知识和使我成功的东西连接起来了。"

事实上,大多数创意灵感都是在轻松悠闲的身心状态下产生的。比如宋代大文学家欧阳修总是在马上、枕上和厕上获得灵感;爱因斯坦产生解决相对论的灵感出现在病中(休息状态)。1983年日本一家研究所对821名日本发明家产生灵感的地点作了一次调查:

① 枕上	52%	⑥ 资料室	21%
② 家中桌旁	32%	⑦ 会议室	7%
③ 浴室	18%	⑧ 乘车中	45%
④ 厕所	11%	⑨ 步行中	46%
⑤ 办公桌前	21%	⑩ 茶馆中	31%

其中⑧至⑩项是在户外,比率最高,①至④项在家中,比率较高,而⑤至⑦项是在工作单位,比率最低。这说明思维处于松弛、释放状态,比处于紧张状态更能做出创造性思考。在工作单位,身心比较紧张,故灵感较少,在家中和户外时身心都很松弛,故易出灵感。

4. 顿悟阶段

这是广告创意的产生阶段,即灵感闪现阶段。灵感闪现也称"尤里卡效应"。"尤里卡"是希腊语,意为"我想出来了"。当年,古希腊科学家阿基米德被要求在不能有任何损伤的条件下鉴定皇冠中的含金量。他百思不得其解,疲劳之极,便想放松一下洗个澡,他躺进浴盆中,任热水沿着盆沿溢出来,突然,他脑子里一亮,通过称量皇冠排出的水量来确定皇冠的体积,进而算出其相对密度不就能判定真假了吗?于是,他高兴得忘了穿衣而赤身裸体地跑到大街上,欢呼"尤里卡,尤里卡",他用这种方法判明金冠中掺入了银子。这种发明方式被后世称为"尤里卡效应"。广告创意人员高呼"尤里卡"的时刻,就意味着创意的诞生。韦伯·扬把它称作"寒冷清晨过后的曙光"。

创意的出现往往是"踏破铁鞋无觅处,得来全不费工夫"。经过长期酝酿、思考之后,一旦得到某些事物的刺激或触发,脑子中建立的凌乱的、间断的、暂时的联系就会如同电路接通那样突然大放光明,使人恍然大悟,茅塞顿开。灵感的一个显著特点就是从不"预约"和"打招呼",说来就来,说走就走,来不可遏去不可留,稍纵即逝。正如大诗人苏东坡所说"作诗火急追亡捕,情景一失永难摹"。灵感的这种突发性要求我们当灵感突然降临时应立即捕捉住,并记录在案。爱因斯坦有一次在朋友家交谈,突然灵感闪现,他急忙找纸,一时没找到,竟迫不及待地在朋友家的新桌布上写了起来。

广告创意的准备、酝酿和顿悟三个阶段,正如王国维评论的做学问的三种境界:"'昨夜西风凋碧树,独上高楼,望尽天涯路',此第一境也。'衣带渐宽终不悔,为伊消得人憔悴',此第二境也。'众里寻他千百度,蓦然回首,那人却在灯火阑珊处',此第三境也。"经此三境,广告创意并未完成,它还必须经过第四境,即小心求证阶段。

5. 验证阶段

验证阶段就是发展广告创意的阶段。创意刚刚出现时,常常是模糊、粗糙和支离破碎的,它往往只是一种十分粗糙的雏形,一道十分微弱的"曙光",其中往往含有不尽合理的部分,因此,还需要下一番工夫仔细推敲和进行必要的调查和完善。验证时可以将新生的创意交与其他广告同仁审阅评论,使之不断完善,不断成熟。例如,大卫·奥格威非常热衷于与别人商讨他的创意。他为劳斯莱斯汽车创作广告时,写了26个不同的标题,请了6位同仁来审评,最后再选出最好的一个——"这辆新型劳斯莱斯时速60英里时,最大闹声是来自电钟。"写好文章后,他又请三四位文案人员来评论,反复修改后才定稿。

对广告创意过程了解之后,我们就可以揭开创意的神秘面纱,认清创意的"庐山真面目",把握创意的发展规律,从而创造出"确有效果"的广告创意。

第三节 广告创意的思维方法

广告创意是高智慧劳动,是一种运用脑力的创造性思维活动,创意者的思维习惯和思维方式直接影响着创意的形成和发展。下面我们着重介绍创造性思维的一些基本类型和基本方法。

一、创造性思维的类型

思维是人类认识世界和改造世界的一种主观能力,具体地说是人的大脑对客观现实"去粗取精,去伪存真,由此及彼,由表及里"的加工活动。按照思维所借助媒介的不同,人们把思维概括为三大类型:抽象思维、形象思维和灵感思维。这些不同的思维类型与创意都有密切的关系,因而都属于创造性思维。

1. 抽象思维

抽象思维即逻辑思维。它是借助概念、判断、推理等抽象形式来反映现象的一种概括性、论证性的思维活动。如:

因为$A>B$,$B>C$,所以$A>C$

"$A>C$"的结论就是运用概念来进行逻辑推理得出来的判断,它不必追究具体事物的形象,A,B,C是人还是物。这种判断是按$A—B—C$的顺序由一点到另一点进行的,因而著名科学家钱学森称抽象思维为"线性"思维。

抽象思维贯穿于广告创意的全过程,在搜集资料和分析资料阶段要运用抽象思维进行分析、综合、抽象、概括、归纳、演绎、比较、推理。评估发展阶段,也要运用抽象思维对创意进行条理化、系统化、理论化,也就是说要予以正确的逻辑表述和证明,进行系统的理论挖掘。总之,广告创意的各个阶段,都要运用逻辑思维进行科学的分析与综合,合理的归纳与演绎,严密的推理和论证。抽象思维如同整理加工信息的"滤波器",创意者可以借助它对各种资料条分缕析,逐条深入地进行开掘。

2. 形象思维

形象思维又称直觉思维。是一种借助于具体形象来进行思考的,具有生动性、实感性的思维活动。通俗地说,形象思维就是由"形"而及"象",由"象"而及"形"的思维过程。

现实世界的万事万物都有各自不同的表象,可见可闻可感,可以刺激人的感官,这些表象可以简称为"形"。每一个特定的事物都是由若干"形"组成,其中又必有这一事物特有的"形"。"形"的不同排列组合反映了不同事物的不同特征,就可以形成人们的感觉、听觉或综合感觉中的"象"。因此,"象"就是"形"的组合,"形"是"象"的元素。"形"的丰富积累,巧妙组合,就可以变幻莫测地转化为各种各样的"象";而"象"的生动再现、精心塑造又离不开丰富多彩的"形"。

形象思维的全部过程就是"形"的不断积累,不断筛选,不断组合,不断变幻的过程;也是"象"的分析和综合的过程。形象思维不像抽象的逻辑思维那样是直线进行的,它是一种多途径、多回路的思维。故钱学森称之为"面型"思维。

形象思维以直觉为基础,通过某一具体事物引发想象,从而产生创意。像阿基米德看见洗澡水溢出澡盆而想出检验金冠真假的办法,牛顿看到苹果落地发现万有引力,这些都是形象思维作用的结果。

3. 灵感思维

灵感思维即顿悟思维。它是一种突发式的特殊的思维形式,在创意过程中处于关键性阶段,表现于创意的高峰期,是人脑的高层次活动。它比抽象思维和形象思维更复杂,故钱学森把它比喻为"体型"的思维方式,比"面型"的形象思维又多了一维。

灵感思维通常具有一般思维活动所不具有的特殊性质,比如突发性、跳跃性、创造性、瞬时性、兴奋性,等等。因此,长期以来人们给灵感蒙上一层玄妙、神秘的面纱,认为灵感是"神赐"、是"天赋"、是"不可知",其实灵感的出现并不神秘,它表现的形式是偶然的,实际上却是必然的,是必然性通过偶然性表现出来的。具体地说,就是由潜意识转化为显意识时的一种特殊的表现形态。

精神分析学家弗洛伊德把人的意识比作海洋里的冰山,那显露在水面之上的部分称作显意识,即人能意识到的记忆;而把水面之下的那部分称作潜意识,即人们已经不能意识到的那部分记忆;这些忘却的记忆(潜意识)数量要比露在水面上的"冰山尖"(显意识)大得多,但这些存在于大脑深处被遗忘的记忆并非真正被"遗忘",而是像录像带一样,全部贮存于潜意识之中,一旦有信息偶尔进入就会使人猛然有所触动、顿悟,过去积存在大脑中的信息就会得到综合利用,这时就会出现新的构思、新的意义和新的成果。

人们在创造过程中不可能只用一种思维，而往往是多种思维交叉使用，相互补充，有效综合，从而创造性地解决问题。抽象思维、形象思维和灵感思维三者的互补和综合才能形成创造性思维。创造性思维是人类思维活动的最高表现形式，它是多种思维形式系统综合作用的结晶。因此，要进行创造性思维首先必须了解以上三种创造性思维类型。

二、创造性思维的基本方法

开发创造性思维是一个极其重要且十分复杂的问题。它涉及一个人的知识、经验、创造技能、思维方式等多种因素，这里仅从"思维"的角度介绍一些基本方法，关于创造技能方面的问题将在下一节中阐述。

创造学认为，创造性思维的基本方法是发散思维和聚合思维、顺向思维和逆向思维、横向思维和纵向思维的有机结合。

1. 发散思维与聚合思维

发散思维又叫扩散思维、辐射思维、开放思维、立体思维。这是一种可以海阔天空地任意抒发、异想天开的思维形式。它是由一点向四面八方想开去，充分运用丰富的想象力，调动积淀在大脑中的知识、信息和观念，重新排列组合，从而产生更多更新的设想和方案。

例如，请你打破框框，说说曲别针的各种用途，许多人从勾、挂、别、联的角度说了许多用途，而有人却根据曲别针的材质、重量、体积、长度、截面、颜色、弹性、硬度、直边、弧度十个要素举出了3 000种用途。比如根据"弧度"来说曲别针可变成1，2，3，4，5，6，7，8，9等数字，变成A，B，C，D，E等英文字母，弯成俄文、拉丁文、希腊文等其他许多种文字的字母，也可弯成+，−，×，÷等符号。又如根据"直边""电""磁"等性质，曲别针可以用作导线，线圈，也可以制成指南针，等等，曲别针的3 000种用途即是发散思维的结果。

聚合思维。又称辐合思维、收敛思维和集中思维。如果说发散思维是放飞想象的话，聚合思维则是回收想象。它是以某个问题为中心，运用多种方法、知识或手段，从不同的方向和不同的角度，将思维指向这个中心点，以达到解决问题的目的。

相对于扩散思维，聚合思维是一种异中求同，量中求质的方法。只扩散不集中，势必造成一盘散沙或鱼龙混杂，因此，扩散后必须进行筛选和集中，通过分析比较，选择出最有价值的设想和方案。

作为两种思维方式，发散思维与聚合思维有着明显的区别。从思维方向讲，两者恰好相反。发散思维的方向是由中心向四面八方扩散，聚合思维的方向则是由四面八方向中心集中。从作用上讲，发散思维有利于人的思维的广阔性、开放性，有利于在空间上的拓展和时间上的延伸，但容易散漫无边，偏离目标。聚合思维则有利于思维的深刻性、集中性、系统性和全面性，但容易因循守旧，缺少变化。在开发创意阶段，发散思维占主导地位；在选择创意阶段，聚合思维占主导地位。创意就是在这种发散—集中—再发散—再集中的循环往复、层层深入中脱颖而出的。

2. 顺向思维和逆向思维

我们先来看一个案例：

> 有两个工厂的推销员到南太平洋上的一个岛屿去推销皮鞋，上岛后，他们发现岛上的居民祖祖辈辈都是光着脚走路，从来不穿鞋子，更不知道皮鞋是什么玩意。于是两个人同时向家里发了一份电报，第一个人的电报内容是："情况糟透了，岛上的人从来不穿鞋，我明天就回来。"第二个人的电报内容是："棒极了，这个岛上的人还没穿上鞋子，潜力很大，我拟常驻此岛。"

在这里，两个推销员对同一个事实预见了截然相反的发展趋势。第一个人认为，皮鞋在这个小岛上没有销路，这似乎是不容置疑的定论。第二个人则认为今天没有穿鞋，明天为什么不可以穿上鞋子呢？如果说第一个人的思维是顺向思维的话，第二个人的思维就是逆向思维。顺向思维是指人们按照传统的程序从上到下，从小到大，从左到右，从前到后，从低到高等常规的序列方向进行思考的方法。这种方法平时用得最多，尤其是在处理常规性事务时具有一定的积极意义。但是顺向思维的常规性容易形成习惯性思维，即思维定势，从而影响创造性思维的开发。

逆向思维是一种反常规、反传统、反顺向的思考方法。法国大文豪莫泊桑说："应该时时刻刻躲避那走熟了的路，去另寻一条新的。"如果说顺向思维是我们平时走熟了的路，那么逆向思维往往能帮助我们寻找到一条新路。广告大师A.莱斯在《广告攻心战略——品牌定位》一书中说："寻求空隙，你一定要有反其道而想的能力。如果每个人都往东走，想一下，你往西走能不能找到你所要的空隙。哥伦布所使用的策略有效，对你也能发生作用。"

在寻求创意时，我们往往会陷入一种既定的方向，仅仅从正面着眼，只想表达产品如何如何好，如何实惠，此时如果能转换一个方向，调过头来，从事情的反面考虑也许就能构想出一个意想不到的好创意。例如，女性用品一向选用女性模特做广告，这类广告司空见惯，不足为奇。如果用男模特做女性用品广告，则会令人感到新奇刺激。美国的美特牌丝袜广告曾用著名男棒球运动员乔·纳米斯做女丝袜广告。画面先是一双形象优美穿着长筒丝袜的腿，镜头上移，却是穿绿灰色短裤、棒球队员汗衫的大男人——乔·纳米斯。乔笑眯眯地对着大吃一惊的观众说："我当然不穿长筒女丝袜了，但如果美特女丝袜能使我的腿变得如此美妙，我想它一定能使你的腿也变得更加漂亮。"这则广告用性别的反常和名人的错位引起人的惊奇刺激，把美特牌丝袜的魅力夸大到无以复加的程度，令人印象深刻。

3. 竖向思维和横向思维

竖向思维即垂直思维，是指"｜"形的思维方法，一般是根据事物本身的发展过程来进行深入的分析和研究。也就是说，这种方法是按照一定的思考路线，在一定范围内，向上或向下进行垂直思考。

横向思维即水平思维,是指"一"形的思维方法。一般是从与某一事物相互关联的其他事物中分析比较,寻找突破口,也就是说,这种方法是突破本身的局限,从另一个新的角度来对某一事物进行重新思考。

附录:六顶思考帽

六顶思考帽①分别用六种颜色的帽子代表大脑思考时的方向和力度。它是一个思维的框架,一般用于企业内部。简单的六帽序列几乎可以直接用作创造的程序。

白帽:信息基础。我们知道些什么?

绿帽:替换思考、建议和想法。

黄帽:这个方案的可行性、利益和价值。

黑帽:困难、危险、问题和需要警惕的地方。

红帽:对这个方案的直觉和感受。

蓝帽:结论。

白帽应用

让我们想象一下中性的、印有信息的白纸。

白帽与数据和信息有关。

如我们已得到什么信息?我们缺少什么信息?我们想得到什么信息?我们怎样得到这个信息?

当你在会议上要求进行白帽思考时,你是在要求与会者撇开建议和辩论,直接关注信息。目前每位与会者都开始考虑已有的信息、需要的信息及如何获得这个信息。

红帽应用

想一想红色、火焰和温暖。

红帽大多与感情、直觉、预感和情绪有关。

在一个严肃的会议上,人们认为不应该说明你的情绪,但人们通常将情绪伪装成逻辑提出来。

红帽允许人们表达他们的感情和直觉,无须辩解,无须解释也无须证明。

戴上我的红帽,这就是我对这个项目的感觉。

……我感觉这不会有效。

……我不喜欢这种做事方式。

……我的直觉告诉我价格很快会下跌。

由于红帽"象征"着类似的感觉,她们可以在讨论中提出,无须伪装成其他事物。直觉可能是基于对该领域多年经验的综合判断,也许非常有价值,即使直觉背后的原因无法

---

① [英]爱德华·德·波诺著,杨新兰译:《严肃的思考力》,新华出版社,2003年,第79页。

弄清楚。

黑帽应用

让我们想象一位身穿黑色长袍斥责犯错者的严厉的法官。

黑帽是一顶"谨慎"的帽子。

黑帽可以防止我们犯错、做傻事和非法的事。

黑帽是批判性的判断。黑帽指出某件事不能做的原因。

黑帽指出某件事无益的原因。

……按规定不允许我们那样做。

……我们没有足够的生产能力来满足这个订货。

……当我们尝试提高价格时,销量就会降低。

……他没有出口管理方面的经验。

错误可能是灾难性的,没有人想犯错或做傻事。因此,黑帽非常有价值。它是最常用的、可能也是最有用的帽子。同时,人们非常容易过度使用黑帽。有的人觉得警惕和否定就足够了,认为你防止了所有错误就一切圆满了,但过早的否定很容易扼杀创造性的想法。

黄帽应用

想一想阳光。

黄帽代表乐观和对事物合理、积极的看法。

黄帽寻找可能性和可能的做事方法。

总之,黄帽寻找利益——但必须基于逻辑。

……如果我们将生产工厂移到离消费者更近的地方,这可能会有效。

……利益将来自重复购买。

……促销的高费用将使每个方案更加谨慎。

黄帽思维通常需要刻意的努力。利益并不总是一开始就很明显,可能需要我们去寻找。每个创造性的想法都应受到黄帽的重视。黄帽在引导思维寻找可行性和价值方面有很高的价值。因此,一个新兴的想法可以在萌芽时就得到关注。反对这个想法的人会直接被要求努力发现这个想法的价值,并建议这个想法如何能被实现。

绿帽应用

想一想蔬菜和旺盛的生长。

绿帽代表创造性思维。

绿帽代表新想法。

绿帽代表另外的替换方案。

绿帽代表提出可能性和假设。

绿帽包括"激励"和"运动"。

绿帽要求创造性的努力。

……在这里我们需要一些新想法。

……有其他替换方案吗?

……我们能用不同的方法做这件事吗?

……有另外的解释吗?

绿帽明确要求进行创造性的努力,但并没有指明如何做出努力。为了考虑其他可能性或尝试建议替换方案,可以有一个简单的停顿。其他水平思维方法也可以在进行绿帽思维时使用。绿帽的主要价值在于它提供了做出创造性努力的时间和空间。即使没有出现创造性的想法,绿帽也要求进行创造性的努力。

六项思考帽方法非常重要的一个方面是,它能在某段特定时间内限制绿帽思维,不允许它一直运用。绿帽思维将用在对想法的处理上,以指出需要克服的缺点。绿帽思维将用于评估方案。

蓝帽应用

让我们想一想蓝天和总结。

蓝帽代表过程控制。

蓝帽考虑的是正在运用的思维。

蓝帽为思考设定议程。

蓝帽可以建议思考中的下一个步骤。

蓝帽可以要求使用其他帽子。

蓝帽可以要求做出总结、结论和决定。

蓝帽可以评价所运用的思维。

蓝帽通常是由主席或会议组织者使用,但其他与会者可以提出建议。为了组织和控制思维过程,使思维更富有成效。蓝帽是对思维的思考。

六项思考帽方法允许我们避免辩论,以实现更富有成效的讨论。例如,辩论双方可以同时戴上黑帽查明危险,也可以同时戴上黄帽探究利益或戴上绿帽开拓可能性。大家协作探讨而不是对抗思维。

六项思考帽方法将自我和表现分离。思考者挑战性地使用不同的帽子,实际上却有一种自由的感觉,因为,思考者不再只限于一种立场。不赞成某个想法的人现在在黄帽下会努力寻找其利益。热衷于某个想法的人会被要求在黑帽下考虑其困难。有了六项思考帽,思考者经常会提出一些改变他对事情看法的见解。

有的人天生小心谨慎,觉得必须随时提出可能的危险。在通常的讨论中,没有什么能阻止别人持续的消极态度。有了六帽系统,你有充足的机会在适当的时候持消极态度(在黑帽下),但其他时候消极态度就不合时宜了。这样,黑帽的天然优势就减少了。

六项思考帽最主要的优点是可以立即切换思维。这意味着一次使用一顶帽子并且在使用帽子之前是常规的讨论,使用帽子之后也是常规的讨论。你可以要求全组戴上一顶特定的帽子,也可以要求另一个人戴上或脱下一顶特定的帽子而不冒犯任何人。

美国心理学家戴勃诺博士曾对垂直思维和水平思维的特点进行了详细的比较分析。他认为,两者的差别主要体现在以下十个方面。

（1）垂直思考法是选择性的；水平思考是生生不息的。

（2）垂直思考的移动是在有了一个方向时才移动；水平思考的移动则是为了产生一个新的方向。

（3）垂直思考是分析性的；水平思考则是激发性的。

（4）垂直思考是按部就班；水平思考则可以跳来跳去。

（5）垂直思考者必须每一步都正确；水平思考者则不必。

（6）垂直思考为了封闭某些途径要用否定；水平思考则无否定可言。

（7）垂直思考要集中排除不相关者；水平思考则欢迎新东西闯入。

（8）用垂直思考,类别、分类和名称都是固定的；用水平思考则不必。

（9）垂直思考遵循最可能的途径；水平思考则探索最不可能的途径。

（10）垂直思考是无限的过程；水平思考则是或然性的过程。

由此可见,竖向思维是一种探索前因后果,把握来龙去脉的传统思维方式。竖向思维的各个思维点是前后、上下联结在一起的。如果中间有一个环节没有解决,则整个思维就会中断。如果变动其中任何一个环节,就会"牵一发而动全身",改变整个思维结果,所以,竖向思维是一种循规蹈矩的思维方式。它能够历史地、全面地看待问题,有利于加强思考的深刻性、系统性,但不利于产生杰出的创意。而横向思维往往可以冲破传统观念和常规的束缚,看到竖向思维所看不到、想不到的东西,从而产生意想不到或突破性的成就。在产生创意的过程中,运用横向思维则可以引发灵感,产生新的构想,运用竖向思维则可以使新构想更加深入、具体和完整,两者必须结合使用才能相得益彰。

第四节　广告创意的创造技法

法国艺术家拉辛说:"上帝如果一只手拿着现成的真理,一只手拿着寻找真理的方法,我宁愿选择寻找真理的方法而不要现成的真理。"如果说广告创意是现成的真理,那么创造技法就是产生广告创意的方法。

创造技法和创造思维之间存在着互相依存、互相促进的关系。创造性思维是创造技法的前提和基础,创造技法是创造性思维的表现形式,又是开发创意的有效手段,创造性思维为产生创意打通了道路,创造技法则为创意提供了有效的工具和手段。两者的关系如同钓鱼,要钓鱼,首先要找到有鱼的地方,其次还要准备钓鱼的工具,如鱼竿、鱼钩、鱼食等。创造性思维就如同渔区,创造技法就如同钓具,两者必须有机地配合起来才能钓到大鱼——精彩的创意。因此,为了探索提高广告创意的技能,有必要了解并掌握基本的创造技法。

自1941年奥斯本发明了世界上第一种创造技法——智力激励法以来，现已发明了300多种创造技法，在这里我们只介绍一些最常用、最著名的创造技法。

一、头脑风暴法

头脑风暴法是美国BBDO广告公司负责人奥斯本（Alex F. Osborn）于1938年首创的，英文为"brainstorming"，又称"脑力激荡法""智力激励法"。它是指组织一批专家、学者、创意人员和其他人员，召开一种特殊的会议，使与会人员围绕一个明确的会议议题，共同思索，互相启发和激励，填补彼此的知识和经验的空隙，从而引发创造性设想的连锁反应，以产生众多的创造性设想。这种方法简易、有效，因而运用十分广泛。

头脑风暴法一般可分为三个步骤进行。

1. 确定议题

动脑会议不是制定广告战略或决策，而是产生具体的广告创意。因此，会议议题应尽量明确、单一，议题越小越好。比如，设计一句广告口号，构筑一条企业理念，命名一种新的产品，等等，越是简单具体，越易于产生创意。

会议主持者最好能提前2天将题目通知与会者，预先思考，准备。与会人数以10—12人最为理想，主持者是会议成功的关键，他必须幽默风趣，能够控制全局，为与会者创造一个轻松又充满竞争的氛围。

2. 脑力激荡

这是整个智力激励法的核心，也是产生创造性设想的阶段。激荡时间一般在半小时至1小时之间。在脑力激荡时，必须遵循以下四条基本原则。

（1）自由畅想原则。要求与会者大胆敞开思维，排除一切障碍，无所顾虑地胡思乱想，异想天开，想法越新越奇越好。

（2）延迟批评原则。这是极关键的一条原则，即动脑会议期间不允许提出任何怀疑和反驳意见，无论是心理还是语言上都不能批判否定自己，当然更不能批判否定别人。违反了延迟批评原则，自由畅想便失去了保证。

（3）结合改善原则。即鼓励在别人的构想上衍生新的构想。只有这样，才可能引发群体思维的链式反应，产生激励效果。

（4）以量生质原则。没有数量就没有质量，构想越多，获得好构想的可能性就越高。因此，构想不论好坏，一律认真记录下来，最好当时就记录在黑板上。

3. 筛选评估

动脑会议上的设想虽然很多，但可能质量并不很高，有的想法平淡，具有雷同性；有的甚至荒诞离奇，不具有可行性，这时就需要进行筛选工作。比如，按科学性、实用性、可行性和经济效益等多个指标来综合评价，分门别类，去粗取精，最后选出一两个相对最优方案。此时，绝妙的创意就基本完成了。如果创意还不太完善或者不太理想，可进行第二次智力激荡,直到满意为止,一般隔两三天再激荡一次效果较好。

下面我们来看一个脑力激荡的实例。

在美国近一个世纪的可乐大战中,百事可乐和可口可乐的广告大战是最为精彩的。可口可乐为了争夺百事可乐的新一代,决定推出新配方的可乐,没想到竟然伤害了老可乐消费者的感情,在美国掀起一场轩然大波。百事可乐抓住这一良机,投入600万美元广告费,委托BBDO公司制作一系列的反击广告。下面是BBDO在动脑小组会议上的记录。

会议讨论方向——为可口可乐的顾客着想。

"选一个男孩做主角?"

"选一个女孩。一个男孩对一种可乐感到失望只表示他无能。"

"倘若一个姑娘为一种可乐背弃的话,她就像在舞会上无人理睬一样。"

"应使这个遭冷遇者显得更可怜一些。"

"一个坏女人的儿子真令人心碎。"

"她正对着摄影机说话。"

"带给可口可乐的口信。"

"与其他可口可乐的对话。"

"不,她应该对在场的所有人讲,那些人可能回答她的问题。因为她很可悲,她甚至遭到了拒绝。"

"他们何以如此对待她?"

……

最后的脚本是:一位女孩站在可口可乐的罐子上,显得很难过。"有谁能告诉我,他们为什么这么做吗?""他们说过他们生产的是真正的可乐,他们说过他们的产品都是真货色。但后来他们却突然变化了。"如今她找到了百事可乐,当她喝了一口后,显现出非常惊奇的神色,并感到极为满意。她对镜头说:"现在我可明白了。"

百事可乐这种咄咄逼人的广告攻势获得了巨大的成功,把更多的顾客吸引到百事可乐上来。

头脑风暴法虽然具有时间短、见效快的优点,但也有很多的局限性。比如,广告创意受与会者知识、经验深度和广度、创造性思维能力等方面的制约。一些喜欢沉思并颇具创造力的人难以发挥优势,严禁批评的原则给构想的筛选和评估带来一定困难等。为此,人们又对此法进行改进,提出了头脑风暴法的两种变形:默写式头脑风暴法和卡片式头脑风暴法。

二、默写式头脑风暴法

这是德国的荷立肯根据德意志民族习惯于沉思的性格设计的一种以"默写"代替

"发言"的脑力激荡法。因规定每次会议由6人参加,以5分钟为时间单元,要求每人每次提出3个设想,故而又叫"635法"。

举行"635法"会议时,先由主持人宣布议题(广告创意目标),解答疑问,然后发给每人几张"设想卡片",每张卡片上标有"1,2,3"号码,号码之间留有较大的空白,以便其他人能补充填写新的设想。

在第一个5分钟里,每人针对议题填写3个设想,然后把卡片传给右邻,在下一个5分钟里,每一个人可以从别人所填的3个设想中得到启发,再填上3个设想。这样经过半个小时可传递6次,产生108个设想。这种方法的优点是它不会出现因争着发言而压抑灵感、遗漏设想的情况,缺点是缺乏激烈探讨氛围。

三、卡片式头脑风暴法

此方法又分为CBS法、NBS法两种。

CBS法可分为下面四个阶段。

(1)会前准备阶段。明确会议主题,确定3—8人参加,每人发卡片50张,桌上另放卡片备用,会议时间大约1小时。

(2)独奏阶段。会议最初5分钟,由与会者各自在卡片上填写设想,一卡一个设想。

(3)共振阶段。与会者依次宣读设想(一人只宣读一张),宣读后,其他人可提出质询,也可将受启发后的新设想填入卡片。

(4)商讨阶段。最后20分钟,让与会者相互交流和探讨各自提出的设想,从中再诱发新的设想。

此法的优点是参加者准备充分,允许质询、提问,又有利于相互启发和激励。

NBS法基本与CBS法相同,唯一不同的是规定每人必须提出5个以上设想。

四、检核表法

为了有效地把握创意的目标和方向,促进创造性思考,"头脑风暴法"的创始人奥斯本于1964年又提出了检核表法。

检核表法就是用一张一览表对需要解决的问题一条一条地进行核计,从各个角度诱发多种创造性设想。检核表法简单易行,通用性强,并且包含了多种创造技法,因而有"创造技法之母"之称。

检核表通常从以下九方面进行检核。

1. 转化

即这件东西能不能做其他的用途?或者稍微改变一下,是否还有其他用途?

2. 适应

有别的东西像这件东西吗?是否可以从这个东西想出其他的东西?

3. 改变

改变原来的形状、颜色、气味、形式等,会产生什么结果,还有其他的改变方法吗?这一条是开发新产品、新款式的重要途径。比如服装行业天天在款式、面料、颜色、制作方法等方面花样翻新;瓜子在味道、颜色上加以改变,因而开发出酱油瓜子、奶油瓜子、辣味、怪味、混合味等多种产品。

4. 放大

包括尺寸的扩大,时间的延长,附件的添加,分量的增加,强度的提高,杂质的加添,等等。例如,洗衣机从单缸到双缸,从半自动到全自动,从低波轮到高波轮,从家用小尺寸到工业用大尺寸等。

5. 缩小

把一件东西变小、浓缩、袖珍化,或是放低、变短、省略会有什么结果呢?这能使人产生许多想象。例如,"迷你型"收录机、超缩微胶片的产生都是缩小的结果。

6. 代替法

有没有别的东西可以代替这件东西?有其他成分、其他材料、其他过程或其他方法可以代替吗?例如,镀金代替黄金,从而产生了镀金项链、镀金手表等,物美价廉。

7. 重组法

零件互换、部件互换、因果互换、程序互换会产生什么结果呢?例如,在时装创新上,把"口袋"装在袖子上、上臂部位、臀部等。

8. 颠倒法

正反互换怎样?反过来怎样?互换位置怎样?例如,火箭是探空用的,有人颠倒过来,发明了探地火箭,它可以钻入很深的地下,探索地球深处的奥秘。

9. 组合法

把这件东西和其他东西组合起来怎么样?例如,我们常用的橡皮头铅笔,就是把橡皮和铅笔组合起来使人感到方便。

为了使检核表法更加通俗化,人们又逐渐改造,提炼出十二个"一"的"和田技法":

(1)加一加。加高、加厚、加多、组合等。

(2)减一减。减轻、减少、省略等。

(3)扩一扩。放大、扩大、提高功效等。

(4)变一变。变形状、颜色、气味、音响、次序等。

(5)缩一缩。压缩、缩小、微型化。

(6)联一联。原因和结果有何联系,把某些东西联系起来。

(7)改一改。改缺点、不便与不足之处。

(8)学一学。模仿形状、结构、方法,学习先进。

(9)代一代。用别的材料代替,用别的方法代替。

(10)搬一搬。移作他用。

（11）反一反。能否颠倒一下。

（12）定一定。定个界限、标准，能提高工作效率。

如果按这十二个"一"的顺序进行核对和思考，就能从中得到启发，诱发人们的创造性设想。

五、联想法

就是由甲事物想到乙事物的心理过程。具体地说，就是借助想象，把相似的、相连的、相对的、相关的或者某一点上有相通之处的事物，选取其沟通点加以联结，这就是联想法。联想是广告创意中的黏合剂，它把两个看起来毫不相干的事物联系在一起，从而产生新的构想。

苏联心理学家洛万和斯塔林茨两人曾做过"联想试验"，试验证明：

首先，任何两个概念（词语）都可以经过四五个阶段（词语）而建立起联想的联系。例如"木材"和"皮球"在意义上风马牛不相及，但通过联想借助于"树林—田野—足球场"三个概念作中介，就可以建立它们之间的联系。再比如，高山和镜子是两个互不相干的概念，经过三步联想，也可使两者发生联系：高山—平地—平面—镜面—镜子。

其次，每个词语平均不同时与将近10个词语发生直接的联想。按此推算，经过两步中间联系，发生联系的概念可达100个，经过三四步中间联系的概念可达1 000个……这说明联想的伸展是极其广阔的、无限的。

联想法是一种"有意而为之"的创造技法。一般地说，联想表现为以下四种情形。

1. 接近联想

特定时间和空间上的接近而形成的联想。比如，由傍晚联想到下班，由鸡舍联想到农田等。又如法国的依云矿泉水就成功利用了儿童的可人形象（图8-11）。它用儿童的特征来类比产品，其关联性很能突出产品的特质和功用。具体说来，它是用婴儿的纯洁无瑕引起丰富联想来类比水质的纯净健康。

图8-11 法国依云矿泉水广告

2. 类似联想

在性质、形状和内容上相似的事物容易发生联想。比如由记者联想到公关人员，由汽车联想到火车。类似联想可以化抽象为具象,使人们更清楚地把握事物的特征。比如图8-12。

图8-12　电信广告

鸡蛋与传呼本无联系,但一机两用、虚拟传呼给消费者提供的利益承诺就是"生与熟,决定了我们的来电关系",通过性质的相似性,化腐朽为神奇。广告在"生与熟"上着力,以生熟鸡蛋比喻,当然形象。

3. 对比联想

在性质上或特点上相反的事物容易发生联想。比如由"黑"想到"白",由"水"想到"火",由自私想到宽容,由燥热想到清凉。许多冰箱广告、饮料广告、洗涤用品、化妆品广告都是采用对比联想展开创意。例如,美国世界通信公司(MCI)做过这样一幅广告:

一对夫妇刚到美国电话电报公司(AT&T),给千里之遥的儿子打完电话,母亲双手一摊,眼泪汪汪地问:"你知道我们打这个长途电话花了多少钱吗?"

这则广告就是用对比联想法告诉人们:美国世界通信公司的电话价格公道合理。比美国电话电报公司便宜得多,请接受我们公司的服务吧!

4. 因果联想

在逻辑上有因果关系的事物容易发生联想。比如从成功联想到能干,从畅销联想到质量好、功能全。这是广告创意中最常采用的一种方法。比如"全国驰名商标""出口销量第一""最受消费者喜爱产品""金奖、银奖""省优、部优""总统用的是派克""我只用力士"(国际著名影星)。这些充满诱惑力的语言,很自然地引发出消费者的因果联想"既然如此,一定不错","既然不错,何妨一试呢?"广告目的由此达成。

日本创造学家高桥浩说：联想是打开沉睡在头脑深处记忆的最简便和最适宜的钥匙。通过联想，可以发现无生命物体的象征意义，可以寻到抽象概念的具象体现，从而使信息具有更强的刺激性和冲击性。

如图8-13，白猫浓缩洗衣粉(耳挖勺篇)，其巧妙之处就在于创意者找出了耳挖勺和洗衣粉这两个看似没有任何联系的物品的共同所在，即两者都是日常生活所必不可少的，且以耳挖勺的小巧容量凸显白猫产品的超浓缩性。

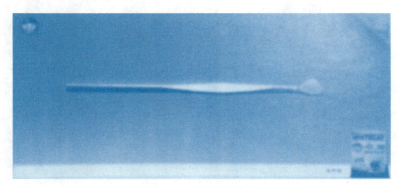

图8-13　白猫浓缩洗衣粉(耳挖勺篇)广告

六、组合法

组合法就是将原来的旧元素进行巧妙结合、重组或配置以获得具有统一整体功能的创造成果的创意方法。

创造学家认为，组合是创造思维的本质特征，世界上一切东西都可能存在着某种关联性。通过巧妙的组合，便可以产生无穷的创意。比如美妙的乐曲，无非是Do，Re，Mi，Fa，So，La，Xi七个音阶的不断地重新排列组合；美味佳肴，无非是鱼、肉、禽、蛋、油、盐、醋等的合理调配。我们所生存的这个纷繁复杂的物质世界，也无非是100多种元素，200多种基本粒子的不同排列组合。打一个形象的比喻，元素的重组过程就好像是转动万花筒，每转动一下万花筒的碎片就会发生新的组合，产生出无穷无尽、变幻莫测的全新图案。人的思维活动也如同转动万花筒，人的大脑就像一个能产生无数图案的万花筒。如果你能够将头脑中固有的旧信息不停地转动，重新排列组合，便会有新的发现、新的创造。

组合法主要有以下四种类型。

1. 立体附加

这种组合就是在产品原有的特性中补充或增加新的内容。比如，现在许多洗衣粉的广告讲"干净"的比较多，黄庆铨为碧浪洗衣粉做的广告创意是"为你解开手洗束缚"。他用三种形式进行了表现。中国古代的刑具、西方的手铐、牢房的栅栏。他把衣服与之相结合就产生了新奇的效果——思想与行动方面的改变。这个系列广告告诉我们洗衣粉不但能洗净衣物,而且能带给我们自由。

2. 异类组合

两种或两种以上的不同类型的思想或概念的组合,以及不同的物质产品的组合,都属于异类组合。例如手表项链、日历收音机等。

异类组合的特点是组合对象(思想或物品)原来互不相干,也无主次关系。参与组合时,双方从意义、原则、功能等某一方面或多方面互相渗透,整体变化显著。

3. 同物组合

即若干相同事物的组合,如"母子灯""双拉锁"等。同物组合的特点:组合对象是两个或两个以上的同一事物。组合后其基本原理和结构没有发生根本性变化,但产生的新功能、发生的新意义则是事物单独存在时所没有的。

例如,国外有一种昂贵而高质的劳温堡啤酒,在广告宣传中要突出这种高质、昂贵的品质,如果用"劳温堡啤酒——超级品质"这样的标题,就很平常普通。如果能将劳温堡和另一种象征高品质,又被广泛认可的东西,如香槟酒组合起来,便产生了非凡的创意。

4. 重新组合

重新组合简称重组,即在事物的不同层次上分解原来的组合,然后以新的意图重新组合。组合的特点是组合在一件事物上进行,组合后会增加新的东西,主要是改变了事物各组成部分间的相互关系。比如搭积木、转魔方就是一种重新组合。

卢布里德姆润肤液用鳄鱼与皮肤重新组合的手法表现其优良的品质,广告中,女郎的皮肤光滑润泽,与之相对照的是一只鳄鱼,如此暗示该润肤液的功效可谓独具匠心,广告语也很简洁,上句:"卢布里德姆润肤液保持长久的湿润。"下句:"因为你的基本要求是保护皮肤。"如图8-14所示。

图8-14　卢布里德姆润肤液广告

除了以上六种广告创意的创造技法，业界还根据不同的广告类型形成了有所差异的广告传播模式，如根据社会型、功能型和心理型广告的60种创意策略，为广告创意的产生提供了更多参考和借鉴、策略详见表8-2。

表8-2　60种创意策略

20类 广告传播模式	社会型	功能型	心理型
01 添加奥秘	S01 弦外之音型 我的话，很有价值	F01 引发事件型 我创造了一个大事件	P01 莫测高深型 我做了一个奇怪的梦
02 注入能量	S02 膜拜图腾型 我的名字，具有力量	F02 靠山背景型 我有各种能力	P02 颠覆叛逆型 我有傲慢权力，面对不同意见
03 纯粹冲击	S03 咒语笼罩型 我对你有回应	F03 无所不在型 我随处可见	P03 重力冲击型 我令人印象深刻
04 抬高地位	S04 一脉相传型 我一直是这样在做	F04 实践理念型 我要这么去做	P04 原生力量型 我的内心感受就是如此
05 炫耀智能	S05 经验至上型 我知道如何去做	F05 层层剖析型 我知道这是怎么回事	P05 魔法奇迹型 我握有秘方诀窍
06 增强信用	S06 口碑支持型 大家都这么说	F06 断言肯定型 这是权威专家所肯定的	P06 至理名言型 这个寓言显示了
07 加重权威	S07 制定标准型 行事应该要像这样	F07 宇宙真理型 你应当以此为榜样	P07 视野不凡型 从这里可以看见未来
08 凸显个性	S08 流行时尚型 这，就是流行	F08 精密细致型 这样才够力	P08 夸张演出型 有点夸张，不过确实如此
09 架构舞台	S09 华丽丰富型 这，就是好莱坞	F09 朴实无华型 这，就是客观	P09 疯狂纷乱型 简直就是疯狂
10 强力呼唤	S10 挑战认知型 你真是……	F10 耳目一新型 这，就是我！	P10 圣像显示型 来看我，膜拜我
11 动摇观点	S11 制造紧张型 别人都这样，那你呢？	F11 假装平凡型 你一切都还好吧！	P11 大吃一惊型 你也是这个样子吗？
12 地位不凡	S12 顶尖大亨型 你一定要……	F12 精英桂冠型 更多，更好	P12 少数异类型 独一无二
13 拉近距离	S13 攀龙附凤型 它有它的地位	F13 逻辑说理型 一切很合理！	P13 游戏人间型 真是好玩
14 更加亲和	S14 喜剧效果型 在家看好戏	F14 机智风趣型 这真是有趣！	P14 刻意嘲弄型 它不可怕，我们可以一起来玩
15 完美境界	S15 社交道具型 我知道了……	F15 证据证明型 我看到了……	P15 改造生活型 我感觉到了…

(续表)

20类 广告传播模式	社 会 型	功 能 型	心 理 型
16 以利诱人	S16 社会地位型 我变得更重要了	F16 实际利益型 我有了一个好工具！	P16 感官享乐型 我乐在其中
17 反射自我	S17 融入团体型 我会适应得更好	F17 专家捷径型 我可以做得更好	P17 自我陶醉型 这样，就更像我自己
18 成功之道	S18 磁石吸力型 我的吸引力	F18 化繁为简型 我可以保证	P18 幸福理想型 我觉得真好
19 相亲相爱	S19 物以类聚型 这是我的伙伴	F19 近邻相亲型 这是我的邻居	P19 心灵默契型 这是我的知己
20 亲密关系	S20 表白推荐型 我爱用它	F20 忠诚见证型 我支持它	P20 完全信服型 我同意它

第五节　广告创意者的素质开发

广告创意是一项极复杂的脑力劳动，创意者从积累生活、分析资料开始，一直到运用语言、画面来表现创意都依赖于创意者本身的基本素质。从某种程度上说，创意者创造素质的高低直接决定了广告创意的质量。因此，开发广告创意者的创造素质是一项十分重要的研究内容。本节将从创意者的知识结构、创意动机和创意能力三方面来进行探讨。

一、建立完善的知识结构

一般来说，广告创意者合理的知识结构应该是"T"型结构。"｜"代表专业知识，"—"代表横向的相关知识，也就是说既要有扎实的专业知识，又要有广博的相关知识。德国化学家利希滕贝格说得好："一个只知道化学的化学家，他未必真正懂得化学。"南宋爱国诗人陆游，积一生写诗的经验为："汝果欲学诗，功夫在诗外。"可见相关知识广博的重要性。广告大师大卫·奥格威甚至深有感慨地说："我想不出有其他任何一个行业，靠这么一点知识就能混饭吃。""一个优秀的广告人应该是知识多的人。"这已成为广告大师们的一致看法。

具体地说，广告创意人员应掌握以下七类学科的知识。

1. 艺术史和广告艺术的知识

广告创意是一种艺术，而艺术是人类创造精神最集中、最典型的表现形式。因此，广告人应了解人类艺术发展史，并具有相当的艺术鉴赏力，尤其是必须记忆至少10个著名的广告整体策划，60个杰出的广告创意作品，并能深刻领会其意图。

2. 市场知识

广告不是纯艺术，而是一种经济行为，广告创意必须接受市场的检验，因此，广告人必须掌握市场学的基本知识，了解宏观市场的基本走向和微观市场的分布状况。比如，消费者市场状况、竞争者市场状况等。

3. 营销知识

广告不是一种专供人欣赏的艺术品，而是一种实实在在的营销行为，是营销行为的一个具体环节。因此，广告创意者应掌握营销的基本理论及实务操作。

4. 消费心理学知识

广告是劝说消费者采取购买行为的活动。因此，必须掌握消费心理学的基本知识，比如关于消费者需求、动机、注意、记忆、兴趣、欲望等一系列与消费行为有关的心理学知识，以及消费者接受广告的心理研究。

5. 媒体知识

广告是大众性的传播行为。媒体是广告的中介和载体。广告创意者应当熟悉各类媒体的特性、发行量、接触率和成本率，以及价格知识、组合知识、成本核算等。

6. 社会学知识

广告既是一种经济行为，也是一种社会行为。广告只能在一定的社会形态、社会潮流与社会心理中发生作用。因此，创意者必须掌握社会学方面的有关知识。

7. 信息学知识

广告是一种有偿的、有目的的传播活动。因此，创意者也必须了解信源、信道、信宿、编码、译码、噪声、反馈等信息传播的基本知识。

以上七类知识并没有穷尽广告人应掌握的所有知识，严格地说，广告创意人才应该是全才，最好是"百科全书"式的人物。

二、培养强烈的创意动机

广告大师韦伯·扬认为，培养创意动机的最有效途径是广泛的兴趣和强烈的求知欲。他说："优秀广告创作者应具有两种独特的性格，第一，普天之下，没有什么题目是他不感兴趣的，例如，从埃及人的葬礼习俗到现代艺术，生活的每一个层面都使他向往；第二，他广泛浏览各学科中所有的信息。对比而论，广告人与乳牛一样，不吃嫩叶就不能产乳。"

1. 广泛的兴趣

兴趣是创意动机的表现形式之一。这是因为兴趣是人们积极探究某种事物的认识倾向。当一个人对某种事物发生浓厚的兴趣时，就会使其整个身心处于积极主动的状态，并且不遗余力地去追求它，探寻它。此时，他的创造力才会被开发出来。达尔文之所以能创立生物进化论，首先取决于他青少年时期对植物、鸟类和昆虫有着强烈兴趣。他在《自传》中说："就我记得的我在学校时期的性格来说，其中对我后来发生影响的是：我有强烈而多样的兴趣，沉溺于自己感兴趣的东西。深刻了解任何复杂的问题和事物。"许多广告大师也都是兴趣广泛的人,他们不但对广告事业有浓厚的兴趣,而且对生活中的一切事物都普遍感兴趣。比如乔治·葛里宾经常地对生物学和植物学发生兴趣,李奥·贝纳则几乎对一切都感兴趣。大师们的成功证明了广泛而浓厚的兴趣是激发创意的重要动力之一。

2. 强烈的求知欲

求知欲是促进人进行创造性活动的重要动机。爱因斯坦说:"对真理的追求要比真理的占有更为可贵。"因为追求的过程就是探索的过程,而在探索的过程中,又会不断激发起人们的好奇心和求知欲。一个优秀的广告创意者也必须对产品、人和广告具有强烈的甚至是强迫性的好奇心和求知欲。

激发求知欲的途径不外乎敢问、敢疑、敢驳六字。

问是好奇心、求知欲的主要表现形式,大文豪巴尔扎克说:"打开一切科学大门的钥匙都毫无异议地是个问号;我们大部分的伟大发现,都应归功于怎么办,而生活的智慧大概就在于逢事都问个为什么。"诺贝尔物理学奖获得者李政道曾有个形象而风趣的比喻:如果从侧面看人的脑袋,从鼻尖开始到颈根,脑袋的轮廓就是一个大问号,这说明脑袋生来就是要问的。只有善于思考,善于提问,才会有所发现,有所进步。大科学家爱因斯坦对提问作过这样一段精辟的解释:"提出一个问题往往比解决一个问题更重要,因为解决一个问题,也许仅是一个数学上的或实验上的技能而已,而提出一个新的问题、新的可能性,从新的角度去看旧的问题,却需要创造性的想象力,而且标志着科学的真正进步。"广告大师黄瞰在谈创作经验时说,他每天都要做功课,即读分类广告,因为分类广告是最难写好的广告,位置小,字数少,而且环境不佳,像从前香港的"一家八口一床"式居所。他往往是边读边想:"如果这广告由我写,我该怎么处理。"黄瞰深有感触地说,这种功课做得多了,创意功夫自然就会越来越好。

除了敢问之外,还要敢疑。明朝学者陈献章认为"学贵知疑,小疑则小进,大疑则大进,疑者,觉悟之机也。一番觉悟,一番长进"。事实也确实如此,善疑者往往能见常人之所未见,不善疑者入宝山也会空手而归。

敢疑还要敢驳,怀疑只会触发你对事物再研究、再探索,而敢驳却可以促使人们推翻原来的结论,重新提出新的理论,而这正是我们所需要的"创造成果"。

三、开发高超的创意智力

创意智力是广告人运用知识和技能去解决问题的能力。根据广告创意的要求,广告人高超的智力结构应该包括良好的记忆力、敏锐的观察力、丰富的想象力、准确的评价力和娴熟的操作力等。

1. 良好的记忆力

古诗云:"读书破万卷,下笔如有神。""熟读唐诗三百首,不会作诗也会吟。"这都说明,头脑中装有大量信息,在构思创意时,就可以随时摄取,有如神助。记忆虽然不能直接激发创造性的思维活动,但是它却提供了创意所必需的原始信息和基本资料。拥有良好的记忆能力就等于拥有了一座取之不尽、用之不竭的创意宝藏。

"象牙肥皂——它浮于水",这是一百多年前 P&G 公司(宝洁公司)的广告口号,这句广告口号使象牙牌肥皂在全球畅销至今。据说,这一广告口号完全得自广告人的记忆能力。这个广告人就是 P&G 公司创始人的儿子——哈利·普罗克特,他在接受这个广告设计和制作任务后,一直为肥皂的名称和广告口号绞尽脑汁。一个星期天,他在做礼拜,听到这样一句赞美诗:"尔等的衣衫上飘溢着象牙园的清香……"他深深地记在脑海里,回家后,他一直在琢磨这句话,后来他根据这种肥皂"能浮于水"的特点,把肥皂名定为"象牙牌",广告口号定为"象牙肥皂——它浮于水",没想到广告一推出就受到消费者的喜爱。可见良好的记忆能力是创意诞生的温床,是激发创意的触发器。

2. 敏锐的观察力

观察力是一种洞察事物之细微、把握事物之实质的能力。这种能力能够"从司空见惯的东西之中,发现新的事物,发现特别强烈、很奇妙的东西",能够"从一些细枝末节当中发现那些具有重大的有时代意义的事物"。(王蒙语)有了这种能力,创意题材才能源源不断地输入脑海,创意激情才会汩汩而来。

日本著名的创意大师小鸠庸靖认为,培养创意能力的要诀之一是"随时都注意观察"。他认为:"优秀创意的源泉就在你所为之创意的产品中间,只是等待着你去发掘罢了。"如果缺乏敏锐的观察力,就不可能及时、准确地捕捉到第一手资料,也不可能创意出有效的销售说辞。比如著名的 m&m's 糖果的广告口号"只溶在口,不溶在手"被创意者罗素·瑞夫斯说成是"天生在这个商品之中的"。因为该公司生产的糖果是美国唯一用糖衣包着的巧克力糖果。在与广告主交谈了 10 分钟之后,罗素·瑞夫斯就以敏锐的眼光发现了这一优势,并把它揭示出来,因而流芳百世。可见,敏锐的观察力就是对创意的一种敏感和一种有效的把握。

据说,法国著名作家福楼拜要求他的学生莫泊桑"当你走过坐在自己店里的杂货商面前,走过一个吸烟斗的守门人面前,走过一个马车站时,请你给我描绘一下这个杂货商和这个守门人,他们的姿态,他们整个身体的外貌,要用画家那样的手腕传达出他们的全部精神本质,使我不至于把他们和任何别的杂货商人、任何别的守门人混同起来"。这就是一道训练精细观察、捕捉事实特征的基本能力的练习题。

3. 丰富的想象力

刘勰在《文心雕龙·神思》中说:"寂然凝虑,思接千载;悄焉动容,视通万里。"意思是说,思路一经打开,视野开阔无垠,时间无法限制,空间不能阻隔,千载能接,万里能通。这种现象,刘勰称之为"神思",我们叫作"想象"。

想象是一种富有创造性的思维活动,它能够转移经验,遥远联想,还能够虚构图像和变幻形态,对各种表象进行创造性的组合。它是"最杰出的艺术本领"(黑格尔语),是一切思想的原动力和一切创意的源泉。

有人说"枕在想象上"睡觉常能获得最佳发现。比如人们想象着能够腾云驾雾,展翅高飞,于是发明了飞机;人们想象着能够有一双千里眼和顺风耳,于是发明了望远镜和电话以及日益普及的"信息高速公路"。可以说,想象就是创造的翅膀,一切创造都离不开想象。

在广告创意中,想象能力是最重要而且唯一不可替代的能力。有位广告设计家说:"创造广告的创意,没有任何东西能代替想象,它具有排除陈腐与平凡之意义,以唤醒睡眠中的创意,追求各种新事物。"借助丰富的想象,人们可以从不同方面、不同角度、不同层次对广告主题进行生动形象的表现。下面让我们来看一下BBDO广告公司围绕着"百事可乐,新一代的选择"广告主题所创作的几幅极富想象力的电视广告。

"鲨鱼":一只鱼鳍划过挤满遮阳伞的海滩,并伴以电影"大白鲨"的音乐,只有在结尾处人们才看到,百事可乐的顾客不是一条鲨鱼,而是一个抱着冲浪板的弄潮儿。

"地下室来客":人们看到一位母亲正在叱责她的女儿,因为她喝了那么多的百事可乐。镜头一换,女儿来到自己的衣橱边上,告诉躲在里面的外星人朋友,别喝得太多。

"广告车":一个有创业精神的孩子坐在一辆面包车里,播放着百事可乐在瓶子里发出的"嘶嘶"作响的声音广播,车外面围着成千上万热汗淋淋的海滩游客。

"反射":伴随着低声吟唱,一个摩托车的油箱闪闪发光,接着是后视镜,后视镜里现出一罐百事可乐,驾车的竟然是百事可乐!

"太空船":一阵强风吹进大街,灯光忽明忽暗,给人以不祥之感,空中传来低沉的轰鸣。一只飞碟在下降,它在两台自动售货机上空停住,从两台售货机上各提起一罐可乐。过了一会,这只飞碟慢慢地将百事可乐自动售货机提升起来,送进舱内,而将可口可乐自动售货机留在原处。

"考古":时间是未来,一群青年人,人手一瓶百事可乐,簇拥着一位考古学家来到一个错层的牧场。考古学家在泥土中找出一只棒球和一把电吉他,一一予以辨认。此后一位学生又发现一样满是灰尘的东西,考古教授把它放入一台机器中,洗去其几个世纪留下的尘土——一只绿色的可口可乐瓶子,这是20世纪的文物。"这是什么,教授?"学生边喝着百事可乐边问,教授再次陷入沉思。"我想不出来。"他回答。

百事可乐以这些极富想象的广告,针对战后高峰期出生的美国青年要以独树一帜的消费方式、独特的消费品鲜明地和老一代划清界限的叛逆心理,提出"新一代"的消费品位及生活方式。结果使百事可乐的销量扶摇直上。

由此可见,创造性想象不是对现成形象的描述,而是围绕一定的目标和任务对已有的表象进行选择、加工和改组而产生新形象的过程。要培养这种想象力,一方面要扩大知识范围,增加表象储备;另一方面还要养成对知识进行形象加工,形成表象的习惯。另外,经常对自己提出一些"假如"问题,也可以激发想象力。

比如：假如人类不需要睡眠会怎样？假如人类不需要吃饭又会怎样？假如人永远不会死亡呢？假如一个人在一小时后将会死去，他将想些什么？假如动物比人类更聪明呢？假如动物也会说话呢？假如你见到外星人，你想告诉他什么？

这些假设问题看起来很荒诞，像做游戏，实则能够激发人的想象力，养成创造性思维的习惯。大文豪萧伯纳主张在阅读一本书之前，先凭个人的想象力，就书名拟出该书的大纲（即章节、架构），他认为这是激发想象力的良策之一。另外，到处旅行也是获得大量组合素材和激发想象力的好方法。总之，丰富的想象力是广告创意者必须具备的最重要的能力，应特别重视它的训练和培养。

4. 准确的评价力

评价力，也即分析、判断力。它是对现存的信息评定其优劣性、正确性、适用性和稳定性等的能力。

评价力与记忆力、观察力、想象力的作用完全不同。在创意的开发阶段，需要前三者来激发灵感，进行开放性的创造性思考，以便提出许多可能解决问题的新方案、新方法、新措施。而在创意的形成和发展阶段，则需要评价力展开收敛性的分析性思考，进行"去粗取精，去伪存真，由此及彼，由表及里"的判断筛选，评估选优，最终确定出可行性方案。由此可见，评价力发挥了定向作用，直接影响和决定了创意的命运，以及今后的广告运作方向。

例如，美国宝洁公司有一种20多年历史的用过即扔的方便尿布，可是在尿布市场上却只有不足1%的市场占有率。于是他们委托著名的广告大师魏特·哈布斯（Whit Hobbs）为其策划广告，哈布斯检查了这种尿布原来的广告策划构想——一种恩物，一种给予母亲的方便。他对此构想进行了分析、评判，发现这种广告构想只会使母亲们感觉到自己是一个懒惰的、浪费的、不肯花更多时间照顾儿女的妈妈。于是，哈布斯否定了原来的构想，重新提出了广告构想——一种更好的照顾方式。一种使婴儿更舒适，更干燥的现代化尿布。使用这种尿布，不是对母亲更好，而是对婴儿更好。同时他还给尿布重新取了一个富有吸引力的名字"帮宝适"，当这种满足母亲爱心的新广告推出之后，产品销路很快就打开了。

透过这一案例，我们可以看出创意的形成、变化和发展过程实际上就是一系列的分析、判断、筛选的过程，准确的评价判断能力能够更深刻、更正确、更完全地反映广告构想和主题，保证创意的正确发挥和运用。

要培养准确的评价力，就必须要养成抽象思维的习惯。凡事多问几个为什么，并善于从日常的琐碎的各种现象中总结和概括出共同特征。

5. 娴熟的操作力

前面所讲的记忆力、观察力、思维力、想象力和评价力是属于认识层面的创意能力，而操作力则属于行为层面的创意能力。缺乏任何一个层面都不能保证创意的成功。荀子说："知之而不行，虽敦必困！"意思是说，明白事理而不去实践，虽然知识丰富，也解决不了实际问题，要取得创意成果就必须进行创意实践。

奥地利作家梅耶林克写过一则极富哲理的寓言：有一只不怀好意的蛤蟆问一条蜈蚣："当你向前伸出你的第一条腿的时候，你还有哪几条腿同时向前伸出？当你弯下第十四条和第十九条腿的时候，你那第二十七条腿的脚掌在做什么？"蜈蚣开始专心思考这些问题，可是却不会走路了。

作为一个广告创意者，千万不能做蜈蚣式的思考者，而应该既善于进行创造性思考，又善于有条不紊地进行创造性实践。

要进行创造性实践，就必须掌握娴熟的操作能力。表现在广告创意中，就是要能够运用语言、文字、符号、图画、音响、色彩等手段来贯彻和落实广告创意，以使完美的创意得到完美的展现。

操作能力是否娴熟取决于操作者的专业素质和技能。这种能力可以通过正规的教育强化培训和长期的实践来获得。

以上五项能力在创意过程中都起着非常重要的作用，广告创意者应特别注意开发和训练。

创意链接8

胸部与脑部的结合？

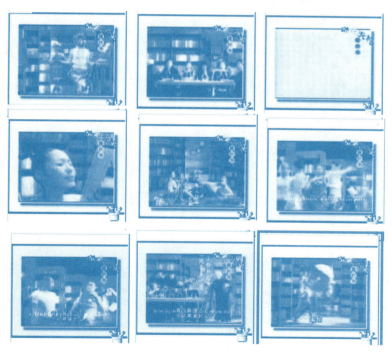

胸部与脑部的结合

竞猜情节描述

　　大型的图书馆里,两个模特在人们的掌声中登场,妩媚的姿态,奇异的服装,而且头上顶着书本。接着出现的是一组特别的场面:依旧在图书馆背景中,边拿书本边用唇膏,手舞足蹈地取书本,手握书本的男女暧昧地对视……混乱的场面、舞台化的动作、无关联的人物情节一一呈现。同时出现了画外音:有了胸部,你还需要什么?脑袋。表达一种"女人除了外貌,内涵同样重要"的观点。

思考题

1. 这是一则什么广告?
2. 接下去情节将如何发展?
3. 这则广告的创意表现在什么地方?

学生竞猜

　　学生一:有两种可能。第一就是全民教育之类的,表示崇尚教育、普及教育的思想,因为背景是图书馆。另外一种就是强调女性权益,宣传男女平等。

　　学生二:是女性用的化妆品,比如唇膏等。

　　学生三:宣传女性心态的公益广告。女性给人感觉希望走自己的路,广告提醒女性以自己的能力完全可以把握自己的路。

　　(答案及点评见书末所附部分)

第九章 广告文案创意

内容
提要

（1）广告文案创意就是对广告中的语言文字部分进行的创意。广告文案创意是现代广告创意的核心，它要求准确、深刻、新颖、有趣、奇特。广告文案创意的方法主要有直接创意法与间接创意法两类。广告文案创意的内容主要包括主题的创意、结构的创意、语言的创意。

（2）主题的创意是指确立并表现广告文案的主题。主题的构成因素主要是商品特征、企业特征和消费者特征，主题在广告文案中起着突出重点、统率全文的作用。可用选择、组合、综合的方法确立、表现主题。

（3）结构的创意是指广告文案的谋篇布局、信息的排列组合的谋划。广告文案可分为规范式、自由式和品牌招牌式。规范式文案一般包括标题、正文、附文三部分。自由式一般包括口号式和文艺式。品牌招牌也是一种重要的文字广告，它既可独立作广告也可成为广告文案中的重要内容。

（4）语言的创意是指对广告语言文字的选择、锤炼、使用。广告语言主要有陈述语、口语、诗语三种形式。要通过概括、选择、锤炼的方法对广告语言进行创意，要巧妙运用修辞技巧使广告语言更准确、更生动，有利于广告信息的有效传播。

策划案例赏析9

快手《可爱中国》

快手《可爱中国》

(资料来源：https://www.xinpianchang.com/a10642018?from=Home)

文案赏析

我们喜欢看见那些可爱的小东西
因为生活
有时候一点都不可爱

它要你坚持
又不告诉你要坚持多久

它告诉你这事儿很有意义
但干起来挺没意思

它让你觉得委屈
却隐瞒了另一个人的狼狈

它说你的故事能有什么惊喜
无非一年年重复同样的情节

想看你的笑话
所以先让你尴尬

生活就是这样
其实它知道
真正热爱生活的人
不会被生活打败

你对生活的热爱，很可爱
在快手，点赞可爱中国

策划背景

近年来，快消费成为市场主流，移动端短视频开始受到人们的青睐。快手APP于2012年转型为以短视频分享的方式为用户提供记录生活的平台。2020年初，它推出了时长约2分钟的广告片《可爱中国》，该片具体生动地展示了快手用户记录下亲情、爱情、成长等复杂情感的生活体验。片中朴实又深刻的广告文案与画面、音效相得益彰，在播出后引起了人们的强烈情感共鸣。

专家点评

快手的广告文案是它创意的核心。广告片在内容上串联起了几个平凡小人物颇具烟火气的故事，朴实地展现了快手用户记录生活和情感的日常。

该片主要采用灵活式广告文案的类型，选用文艺体式中以抒情为目的的散文体结构形式，通过文案的渲染向受众传达出"热爱生活的人很可爱"的正向价值观。不设限的文案形式与受众的情感发散相呼应，营造出温暖、励志的氛围。

在广告文案中运用了对比的修辞，具有鲜明的语言特色，前半篇幅描写现实与理想的霄壤之别，奠定了悲观、无奈的情感基调；而进入高潮后，配合家庭团聚、梦想实现等画面，文案基调向励志的情感方向转变，与前部分的低潮形成了强烈反差。"真正热爱生活的人，不会被生活打败"这句点睛之笔的文案，让年前在外打拼的人们感同身受，并在此基础上传递积极向上的价值观，打造了正面的品牌形象。

第一节 广告文案创意概述

现代广告的艺术表现形式是多种多样的，但任何形式的广告都离不开语言文字这个最重要的载体。在目前运用最广泛的报纸、杂志、广播、电视、互联网等五大广告媒介上，文字、声音和图像是传递广告信息的重要工具。但文字的表现力和传播力比声音和图像更强，一切无法用可视形象表现的信息都可用抽象的文字表达，因此，文字是传递广告信息的主要工具。可以说，在现代广告的创意中，广告文案的创意是核心。那么，什么是广告文案？什么是广告文案的创意呢？

一、广告文案与广告文案创意

1. 广告文案

广告文案是指广告艺术表现形式中的语言文字部分。

对于广告文案的概念有广义和狭义两种理解。从狭义上理解，广告文案是指有标题、正文、附文等完整结构形式的文字广告。从广义上理解，广告文案是指广告艺术形式中的语言文字部分。不管篇幅的长短，文字的多少，结构的完整与否，只要使用的是语言文字这个工具，就可以称为广告文案。如中国重型汽车进出口公司广告："重。"仅一个重字，但传达的广告信息却极为准确，广告效果也很好。这短到一个字的广告我们也把它叫作广告文案。这里我们所讲的广告文案概念是从广义上来理解的。从这个角度来分析，广义文案主要有以下三种形式。

（1）规范式。规范式是指具有完整结构的广告文案，一般由标题、广告口号、正文三要素构成，有的广告文案在正文后面还有附文。

（2）灵活式。灵活式是指结构方式较为自由、灵活的广告文案。一般篇幅短小、灵活，可用一段文字，可以用一句话，也可以用一个字传递广告信息。

（3）品牌、招牌式。品牌是指商品名称，招牌是指企业名称、店铺匾牌。品牌、招牌式广告文案是指表示商品名称和企业名称的语言文字。这种文案一般具有双重性，既是商品、企业、店铺的名称，又是起广告宣传作用的文字。因此，我们也把它称作广告文案。

2. 广告文案创意

广告文案创意是指广告文案撰写者根据广告战略、广告产品及广告企业特征，针对市场营销实际和消费者心理而对广告的语言文字表现的构思。简单地说，广告文案的创意就是对语言文字的创意。这种创意主要包括语言文字的义、形、音三个要素。

（1）义。义就是广告语言文字所反映的意义。广告文案创意首先要准确地概括商品及企业的特征，反映广告主的意图，有正确而深刻的内在含义。

（2）形。形就是广告语言文字的表现形式，这种表现形式包括段落的组合、句式的选用、词语的搭配。例如，结构比较规范的广告文案一般由标题、口号、正文、附文构成，结构比较自由的段落则可长可短，句式多样。

（3）音。音就是广告语言文字的语音。文字既能表意义，也能表声音。在广告文案中要巧妙地利用文字的声调、音韵、节奏等因素来增强广告语言的信息含量及音乐美感。

第九章　广告文案创意

二、广告文案创意的要求

广告文案创意的要求是多方面的,概括起来就是五个字:"准""深""新""趣""奇"。

1. 准

"准"就是广告文案的创意要准确地反映商品或企业的主要特点。例如,日本兄弟公司的"让洗衣机穿上高跟鞋"便是解决了迄今为止洗衣机下打扫不便的难题,以物理性的改良显示了使用上的便利性。

2. 深

"深"就是广告文案创意要包含深刻的内涵,也就是说揭示品牌的个性。如图9-1韩国证券公司广告[①],以"在爸爸的肩膀上,我觉得安全,我觉得我能拥有想要的一切"为主题,暗示了自己是韩国证券公司中"最可靠的证券公司"。

图9-1　韩国证券公司广告

3. 新

"新"就是广告文案创意别出心裁,不落俗套,以新取胜。新的创意可以是多方面的,比如信息新、角度新等都可以体现出创意的新颖。

可口可乐的这则线下广告通过三块广告牌的延续性特点,以其商标中标志性的丝绸元素为主体,延伸并指向广告外的分类垃圾箱,提示人们喝完饮料应当将垃圾分类(图9-2)。作为一则公益广告,别出心裁的连续性设计不仅给人耳目一新的视觉冲击,且达到了公益呼吁与品牌树立一举两得的广告效果。

图9-2　可口可乐线下广告

[①] 冯斌、周建中、喜燕:《品牌创意广告》,辽宁科学技术出版社,2002年。

4. 趣

"趣"就是广告文案创意要有情趣。广告文案可以用平实的手法传播信息,也可以用艺术的手法来体现高雅、幽默的情趣。有些商品本身含有某种情趣,在广告创意中我们要善于通过对广告内容的体会和对目标受众的分析来揭示出商品本身的情趣。

广告是一台生活情趣的创作机,在你不经意翻看杂志的时候,在你看累了肥皂剧想轻松一下的时候,广告以一种热情的姿态带给你几秒钟的惬意——而没有人会拒绝惬意。

比如图9-3这则胸罩广告利用了人们经常翻阅的杂志,广告文案为:"如果你想看到本胸罩的神奇效果,请挤压杂志。"当受众在翻阅杂志的时候,突然看到一则这样的广告,不禁开怀一笑,当受众甚至按照广告文案挤压一下杂志的时候,受众发出的爽朗的笑声就是广告效果的最好证明。像这样的生活情趣本来是生活中所没有的,然而服饰广告创作出了这样绝妙的"笑料",并为自己所宣扬的产品的功能做了最好的注解。受众遇到这样有意思的广告,不禁也会让杂志在自己的指间多停留一会儿,他在多体验一下广告所带来的生活乐趣的同时,也多体验了一下广告所带来的产品的信息。

图9-3 胸罩广告

5. 奇

"奇"就是广告文案创意要奇特、独到。在广告文案创意之中要"想人之所未想,道人之所未道",创意就要有点"奇"。创意奇特的广告文案让人们乍一看觉得有点"离谱""离题",但仔细一体会觉得"原来如此",实在奇特,妙不可言。例如,有一家皮鞋店的皮鞋广告为"一脚50元"。乍一看没明白,还以为卖脚呢!再一琢磨豁然开朗,原来一双鞋100元。于是笑自己真傻,这么简单的数学也不会了,之后就会久久难忘。

又如,宝洁公司正在为一种新的洗发水展开广告攻势,他们在公共汽车站张贴出能散发香味的海报。这种新的去屑洗发水带有柑橘香味,旨在吸引更多的青少年和女性消费者。由盛世公司设计的芳香海报开始在伦敦张贴。海报上,一位年轻女子一头秀发随风飘扬,上面还有"请按此处"的字样,按一下,一股雾状香味气体便随之喷出。海报底部,宣传语写着"感受清新柑橘的芳香"。

显然宝洁这个芳香海报旨在引起人们的注意,同时讨好目标消费者,使他(她)们带着愉悦的心情尝试这种新产品。

三、广告文案创意的方法

新颖独到的创意来源于人的头脑对广告信息的提炼、取舍与表现,来源于正确的创意方法。

广告文案创意的方法主要有两种。一种是直接创意法,另一种是间接创意法。

1. 直接创意法

直接创意法是指直接揭示广告主要内容,体现广告重点的创意方法。直接创意法主要有直觉法、触动法、比较法等。

(1) 直觉法。直觉法是指凭直观感觉创意的方法。它是在了解与广告内容有关信息的基础上凭一般直观感觉确定广告文案主题的方法。这种方法较适宜于宣传产品及企业主要特征的广告。如下两则皮装广告。

国际名牌——皮尔·卡丹(皮尔·卡丹服装)

雪豹带您重归大自然!(雪豹牌皮装)

这两则服装广告创意紧扣品牌名称及产品个性,创意直接,特点鲜明。采用这种方法关键在于在广告调查中掌握产品、企业及消费者信息,从大量信息中提炼出最有传播价值的信息或传播效果最好的信息作为广告的主要内容。

采用这种方法创意时间短、见效快,创意明确,但要注意避免平庸化、一般化。创意来得快并不是一件坏事,有时好的创意就是偶然凭感觉得来的,但是使用这种创意方法稍不注意就会使创意显得平淡无味,缺少个性,给人枯燥无味、似曾相识的感觉。

(2) 触动法。触动法是指创意者根据偶然事件触发灵感的一种创意方法。例如"哪里有烟,哪里就有热情"是《热情》杂志的广告片(图9-4)。一名女子在沐浴,一名男子在雨中步行,另有一名男子在美容美发厅里不安地等待……三个人在看到《热情》杂志以后,周身顿时烈火熊熊,烟雾缭绕,难以自拔。这是文化杂志《热情》的第一个电视广告。如果你看到哪里开始冒烟了,那一定就是《热情》杂志的触动让读者按捺不住内心的激动之情了。

图9-4 《热情》杂志广告片

(3) 比较法。比较法是通过对两种以上相对或相近的事物进行比较对照来创意的一种方法。无论是广告巨匠还是艺术大师都十分注意运用比较方法。因为,没有高山显不出平原,没有大海看不出河川。凡事一比就有了鉴别。俗语说得好"不怕不识货,就怕货比货","不比不知道,一比吓一跳"。广告文案的创作如果善于运用比较手法就可以更鲜明地突出广告的主要信息,从而收到更好的传播效果。

广告文案创意中采用比较法可以将两种相近、相似或相对的产品放在一起比较,找出两种产品的相同与不同,同中求异或异中求同,以显示出广告产品独特的个性、功效,或企业优良的服务。

获奖广告——联邦快递,对比较法的运用真让人拍案叫绝。联邦快递广告的创意其实相当简单,只是在Fed的盒子中又放了一个白色的快递箱。但最具有讽刺意味的是能从白色快递盒的侧面,露出字母的一部分,恰恰能让人猜出它是Fed的竞争对手DHL的快递。这则广告的获奖又一次证实了"好广告其实很简单"的真理。

在两种事物间比较优劣要注意不能贬低其他产品而抬高自己的产品,尤其是不能指名道姓地与其他企业的同类产品比,说人家的产品不好。

2. 间接创意法

间接创意法是指间接揭示广告内容,体现广告重点的创意方法。间接创意法主要有暗示法、悬念法、寓情法。

(1)暗示法。暗示法是指通过对有关的事物的表述和说明来暗示广告宣传目的的一种创意方法。这种方法的特点是"声东击西""围魏救赵"。其妙处在于针对消费动机中的矛盾冲突,采取暗示迂回的方式,让消费者自我化解冲突,避免给人感官上的刺激,这样更能发挥广告的宣传作用。例如,由于黛安娜在电视上坦承婚外情后,挪威奥斯陆JBR广告公司以黛安娜作广告主角,刊出了一则避孕套广告。

广告左页上用了黛安娜身着白礼服,头戴冠冕的照片,右页标题写着:"是否随便和人上床,表面上是看不出来的。即便世家贵胄亦难得免,还是小心为上。"暗示法较适宜于某些特殊商品。这类商品的主要信息不便直言,只好用委婉手法传递。但暗示不能太曲折、太晦涩,让消费者颇费猜测还是猜不透意思就达不到宣传产品的目的。创意要在避俗求新、敢于独到的同时,能让一般消费者理解和意会。

(2)悬念法。悬念法是指通过设置悬念使人产生惊奇和疑惑,然后又兜底翻出消除人的疑虑的创意方法。采用这种创意方法可以用设问制造悬念。

例如:2020年《南宁晚报》推出新闻客户端"南宁宝"

南宁宝

第九章　广告文案创意

南宁宝

为了推出新闻客户端"南宁宝",《南宁晚报》于2020年1月7日起连续多天推出大幅悬疑式创意广告进行预热宣传。从网络用语"我太'南'了"再到"南宁宝是谁",从版式设计的简约明晰到广告配色的引人注目,这一系列幽默有趣的报纸广告展现了传统媒体在新媒体时代下的"网感"和与时俱进的魄力。相比起直截了当地宣传《南宁晚报》的新上线客户端产品,悬念式广告给予读者强烈的艺术感受,通过对广告内容的线索铺垫和悬念揭晓,使读者恍然大悟,达到较好的传播效果。

（3）寓情法。寓情法是指给商品注入情感因素,侧重情感诉求的一种创意方法。广告文案创意要重视消费者的情感因素,善于"以情动人"。刘勰说过:"登山则情满于山,观海则意溢于海。"做广告也是这样,商品本身不含情感因素,但广告创意可以给商品注入情感因素。从国外一些成功的广告作品来看,以日常生活的人性人情观念进行创意最易打动人心。这些广告通过情感共鸣,把人们自然地导入对商品的认识,避免了生硬推销所产生的逆反心理。广告界女才子王念慈坚持"要打动人心,广告才有意义"的信念,由此她才写出了"我不认识你,但是我谢谢你""好东西要和朋友分享"等情真意切的广告。

英国流媒体音乐平台Spotify联合代理公司Who Wot Why发布了"Listen like you used to"的一组平面广告（图9-5）。它由两部分组成:左侧是20世纪80—90年代最火爆的摇滚卡带歌曲,如*London Calling*;右侧则是这群年轻人40年后的生活现状,即"Conference

图9-5　Listen like you used to

243

Calling"。以谐音为联系,以复古怀旧的配色为背景,该组广告使目标受众——80年代的人们回忆起20年前青年时代的激情岁月,勾起了情感共鸣,使人们不由自主地打开Spotify,重温那个年轻的自己和年轻的时代。

第二节 广告文案主题创意

"主题"原是音乐中的一个术语,意思是主旋律,后来引用到文学创作中,含有主意、主旨、中心思想的意思。广告主题是广告信息传播中的主要意图。广告文案主题的创意就是确立并表现广告文案的主题。

一、主题创意的作用

广告文案中主题是统帅、是灵魂。确立主题,广告文案就有了重点,广告形式的安排就有了依据。主题的作用主要体现在以下两个方面。

1. 突出重点

大多数广告文案要传递的信息比较多,因此有必要确立一个中心。有中心就能突出重点,避免眉毛胡子一把抓。猎豹汽车的广告词是"世界一流技术,中国越野先锋"。广告主题突出了该车先进的技术,又点明了该车的功能,以越野为主,犹如豹子般灵活、快速。

2. 统率全文

主题一旦确定,文案写作就要围绕它来安排材料、结构、语言。有人把主题的作用形象地比作统帅。如王夫之在《姜斋诗话》中说:"意犹帅也。无帅之兵,谓之乌合。"这就是说文章的内容形式靠主题统率,没有统帅的文章算不上好文章。如深圳华显微机病毒免疫卡的广告:

别无其他的选择

在众多的同类产品中,只有它,是世界上第一张微机病毒免疫卡。

只有它,唯一荣获国家发明专利[专利号2L9010303706],获部优,省优。

只有它,获国际科学与和平特别奖。

只有它,经过国际病毒权威严格测试,被称为"伟大的产品"。

只有它,为用户在保险公司代投保险。

这则广告的主题是"别无其他的选择",强调华显微机病毒免疫卡的独特性。这一主题决定了材料的选择、结构的安排、语言的使用。在这一主题下,创意者选择了五则典型材料,用分类排列的结构方式、类似排比的句式来突出主题,给消费者留下了鲜明印象。

郑板桥有句名言:"作诗非难,命题为难,题高则诗高,题矮则诗矮。"广告文稿创意同样如此,主题的创意常常影响到广告文案材料的取舍、谋篇布局、遣词造句,因此,主题决定广告文案的创意及整体传播效果。"山不在高,有仙则名;水不在深,有龙则灵。"广告文案的主题恰如山中之"仙",水中之"龙",有了它,文章就流光溢彩,缺少它,文章便黯然失色。

二、主题构成的因素

广告主题是广告的中心思想,也是广告的灵魂,是表现广告为达到某项目标而要说明的某种观念。一则广告必须鲜明地、突出地表现广告主题,使人们在接触广告之后很容易理解广告告知他们什么,要求他们什么。广告主题由广告目标、信息个性和消费心理三个要素构成。用公式来表示即:广告主题=广告目标+信息个性+消费心理。

广告主题的确定不可能一蹴而就,一般先提出多种方案,然后经过试用,方可最后确定;同时广告主题的选择是否恰当,往往要经过市场的检验,当市场检验不够理想时,必须及时进行重新研究,改进广告主题。广告文案的主题主要由商品特征、企业特征和消费者特征等因素构成。

1. 商品特征

广告文案的主要内容是传播商品信息,因此,商品特征是主题构成的主要因素。分析商品特征可以从商品的品质和品位特征两个方面进行。

(1)品质特征。从商品品质来看,可以从商品的质量、产地、作用、性能等方面来确定广告主题。

如图9-6,德国POLO车的广告突出品质:可以防弹。

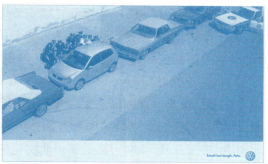

图9-6　德国POLO车广告

这是德国大众为自己的POLO车精心设计的广告。在这两张简洁的画面中最吸引眼球的是躲在POLO车后面的警察们。第一眼还以为发生了警匪枪战,等瞧见大众标志才明白。聪明的德国人是要告诉我们POLO车的工艺和坚固耐用。表现的确是妙得很,你看画面下大面积的留白,衬托出VW的蓝色底LOGO,想忘都难!

(2)品位特征。从商品的品位来看,可以从商品的工艺水平、价格、信誉、文化情调上确立主题。

① 商品的工艺水平。工艺水平是商品工艺复杂性与技巧性的反映，如某衬衫广告："高科技与传统工艺相结合的新产品。"

② 商品的价格。价格从商品价值或消费者需求的角度反映了商品的品位。低价格可以吸引更多的消费者。"价格也挨飞利浦一刀。"飞利浦剃须刀剃胡须有一套，削价更让人喜欢（图9-7）。有经济实力又会打算的消费者就会为之所动。

图9-7　飞利浦剃须刀广告

③ 商品的信誉度。广告经常提及商品获得的荣誉称号或奖励，利用"名牌"或"名人""权威"提高商品信誉度。如力士香皂广告"国际著名影星的护肤秘密"，借国际著名影星的宣传来提高香皂的知名度、美誉度。有的广告还以国家或部级、省级的评定单位的评奖结果或鉴定结果为依据，以权威人士对商品的评价、证明、推荐来证明商品的信誉，使公众对商品产生信任感。

2. 企业特征

广告宣传企业，一方面是为了推销产品，另一方面是为了更好地处理公共关系，为企业树立良好形象，并把这种形象传播到公众之中。从企业特征角度分析，可以从企业实力、企业文化两方面来进行。

企业特征广告就是企业向公众展示企业实力、社会责任感和使命感的广告。比如诺基亚认为自己的企业特征是"以人为本"，海尔是"真诚"，飞利浦是"追求更好"，惠普是"惠普之道"等。他们的企业特征广告分别是诺基亚的"科技以人为本"，海尔的"真诚到永远"，飞利浦的"让我们做得更好"，惠普的"惠普科技、成就梦想"等，不但打造了品牌形象，更重要的是弘扬了企业的文化。再比如汇丰银行的形象广告中"环球金融，地方智慧"的主题也是对其企业文化的阐释，表明了自己全球视野和本土化的经营宗旨。

企业目标是企业对未来的展望，可以用来展示公司的远大理想和气魄，比如格兰仕的目标是"成为全球名牌家电生产制造中心"，格兰仕在其标识上清楚地表明自己是"全球制造、专业品质"，这句话是其企业文化的核心代表，反映了企业的远大理想。最近一直在电视中播放的红塔集团形象广告——"山高人为峰"，画面波澜壮阔，寓意颇深，可以说是红塔品牌和企业文化的集中体现，既反映出红塔集团气吞山河的气魄，又反映出企业"以人为本，人先于物的经营理念"，同时，还体现出企业敢于直面困难、不断拼搏进取的精神，是一则比较成功的形象广告与企业文化相融合的例子。

企业精神主题特别有利于塑造企业良好形象，扩大企业的知名度和美誉度。如美国麦当劳快餐公司广告"Q（品质）、S（服务）、C（清洁）+V（价值）"，这则新颖的广告文案就是从企业精神角度创意，体现了整个公司的形象。

3. 消费者特征

分析消费者特征也是确立广告主题的重要因素。广告只介绍产品、企业,不说明产品给消费者带来的利益、好处就很难打动消费者的心,因此要分析消费者层次与消费者的心理需求。

(1) 消费者层次。消费者层次可根据年龄、文化、地域、信仰、消费能力、性别等因素分类。有的商品对某个消费者层次有一定的适用性,商品广告内容就可以定位于这一层次上。有一条李维斯牛仔裤的黑白广告是这样的:一开始,镜头从一个汽车驾驶的角度看出去,开在一条颠簸不平的路上,当这个穿着李维斯牛仔裤的陌生人走到车外时,背景音乐变得越来越紧张。我们的目光随着陌生人走进一间破旧的商店,面目严肃的店主正在招呼一个妇人和她年轻的儿子。接着店主转向那刚走进来的陌生人,而镜头集中在妇人轻瞄陌生人时无法苟同的眼神。陌生人伸手将一小罐保险套放进口袋,店主和妇人都吓呆了。这时,我们还是看不到陌生人的脸,只看到这个神秘的陌生人走回车里,然后开往一间维多利亚式的民宅。陌生人跑上阶梯按铃,门开了,应门的竟然是那严肃的店主。这时,我们以为会有一个年轻的女孩跑下楼梯,但出人意料地来个大转弯,一个英俊的男孩跳下来迎接他的情人,而那身穿李维斯牛仔裤的神秘陌生人原来是个美丽的女孩。男孩飞奔而出时他爸爸一个字都还来不及说出口。最后,镜头停留在老父的脸上,旁边打出一行字:"放表的口袋。1893年设计迄今,始终任君折磨。"(Watch pocket created in 1893. Abused ever since.)李维斯牛仔裤用稀奇古怪的方式把货真价实的感觉和现代感结合起来,创造品牌形象,增加产品的新鲜度,它的幽默诉求也每每赢得人们会心一笑。面对这种创意表现,年轻人毫无选择,只能缴械投降。

(2) 消费者心理特征。不同层次的消费者群体有不同的心理特征,也有不同的心理需求。以年轻人为消费对象的商品广告往往就迎合年轻人追求时尚、浪漫的心理。如芝柏表广告"浪漫情浓,芝柏爱独钟"就突出了"浪漫"的特征,迎合了"浪漫"的心理。以有一定经济实力和社会地位的人为消费对象的广告,往往体现权力、财富、地位等。如瑞士雷达表广告"雷达表雍容华贵、美丽大方";瑞士劳力士牌手表广告"劳力士——财富、权势和地位的象征,名门望族引以为荣的标志,要登大雅之堂,就是劳力士";钻石牌手表"出手不凡——钻石表"。在这三则手表广告中雷达手表宣传的主题是"雍容华贵"的风度,劳力士牌突出的是"财富、权势、地位"的象征,钻石手表突出"出手不凡"的气概,显示了绅士、名流、富商的地位。

第三节 广告文案结构的创意

衡量一则广告文案是否成功,首先不是看其是否有优美的文字,而是看该文案能否有效地传播商品信息或企业形象信息,能否促进产品的销售或企业形象的建立,能否有效地使消费者了解产品给自己带来的利益。广告文案必须具有创造性。创造性指文案中包含一些基本原理和原则。其中取自广告效果表现中必备的5I原则最为重要。5I即指:

idea——创意

immediate impact——直接的冲击效果

incessant interest——连续的兴趣

information——信息

impulsion——刺激

广告文案首先要有创意,瞬间就能吸引读者的目光;其次要使消费者的目光延续停留在最重要和最有趣味性的内容上;最后还要想方设法让读者产生想要购买的欲望。这样的文案才是最有效果的文稿。

如图9-8某公益广告①,文案人员为了传达"普通话的重要性"这一主题,诙谐地用方言调侃了一番,使读者在令人捧腹的歧义中领悟了讲普通话的必要性。

图9-8 公益广告

与5I规则很相似的是著名的AIDMA法则,即attention(注意)、interest(兴趣)、desire(欲望)、memory(记忆)、action(行动)。在广告创意中AIDMA法则作为一个消费心理入门的法则曾经被大力推广。但是在今天,文案人并不总是套用AIDMA法则来撰写文案。

一、规范式广告文案创意

规范式广告文案是广告文案中格式较正规的一种,适合企业介绍,产品性能、实际用途等广告使用。由标题、正文、附文三部分构成。

1. 标题

(1)标题的含义。标题是广告文案的题目,它由表现广告主旨的短文或短句构成,是

---

① 刘立宾、丁俊杰、黄升民:《2003年中国广告作品年鉴》,北京广播学院出版社,2003年。

一篇广告文案的核心,又是区分不同广告的标志。它位于广告文案的醒目位置,通常选用比其他部分大的字体。现在的消费者被称为标题读者(headline reader),亦即只看大字标题的读者。

标题如不吸引读者的注意,不激发出读者的阅读兴趣,读者是无论如何也不能读到主体文案的,许多专家提出要把50%至80%的精力倾注到标题上去。BBDO原副总裁John Caples也强调指出"在广告文稿写作实践的50年间得到的50条教训中的第一条,就是标题在广告中是最最重要的要素"。

(2)标题的功能。标题的第一个功能是吸引读者注意。真正吸引读者注意的是能够富有魅力地表现出商品的本质特性及与消费者密切关联的利益的文案。

如图9-9将IP中的"I"小写,并画出眼、鼻、口,像一个可爱的小精灵,让人倍感轻松活泼;降落伞上一个大大的"降"字,不仅字体大而突出,同时还给人以动感印象。

标题的第二个功能是能够诱导读者阅读正文。好的标题能够诱导、鼓励读者来阅读广告正文。John Caples说:"在写标题时,文案人应该努力打破各种无聊的障碍。"如"什么最贴女人心"(养生堂),"加盟商和我们一起赚钱!"(斑博休闲服)这些标题为吸引读者的注意下了工夫,使读者产生了想了解一下广告正文写了些什么的期待。

图9-9　标题广告

标题的第三个功能是促进潜在顾客的选定。标题是对读者的呼吁,具有从众多的读者中选出与广告商品相符合的对象的作用。例如,"国土狭窄是日本的不是,房间狭小是你的不是"(heiberu house);"一棵大树相当于40吨冷气机,你知道吗?"(公益广告);"光大拍卖健康"(光大花园),如图9-10所示。

这些标题即使不读正文,广告把谁或什么阶层作为对象也一目了然。广告通过锁定其对象,就能深度地构思,更精准地招揽顾客就成为可能。

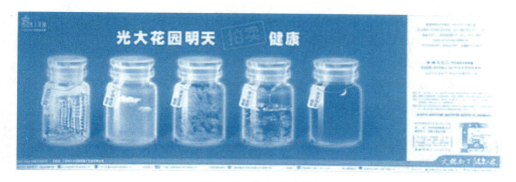

图9-10　光大花园广告

图9-11 公益广告

标题的第四个功能是直接招揽顾客。这时读者只阅读标题就能理解广告内容。

如ICI得利涂料的"得利确有两把刷子"。再如某公益广告"拒绝毒品,向摇头丸摇头"(图9-11)。这些标题使读者一瞬间就能理解该广告诉求是什么。

(3) 标题的形式。第一种是以广告标题是否直接地表现广告信息为分类标准,并将之分成直接标题、间接标题、复合标题三种结构类型。

第二种是以广告标题的句式结构的不同作为分类标准,并将之分成单词组、多词组、单句、多句、复合五种结构类型。

综合两种优势,我们把广告标题形式确定为单一标题、复合标题两大类。单一标题是由单句或排列成一行的复句所构成的标题形式,一般用于消费者较为熟悉或特色明显的感性诉求商品,它又分为直接标题与间接标题;复合标题是由引题、正题和副题排列成两行以上的标题形式,多用于选择性较强或科技含量较高的理性诉求商品。复合标题又分为引题+正题、正题+副题、引题+正题+副题三种形式。

直接标题能直接体现广告的中心思想,让人一眼就明白广告究竟要说什么。如"一键导航,卫星防盗","新一代汉王笔电脑,使用变简单"。

间接标题指不直接揭示广告主题,而是用暗示或诱导的手法,间接宣传产品功能和特点。如"激扬我生活"(奇瑞A5),"出入平安"(杜蕾斯安全套)。

复合标题采取直接标题和间接标题混合运用的形式。特点是兼取直接标题与间接标题两者之长,融为一体。引题的作用是交代背景、烘托气氛或引出主题;正题是主要的标题,作用是传达主要的广告信息;副题的作用一般是对主题的补充和说明。通常引题、正题和副题采用不同的字体和字号加以区别。

第一种 引题+正题

如:是什么让过年的气氛高八度?!(引题)

你我的开心果,美国加州开心果(正题)

还要过多久,你才能认为我们是蔬菜?(引题)

我们不能够理解,我们富有营养并低热量,我们还是植物,但仍然有很多人并不认为我们土豆是蔬菜(正题)

第二种 正题+副题

如:痛过才知痛 用过才知好(正题)

警惕!掉入治疗糖尿病的误区(副题)

其他网站提供工作,我们提供机会(正题)

今天就与你自己的机要职业顾问联系吧!(副题)

第三种　引题+正题+副题

如图9-12:

(引题)还像男人那样剃毛发吗?

(正题)男人脸上的皮肤与你玉腿上的肌肤差别很大,你更需要轻柔与滋润。那么为什么用他们的剃发膏呢?现在Skintimate剃发膏能使你的肌肤得到包括维生素E在内的八种营养成分的滋养,并充分补充肌肤水分,使之更光滑柔嫩,防止划伤

(副题)补充你玉腿的水分

图9-12　Skintimate剃发膏广告

关于标题的创意,美国广告大师大卫·奥格威提了十条建议,很有价值,现简介如下。

(1)平均而论,标题比正文多五倍的阅读力。如果在标题里未能畅所欲言,就等于浪费了80%的广告费。

(2)标题应向消费者承诺其所获得的利益,这个利益就是商品所具备的基本效用。

(3)要把最重要的信息纳于标题之中,要始终注意在标题中注入新的吸引人的信息。

(4)标题里最好包括商品名称,不要遗漏品牌名称。

(5)标题要富有魅力,应写点诱人继续往下读的东西,这样才能引导读者阅读副标题及正文。

(6)从推销而言,较长的标题比词不达意的短标题更有说服力。

(7)使消费者看了标题就能知道广告内容,而不是强迫他们读完正文后才能理解整个广告内容。

(8)避免写一些故意卖弄的标题,像双关语、引经据典、晦涩的词句应尽量少用,不要写迷阵式的标题。

(9)使用迎合于商品诉求对象的语调。

(10)使用在情绪上、气氛上具有诱惑力和冲击力的语调和词汇。

2. 正文的创意

正文是广告文案的主要部分,要对标题所揭示的内容作具体介绍。标题只能反映广告重点,不能说明广告的全部内容,正文就是要把标题揭示的主题具体化,要能说明商品的基本特性。因此,写作广告文案不仅要在标题上下工夫,也要在正文上下工夫,这样才能发挥广告文案的传播作用。

广告文案正文部分主要有以下三种写法。

（1）不分段表述。正文部分不分段落，实行整体表述，各种内容连成一片。这种格式的好处是节省版面，节省广告费用；缺点是主要内容不醒目。例如，夏新A8手机广告：

这是个酒和音乐的夜晚，七种颜色的灯光在闪耀。男人和女人，空气中迷醉的气息。她微笑着，从人群中走过来，什么才是她想要的。大气也要亲和的，抑或还有深邃的目光？她眼中的诱惑，永远是你无法想象的魅力所在。

用不分段表述方式的广告正文一般信息较集中，篇幅不长。如果篇幅长、字数多就不宜采用这种方式。

（2）罗列表述。将正文并列的几条内容分段分行罗列。这种方式一般用于品种或系统表列，它只需详尽开出系列品种名称，或分布各地的销售维修点，不加或略加说明。如"必是"系列饮品的一则广告，标题是"必是"，正文是：

必是奶茶，必是柠檬茶，必是麦奶露，必是菠萝饮料，必是橘子饮料，必是荔枝饮料，必是八宝粥，是您夏日最佳选择！

正文罗列了必是系列品名。这往往适合那些有一定知名度或有较高知名度的商品或企业。

（3）分段表述。分段表述的正文结构一般由若干个段落组成。有的只有两段，大部分有三段：开头、中间和结尾，构成一个整体，有的段落更多一些。现以三段式为例略作介绍。开头，一般紧扣标题，对标题所介绍的商品、事实或所提出的问题简单地加以说明或解释，并列出后文。中间，是正文的核心段落，包含的信息量最多，一般以正面介绍商品特色为主，但不是泛泛地谈优点，而是要强调指出本商品的特殊优点，特别是遇有同类产品并存，而且有竞争趋势时则更要阐明本商品的过人之处。结尾，是正文的结束部分，主要是敦促消费者及时采取购买行动或激发起他的长期购买欲望。

由于广告宣传的商品或媒体的表现形式各不相同，其正文的结构形式和写法也是不一样的，应该有所创新。美国广告文案大师威廉·伯恩巴克（William Bernbach）为美国奥尔巴克百货公司写的广告文案正文就是新颖别致的文案典范。

为什么你硬是欺骗自己，认为你买不起最新的与最好的东西？在奥尔巴克百货公司，你不必为买美丽的东西而付高价。有无数种衣服供你选择——一切全新，一切使你兴奋。

现在就把你的太太带给我们，我们会把她换成可爱的新女人——仅只花几块钱而已。这将是你有生以来最轻松愉快的付款。

做千百万的生意，赚几分钱的利润。

这则经典性的广告文案紧扣"旧货换新""物美价廉"来行文。正文开头故意卖关子,"指责"消费者自己欺骗自己,以激发消费者的情绪。紧接着对标题的内容进一步展开,并促使消费者现在就行动——"花有限的钱把妻子打扮得漂亮一点",当然按文案的说法这是"换成可爱的新女人"。文案精彩动人,情趣盎然。

3. 附文

附文是广告文案中的附属部分,是广告内容的必要交代或进一步的补充与说明。附文主要由商标、商品名、公司名称、厂址、联系方式、价格、银行账号、批销单位、广告设计单位等内容构成。

附文的内容不一定在广告文案中全部出现,要根据广告文案宣传目标和主题有所选择。有的仅突出厂名和联系人,有的仅突出其商标,有的仅突出销售日期及提货办法。这些内容如果偶有失误,写得不准确也会影响全文的整体效果。因此要善始善终,不能虎头蛇尾。

二、灵活式广告文案创意

灵活式广告文案是指没有固定格式,形式较自由的广告文案。最常见的有口号体式、文艺体式等。

1. 口号体式

口号是反映商品或企业特征的一种相对固定的带有强烈鼓动性的简短语句。有人称它为"文案的商标"。如上面提到的威廉·伯恩巴克为美国奥尔巴克百货公司所作的广告口号就是"做千百万的生意,赚几分钱的利润"。这一口号有三个特征。其一,语句简短,只用两个句子,结构简单,易记;其二,用对比形式具有突出主题刺激听觉的特点;其三,具有鼓动性或感化力,能诱发公众的购买欲望和购买行为。

乍一看上面的口号,觉得口号与标题形式差不多,其实口号与标题既有联系又有区别。广告口号语句简短,标题也语句简短,有时广告口号就是标题。但广告口号与标题也有明显的区别。

(1)稳定性与可变性的区别。口号相对稳定,尤其是成功的口号不轻易改变,它能使一系列广告宣传构成某种连续性,通过口号,可以把众多的有关广告联系起来,形成强大的声势。标题要追求新鲜感,经常根据不同情况不同要求而变化。

(2)装饰性和朴素性的区别。标题追求新、奇、美,形式较新颖,语言较生动。而口号则力求朴素、自然、简洁、上口、易记,要像产品的商标一样,具有标记、识别功能。如上海华联商厦广告口号"穿在华联"简短上口,几乎不费力就可以记住,人们只要一听到口号就会联想到使用该口号的广告及商品。一句口号能否让人轻易牢记是衡量口号优劣的重要标准。

(3)标题一般位于广告正文上方或前面,口号常孤立地放在广告下方或末尾。广告口号的创意可从以下三方面入手。

① 确定构思基点。广告口号文字不多，却要传播一种特征化的信息。在构思口号时，要把产品、企业以及消费者感兴趣的特征定为表述中心。如北大方正的广告口号"创造科技与文明"显示出北大这个著名学府与众不同的自信。

广告口号在内容上要传播有特征的信息，在形式上要短小、精悍、朴素，便于流传。如飞利浦的广告口号"让我们做得更好"，口号定位准确，表述用通俗口语，简洁、易记、上口。

在确定广告口号的构思基点时要注意口号与标题的关系，应尽量使两者有所分工，互相补充，而不能让口号与标题的意思相距过远，甚至互不相干，形成多个主题。

② 选择口号类型。广告口号的类型分为普通型、颂扬型、号召型。

普通型一般是用简洁的语言表述商品或企业特点。如爱立信的广告"一切尽在掌握"体现了产品与时代潮流相吻合。

颂扬型一般是直接或间接颂扬产品的好处或企业的优势。如玉兰油广告口号"惊喜你自己！"用通俗口语称赞产品功效好，易于传诵。

号召型一般是用或明示或暗示的语言号召消费者购买自己的产品。一般的广告口号要有号召力，口号要能打动人心。

③ 创造文化情调。在广告口号的创意中，如能体现出一定的文化情调，则可以提高商品或企业的文化品位。

前面所提"做千百万的生意，赚几分钱的利润"口号就体现了奥尔巴克百货公司的管理哲学和企业精神，以此树立企业形象，在公众心目中留下美好印象。这种广告口号，能够渗透到人的精神、观念之中，使人印象深刻，难以磨灭。

2. 文艺体式

文艺体式是指采用散文、诗歌、故事、戏曲等体式安排文案的结构形式。

（1）散文体。散文体是指用散文形式创作的广告文案。其结构灵活，句式舒缓，形式上没有什么限制，便于抒情。散文是"情文"，因此，用散文安排广告结构容易使内容具有抒情色彩。例如下面一则广告：

  他不怕黑
  是因为你曾在漆黑的夜里
  带他看过最亮的星

  她更有主见
  是因为你带她发现过的世界
  比课堂大得多

  他比同龄人更爱问为什么
  是因为你早就为他

打开了好奇的大门

看过世界的孩子更强大
Jeep·自由光

（2）诗歌体。诗歌体是指用诗歌形式创作的广告文案。诗歌句式整齐,分行排列,具有和谐的结构美,感情色彩也较浓厚,易唤起共鸣,赢得好感。现实常用的诗有格律诗、自由诗、民歌、广告歌等几种。

格律诗体广告是按照唐代沿袭下来的近体诗的格律形式而创作的广告诗,组织结构要求较严,音韵平仄有特殊要求。如李白的《客中作》：

兰陵美酒郁金香,玉碗盛来琥珀光。
但使主人能醉客,不知何处是他乡。

这是一首七言绝句,诗人用饱满的激情、明快的节奏、优美的韵律将兰陵美酒的色香味形象生动地描绘出来了,令人玩味不已。

自由体诗广告是用自由体诗创作成的广告。自由体诗广告的特点是按章节组织语句结构,篇幅长短用韵不拘一格,语言通俗,写法灵活。从内容的表达方式上看,自由诗体广告又可分为抒情诗广告、叙事诗广告和描述诗广告。

民歌体广告是利用民歌的形式创作的广告。内容通俗,语言朴实,有生活气息。一般句式排列比较整齐,也可有适当的长短变化,最好能够押韵,易唱易记。广告歌基本上是一种歌谣,曲调活泼,歌词简短。如多乐士的儿歌篇：

蓝蓝天空,太阳红红,
小狗追着小蜜蜂,
夏天的风催着我走入梦中,
我看到七彩的天空。
绿绿的松,白白莲蓬,
空气中有香香的梦,
夏天的风催我入梦中,
我看到爸爸妈妈在梦中,
我做着甜甜蜜蜜的美梦。
美丽的家,美丽的多乐士。

这则广告歌曲连颜色和香味都表现出来了,怎能不引起消费者的兴趣。

（3）故事体。故事体广告是通过讲故事的形式来传递信息的广告文案。故事体式广告的主要特点是具有简单的故事人物和故事情节。这人物往往是购买或使用某种商品的人，这情节常常是购买或使用商品的事以及事情的发展过程。如美国广告大师乔治·葛里宾为美国旅行者保险公司所作的保险广告：

当我28岁时，我认为今生今世我很可能不会结婚了。我的个子太高，双手及两条腿的不对头常常妨碍了我。衣服穿在我身上也从来没有像穿到别的女郎身上那样好看。似乎绝不可能有一位护花使者会骑着他的白马来把我带去。

可是终于有一个男人陪伴我了。爱维莱特并不是你在16岁时所梦想的那种练达世故的情人，而是一位羞怯并笨拙的人，也会手足无措。

他看上了我不自知的优点。我才开始感觉到不虚此生。事实上我俩当时都是如此。很快地，我们互相融洽无间，我们如不在一起就有怅然若失的感觉。所以我们认为这可能就是小说上所写的那类爱情故事，以后我们就结婚了。

那是在四月中的一天，苹果树的花盛开着，大地一片芬芳。那是近30年前的事了，自从那一天之后，几乎每天都如此不变。

我希望我们能生几个孩子，但是我们未能达成愿望。我很像圣经中的撒拉（Sarah），只是上帝并未赏赐我以奇迹。也许上帝想我有了爱维莱特已经够了。

唉！爱维在两年前的四月中故去。安静地，含着微笑，就和他生前一样。苹果树的花仍在盛开，大地仍然充满了甜蜜的气息。而我则怅然若失，欲哭无泪。当我弟弟来帮助我料理爱维的后事时，我发觉他是那么体贴关心我，就和他往常的所作所为一样。在银行中并没有给我存了很多钱，但有一张照顾我余生全部生活费用的保险单。

就一个女人所诚心相爱的男人过世之后而论，我实在是和别的女人一样的心满意足了。

这则广告文案就是由一个老妇人娓娓道出一个故事，故事没有曲折离奇的情节，却引人入胜，似乎有一种力量吸引着读者去看完最后一个字。整个文案都在叙述着一个故事，而没有一丝广告味。即使在最后推出所宣传的企业时，也是恰到好处，水到渠成，没有一点人为的痕迹。人们正是从这朴实而平凡的故事情节中，感受到了爱的力量，接受了广告的宣传。据乔治·葛里宾说，这则文案全是由他自己的经验即以他太太的经历为原型创作出来的，加上以第一人称进行叙述，所以特别有一种真实与亲切的感觉，增强了广告宣传的效果。

（4）戏曲体。戏曲体广告是以戏曲的形式来传递广告信息的广告文体。戏曲体广告中最常用的是小品和相声。

小品是一种比较新颖的广告形式，通常由特定的情节和对话形式传递广告信息。例

如,香港某保险公司的广告:

彼得梦见与上帝在一起散步,天际缓缓展示一幅幅图景,再现了彼得一生的经历,他走过的每一段路,都有两双脚印,一双是他的,一双是上帝的。但当最后一幅图景展示在他面前时,路面的脚印只剩下一双,那正是一生中最消沉、悲哀的岁月。

彼得问上帝:"主啊!你答应过我,只要我跟随着你,你永远扶持我。可是在我最艰苦的时候,你却弃我而去。"

上帝答道:"孩子,当时我把你抱在怀中,所以,只有一双脚印。"

当你走上坎坷的人生之路时,本公司陪伴着你。当你遇到不测时,本公司助你渡过难关。

这则广告以小品的形式,用一则美妙的寓言故事,劝导人们接受保险,毫无令人厌烦的强劝之词,但却深深地吸引和打动了消费者的心,促使人们积极主动地接受保险。

相声也是一种新颖的广告形式。由于相声具有幽默、诙谐、风趣的特点,非常为人们喜闻乐见。因此,用相声小品作广告宣传常能起到很好的宣传效果。

广告的形式是多种多样的,除了上面介绍的以外,还有书信体、新闻体、说明体、对联体等,因限于篇幅不一一赘述。

三、品牌招牌式广告文案创意

品牌是商品在市场上使用的区别性语言标志,是产品的商业名称。招牌是企业的名称。品牌式文案创意就是对商品名称进行创意。招牌式文案创意就是对企业名称进行创意。

1. 品牌创意

品牌是广告文案的一种,也是其他几种文案形式的重要组成部分。广告文案离不开品牌,因此品牌的创意对广告文案的创意有重要作用。

给商品起个好名称,需要有新颖、独到、恰当的创意。美国一家著名的调查机构对全美作了一次品牌和销售效果关系的调查,发现能在市场上帮助销售的品牌仅占12%;而有36%的品牌却对销售构成伤害。

创造一个新品牌是一件富有想象力和创造力的工作。美国广告设计师道格拉斯在《牌名的开发与测试》中对品牌创意作了很好的论述。他认为品牌创意有六条标准,由SOCKIT六个字母组成:

S(suitability)合适——牌名对产品的功能、特征、优点的描述恰如其分。

O(originality)独创性——牌名要独树一帜,不易与其他牌名相仿或混淆。

C(creativity)创造力——牌名能吸引人,有韵律,或有文字游戏等成分。

K(kinetic value)能动价值——牌名能引导人进行联想。

I（identity）同一性——牌名易记，有回忆价值。

T（tempo）发展力——牌名为准备开发的市场能提供合适的基调，给目标消费者创造一个好印象。

根据广告大师的建议，结合中国广告的实际，我们认为品牌的创意可从以下五个方面入手。

（1）以人名、地名、企业名命名。这种构思方法操作简单，较适宜借用名人、名地、名企业宣传产品。如"王麻子剪刀""太白酒""狗不理包子""羽西香水"等是以人名作为品牌。"鄂尔多斯""阿里山瓜子""天府花生""孝感麻糖""青岛啤酒"等是以地名作品牌。"孔府家酒""卧龙酒"等则是既以人名又以企业名命名的品牌。用这种方式进行品牌创意可以借名人、名地、名企业宣传产品，又易记易识别。

（2）以动植物名称命名。所取名称多带有象征意义。例如，在中国"鹤""鹿""鲤鱼""松""柏""梅"等动植物名称含有某种"民俗"意义。如梅竹青酒，"梅"含有"高洁"的寓意。还有"飞鸽""飞龙""金鸡""长虹"等都反映了命名者的良好愿望。用这种方式进行品牌创意给人以美的联想。

（3）以产品特征命名。以产品原料、工艺、效能、质量等特征命名。"飘柔"洗发水强调产品用后感受。"宝马""奔驰"等品牌就体现了汽车的某些特征。"永芳"美容系列用品的品牌就体现了化妆用品美化生活的特征。用这种方式进行品牌创意概括准确、有新意。

（4）以某种寓意命名。采用这种方法较适宜于体现产品的寓意、企业的文化、追求，适应消费者的消费心理。如"富康"汽车的命名就没有像其他合资汽车企业采用外国名称，而是选用有中国特色的品牌，寓有"走富康路，坐富康车"的深刻内涵。这种方式创意深刻，耐人寻味，又有区别性、易记性。

（5）以外文汉语译音命名。现在外文品牌在用中文表示时，除日文外，一般用译音。如"万宝路"（Marboro）香烟、"沃尔沃"（Volvo）汽车、"夏普"（Sharp）电器等。用外文的汉语译音一般只有语音形式，不能表明商务特征，但也有一些品牌在译成中文时，利用译音汉字表现了商品的特征。如"舒肤佳"（Safeguard）消毒香皂、"高露洁"（Colgate）牙刷等。采用这种方式进行品牌创意，品牌中的外来成分，可满足一部分人求新、求异的心理。

品牌创意的方法是多种多样的。在创意中并不是单独使用某一种方法，而是综合使用多种构思方法。

【案例】中国海澜集团品牌创意实例

一、背景

中国三毛集团公司是一家经营奥德臣、圣凯诺西服的著名服装集团，同时也是上市公司凯诺科技的第一大股东，为适应国际化、多元化、集约化发展的需要，决定更改公司名称,为此决定聘请以余明阳博士为总策划的专家团作更名策划。主要专家有余明阳、陈先红、李兴国、韩进军、张彪、孙宏宇、刘晓林、沈宇、高玲等。

二、品牌更名要求

公司要求,新公司名称必须符合以下六点。

（1）以投资、控股公司为主业定位,弱化原毛纺色彩。

（2）风格洋气、大方、有较强个性。

（3）中文、英文、法文等主要语言音形无歧义。

（4）易经及其他中国传统文化能包容。

（5）发音、语感良好。

（6）符合国际化、多元化、集约化要求。

经过多方讨论与论证,最终选定"海澜"作为集团公司的名称。

三、品牌释义

海 澜 释 义

——海阔天空,波澜壮美

一

百川汇聚为海,奔腾澎湃为澜。

海是存在,澜是灵魂;

海是博大,澜是壮美;

海是永恒,澜是创新。

海澜是存在与灵魂、博大与壮美、永恒与创新的统一。

二

海澜是本原,是万物之本,生命之原。

包容与进取,智慧与理想,力量与开拓,灵感与创造……

这是海澜的哲学,也是海澜的品格。

三

海澜是文明的标志,吸纳日月之精华;

海澜是沟通的桥梁,传播人类之思想。

作为文明的标志,它是公司产业文明的真正开始;

作为沟通的桥梁,代表着中国与国际的对接。

立于东海之滨的海澜文化正是东西方文明融合的结晶。

因此海澜是事业的平台、是发展的基础。

四

海天一色,超凡脱俗。
蓝色象征无限、永恒、真理、奉献、忠诚、纯洁、和平、智慧和精神境界。
海澜的事业是无限的、永恒的、纯洁的事业;
海澜人用自己的忠诚和智慧打造了和平、奉献于真理、追求着最高的精神境界,
这也代表着人类的不朽。

五

以海阔天空之博大,创波澜壮美之事业。
海澜集团必将在有限的世界中发展无限的事业,
从必然王国走向自由王国,
实现作为世界一流企业的使命。

四、海澜宣言:(全文)

海 澜 宣 言

披着五千年的华采,迎着新世纪的朝阳,海澜人屹立在世界的东方,我们庄严地宣告:大海是龙的世界,华夏是龙的故乡,海澜是大海之子,龙的传人。我们以海阔天空之博大,创波澜壮美之事业,奏生命璀璨之华章。上善若水利,至德和四时,百川聚为海,水动壮为澜。海有包容坦荡的胸怀,山水、雨水、江水、河水,奔流凝聚,汇成浩淼,澜孕育着蓬勃的生机,微澜、波澜、巨澜,蔚为摧枯拉朽之壮观;海是存在,澜是灵魂;海是永恒,澜是创新;海是博大精深,澜是激越奔腾;海是生命之原,万物之本,澜是不息进取,开拓出新……海澜体现了无坚不摧的勇气,海澜印证着"不断否定自己,永远追求卓越"的企业精神。

海澜诞生于东海之滨,延陵古邑,南临太湖,北枕长江,汇通江海,人杰地灵;吸纳日月之精华,传播人类之文明。想当年,花山马桥荟萃江南吴文化,苏常模式鼓荡改革之春风。看今朝,海澜人舞起通向世界的彩虹,巴黎的鲜花,罗马的风情,龙的吟唱,海的啸声,续写着历史岁月的篇章,汇聚着东西文化的结晶;黄海、黑海、红海、白令海,亲和交融,共奏蓝色交响乐,是你,是我,是他,是我们,不分彼此,同圆绿色家园梦。

历史将告诉未来,海澜的事业纯洁而永恒;海澜人用智慧和忠诚捍卫和平、追求真理、超越成功。

望碧海长天,倍感任重道远,听惊涛裂岸,更激起弄潮豪情,海澜人胸怀天下,超越自己,拓展舞台,用人生的精彩,赢得世界的精彩,用有限的生命,铸成无比的光荣。让世界瞩目,海澜将无与伦比,万世不竭,勇往直前,澎湃汹涌!这里定将再现旷世奇观,涌现出代代天骄英雄!

第九章 广告文案创意

2. 招牌

招牌是企业的名称。它一般写在企业门前的牌板上。招牌的创意就是对招牌名称的构思。

招牌的创意方法和要求与品牌有许多相似之处。内容上要反映企业的特点、地理位置、文化品位、美好寓意。形式上要短小精悍、易读、上口、好记。如"中国电影发行公司"反映了企业经营内容,"广西南国广告公司"反映了企业经营内容和地理位置,"长城饭店"既有以上特点又包含了地域文化特征,"精益眼镜店"表现了眼镜店精益求精的精神,"四季美"汤包馆四季飘香,给人们生活带来美的享受。

招牌往往能反映出企业的文化观念和社会的价值取向。今天商业性很强的招牌在市场营销活动中逐渐形成了一种"招牌文化"现象。招牌的文化品位逐渐表现出了多色彩、多层次的特征。

(1) 表现传统文化色彩的招牌。这类招牌常用"×(姓)记"或人名来命名。如"李锦记旧装特级蚝油"的品牌是"李锦记"。还有"饺子李""豆腐张"等传统招牌。用这种招牌的多为"百年老店"或"老字号"企业。他们要通过传统的招牌突出企业的"老牌地位",宣传"历史悠久"的商品品质特征和企业形象。这类招牌还常用表现传统观念的词语命名,有的表现命名者的道德观,如"同仁堂"(国药店)、"蔡同德"(国药号)、"功德林"(素菜馆)用了"仁""德"等。有的表现了命名者追求吉利的意愿,如"荣宝斋"、"茂昌"眼镜、"丰泽园"饭店用"荣""昌""丰"等。这些招牌由于具有浓厚的传统文化色彩而在消费者心目中占有重要地位,其文化品位较高,营销效果较好。

(2) 表现地域文化的招牌。一般以区、街名称命名的招牌是在一定程度上表明了地域消费的特点或某地特产。如"中南商业大楼""汉阳商场"在一定程度上包含了企业对自己目标市场的认定。"涪陵榨菜厂""桂林腐乳厂""镇江酱菜厂"等则反映了地域的特产。人们对这些产地的特产是"情有独钟"。"杭州娃哈哈集团""上海华联商厦""南京新街口百货商店"等包含了对大都市的信任或向往心理。

(3) 表现新时代文化色彩的招牌。如以"人民""惠民""为民""星火""朝阳""振华""光明""前进"等词语命名的招牌,含有社会责任感和爱国精神。此外,以序数词命名的招牌,如"第一""第二"之类,能突出企业的国有性质。在公众心目中,国有大企业具有较高的信誉和地位,因此能引起较稳定的信任感。当代文化中也有追求新奇的俗文化,有些青年喜欢过"软性"格调或有一定刺激性的生活。招牌中的"梦巴黎""夜上海""莉莉时装""靓女发屋""雪豹"(皮革行)等名称,能迎合这个群体的欣赏口味。

(4) 表现外来文化情调的招牌。这主要是用译音词来为招牌命名。如"希尔顿"(宾馆)、"伊莉特"(日用化学品)、"庄臣"(制药)、"伊莱克斯"(家电)、"李维斯"(服饰)等等。这类企业多为外资或中外合资企业。现在有不少人比较信任外货或外国企业,所以,这类招牌往往会得到这部分人的喜爱。

261

招牌是一种"店名形象",它有助于树立产品和企业形象。招牌的命名反映了企业主的文化品位和营销思想。招牌一经确定便具有一定的稳定性,因此对招牌的创意应取慎重的态度。

第四节　广告文案语言的创意

广告文案中的语言是传递广告信息,实现广告目标的重要工具。俗话说:"人看衣裳马看鞍,好文章要看好语言。"广告文案的语言对表达主题、传递广告信息起着重要作用。

一、广告文案语言的基本形式

广告文案语言是指用于传递广告信息的文字符号,一般人把广告文案语言称为"广告语"或"广告语言"。

广告语言主要有陈述语、口语、诗语三种形式。

1. 陈述语

陈述语是指广告中用陈述的语句真实、客观地介绍广告信息的语言形式。这种语言形式强调淳朴真实,笔无虚设,不追求怪僻玄妙,雕饰彩绘,而是以天然显新颖,以朴素见风华。比如属于生产资料性质的商品,在进行宣传时,只需将其特点原原本本叙述出来即可。陈述语具有客观性、准确性、条理性的特点。

(1) 客观性。用陈述语作广告,一般只客观地介绍商品、企业、劳务信息,直截了当,不加修饰和渲染,给人一种真实、客观的感觉。如美加净广告,"美加净CQ凝水活肤霜/露,特含保湿因子Ceramide和天然活肤因子Q10,为肌肤持续补水的同时,更不断提供各种动能营养,让肌肤不仅美如水,更美得水嫩鲜活。配合美加净凝水活肤洁面乳使用,肌肤美得更出众!水嫩鲜活之美,美在美加净。"

(2) 准确性。用陈述语作广告除了客观叙述之外,还常常下定义、列数字、作证,体现广告用语的准确性。

(3) 条理性。陈述语一般用在信息量较大,篇幅稍长的广告文案之中,常分类阐释,注重信息传播的条理性和层次性。如全新力士润肤露广告:

全新力士润肤露有三种不同滋润配方和香味,充分呵护不同性质的肌肤。

白色力士润肤浴露:含有天然杏仁油及丰富滋养成分,清香怡人,令肌肤柔美润泽,适合中性和干性肌肤。

粉色力士润肤浴露:含有热带植物油及丰富滋润成分。清香幽雅,令肌肤娇嫩幼滑，适合娇嫩性的肌肤。

黄色力士润肤浴露：含有天然香草精华及丰富滋养成分，清新芳香，令肌肤清爽自然，适合油性的肌肤。

这则广告分类陈述不同润肤浴露的不同特点。在每一类中，又从润肤浴露的滋养成分、香型、功效以及适应皮肤种类等方面介绍，信息量大却极有层次感，繁而有序。

2．口语

口语是指广告中使用通俗易懂的生活化的语言形式。口语比较亲切、简明、上口，用得好，俗而生动，符合消费者的接受习惯和心理需求。口语具有通俗性、平易性、生活化特点。

（1）通俗性。广告面向广告消费者，使用口语具有通俗性，各个层次的消费者都易于接受，广告的传播范围就广。一般生活性用品多用口语作广告。

（2）平易性。一般消费者接受广告信息有某种被动性，越是平易近人的语言越容易给人留下印象。

（3）生活化。语言的生活气息越浓，越贴近大众的生活，传播信息越容易。如汉堡王的标语"带着它上路"就十分贴近大众日常生活，宛如家人般叮嘱的语气拉近了品牌与客户的距离，一句简单的日常化广告语向消费者传达了汉堡王品牌的人情味和温馨氛围。

3．诗语

诗语是指广告中使用的精练、形象、具有诗意的语言形式。使用诗语生动形象，富有美感，让消费者在审美愉悦中不知不觉接受了广告信息。如美国广告大师李纳·贝纳在20世纪30年代末期为"绿巨人"公司所写的一则罐装豌豆广告标题："月光下的收成"，作者将生产制作罐装豌豆的过程置于"月光"氛围之下，使产品新鲜、质优的特征有了诗意的表达，显得十分生动别致。用诗语作广告一般有以下三个特点。

（1）形象性。用诗的语言作广告，可以将枯燥的事实置于诗的意境之中，将抽象的事理用具体形象的语言表述，很有艺术感染力。

（2）艺术性。用诗语作广告多采用文学艺术表现手段，借文学艺术技巧做宣传，语言的艺术性很强。

（3）音乐性。诗语有押韵、分行的特征，有的诗还讲格律、对仗等，音韵和谐，音节铿锵，抑扬顿挫，很有节奏感、音乐美。

二、广告文案语言的创意方法

广告文案语言的创意是指在写作广告文案时对广告信息的概括，对语言形式的选择、锤炼和修饰。我们所讲的广告文案语言的创意方法主要包括概括、选择、锤炼等。

1. 概括

用语言来介绍商品信息,塑造企业形象,宣传劳务服务等。首先就要善于对广告对象进行独到的观察分析,然后选出主要特征加以概括,以突出重点。使用概括的方法对广告文案语言进行创意主要分为两步。

第一步就是选出有宣传价值的信息。以商品广告文案为例,商品广告主要是向消费者提供商品信息,宣传商品特点。或介绍商品性质,或介绍商品的功能、用途,或宣传商品的地位、作用,或宣传商品的商标、奖牌。

第二步就是准确概括广告内容。广告的内容确立之后,就要抓住主要特点,用一定的文字恰当地概括主要内容,体现广告主和作者的意图,以少胜多。如《北京晚报》"晚报不晚报"系列平面广告文案(图9-12)。

图9-12 《北京晚报》"晚报不晚报"系列广告

系列一《时尚,不晚报》
系列二《真实,不晚报》
系列三《生活,不晚报》
系列四《新闻,不晚报》

这则广告抓住了晚报"时尚""真实""生活""新闻"四大卖点进行创意,广告语概括得画龙点睛且被画成图章的形式,给人一种郑重庄严之感。

2. 选择

选择就是选择恰当的语言形式来传播广告信息。这种选择主要是针对不同的广告内容、广告媒体、广告受众来进行的。

（1）从广告内容角度选择。有的广告内容翔实，这就要选择陈述语体来介绍产品特点、企业概况。有的广告内容简单，这就要选择口语或诗语来传递广告信息。如医药保健用品的广告，药品广告多用陈述语体，客观介绍药品的成分、功能、疗效、服用方法，用语准确、朴实，不加修饰。保健饮品广告则多用口语体和诗语，显得格调清新，亲切自然，有艺术感染力。

（2）从广告媒体角度选择。广告文案的语言形式选择应该适应不同媒体广告文案的特征。"到什么山上唱什么歌"，这样才会有针对性，有实效。比如报纸、杂志广告，直邮广告，主要是文字介绍，因此，广告文案可以写得长一些，一般多选用陈述语，详细说明介绍。广播、电视广告主要是通过声音画面传递广告信息，时间短，广告文案写得短小精悍，一般多选用口语和诗语。

（3）从广告受众角度选择。不同的广告受众因其性别、年龄、职业、文化的不同，对广告语言的接受心理也不一样。如以青年人为宣传对象的广告文案，就要尽量平实客观，老成持重。以儿童为广告宣传对象的广告文案，就要尽量选用简洁、明了、通俗的口语、儿歌等。以男性为宣传对象的广告文案，用语要讲究内涵、哲理、智慧。而以女性为宣传对象的广告文案，用语要讲究美、情、趣。同时从广告受众的角度，要尽量选择尊重消费者、体现热情诚恳态度的语言形式，满足消费者的心理需求。

3. 锤炼

锤炼是指对广告语言中的字、词、句的推敲。对广告语言的锤炼主要从以下三方面进行。

（1）炼字。炼字就是对广告文案中关键性的"字"反复推敲，选择最恰当、传神的"字"来传递广告信息，使广告文案因一字而生辉。如台湾手提式收录机广告：

把声音提起来

其中的"提"既概括出了"手提"式收录机的特点，又表达了使用方便的含义。又如莫迪鞋广告：

一旦拥有，足风流。

其中的"足"一箭双雕，采用了双关的手法，既有"足"穿了莫迪鞋"足风流"的意思，又可以理解成尽显风流。李宁鞋业公司广告：

步步为赢

其中的"赢"字表达了运动健将穿上李宁牌运动鞋，能帮你"赢"得比赛、"赢"得生活。

用炼"字"的方法对广告语言进行创意较适合广告口号、广告标题。广告口号、标题文字简短、精练，往往关键性的一个字就能够丰富文字的信息含量，使文案"锦上添花"，收到很好的效果。

（2）炼词。炼词就是对广告文案中的词语进行选择。现代汉语中，同一个意义有许多相近的词可以表达，要选择那些最准确、最鲜明地传递广告信息的词语。

要选择那些准确表现广告信息、体现广告特点的词。如莫耐特首饰公司广告：

  人人爱戴

这里的"人人爱戴"一词用得很绝，体现了广告文案撰拟者的匠心，说明这种首饰消费者人人都爱佩戴。

要选择突出品牌与招牌的词，体现产品定位。如英雄金笔广告"英雄辈出时代，使用英雄金笔"，既反复强调"英雄"，突出了品牌，又紧扣时代脉搏。又如金帆牌胶鞋广告"金帆伴您，一帆风顺"，其中"一帆风顺"用得十分精当，既扣了品牌"帆"，又蕴含美好祝福。

要选择形象化的词语，增强广告文案的形象性。如卡西欧中文电脑记事簿广告"成功的钥匙"，其中的"钥匙"具有比喻含义，具体，形象。某孕妇装广告"挺身而出，唯求奉献"，用具有动感的成语"挺身而出"暗喻孕妇服装，又蕴含"奉献"之意。

（3）炼句。就是对广告文案中的句式进行选择。对句式的选择一般包括句子长短、整散、松紧的选择、搭配。

对长句与短句的选择。句子有长有短，一般来说，短句结构简单，词语较少；长句结构复杂，词语较多。从表达效果看，长句是由一个个语言单位层层组合形成的，可以描述限制得细致、精确、包含较多的内容，语气连贯，条理清楚。短句表意简洁、明快、有力。广告语言多选用朗朗上口的短句。如《80年代重大丑闻录》一书的广告"本书为您'献丑'"。克莉丝汀饼屋广告"忍不住咬它一口"。这两则广告幽默风趣，句子较短，很容易理解。

对于整句和散句的选择。结构相同或相似的一组句子叫整句。结构不整齐，各式各样的句子交错运用的一组句子叫散句。整句和散句各有用处。整句形式整齐，声音和谐，气势贯通，意义鲜明；散句自由活泼，富有变化，易取得生动、感人的效果。一般广告多用散句，句式自由灵活。诗歌广告有些用整句，句式整齐。也有些广告整散结合，间隔搭配。如广州本田雅阁广告：

  世界品质，一脉相承。
  卓越，在于不断超越。
  起步，就与世界同步。
  进步，就是永不停步。

浑然天成的澎湃动力,尽享驾驶乐趣。
您的满意,我们的动力。

这则广告以整句为主,兼用散句,整散结合。全文显得整齐而不呆板,对称而有变化。

对松句和紧句的选择。句子的结构有松有紧。结构松的句子,一个或几个意思分几层说,或者反复地说,这样,句中并列的成分多,或并列句的成分多,停顿较多,语势和缓。结构紧的句子,几个意思集中在一起说,或句子成分结构紧密,语势紧迫。如某运动鞋的广告正文是:

不是我喜欢标新立异,我只是对一成不变不敢苟同。别老拿我跟别人比较,我只在意和自己一寸一寸地较量。你们为我安排的路,总是让我迷路。沿着旧地图,找不到新大陆。我更相信,变,就是力量。让改变发生,90后李宁。

这则广告语言句子较长,语势舒缓,给人不紧不慢的舒适感觉。又如某口述记录仪的广告"出口便成章",句中拆用了"出口成章"这一成语,使得句式舒缓,语言形式新颖,又能体现出商品的特点。

三、广告文案语言的修辞技巧

修辞,从广义上讲是指运用语言的方法、技巧和规律。从狭义上讲是指对语言的艺术加工。我们所讲的修辞技巧就是指的后一种含义。

广告,作为传递信息、诱导消费者购买商品的艺术,对语言文字的运用有很多的要求。美国小说家、诗人赫胥黎曾说过:"写一首过得去的十四行诗比写一则过得去的广告要容易得多。"所以,运用各种修辞手法去创作优美的广告词,唤起消费者的审美感受,产生有效的促销效果,显得十分重要。

广告语言的修辞技巧有以下十种。

1. 比喻

比喻是根据甲、乙两类不同事物的相似点,用乙事物来比甲事物的修辞技巧。比喻有三方面的作用:一是用受众熟悉的事物比喻不熟悉的事物,以便把事物描绘得具体可感;二是用具体的形象比喻抽象的道理,使道理通俗易懂;三是用某一鲜明的形象来比喻事物的某一特征,用以强调。例如中国台湾地区中兴百货98春装系列广告。

广告语:衣服,衣服是这个时代最后的美好环境

春装——春天,衣服——环境,广告将衣服比喻成对人类而言是健康美好的环境。前一幅广告中的衣服如沐春光,掩映在树林中纯美的晨光中,意为和谐健康、天然纯美;后一幅则以满树繁花喻人,在服装的呵护下娇艳纷繁,开得花枝乱颤(图9-13)。整个广告充满了唯美主义的色彩,似景似画,若烟若霞,如此美丽健康的衣服怎么能不让受众动心呢!

图9-13　中国台湾地区中兴百货98春装系列广告

2. 比拟

比拟是在语言表达中有意把物当作人写,或把人当作物写,或把甲物当作乙物来写的修辞技巧。比拟可分为拟人和拟物两大类。

(1) 拟人,把物当作人来写,赋予"物"以人的言行或思想感情。拟人手法在广告语言中比较常用。比如,法国"雪铁龙"汽车广告:

　　　与您通途,为您效劳。
　　　法国"第一夫人"与您同行。

广告语将汽车描写成具有人的特点,使语言具体、形象、生动活泼。有些广告特别是儿童用品和轻工商品广告中,商品常常就直接人格化,像人一样说话和表演,使用第一人称。有时把商品当作谈话对象,常用第二人称"你"来指商品。有时还把商品当作拟人化的第三者。

(2) 拟物,把人当作物来写,或把甲当作乙来写,使人具有物的情态或动作,使甲物具有乙物的情态和动作。较常见的拟物是在商标的基础上,借用商标名称的字面含义,把商品当作有关动物或其他事物来写。如鸭鸭牌羽绒服广告:

　　　鸭鸭遨游五湖四海,
　　　鸭鸭飞进万户千家。

文中用了拟物手法,使语言生动传神。

3. 夸张

夸张是指在语言表达中,故意言过其实,对客观的人、事、物尽力作扩大或缩小的描述的修辞技巧。大概与广告的宣传性有关系,各类广告都比较喜欢用夸张手法。恰当的夸张能够进一步表现商品的质量、特点。某创意征集广告"把你的'喷嚏'寄给我"用夸张的手法强调创意的真谛。又如《舌战大师丹诺辩护实录》一书的广告"天下第一舌",丹诺是美国历史上的著名律师,办案60载,他的辩才挽救了无数死囚和冤者,"天下第一舌"的夸张手法既事出有因,又语出惊人。可见夸张是在客观真实的基础上,对事物的特征加以合情合理的渲染。但使用明显的离事实太远的夸张,容易给人不真实的感觉。

4. 双关

双关是利用语音或语义条件,有意使语句关顾表面和内里两种意思,言在此而意在彼的一种修辞技巧。就构成条件看,双关可分为谐音双关和语义双关两种。

(1) 谐音双关。谐音双关是利用音同或音近的条件使词语或句子语义双关。如上海祥生出租汽车行在20世纪30年代做了这样一个广告:"四万万同胞,请打40000号电话,40000号码的电话愿为四万万同胞服务。"广告中的"40000"这个数字正好是当时中国四万万同胞去掉一个万字。这则广告使得祥生出租汽车行名声大振,生意十分兴旺。其中重要的原因就是这一广告使用了双关手法,挖掘了"40000"这一号码所包含的特殊含义,富有民族感召力。

(2) 语义双关。语义双关是利用词语或句子的多义性在特定语境中形成双关。在广告语言中,语义双关更为常见。语义相关案例:"百事,正对口味","百事"既指向人们在生活中遇到的一切事情,又指代百事可乐的品牌,在传达对消费者的美好祝愿同时宣传了产品的性能。

广告中成功地运用双关的手法,会使语言幽默风趣,显得别开生面,给人以新鲜感,同时,也提高了广告语言的文化品位,给人精神上美的享受。

5. 排比

排比是把结构相同或相似、语气一致、意思密切关联的句子或句子成分排列起来,使语势得到增强、感情得到加深的修辞技巧。广告语言中的排比往往以广告的主要信息的反复出现和各排比句对商品的说明、赞美,以达到突出重点、深化内容、加强语气的目的。例如苹果公司的招聘广告:

> 各位敢于不断从零开始的人
> 爱唱反调
> 讨厌合拍的人
>
> 各位不懂得随大流,不看规则的眼色
> 能投入新世界,重塑自我的人
>
> 各位睁眼白日梦,闭眼天马行空
> 满脑子理想和幻想的人

各位能在一片草地里
　　分辨出万千种绿色的人

　　各位能为现实的死结
　　寻求答案的人

　　你能飞得比自己想象的更高、更远
　　你，就是我们寻找的人

　　五个排比句一方面反映出苹果公司对受聘者的期望是敢于创新、天马行空、不畏归零的品质精神，另一方面暗含着苹果公司以革新为理念的建设宗旨。

　　广告的篇幅有限，排比的运用要精当。滥用排比也有可能淡化、淹没主要信息。因此，只有在强调突出重点时方可使用排比句。

6. 对偶

　　对偶是结构相同或基本相同、字数相等、意义上密切相连的两个短语或句子，对称地排列的修辞技巧。如四川某酒家广告：

　　为名忙，为利忙，
　　忙里偷闲，且喝一杯茶去；
　　劳心苦，劳力苦，
　　苦中作乐，再倒二两酒来。

　　这副对联据说是20世纪20年代一位秀才为一家不甚景气的酒家写的。此联贴出后，这家酒店一下变得顾客盈门，生意兴隆。这则广告不仅内容好，反映了人们的生活体验，使顾客有一种认同感，而且对仗十分工整，又用口语入联，通俗易懂，俗而不浅，具有抒情意味，雅俗共赏。

　　对偶，从形式上看，音节整齐匀称，节律感强；从内容上看，凝练集中，概括力强。它有鲜明的民族特点和特有的表现力。在广告中用对偶句构成广告语具有精炼、含蓄、典雅的特点，感染力强，便于记诵。

7. 对比

　　对比是把两种不同事物或同一事物的两个方面放在一起相互比较的修辞技巧。广告比较注重宣传效果，对比正好有突出特点、对照鲜明的效果，因此，广告标题、口号中常用对比修辞手法。如：

　　21CN网站：

第九章 广告文案创意

赢得南北战争是困难的,所以林肯用了5年;
攻克华南市场是轻松的,因为您通过21CN。

用"难""易"对比,突出强调21CN网站的作用。

8. 仿词

仿词就是在现成词语的比照下,更换词语中的某个词或语素,临时仿造新词语的修辞技巧。在广告语言中,有时直接引用原语不能有效地表达内容,于是创作者就将人们熟知的成语典故、诗文名句、格言俗语等加以改动,以符合该广告特定的表达需要。如:

对"痘"下药。(治青春痘药广告)
"闲"妻良母。(洗衣机广告)
六神有主。(六神花露水广告)
终身无汗的选择。(六神花露水广告)
大石化小,小石化了。(胆舒胶囊)

这几则广告都用了仿词手法,其中"大石化小,小石化了"用得最妙。一是用得自然贴切,表述了药物功能,符合胆结石药物治疗的通常程序。二是仿造语与原语之间保持了对应性。对患者来说,"大石"就是"大事","小石"就是"小事"。"大石化小,小石化了"与"大事化小,小事化了"在事物发展方向上是一致的。

仿词是对人们世代沿用的某些习惯用语的改变,在使用时要特别小心,以免适得其反。

9. 映衬

映衬是用类似的事物或反面的、有差别的事物作陪衬的修辞技巧。广告中的衬托,大多数是借用品牌、招牌所关涉的事物的特点或企业所在地的特点作为基础和背景,通过它们与商品或厂家之间的某种联系,来衬托商品的特点和质量。

曾有这样的一则爱牙日公益广告,画面上只有四行大字:"十四就是十四,四十就是四十,十四不是四十,四十不是十四。"在这个几乎人人都知道的绕口令的下方,是一行小字:"如果没有牙齿,看你怎么读?"一个反问,让读者直接去设想在没有牙齿的情况下读这个绕口令的状况。

使用衬托的手法有利于突出主题,增强广告的宣传效果。

10. 反复

反复是为了突出某个意思,强调某种感情,特意重复某个词语或句子的修辞技巧。广告语言中经常使用反复手法。一般情况下,广告信息对受众来说带有某种强迫性。广告者就采用反复的手法对主要信息进行频繁的重复。如图9-14所示公益广告:关心失学儿童

"今天你喝了没有?"

图9-14　公益广告：关心失学儿童

"今天你吃过了吗？"
"今天你看了吗？"
"今天你玩够了吗？"

在这么多的吃喝玩乐的商品广告的背后，我们是不是应该关注那些上不起学的孩子们，他们在做什么呢？他们上学了吗？

这则广告使用了反复设问等修辞手法，成功地表达了创作者的本意，引起了人们对失学儿童的关注。

四、广告文案语言的创意误区

广告文案的内容最终要靠语言来表现。语言使用准确、简洁、鲜明、生动，有利于宣传企业或产品，能够引起消费者的注意，促成购买行为。但我们也发现一些明显的广告语言创意误区。

1. 机械模仿

广告语言要新颖、生动才能打动消费者。但有的作者在广告语言的使用中，不是独辟蹊径，求异创新，而是机械模仿他人成功广告，拾人牙慧。如某空调器商店广告："欲问空调何处有？人人皆指'新上海'。"这是对杜牧《清明》中的"借问酒家何处有？牧童遥指杏花村"一句的改用，改用后觉得模仿痕迹太浓，又不自然，不如改为"欲购空调器，请到新上海"更好。现今广告中常见这样的语言形式："某某电器，电器某某""某某产品向用户致意""开业志禧""隆重推出""荣誉出品"等。这些语言听多了，过于耳熟，引不起消费者的好感。

2. 词不达意

广告是一种代价昂贵的宣传活动，语言要求表意清楚、恰当，从内容到形式要仔细推敲,再三斟酌。但有的广告创作者随心所欲,或不重视语言文字的使用规律而造成用词、造句、用字、标点等方面的毛病。某水产店把大鳊鱼、小鳊鱼写成"大便鱼""小便鱼"吓跑了顾客,本想招徕顾客结果适得其反。这类现象并不少见。如"本店出售烧并油并并回收啤酒并"。文中把"饼""并""瓶"均写作"并",且不用标点,有如绕口令一般,叫人难以理解。这种广告从语言文字角度来说,已是一种污染规范语言、扰乱人的语言习惯的社会公害。

3. 含糊不清

广告语言要求清楚明确,让受众易懂易记。但有些广告喜欢用笼统、模糊或不精确的词语,诸如"名列前茅""多次荣获第一""达到当今西欧先进水平"等,给人一种含糊其词、似是而非的感觉。如某热水器广告标题:

全国燃气热水器行业质量评比唯一的两个100分,双荣获A级

我们读了这则广告标题,看不出是产品得了200分,还是两次评比都得了100分(A级)。语言过于含糊,会使人对广告内容疑惑不解,莫名其妙。

4. 渲染不当

广告语言很讲究表现技巧。有感染力的广告语言宣传效果就好,但有时也有渲染不当的。如某香波广告:

不一样就是不一样噢!

其中的语气词"噢"显得嗲声嗲气,这样渲染让人浑身别扭,显得有些卖弄、谄媚。

5. 牵强附会

在使用语言做广告时,为了求得讲究形式、吸引消费者的效果,随意用词,妨碍了内容的表达。其实,这是舍本逐末的做法。如某贺年片广告:

传统节日贺片,风靡海域内外。
装潢富丽堂皇,画面清雅淡致。

这则广告为了凑足六个字,竟把"海内外"这个有特定含义的惯用语改成了"海域内外",令人啼笑皆非。此外"贺片""淡致"也是为求形式整齐而临时生造的词语。

广告语言中使用不当的现象还有许多,这种不正常的现象应当引起我们的重视。每一个广告创作者都应认真对待广告语言表达问题。关于广告语言的使用,美国著名的广告大师大卫·奥格威曾提出几点建议,很值得一读,这对于我们认识误区、减少误区、走出误区有一定的帮助。

大卫·奥格威提出的建议如下。

不要旁敲侧击。要直截了当,避免用"差不多""也可以"等含糊其词的语言。

不要用最高级形容词、一般化字眼和陈词滥调。要有所指,要实事求是。要坦诚、友善并且使人难以忘怀,别惹人厌烦。讲事实,但是要把事实讲得引人入胜。

在文案中采用用户的话现身说法,比起用不知名的撰稿人的话,更易于为读者相信。

向读者提供有用的咨询或服务。

高雅的文字,精雕细刻的笔法对广告是明显的不利因素。

在短文无法奏效时,不要怕写长文案。

讽刺的笔调无助于推销商品。

避免在广告正文中唱高调。

使用顾客在日常交谈中常用的通俗语言。

不要贪图写获奖文案。

不要从文字娱乐读者的角度去写广告文案。

照片下面必须附加说明。

创意链接9

历史的重演?

历史的重演?

竞猜情节描述

蜿蜒崎岖的边塞要道,一个个烽火台中接连冒出阵阵浓烟,传递着战事的消息。中间穿插着宫廷内美女衣裙飞舞的场面。各路兵马挺进,车马声、脚步声、音乐声混杂,气势磅礴,浩浩荡荡。美女脸庞若隐若现。待各路诸侯急匆匆赶到,却发现城内安定,并无战事,只有美女高踞城墙上,神情冷漠,发出轻蔑的笑容。只见战马长啸,诸侯和战士愤怒不已。

思考题

1. 这是一则什么广告?
2. 接下去情节将如何发展?
3. 这则广告的创意表现在什么地方?

学生竞猜

学生一:我觉得是一则酒的产品推销广告,整个看起来比较红火。接下来的情节可能是在女主角笑了以后,她出来拿酒敬诸侯。

学生二:我觉得是不是一则化妆品广告。中国古话"冲冠一怒为红颜",广告中有一位美女叫"褒姒"出来,许多诸侯冲过去,里面有个细节是"他们的目光都投向城墙上的美女",看起来像表现化妆品。

(答案及点评见书末所附部分)

第十章 平面广告创意

内容提要

（1）平面广告是一种图文并茂的印刷广告，其中图案要素主要包括插图、文字形式、商标和色彩等。构图时应遵循统一与变化、主导与从属、对称与均衡、对比与协调、连续与重复等基本法则，构图创意应围绕广告目标，强调广告主题，突出画面视觉中心，并能引导读者视线。

（2）报纸广告创意应遵循内容单纯、主题突出、形式注目、表现关联和视线流畅等要求。创意时应在文字形式和插图上下工夫。文字创意的方法主要有字体变形、手写字体、电脑字体、图化文字、缺陷字体和拆开字体等多种创意法；插图创意法主要有写实、象征、夸张、寓意、卡通、漫画、连环、留白、悬念等。

（3）杂志广告创意主要体现在色彩、画面和编排等方面。色彩创意主要表现在三个方面：色彩处理、位置处理和层次处理；画面创意主要在于意境的营造，常采用联想法、象征法、造型法和抒情法；编排创意主要采取分割、对比、中央配图、对角线等十二种方法。

（4）路牌、招贴广告创意表现在文字简洁、画面醒目、视觉刺激强烈等方面，楼宇广告以新媒体形象示人，后势发展前景良好。

第十章 平面广告创意

策划案例赏析10

<h2 style="text-align:center">可口可乐——Try Not to Hear This</h2>

可口可乐广告

(资料来源:http://www.welovead.com/cn/works/details/881wiouBj)

策划背景

可口可乐作为全球知名品牌,在国际市场中已经树立起了鲜明的品牌形象。在Interbrand于2019年底发布的全球品牌百强排行榜中,可口可乐排名第五;据报道,全球每天畅饮可口可乐的消费者高达17亿人次,拥有强大的品牌价值和国际影响力。在市场营销方面,可口可乐公司的广告制作也颇具创意,以上这组平面广告就凭其感官联动(synesthesia)的特色获得了2019年戛纳国际创意节的金狮奖。

专家点评

当看到即将起开的瓶盖,即将拉开的易拉罐,疯狂跳跃的气泡,你是否觉得自己好像听到了对应的声音?可口可乐广告对感官联动(synesthesia)的运用令消费者不由自主地回想起当他们打开可口可乐时听到的"砰"声,成功引起了广泛的共鸣,进而激发人们的购买欲望,加深了人们对可口可乐经典特色的品牌印象。

Try Not to Hear This广告的文案创意也别出心裁。不同于多数食品公司的广告将产品性能与质量、企业信息等铺排于平面广告的传统文案，可口可乐在文字素材上仅选择了其经典商标与一句标语。极简的文案设计突出了长焦配图的视觉冲击，且巧妙地运用"Try Not to Hear This"，通过逆向思维为平面广告营造了似有音乐产生的错觉感，让这组广告更加具象化，使每一个画面都充满生命力，从而获得大量的关注度。

平面广告是相对于广播、电视等电子广告而言的，它主要是指利用各种美工技法绘制而成的广告美术品。随着现代广告美术的发展，平面广告所使用的材料和载体越来越现代化、多样化，用"平面"二字已很难统括所有的广告美术品。在本章节中，我们仅指传统的平面广告，如报纸、杂志、路牌、海报、直邮、售点广告、传单、产品目录等印刷媒体上的广告。

第一节 平面广告概述

一、平面广告的构成要素

平面广告是一种图文并茂、丰富周详的广告形式，其构成要素主要包括图案和文案两大部分。关于文案的具体内容请参看第九章广告文案创意。下面我们主要介绍广告图案的构成要素。

广告图案是指一则平面广告整体的构图设计，它的构成要素主要包括：插图、文字形式、商标和色彩。

1. 插图

广告插图在平面广告中发挥着不可替代的作用。

首先，广告插图具有极强的视觉吸引力。

据调查，如果广告中有插图，那么阅读插图和说明的人是阅读正文的人的两倍。而且在阅读时，人们总是首先被五颜六色的画面所吸引，然后才转向文字。人们对图形和文字的注意度分别为78%和22%。由此可见，图画对视觉的刺激作用远远高于文字。它可以"不由分说"地飞进消费者的眼底，于瞬间抓住你的视线。生动的图像，鲜艳的色彩，有趣的符号，尽收眼底，使你"目不转睛"，因此，有人称广告插图是广告的"吸引力发生器"，它在引人注目、美化版面方面的作用是广告文字所不能替代的。

其次，广告插图具有生动的直观形象性。

广告插图是运用生动、直观的艺术来表现广告主题、传递商品信息的，因此，它能够生动形象、直观逼真地表现商品的特质，增强广告的说服力和影响力。而且还能够弥补语言文字的不足，将那些难以言传的商品信息（如造型、包装、色彩等）进行直观的视觉展现，对不同文化层次的消费者都能产生有效的沟通效果。

例如，*Beckett*杂志的广告宣传用语是"我们的150万读者平均每期21.5次地翻阅他们的*Beckett*杂志"，为了使21.5次翻阅杂志的概念更加具体、形象，又在画面上设计了21.5个正以不同姿势阅读杂志的读者形象，使人瞬间就能把握广告宣传的主题。如图10-1。

广告插图主要包括：广告照片、绘画、卡通漫画和绘图四大类。

（1）照片——是平面广告中使用最普遍最广泛的插图形式。无论是报纸、杂志，还是路牌、招贴、直邮、POP，都可以使用。广告中的照片一般有产品陈列照、使用现场照、使用效果照，以及和产品宣传有关的其他照片等。广告照片的特殊功能在于生动逼真，有立体感。

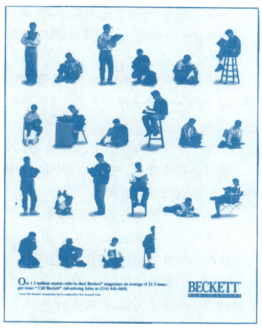

图10-1　*Beckett*杂志广告

（2）绘画——即运用色彩、线条、形象等艺术技巧来传递广告信息的一种视觉语言。广告绘画可以是油画、水彩画、水墨画，也可以是版画、素描画或速写画。绘画不同于擅长"写实"的广告照片，它擅长于营造氛围。比如，夸张地突出产品的某一特征或夸张地表现某种情趣和幽默感。

（3）卡通漫画——卡通画是运用拟人化的手法把无生命的东西赋予人的性格和形象，从而传达广告概念；或者利用童话中的人物作为产品形象符号，引发消费者的联想，继而产生好感。卡通漫画极具幽默性和滑稽性，对少年儿童的影响尤为显著。

（4）绘图——即示意图。为了表明某些产品的内部构造、工作原理，或说明某种药品对人体机能的作用，或展示商品房屋的位置及其建筑设计，当用一般的绘画或摄影都难以表现出来时，采用像机械制图或建筑蓝图那种图解式的绘图方式，描出图形，使复杂的现象条理化，抽象的概念形象化，从而使不易被了解或不易被说清的广告信息得以形象化地表述。

以上四类广告插图各有特点，无论运用哪一种类型都是广告创意的体现。

2. 文字形式

文字内容属于广告文案的组成部分，文字形式则属于广告图案的组成部分。如果图形、色彩设计得很好，而文字形式的设计很差，就会破坏整个画面，降低设计质量。

文字形式包括三个方面：字体、字号和文字编排。

（1）字体。字体是指文字的书写样式，广告字体可分为三类：印刷体、手写体和美术体。

印刷体庄重严肃，正式规范，其基本字体有四种：老宋体、仿宋体、楷书体和黑体。

老宋体——横轻直重，易写易认，平易朴实，一般用于正文，大号者则可做标题，醒目大方。

仿宋体——笔画细致、轻灵、秀美、飘逸，一般用作小标题或广告正文。

楷书体——笔画浑圆庄重，柔中带刚，一般用作轻松性标题，不宜用于内容较长的正文。

黑体——横竖一样粗壮，凝重有力，多用于广告标题。

手写体轻松随意，充满人情味和亲切感，更具个性色彩，其基本字体包括篆、隶、碑、草、行、楷等以及多种流派。

秦篆书——古朴苍老，圆转瘦劲。

汉隶书——圆润生动，朴质平实。

魏碑——朴拙险峻，雄强奇肆。

颜书——肥而端庄，正大雄伟。

柳书——瘦而力健，劲紧秀丽。

美术体美观醒目，极具艺术性和装饰性，是一种喜闻乐见的文字形式。其基本字体包括：宋体、黑体和变体三大类。

宋体美术字——字形方正、庄严、稳重；横平竖直，横细直粗，横直连接的右上角有钝角，点成瓜子形，点、撇、捺、排、弯勾与直划粗细基本相等。有"横细直粗撇如刀，点如瓜子捺如扫"之说。弯与勾一般都是外圆内方，刚柔相间。

黑体美术字——横竖粗细一致，起笔方头，收笔也是方头，点、撇、捺、排、勾均呈方头，粗壮有力，引人注目。常见的有长黑体，多用于报纸杂志题头字，黑变体在平面广告中尤其是橱窗设计、商品包装中运用广泛。

变体美术字——在黑体字的基础上装饰加工变化而成。在一定程度上摆脱了字形和笔画的约束，可以根据文字的内容含义，运用丰富的想象力，灵活地组织字形，达到生动活泼、轻松多变的艺术效果。变体美术字有：装饰美术字、形象美术字、立体美术字、阳形美术字和书法美术字。书法美术字最具中国特色，在广告装潢和商品包装设计中最为常见。

在选择字体时，必须充分考虑广告商品的特性、广告主题表现和广告整体风格等特点，尽量与其保持协调一致。如果字体的个性不能与广告的个性相吻合，就会破坏整体的美感。

宣传家用电器的广告字体宜选用优美轩昂的黑变体，以体现商品的分量和质感；化妆品、针织品、各类服饰等商品可选用轻巧秀丽、流畅柔婉的宋体，不宜用粗犷厚重的黑体；儿童用品、冬令用品、电风扇、自行车等商品可选用寓意变体，斟酌字体的和谐美与装饰美，加强商品的个性语言；中西药品、中西乐器也要有"中西"的味道。

在一幅广告画面中字体不宜选用太多，以免凌乱。画面比较活泼跳动的，标题宜用端正的黑体；画面比较单一，色块面积较大的，可用活泼的美术字体。正、草体互用可以增强美观。同时注意字体必须规范化，不能使用未经国家正式颁布使用的简体字，更不能使用错别字或繁简体混合使用。

（2）字号。字号是指字体的大小。在国际上，计量字体大小的单位是"点"，每点为0.35毫米，误差不超过0.005毫米。根据点数的多少逐步形成了1—6号字体（如图10-2所示）。一般而言，字号越大越引人注目，但是在一则广告中，字号的大小要服从整体构图的安排，尤其是必须与图片互相呼应才能取得良好的视觉效果。

一　号　字　跟　着　小　不　点　学　得　棒　一　点

二　号　字　跟着小不点学得棒一点

三　号　字　跟着小不点学得棒一点

四　号　字　跟着小不点学得棒一点

小 四 号 字　跟着小不点学得棒一点

五　号　字　跟着小不点学得棒一点

小 五 号 字　跟着小不点学得棒一点

六　号　字　跟着小不点学得棒一点

七　号　字　跟着小不点学得棒一点

图10-2　书版常用铅字的字号类型举例

（3）文字编排。文字编排是指文字的位置、线条形式和方向动势。常见的文字编排形式有横排、竖排、斜排，有齐头齐尾的编排，齐头不齐尾的编排，对齐中央的编排，沿着图形编排以及将文字排成图形等多种形式，以下附录几则比较有特色的编排形式，以飨读者（图10-3至图10-10）。

3. 商标

商标俗称"牌子"，是使用在商品上，用以区别商品来源及特征的标记，是一种具有独特性和可识别性的视觉辨认符号。在平面广告中，商标是必不可少的构成要素，通过对商标的突出和强调可以提高其知名度，塑造品牌形象，引导消费者认牌选购。因此，有人称商标是"平面广告的眼睛，是很重要的点"。

商标的内容通常是由文字或文字的缩写、变体图案化来表现的。在平面广告中一般与商品名称或企业名称编排在一起，以便消费者认知识别，形成统一的产品形象。随着烽烟四起的品牌大战，商标广告也应运而生。做商标广告的目标不在于推销产品而在于树立产品形象，因此，在广告画面中一般只重点突出和宣传商标，以达到塑造品牌的目的。

例如，可口可乐的平面广告，内容虽然经常变化，多则一年更换三四次，但文字部分却相当简约，几乎没有产品质量、企业情况方面的文字说明，仅有口号标语而已，而可口可乐的文字标志却始终如一，在画面中占据着十分醒目的位置。

图10-3 齐头齐尾的编排

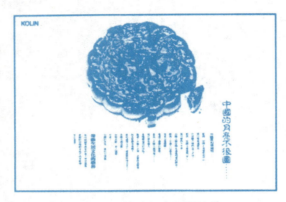

图10-4 齐头不齐尾的编排

图10-5 对齐中央的编排

4. 色彩

色彩是一种最容易被人们接受的视觉语言，在广告图案中，色彩的作用举足轻重。

首先，色彩最具冲击力，可极大增强广告图案的吸引力。从视觉角度讲，色彩对视觉的刺激最强烈。在多数情况下，它比图形更快地进入人的视野，吸引人的注意力，因而多色广告比单色广告（即黑白广告）更具吸引力。据国外广告专家调查：双色广告比单色广告多吸引1%的读者，四色广告比双色广告多吸引46%的读者，由此可见，色彩在广告中的运用至关重要。

其次，色彩可以增加广告内容的真实感。

色彩千变万化，多姿多彩，往往可以真实地再现广告商品的本色、质感、量感和空间感，使人如临其境，如睹其物，从而增强产品的真实感，增强消费者对广告的信赖感。如图10-11，这是德国DRESDER银行的品牌形象广告，画面的主色调是黑色和绿色，以深黑色作为平面的主题背景，以翠绿色的亮丽粗线条绘出一个正在通话状的座式电话听筒，右上角银行的行标亦为绿色，广告语为亮白色。

图10-6　沿着图形编排

黑色代表着庄重和谨慎，说明了金融业的行业特征以及消费者对它的心理预期。绿色在西方文化中具有亲和力，又代表了环保和可持续发展的时代理念，以绿色粗线条勾勒电话听筒说明银行乐于倾听；绿色的银行标志在告诉受众银行很关注人类的进步与发展。

再次，色彩有感情色彩和象征意义，可以有效地传达商品带给人的情感反应和心理感受，促进广告主和消费者之间的有效沟通。

色彩在平面广告中的应用极为普遍，大部分平面广告都是彩色广告，只有报纸广告因受媒体的限制，多为黑白广告。也有的报纸广告为了增强视觉效果，在广告的标题、口号或框边、装饰上采用套红或套绿处理，以求醒目。随着彩色报纸的出现，彩色报纸广告也应运而生。

图10-7　将文字排成图形

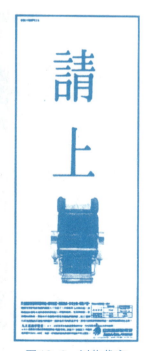

图10-8　以物代字

图10-9　电脑字体

图10-10　1943年的可口可乐广告

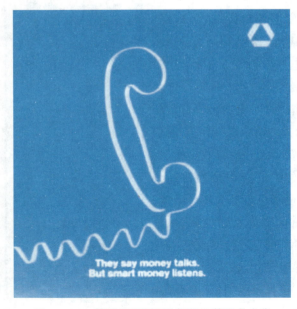

图10-11　德国DRESDER银行品牌形象广告

二、平面广告的构图法则

平面广告的构图（以下简称广告构图）是指对广告的文案和图案要素所做的版面安排。具体地说就是在一定的篇幅内，确定广告的标题、正文、口号、插图、商标、厂名等在广告中的位置及大小，使之成为一个和谐一致、相互呼应的广告版面，以充分地体现广告主题，创意达到最佳的传播效果。

广告构图是一种平面造型的艺术活动，因此，它必须遵循所有艺术形式的构图法则。它们是统一与变化、主导与从属、对称与均衡、对比与调和、连续与反复的关系。

1. 统一与变化

就整体而言，广告构图要求统一、完整，就局部而言，广告构图要求活泼多变。画面上一切要素要互相关联，有呼有应，协调统一，人物与产品之间，形态上要顾盼有情，精神上和情感上要有联系。产品与商标，文字与图案，眼神与手势都要相互呼应，达到所谓的"远岫与云容交接，遥天共水色争光"。画面上的一切要素既是独立的，又是关联的统一体。

例如图 10-12 中的文字和图片，不蔓不枝，既显得独立自由，又集中统一地表达了一个诉求重点，使读者一目了然。

2. 主导与从属

在广告画面中，面积最大的角色称为主体，其余的称为从属体。在一则广告画面中，有主无从则显孤单，有从无主则显散漫。在布局时，要根据广告主题的需要，先确定主体。主体是广告宣传的主要内容，主导着整个画面的造型和布局，具有统摄支配的能力。因此，主体原则上应当放在画面的中央，但不一定是正中央。从属体则必须要考虑主体性格的形状和大小，为主体所具有的性格服务。其位置最好安排在能使主体性格更生动、更突出的地方。主从体要互相照应，避免平铺散漫。

广告构图的主导大体上有两种类型。

一是以图片形象为主导，标题文字为从属，以增强视觉刺激，引人注目，吸引读者阅读正文。此法运用广泛，特别运用于那些形象易于表现，又能给人以强烈的美感的商品。比如，服装、鞋帽、珠宝首饰、化妆品等。例如图 10-13，一只篮球因为型号太大而卡

图 10-12 文图呼应

图 10-13 图主文辅

在了篮筐上成为视觉主体，配合旁边"Be Fit to Fit"的文字标语。这则由埃及医疗中心Retocare发布的广告以篮球卡住为隐喻，提示大众注意体形管理，保持匀称、保持健康。

二是以标题文字为主导，图片为从属。通过对字体、字号的设计选择和编排来安排布局，以使广告信息更加单纯、醒目、直接、迅速。

例如，图10-14以黑色电话线为创意字体，左侧电话听筒为从属，简明扼要地突出心理危机咨询热线的宣传重点。

图10-14　文主图辅

实际上，标题和图片常常互相呼应烘托、结合使用，以使传达的信息更加明确、清晰，生动形象。

3. 对称与均衡

以一点为起点，向左右或上下同时展开的形态称为对称。对称是同形、同量、同距、同色的组合。对称体现出秩序和规律，形成平稳、庄重、严谨、宁静的美感。对称分为上下对称、左右对称、三面对称、四面对称和多面对称。

如图10-15，垂直分割空间，左右两侧配置白字文案，形成对称。

"均衡"并不是形式上的机械平衡，而是指感觉上的平衡。均衡的广告画面能引发安全、平稳的心理感受，给人以放逸、生动、玲珑、自由的美感。

如图10-16，画面主体在中部，利用上下空间的留白补充不同风格字体的文案，使整个版面有平衡感且不失活力。

4. 对比与调和

对比是指一正一反的两事物并列在画面上所产生的分离感。在平面广告中，对比运用十分

图10-15　对称

广泛。比如色彩冷暖，面积大小，位置高低，色泽明暗，动静曲直，上下左右，垂直水平，线条粗细，数量多少，质量好坏，疏密虚实……都可以进行对比。通过对比，可以使广告画面更加引人注目，也可以使广告商品的特性更加突出。

百年润发的广告采用对比手法，简洁形象地宣传产品，画面上：一个骷髅长着茂密的黑发，如图10-17。广告语：润发一百年。广告图文配合密切，产品的特点和功能已隐含在这一骷髅和头发的对比之中。无声胜有声，起到了特殊的宣传效果，同时画面具有很强的冲击力。

调和是运用某种方式，使两个对比物互相过渡，呈现出某种关联性，共通性。调和与对比互为对立，但并不矛盾。对比强调局部的差异性，调和追求整体的和谐性，两者相辅相成。

图10-16　均衡

5. 连续与反复

连续是变化之间的联系统一，重复是有规律地伸展连续，运用连续与反复既可以强调广告信息，加强读者记忆，又可以增强广告画面的韵律美、节奏美。

连续与反复可以出现在同一画面中。如商品反复排列，品牌名称反复排列，也可以密集地反复刊登同一构图形式的广告画面，如图10-18。这组海报以麦当劳的经典"M"商

图10-17　对比

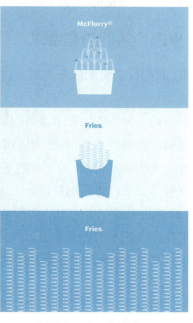

图10-18　麦当劳

标为素材，通过数量和形状上的调整和变化组成了麦当劳的产品如麦旋风、薯条等，色彩鲜艳、生动活泼，用最简单的图形成功地传递了品牌信息。

三、广告构图的注意事项

广告大师奥格威认为，在布局广告时，要注意做到以下十三项。

（1）要在报纸杂志登出的广告，必须设计得符合该报、杂志的风格，要把设计原稿实际贴在报纸杂志上来确定其广告效果。

（2）使用编辑的布局（editorial layout）避免罐头式的编排，不要玩弄小技巧，以致搞乱整个布局。

（3）使用视觉的对比（visual contrast），如"使用前，使用后"。

（4）黑底白字不要用，因为它不好念。

（5）段落要分明，每一段的前面最好要有标示。

（6）尽量缩短"句子"与"段落"，第一个句子不要超过6个字。

（7）每一段当中，使用"↑""▢""*""注解"等记号，使读者容易阅读。

（8）使用标示、插图、字体、画线，以打破广告文上的单调。

（9）不要把本文放在照片上面。

（10）不要把每一段落编排得四四方方，每段最后一行的空白作为喘息是必要的。

（11）在广告本文上不要使用粗黑体。

（12）赠券（coupon）要放在最上面的中央，以便获得最大的反应。

（13）不要只为了装饰而使用文字。

四、平面广告的创意要求

在这里，我们仅从构图的角度展开讨论，平面广告的文案创意要求请参看第九章"广告文案创意"。

广告构图是一种特殊的艺术语言，具有艺术性、实用性和功利性的特点。广告构图的创意既要遵循一般的美学原则，善于运用色彩、线条等艺术技巧来美化版面、渲染气氛，又要遵循广告活动的根本目的，善于通过艺术形象来传递广告信息，影响广告受众，达到最佳的传播效果。如果广告构图只能给人以美感，而不能准确形象地介绍产品或服务、传递商品信息，就无法实现广告构图的实用性、功利性目的。因此，广告构图必须同时体现一般绘画艺术和广告艺术的创意要求。

具体地说，广告构图的创意要求有如下四点。

1. 围绕广告目标

广告版面的编排布局首先要符合广告目标的规定：或推销商品，促进销售；或宣传品牌，树立形象。围绕既定的广告目标来考虑如何布局、安排。

2. 强调广告主题

虽然广告构图主要研究的是形式美，但如果为构图而构图，脱离了所要表现的广告内容，就会陷入形式主义之中。中国绘画一向注重"意在笔先"或"先立意而后章法"，比如，中国画重气势，为了突出气势，范宽等人的山水画多取"全景式"构图，主山雄踞正中，挺拔凝重，这种构图具有逼人的气势。中国画重情韵，为了表现情韵，马远、夏圭等人的山水画多取"边角式"构图，所谓"金边银角，空灵俊逸"，更富于情韵。可见，为了达到某一艺术境界画家才选择与之相应的构图方式，表现在广告构图中就是要选择与广告主题相符合的构图方式，精心缜密地选择、取舍，匠心独运地组织安排。

3. 突出画面视觉中心

广告构图要充分运用视觉规律，突出画面的视觉中心。要做到这一点，必须要寻找最佳视域。心理学研究表明，画面上侧的视觉诉求力强于下侧，左侧强于右侧，因此，画面的最佳视域是在左上部和中上部。这两个部位往往是吸引目光的焦点。一般来说，平面广告中的最主要信息、标题、商品名等都编排在这些最优选的方位。

4. 引导读者的视线

广告构图要具有明确的方向感和顺序感，有效地引导读者有顺序地、舒适地阅读整个广告。

人们在阅读平面广告时，其视线有一种自然的流动习惯。一般是从左到右，从上到下，从左上沿着弧形线向右下方向流动。这个视觉流动的过程线称为"视觉方向流程"。另外，还有由动到静的"视觉运动流程"，由大到小、由疏到密的"视觉空间流程"和趋利避害、喜乐恶忧的"视觉心理流程"。

在广告构图时，应遵循人的视觉流程规律，有意识地引导读者沿着设计者所选择的流程来阅读广告内容。

如图10-19，在这则广告中，一个似乎并未着衣而只穿一双鞋的女子将自己的身体巧妙地遮掩在一顶大檐帽下，只露出纤美、匀称的四肢。她的脚上还穿着一双编织的凉鞋。女子的身形我们无法窥其全貌，但是画面上给出了女子的侧影，美妙的身体曲线和漂亮的四肢就让人浮想联翩。而这一切只不过是为了自然而然地把受众的视线引向她脚上的那双鞋。

图10-19　女鞋广告

第二节　报纸广告创意

一、报纸广告的创意要求

在创意报纸广告时，往往要受到购买版面的限制，如何最大限度地利用有限的广告版面以达到最佳的传播效果是创意者必须考虑的问题。一般而言，报纸广告的创意表现应遵循以下五项基本原则和要求：内容单纯，主题突出，形式注目，表现关联和视线流畅。

1. 内容单纯

由于报纸广告只能在有限的篇幅内与大众接触，因此，不少广告主抱着"尽量利用所有版面"的心态，事无巨细地将有关广告内容的所有信息一股脑地全盘托出，密密麻麻地塞满所有的广告版面。这种填鸭式的广告宣传令人眼花缭乱，无从着眼，因此，很难引起人们的阅读兴趣，况且，在同一广告版面上，其他广告"虎视眈眈"，时刻在争夺着消费者的"慧眼"。因此，报纸广告的创意表现一定要单纯简洁。一次只传递一个主要信息才能有效地吸引消费者的目光，使之无暇他顾。这个主信息可以是广告对象所有属性中最重要、最独特的一个，也可以是整合所有特性后归纳出的一个销售重点，这样，传递的商品信息虽然不完整，但却是消费者关心所在，不仅不会削弱广告效果，反而会增强说服力和影响力。

2. 主题突出

主题凝聚着诉求重点，能够突出地表明商品的个性。因此，在创意表现时，必须紧扣主题展开设计，使隐含抽象的主题概念更加明确具体，鲜明突出。

3. 形式注目

形式注目是指广告的图片造型、文字编排形式、装饰花边等必须与众不同，引人注目，能够于瞬间抓住读者的注意力，迅速发挥其魅力。生动的造型、有趣的画面、活泼的文字、别致的布局等都可以获得引人注目的效果。

4. 表现关联

报纸广告表现必须"切题"。任何新颖独特的表现形式都必须与产品和消费者有直接关联，而不是纯以表达形式为主，却与产品或主题风马牛不相及，而且广告的各构成要素之间也必须有机地联系在一起，主次分明，各得其所，不能自由散漫，互相冲突，给人以拼凑之感，必须保证各要素之间的和谐、统一、协调、连贯才能形成广告的整体美。

5. 视线流畅

报纸广告构图要符合读者的视觉流程，能够有效地引导读者的视线，使之循序渐进地到达广告的诉求重点。构图时，常常用商品的置放，模特儿的姿态，眼睛的方向，或者用线箭头等符号把读者的目光引向广告的诉求重点。

二、报纸广告的文字创意

广告大师韦伯·扬对文字创意给予了高度的重视,他说"文字本身就是创意","文字是创意的符号,我们能够以收集文字来收集创意","当文字受到控制时,创意易于再变得有活力"。如果说26个英文字母能够发展创意的话,那么,丰富多彩,博大精深的汉字的一笔一画都蕴含着创意。汉字是当今世界文字体系中最完整、结构最严谨的象形文字,唯有汉字才有书法艺术。汉字不仅能"望文生义",而且一笔一画流淌着深邃的意(蕴)韵。不仅能冲击人的视觉,而且能震撼人的心灵。汉字的无穷表现力也给广告创意带来了无限的发展空间。

图 10-20　支付宝城市系列报纸广告

2018年支付宝在重庆、武汉、杭州等城市的地方报纸陆续投放了长横幅的报纸广告。这则报纸广告从整体版面看位于下部，字体设计以简约、粗大为特征，便于读者第一时间抓住文案内涵。以刊登在重庆晚报和都市快报上的两组文案为例，支付宝利用报纸的翻页特点打出了"重庆太泼辣，与文艺隔绝吗？""不，巴渝气质本身就是一种文艺"与"杭州离一线城市还远吗？""不，杭州重新定义一线"的反转文案，其文字设计与配色均呼应了"反转"的广告特色。支付宝运用了字体大小的变换和颜色的对比，风趣幽默地讽刺了地域歧视，简洁明了地表明了立场态度。

文字创意主要有以下六种类型。

1. 变形字体创意

变形字体是指把正方形的汉字变成平体字、长体字、斜体字、倒体字等。通过字形的巧妙变化和排列组合使枯燥、呆板的文字活泼生动起来，使沉闷、单调的版面错落有致，充满韵律和动感，以此使广告主题更加鲜活醒目，呼之欲出。

如图10-21所示，画面活泼生动，给人以新颖、惊奇之感。

美国奥尔巴克公司的广告标题"如果你超过三十五岁……你需要西东的售廉"（后五字倒念）突破常规，对文字进行颠倒排列，令人难忘。

荒诞派川剧《潘金莲》在香港改编为歌唱舞台剧，剧名改为《一女四男》，而在广告上却写成《一女三男》，使人感到陌生和好奇，大街小巷，人们议论纷纷，产生了极好的广告效果。

图10-21 变形字体创意

2. 手写文字创意

报纸广告多是印刷文字，笔画工整，排列整齐，显得正式、庄重，但却清冷、疏远、缺乏变化，若偶尔用一点手写文字，便可给人以焕然一新、亲切温馨的感觉，更能够传递出广告商品与众不同的个性，引起消费者心灵深处的情感共鸣。因此，可以利用钢笔、毛笔、蜡笔或签字笔书写文字，也可以利用儿童手写的字体来表现。

图10-22中的三幅图分别运用了毛笔字、钢笔字和儿童书法，极有力地表现了产品个性。

3. 电脑字体创意

电脑在屏幕上的字体基本上是利用点的组合原理，以点的群化现象显示出来。电脑字体本身具有与众不同的风格，充满了现代生活气息，若能把文字和产品融合在一起，表达一个形象直观的意思，有利于受众理解和接受。如图10-23，飞利浦剃须刀正在把"孩"字的"亥"剃去，组成新词"男子"。文案是："成长为真汉子，由拥有飞利浦电动剃须刀开始！"这则广告图画直观，文案有趣，给受众进行心理暗示："没有飞利浦电动剃须刀就不算是真汉子"，但不直说，让受众自己去体会，琢磨。可谓摸透受众的心理。

第十章　平面广告创意

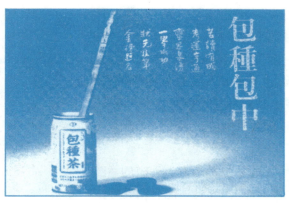
（a）

（b）

（c）

图 10-22　手写文字创意

图 10-23　电脑字体创意

4. 缺陷文字创意

利用广告制作过程中的一些机械性缺点,故意造成字体的某些缺陷,使画面具有一种独特的吸引力。

如图10-24所示,也有的招兵买马的招聘广告故意创造一些缺陷文字,"缺横少竖",以示缺少"兵马",与广告主题相映衬,宣传效果极佳。

5. 拆字藏字创意

汉字的一横一竖、一撇一捺都蕴含着无穷的意蕴,拆开使用不仅能产生视觉冲击,而且还能启动灵感,造成巨大的心灵震撼。

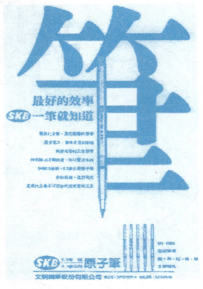

图10-24　缺陷文字创意

例如,中国台湾奥美广告公司为"保德信"人寿保险公司(美商)在中国台湾入市时所作的印刷平面广告,就成功地运用了拆字法来产生创意。画面右上方是广告标题"三个字就有四个人。保德信的企业理念,就是重视人的价值。"在画面中,"保德信"三个黑体字居中,横排,几乎占了广告画面的三分之一。三条顶天立地的大黑杠,把"保德信"三字的立人偏旁(两个单人旁,一个双人旁)反向托出,极为简洁、平实地阐释了企业理念。

如图10-25的藏字广告。最初翻开这则广告,不由得吓了一跳:"痛打四十八板",这么暴力的广告,是什么意思?再仔细看看,才发现是"版"不是"板",而且在"痛"和"打"后面,还分别有两个小字"快"和"开",由于字体细小,几不可见。合起来应当是:"痛快打开四十八版"。

这是《南方体育报》2002年4月推出来的一则平面广告。广告中宣称:"《南方体育》锐变改版,强力升级,京、沪、粤48版,全国36版,体坛资讯一网打尽,娱乐极速投递,刺激直达内心。"一则普普通通的改版广告却被号称"以有趣对抗无趣"的《南方体育》做出

图10-25　藏字广告

第十章 平面广告创意

了几分新意,以藏字的噱头强烈刺激着读者的眼球。第一眼是惊奇,第二眼是会心一笑。在诙谐的广告形式中,闪烁的是智慧的火花。

6. 图化图形文字创意

把图画嫁接于广告文字之上,使文字形象化,或者把文字排成图形,给文字加上装饰性图案、花纹就构成了图化文字。图化文字突破文字书写常规,给人一种活泼、有趣、陌生、奇特的感觉,因而使广告显得与众不同,有效地牵引读者的视线。图化文字显然在一定程度上会影响到易读性,但若配上插图,则可增强整个画面的吸引力。

如图10-26所示,用日本Joy牌洗洁精的清洁液组成杀菌的功能性标语,整体呈S形,线条流畅,生动有趣。

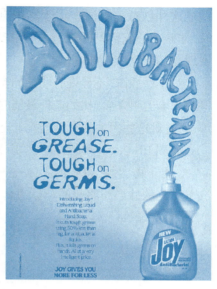

图10-26 Joy牌洗洁精文字广告

图形文字创意,如图10-27所示中国安联保险公司的形象广告。

创意从"安"字和"众"字入手,寓意深远地塑造了安联的品牌形象。

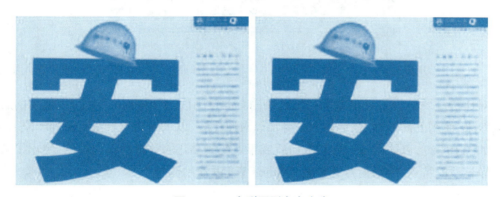

图10-27 安联图形文字广告

三、报纸广告的插图创意

所谓插图创意,换句话说,就是创意的视觉化。一位著名的广告大师曾说:"广告上的视觉化,是创意的视觉化,即创意具体化。换言之,是用语言以外的方法,把创意图式化了的。"

插图的创意方法很多,我们主要介绍以下十种创意方法:写实法、对比法、夸张法、寓意法、比附法、卡通法、漫画法、连环法、悬念法、留白法。

1. 写实法

这是一类最常用的广告形象画法。画面是用实拍的照片或写实的绘画来表现商品的外在形象或人们使用商品的情形,给人以身临其境、感同身受的真实感。

这种创意表现法多用于家用电器、机械设备、时装等商品。消费者在购买这类商品时,非常关心它们的外观造型、性能特点以及使用方法和使用效果等。采用写实画面进行展现,能够产生较强的诉求力。

写实性插图,不允许有明显的夸张和修饰,其创意主要表现在对线条、光线、色彩、背景等的艺术运用方面,比如选择最佳的拍摄角度,运用恰如其分的光线,选择简洁单纯的背景等,通过对这些因素的最佳选配来充分表现商品的质感、层次和整个广告的空间气氛。

如图10-28,这则奥迪汽车广告的主题是宣传奥迪100耗油量少。画面背景非常干净,空无一物,衬托得画面主体——奥迪汽车非常醒目突出,明暗光线的对比充分展现了汽车完美的外形与骆驼的巧妙组合,令人浮想联翩,自然地引发出省油、经济等汽车性能。

图10-28 写实法

2. 对比法

对比法主要是为了突出效果和烘托氛围。通过画面把某种商品的优劣、使用前后的不同效果、使用的简便程度、形体大小等加以对照比较,以求给消费者留下深刻印象。

如图10-29,以饮用依云矿泉水前后成年人变成婴儿的夸张拼接为对比,突出了其水质纯净自然的特点,能给消费者带来"返老还童"的饮用体验。

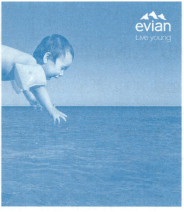

图10-29 拼接对比

3. 夸张法

把商品的某一个细部、某一特性或使用后可能产生的效果在视觉形象上加以夸张的表现，以给人留下吃惊、难忘的印象。例如，国外有则长度过滤嘴香烟，画面是一支被夸大了的长度香烟被一个长腿女郎拿在手上做出一个要吸烟的样子。女郎的男朋友要用打火机替她点烟，可怎么也够不着香烟的顶端。整页画面无论是画面的安排，还是男女两人的表情，都令人发笑，使人印象深刻。再比如，某公司的万能胶水广告画面是：把人用万能胶粘在飞行中的机翼上而不掉。这显然是运用夸张手法，对该胶水的性能进行彻底反常的强调，从而给人留下十分深刻的印象。

4. 寓意法

通过某种象征物的表现，使被象征物（即广告商品）的附加价值或广告主题的社会化意义得到强烈集中的表现，以此引起消费者对商品的美好联想。例如，以天使来表示洁净，说明香皂的效能，以流水飞泉来表示乐器的动人旋律，以冰山来表示冰箱的寒冷，等等，让消费者通过寓意来理解主题。

在寓意法的画面上，有时看不见所要表现的商品，只能看见商品的象征物，这种方法多用于品牌形象和企业形象。

如图10-30，画面上方是一双穿着高跟鞋的脚，在黑色的背景下，画面下方呈现出一个曲线玲珑的女子在地上的倒影。画面中央是大而醒目的"GUCCI"品牌名。受众看到这样的一幅广告，很多时候都会倒过来看个仔细——无意中就在这幅广告上多花了若干时间。这则广告艺术性地营造出了一曲光与影、虚与实的旋律：高亮度的女鞋是实体，地面上一个若有若无的倒影，乍一看挺模糊，仔细瞧还可以辨别出来，画面虚实控制让人过目不忘。广告的构图奇巧且颇具艺术性，女子实体的脚部与虚体的倒影结合得天衣无缝。女子陶醉的神态又艺术性地给受众留下了让想象自由奔腾的空间。

画面造型美，和谐美，温馨感性的色调不禁让人想起《荷塘月色》的句子，牵动亿万时尚女孩的心，诉求力极强。

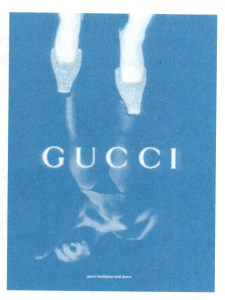

图10-30 寓意法

5. 比附法

用一种大家都熟悉或明白的形象，来比喻说明商品的特性或广告主题的含义，给人以鲜明、生动而直观的形象。

如图10-31，在此画面中，把漫长的胃痛过程比喻为长颈鹿的长脖子，非常生动、有趣，令人过目难忘，画面的延长使诉求更具张力。

图 10-31　比附法

6. 卡通法

如前所述，卡通是将产品拟人化，使无生命的东西被赋予人的某些特征，使静止的"死"的商品变成生动的活的人物，以此引人注意，以加强广告的趣味性。此法能缓和读者对广告的戒备心理和厌恶情绪，使广告信息潜移默化地沁入读者的心田。例如：美国象牙肥皂曾做过这样一个广告：

标题：会漂浮的象牙肥皂

画面：一个大意的工人，把一块象牙肥皂放在一个大水桶里就回家吃饭去了，等他吃完饭回来，看到水桶里注满了水，而肥皂却不见了。他以为别人拿走了肥皂，扯开嗓子喊："谁把我的肥皂拿去了？"这时被水冲到阴沟口的象牙肥皂站起来，哭丧着脸说："我在这儿。"

这则广告是为了说明象牙肥皂毫无杂质，纯度高，能浮于水。由于采用拟人的手法，极好地强调了广告主题，令人忍俊不禁，印象深刻。

7. 漫画法

有人说："幽默的造型和画面是广告理想的调味汁。"漫画法就是以漫画的手笔，简单、滑稽的造型构图，营造出一种妙趣横生的幽默氛围，使人在轻松友好的心情下，不知不觉地接受劝说，萌发购买冲动。与其他创意方法相比，漫画法往往能突出和强调广告对象的根本特征，因此极具艺术感染力。

8. 留白法

留白法是一种十分重要的创意方法。一般广告构图是尽量利用所有版面来表现创意，而留白法则反其道而行之，大胆地利用大片空白来表现某种主题，以使画面更加引人注目。

例如：必扑灭蚊剂广告（图10-32），整版（4开）空白，中间一行小字："找找看，这上面哪儿有蚊虫"。右面靠边竖排八个字："必扑一声，蚊

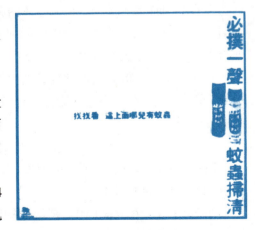

图 10-32　留白法

虫扫清"。两句话中间有两罐必扑灭蚊剂图样。这则广告巧妙自然地利用大空白，给人清洁干净的视觉感受，形象直观地表现了必扑灭蚊剂的功效——创造一个"清洁、无蚊的生活环境"。

9. 连环法

广告插图采用连环画的形式，表现一种前后连续的动作或故事，给人留下深刻的印象。

连环式的表现，一般采用如下形式：① 发生问题；② 解决问题；③ 问题解决后的喜悦；④ 劝购商品。广告的创意可以是一个有趣的故事，该故事的情节发展就是要强调的场面和传递的信息。

如图10-33，用连环形式连续介绍了消费者从心动到行动的购房过程，很风趣，很有鼓动性。

10. 悬念法

悬念法就是故意留下某种疑问，使人们产生好奇和猜测，从而达到增强广告吸引力的效果。

图10-33　连环法

例如，香港某家报纸登过这样一则广告：整个版面几乎全部空白，只在版面中央印着一个小红点，外加"HRC"三个字母，读者哗然，议论纷纷，只好加倍注意该报第二天的举动。谁知该报一连几天皆如法炮制，于是引起了愈来愈多人的注意和议论。无数读者去信或打电话到报社询问，大家都急于知道"HRC"到底是何"怪物"。一周后，该报用整版篇幅刊登"HRC"的广告，原来"HRC"是一种新型手表牌子，红点是手表中的红色日历。紧接着，"HRC"手表开展强大的广告攻势，很快便打开了销路。

第三节　杂志广告创意

色彩鲜艳、画面美观是杂志广告最具特色的竞争优势，也是杂志广告创意的重心所在。下面我们主要从色彩、画面和构图三方面来谈谈杂志广告的创意，至于杂志广告创意的要求，基本与报纸广告相同，故不再重复介绍。

一、杂志广告的色彩创意

1. 色彩的特征及应用

色彩是人通过眼睛感受可见光刺激后的产物。色彩有三原色、四间色之说。三原色包括红、黄、蓝，它们是最基本的颜色，也称"第一次色"，不能由其他颜色配出。自然界中绚丽多彩的颜色都是由这三种原色按不同比例调和而成的。四间色包括：橙、绿、紫、黑，它们是由两种原色混合而成，具体内容如下：

红＋黄＝橙
黄＋蓝＝绿
蓝＋红＝紫
红＋黄＋蓝＝黑

在红、橙、黄、绿、蓝、紫、黑七种颜色中，蓝、紫差别较小，故并为一类，形成六种标准色。不同标准色的互相混合可以形成十二种颜色，这就是我们说的"五颜六色"。

每一种色彩都有独一无二的个性，具有不同的象征意义和情感表现，因而在广告宣传中的运用领域也各不相同。例如：

红色——最刺激、最鲜艳，最受妇女和儿童喜爱。红色令人兴奋、刺激，使人联想到太阳、火、血。象征着热情成熟，喜庆吉祥，也象征着危险、狂放、贪婪。在广告宣传中，红色应用非常广泛，被称为销售色。比如，用于喜庆商品、首饰品，有吉祥如意、活泼兴奋之感；用于生活用品、化妆用品，有温柔舒适之感，用于消防器材、交通劳保、人寿保险，有提示安全的作用。

橙色——与红色都属于典型的暖色，比红色明度高，也比红色更为活泼。橙色给人兴奋、欢悦、明亮感，使人联想到橘子、食物、灯光、火炉等，象征着热情、光明、辉煌向上。用于冬令、秋令商品，给人以暖洋洋之感；用于果蔬食品，给人以香甜、丰实之感；用于工业机械用品，则具新颖现代感。

黄色——最明亮的色彩。轻快、柔和、明亮，使人联想到阳光灿烂，象征着亮丽、快乐、健康、高尚，也象征着颓废、没落、衰败。用于营养丰富的补品、食品，有愉快亲切之感；用于儿童玩具、书籍等，有向上、光明、开朗之感；用于各类服饰、背包手袋，有高贵、华丽之感；用于羊毛衫、衣着用品、家具沙发，则具温馨、愉快之感。

绿色——比较醒目的色彩，清新、平和，使人联想到希望、青春和大自然，象征着希望、活力、生命、和平。用于春令商品，具有向往、宁静之感；用于冬季商品，给人新生之感；用于夏季商品，给人凉爽、洁净之感；用于工业用品、五金商品，则显安全可靠。

蓝色——冷色调，遥远、冷静、宽广，使人联想到天空、大海、水、冰，象征着永恒、理智、悠久。用于各式泳装、水上运动用品、汗衫背心、电风扇、电冰箱等，给人凉爽、舒畅之感；用于卫生用品、玻璃器皿，给人清新、素雅之感；用于电脑等高科技，给人安全、服务之感。

紫色——最冷的色彩，高贵、优雅、神秘，象征着庄严、华贵、消极，用于灯具、礼品、电筒等，可表现火树银花的节日夜色，有华贵美好之感，浅紫色用于妇女用品，有庄重、典雅之感。

黑色——中性色，神秘、沉默，使人联想到悲哀、绝望、压抑、死亡，象征着庄严、肃穆、

第十章 平面广告创意

坚固、沉着。黑色一般不单独使用,多与其他色彩搭配使用,大片黑色宜用于表现现代感,不宜用于儿童用品和纪念品等。

白色——中性色,纯洁、年轻、神圣,使人联想到天使、雪,象征着朴素、纯真、洁净、优雅。用于陶瓷、玻璃器皿、工艺品、卫生用品、食品,显得清洁,安全;用于衣饰、化妆品,显得高雅、纯净、轻盈。白色与其他色彩搭配使用,效果较好。

2. 色彩的构成及搭配

(1)色彩的构成。色彩的构成包括三个层面:光感要素、形象要素和心理要素。

光感要素是色彩的第一类要素,由色相、明度和纯度三者构成。色相是指色彩的相貌、种类,如前所述的六种标准色相。明度是指色彩本身的明亮程度,色彩由明到暗,差别很大。比如从白色、银灰色、灰色、深灰到黑色,可以有许多层次。同样是绿色,加白或加黑可以形成各不相同的深绿、中绿、浅绿、翠绿等。在六种标准色中,黄色明度最高,橙与绿次之,红与蓝再次之,紫色最暗。纯度是指色彩纯粹的程度,也即指色彩的饱和度。在同一色相中,纯度正达饱和状态的就是标准色,或称正色。我们常说,这个颜色很正,就是指的纯度,既不掺白,也不掺黑,恰到好处。

形象要素是色彩的第二类要素,由面积、形状、位置、肌理等要素构成。

心理要素是色彩的第三类要素,由冷暖、胀缩、远近等要素构成。暖色调包括黄、鲜红、朱红和橙,冷色调包括蓝和青,中间色包括绿紫、黑白灰等。暖色具有放射感,并给人以向前突出的感觉,故又称"进色"。冷色具有收缩感,并给人向后隐退的感觉,所以又称"退色"。

色彩的这些构成要素是决定色彩效果的重要因素。色彩的搭配与组合,必须考虑冷热、深浅的色调关系,块面大小的位置关系和虚与实的远近层次关系,这些关系处理得恰当,画面色彩才能有效地突出主题,表现创意,产生既有对比,又有调和的效果。

(2)色彩的搭配。色彩的搭配主要有以下四种类型。

同种色搭配——即指同一颜色的不同浓淡的相互调和、搭配。比如深绿配浅绿,深灰配浅灰。这是日常生活中运用较多的一种配色,其优点在于:符合变化的统一这一造型规律,可取得协调、沉静、稳重的效果,适用于成熟商品或成人商品。

同种色的搭配应注意:色与色之间的明度相差不能太近,也不能过于对比,因为太过接近的颜色容易混淆,缺乏层次;太过对比的色调则易于割裂整体,如粉红和黑红,明度对比太大,不协调,粉红和桃红,明度太近,显得单调。一般而言,深、中、浅三个层次的同种色搭配效果最好。

相似色搭配——即色带上邻近色的搭配,如红与橙、橙红与黄绿、黄绿与绿、绿与青绿等搭配。相似色搭配变化万千,表现丰富,搭配时要同时掌握色相、明度、纯度的变化,以保证整体效果协调统一。这种配色华丽、鲜艳、甜美,多用于儿童用品和食品。

对比色搭配——即冷暖性质相反或明度相差悬殊的色彩搭配。比如暖色对冷色、明色对暗色、清色对浊色,此种搭配可以使双方各自的特点更为突出、鲜明。搭配时应防止色彩面积相等,一般用一种颜色作画面的主色,另一种颜色作为衬托。

中性色与其他色搭配——中性色指黑、白、灰和金、银。它们能与绝大多数色彩协调，尤其是黑白两色运用范围极广，过冷、过暖或过花都可以用这两种颜色来调和。比如，在一组冷色之中加入白色，可使之变暖，在一组暖色之间加入黑色可使之变冷。灰色能与一切颜色调和，尤其可以极好地协调对比强烈的两种颜色。金、银两色富有光泽，能与大多数颜色调和，产生富丽堂皇的效果，尤其是在黑色调上点缀金或银色，更显光彩。另外，荧光色也是一种极好的调和色，其鲜艳度很高，与大面积暗色调组合也能产生极佳的效果，尤其是运用在临街的橱窗广告中，十分鲜艳醒目。

了解以上色彩搭配的基本常识是进行彩色广告创意的基础。

3. 色彩在杂志广告中的创意

根据以上介绍的色彩基本知识，杂志广告的色彩创意主要表现在色调处理、位置处理和层次处理三个方面。

（1）色调处理。色调是指画面色彩总的倾向。自然界中，由于光源、时令季节和环境的变化，各种物体表面都有同一色彩或冷暖倾向，这就是调示。

关于色调，有不同的说法。从色相来区分，有红、橙、黄、绿、蓝（青）、紫等各种色调；从色性来区分，有冷色调、暖色调和中性色调；从色度来区分，有明调、灰调、暗调之分。

在画面上，色调是统治画面的主色，没有主调，就会显得杂乱，有了主调，就可以反映出某种风格、某种情感或情调，从而塑造出商品本体形象、象征形象或联想形象，因此，可以说主色调的确定是色彩创意的重心所在。

主色调的选择应根据创意，综合考虑广告主题、商品形象和公众的色彩好恶三方面的因素。具体内容如图10-34所示：

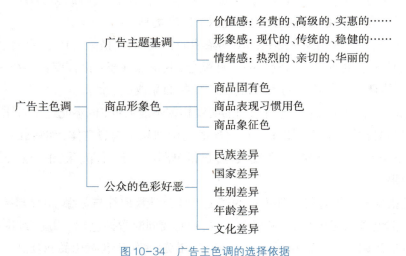

图10-34　广告主色调的选择依据

在此图中，广告主题基调是广告色调的主导，商品形象色是基础，公众的色彩好恶是准绳。三者最完美、最切题的调配组合才能表现既定的创意，才是有价值的。

例如：两家航空公司的广告，一家广告的广告主题是"热情周到的服务"，因此，画面采用了暖色调，并配以空姐在机舱内热情服务的笑脸，给人以"宾至如归"的温暖感。另一家的广告主题是"安全、可靠的航行"，画面采用了蓝紫的冷色调，并配上飞机在万里晴空中平稳飞翔的照片，给人以安全、踏实的感觉。这两则广告的主色调都极为贴切地表现了各自的广告主题，塑造了各具特色的航空公司形象，也最大限度地迎合了乘客的喜好和理解。

（2）位置处理。位置处理主要是指主色调色块在构图中的面积大小和位置编排。这也是彩色广告创意的一个重要方面。位置处理的基本原则是：将主色调色块的位置安排在最突出、最醒目的地方。比如，主色调色块所占面积最大；或者面积不大但与背景色形成对比而鲜明突出、引人注目；或者与背景色协调融合而得到有效的烘托显示；等等。总之，色块位置的处理要使主色调的主导性和整体性更为明确和突出。

例如，日本一高级打火机的彩色广告：主色调选择为金黄色，画面正中，一束嫩柳叶般的淡金黄色火焰闪动着，从构图底线上延至顶线，形成主色调。火焰中间映照出清晰的打火机造型，浓重的金黄色镶以黄边，显得精致、华贵。主色调色块面积不大，但在全图深暗的咖啡色背景（底色）的对比衬托中，显得格外鲜明、醒目，甚至连火焰也显得很精致，给人以无与伦比的高品质感。

（3）层次处理。层次处理主要是指主色调与背景色的明暗处理，亦即图与底的明暗处理。层次处理的基本原则是：图与底的明暗关系不能过度突出或者隐而不见。如果是淡底色深图形，其图形的色度要深于底色，以使图形突出，层次分明。如果是深底色淡图形，其主图纹样要明亮，使之更突出，次图纹样可用较暗色调，使其隐藏，再次再暗，分出层次。如果是中间色底色，图形要浅于或深于底色，避免纹样色度与底色之间过近，纹样与纹样之间形象模糊，根据设计要求，分出层次。总之，图与底的层次处理要能够有效地烘托主色调，营造一种活跃、生动、热烈的氛围。

二、杂志广告的画面创意

就画面而言，杂志广告都是彩色摄影照片，与报纸广告的黑白画面相比，彩色画面更能逼真地再现商品的外观、造型、品质、色彩的真实感，增强消费者对商品的信任、更能真实地再现生活中的真情实感，营造一种诗情画意的氛围，引起消费者某种特定情绪和情感的共鸣。因此，杂志广告画面创意的核心在于画面意境的营造。

意境，是中国古典美学中的一个重要范畴，意境又称境界，是一种情景交融的场景。用王国维的话来解释就是："能写真景物，真感情者，谓之有境界，否则谓之无境界。"王国维认为，在诗词创作中"有境界则自成高格，自有名句"。这种观点在广告创意中同样适用，如果广告画面有一种诗情画意的意境美则自会增强广告作品的艺术感染力，使消费者在美感享受中，对广告信息产生好感，进而移情于这种商品。

营造广告画面的意境美，可以采用以下四种方法。

1. 比喻法

意境美特别强调美的直观性、形象性，也就是说要有具体可感的视觉场面。运用比喻法，则可以利用某物直观鲜明的特性来代替广告对象，使人产生相同的联想。例如图10-35的青春宝营养口服片广告：

标题：岁月不留人？
"青春宝"解你忧愁。

画面：一片枯萎的叶子罩在一张女性的脸上。

正文：一片叶子，会跟着时间的过去而逐渐枯萎，人们会随着光阴的消逝而衰老，似乎任何人都不能避免。但时至今日，已经不再是无可奈何的事，"青春宝"抗衰老片有防止皮肤肌肉松弛，长葆青春容颜，以添青春活力，延迟衰老，促进内分泌和免疫的功能，是每一个成年人梦寐以求的一种珍贵药物。

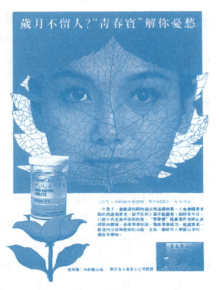

图10-35 比喻法

这则广告画面的意境是用叶子的枯萎比喻人的衰老，它使本来无法具体感知的衰老过程形象化、具体化，营造了一个岁月无情、青春易逝的意境，从而打动消费者，使其赶快采取补救措施。

2. 象征法

比喻是两个事物的形态或结构的相似关系，象征则是两个事物抽象层次上的相似或相关，或仅仅是某种情境下的偶然相关而形成的比较固定的关系。比如，万宝路香烟用西部牛仔和马的粗犷、豪迈来象征香烟的个性，引发男人们对阳刚之美的联想。在广告表现上，除了用人物作象征之外，还常用动物和植物作象征塑造品牌形象，营造意境。例如：燕子象征轻盈，豹象征速度，天鹅象征美好，天使象征纯洁，猴子象征机灵，长颈鹿象征温顺，狗象征忠诚，石头象征顽强等。

例如，日本精工表的杂志广告，如图10-36：

标题（口号）：时间是
　　　　　　爱情永恒的见证。
画面：两只戴着精工表的蓝蝴蝶。
正文：在千万人中
　　　遇见你所遇见的人
　　　在千万年间

时间无涯的荒野里
没有早一步
没有晚一步
恰好赶上了——缘

在SEIKO的爱情世界
一分一秒,都是永恒

这幅广告画面,用珍贵的蓝蝴蝶象征爱情,而时间是爱情永恒的见证,营造了一种"地老天荒,爱情永恒,精工为证"的深邃意境,使人浮想联翩,难以忘怀。

图 10-36　象征法

3. 造型法

在心理学和美学流派中有一个知觉完形概念,叫"完形心理",也叫"格式塔心理学"。该理论十分重视"形"的研究,强调"整体性",强调事物内部的"张力",认为任何"形"都是人的知觉活动组成的整体。人人都有一种完形心理,即自觉地将一些不完整的零散的部分印象尽可能地看作一个完好的图形或轮廓的趋向。

造型法就是利用人们的完形心理,在画面上留下一些形象或情节的空白,使读者在阅读和观赏时,自由发挥想象,构思出完整的形象和情节。造型法往往能创造出一种独特而超凡的意境,增强广告作品的艺术魅力。

例如:黛安芬内衣的三则系列广告(图10-37)所示。

图10-37(a)是两条直通上下的白色曲线,白线两边饰有橙黄色的荧光,仔细一看,是一个女性胴体的侧影,正好截取自胸乳部至臀部止。在广告上方写着:"人,是上帝造的;

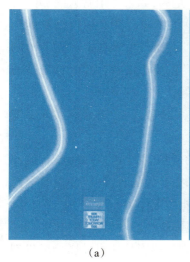
(a)

(b)

(c)

图 10-37　造型法

女人,是撒旦造的。"

图10-37(b)是一条直贯上下的白曲线,外饰红色荧光,呈现出女性胸脯的侧影,广告上方写着:"女人,永不嫌穿得太少……"

图10-37(c)也是一条白线,外饰蓝色荧光,主要表现女性臀部侧影,广告下方写着:"女人的阴谋藏在黛安芬里……"

三幅广告的底色均为黑色,画面均是用单纯、简洁的线条构成一个女性身材的轮廓,使人自然地联想到该产品会使女性身材更具曲线美。

4. 抒情法

感情和形象是"意境"中不可缺少的两个重要因素。王国维说:"境非独谓景物也。喜、怒、哀、乐,亦人心中之一境界。"如果说前面三种方法是创造直观形象的意境美,那么抒情法则是创造情感的意境美。通过对依附在商品身上的某种情感的抒发引起消费者的相应感受。抒情法的关键在于找准共鸣点,使商品特点和人类的某种普遍情感自然地结合在一起。

图10-38 抒情法

例如:真女人钻饰的心声(图10-38)。

广告画面上的女人一身黑衣,用黑布蒙着眼睛,这真的是一种遗憾的姿态吗?还是不忍目睹别人妒忌的眼光?

广告标题:"令所有人妒忌,我深表遗憾。"

像这样的广告语只有真正了解女人的人才能够写得出来。不论是广告画面中遗世独立的女子,还是广告标题中的居高临下都让受众感觉其中并没有真正抱歉的意味,相反却充满了一种自我意识,得意得紧。是啊,如果一个女人能够因为这样而遭到嫉妒,这根本没有什么值得抱歉的!这种感觉有点类似"我是美女我怕得罪谁"的洒脱味道。"美丽无罪"的姿态的背后是一种巧妙的对该品牌钻饰的赞美。

正如其品牌广告语所说:"真的女人,真的钻饰。"这则广告正是一个依靠真女人钻饰而洋洋得意的女人的心声,很自我,也很真实。

特别强调的是,抒情法抒发的是升华的情感,如永恒的爱情、浓烈的亲情、温馨的友情、奋进的激情等,这些情感能体现人的尊严和价值,净化和提升人的灵魂,因而具有震撼人心的艺术魅力,如果抒发的是一些低级趣味的情感,则只能令人作呕。

杂志广告画面的创意除了意境的营造之外,还要注意摄影技法的巧妙运用,比如构图设计要错落有致,背景处理要简洁单纯,光线运用要静动适宜。摄影技法直接影响广告创意的表现效果。

三、杂志广告的构图创意

与报纸广告相比，杂志广告的构图较为灵活，有较大的空间可供自由选择和发挥，除了较常见的全页、1/2页和1/3页广告外，还可以做跨页广告、多页广告及一折、二折、三折广告。版面的多样化极有利于展开创意，强化表现效果。

杂志广告的版面构图形式多种多样，主要包括：分割法、对比法、中央配图法、对角线法、押置四角法、螺旋法、中央核心法、三角形法、并置法、全景图法、L形留白法、U形留白法等十二种。不同的构图编排可形成不同的意象，表现不同的创意。下面我们将各种构图法展示如下，以供构图创意时参考。

图10-39采用上下分割法，下半部以生动的画面，表现产品使用的方便性。上半部则用文案说明产品的功能，图文结合起来，产生很强的感染力。

图10-40采用左右分割法，以中轴垂直线将画面分割为两部分，左右侧分别采取相似结构的不同实体，在形成鲜明对比的同时遥相呼应，画面和谐、明朗。

图10-41采用斜向分割法，音乐节的平面广告将马头琴斜向放置作为主体，配以文字使画面均衡和谐，突出了马头琴与民谣之间的象征意义，从而达到宣传朴素、醇厚音乐的目的。

图10-42采用垂直与水平的对比构图，上半部水平配置两张图片，用拟人手法生动形象地表现出

图10-39　分割法

图10-40　左右分割法

使用BRAND'S鸡精前后的不同精神状态,在下半部正中垂直配置广告文案。整个构图严谨有序,使人对产品产生安全可靠的联想。

图10-43采用对角线构图法,将所要表现的图文配置在这条线上,从而使整个画面空间产生支配影响,错落有致,有效地引导读者的视线。

图10-44采取押置四角法,主要图文置于中央,在四个角落用象征24小时的小型漫画押置,既强调产品的特性,又使画面具有稳定感。

图10-45采用螺旋构图法,将插图由大向小,由内向外,有次序地配置在版面上,形成一个螺旋状的视线流程,产品的大型照片极为醒目。

图10-46采用中央核心构图法,将产品放置在中心部分,形成整个画面的核心,以产生强有力的视觉冲击。

图10-47采用三角形构图,把文字和图化文字有机组合成三角形,设置在版面下方,稳定安全,极为醒目。

图10-41 斜向分割法

图10-42 垂直与水平对比

图10-43 对角线构图法

第十章　平面广告创意

图 10-44　押置四角法

图 10-45　螺旋构图法

图 10-46　中央核心构图法

图 10-47　三角形构图

图10-48采取并置构图,将图文结合的广告短语集中并置于画面上,使顾客对航空公司专线电话订位的服务过程一目了然。

图10-49采用U形留白法,把插图配置在版面中央垂直线的上方,并在这一位置做出血处理以产生左右对称的U形留白,留白的部分配置商标、广告语、小型图片,极为引人注目。

图10-50同时运用了并置法和全景图法。它将形形色色的产品照片并置图中,并去除了画面背景,转变为全景图版式,造成丰富多彩的景象。

图10-51用中央配图法,中央放置图片,左右两侧空白,上下两边配以简洁、疏朗的文字,画面集中、立意突出,令人印象深刻。

图10-52采用L形留白法,将大型插图配置于版面的左上部,图的两边做出血处理,其他两边形成L形留白,使标题和商标更加显著。

图10-48　并置构图　　　　　　　图10-49　U形留白法

第十章 平面广告创意

图10-50 并置法和全景图法

图10-51 中央配图法(香奈尔5号香水广告)

图10-52 L形留白法

第四节　其他平面广告创意

平面广告除了报纸和杂志两大类型之外还有许多其他的广告形式。在这里,我们仅介绍路牌、招贴、直邮三种基本形式的广告创意。其他类型的广告创意可以此为借鉴,故不再一一介绍。

一、路牌广告创意

路牌广告是指设在人来人往、车水马龙的马路边或公众聚集的广场,以图画和巨型文字为主的大型广告牌。路牌广告被称为"都市的门面",它是衡量一个城市经济是否发达的主要标志,是城市经济繁荣的最直接最外在的体现。

路牌广告的宣传特点是尺幅巨大,画面美观、醒目、"抬头不见低头见",传播不受时间、空间的限制,随时随地都可以影响消费者,而且存在时间长,能够进行反复刺激,加深观者的印象。但路牌广告的最大缺点是影响范围狭窄而且时间短暂,只有路经此地的行人才有可能受到影响。而行人一般是坐在公共汽车上或骑在自行车上,只能在仓促的一瞬间看一眼广告牌。因此,路牌广告创意的出发点是能够一下子抓住行人的视线,使人一见倾心,难以忘怀。

路牌广告的创意具体表现在：画面要鲜艳醒目,文字要简洁、诱人,造型要别具一格。唯其如此,路牌广告才能产生瞬间的表现力,达到广告的目的。比如,美国协和集团有限公司为天霸表、海霸表作的路牌广告,画面采用非常耀眼的天蓝色,一位女郎撕开眼前的蓝幕布向外窥视着,旁边是一行简短、醒目的大字："挡不住的诱惑",整个广告无论是色彩、画面还是文字,构图都十分简洁、明快、协调、美观,极具视觉冲击力和艺术感染力。

下面,让我们来欣赏两则路牌广告的创意。

其一,一幅吸尘器路牌广告。

这是一幅吸尘器广告,在传统的板式框架外,荒诞意外地挂着一位老奶奶。表面上看来两者似乎毫无关联,但吸尘器的吸力把两者同构在一起,于是这潜在关联性一旦被唤起便会产生升华。老奶奶形象本身的意义被加深或转化为形象崭新的含义。这种超常的、新颖的视觉语言比说什么都令人震撼："把奶奶给吸住了",这种吸尘器你能忘掉吗？(图10-53)

其二,顺爽洗发露广告的路牌广告,如图10-54所示。

画图右侧"顺爽,超顺洗发露"分两行排列,"顺爽"极为醒目,蓝天衬托着黄色的"顺爽",显得格外柔和。左侧是性感、美丽且很有人气的舒淇玉照,一头黑发随风飘逸,更增加了舒淇的妩媚。画面下方是一小段鼓励性诉求,告知消费者"修护发丝由里至外,效果

图 10-53　吸尘器广告

图 10-54　顺爽洗发水广告

超乎想象",广告口号"一顺到底才叫爽"似乎是这段鼓励性诉求的高度概括,自然而贴切,黄底黑字的色彩运用,对比度极强。

二、招贴广告创意

　　招贴是用纸张印刷而成的,张贴在商店、车站、路边、码头、运动场等公共场所的广告。那些临时性地张贴在营业地附近或电线杆上的海报也属于招贴的范畴。招贴在广告活动中占有十分重要的地位,它具有制作简单、使用方便、费用低廉、传递信息迅速等特点,可以弥补报纸杂志广告的传播空缺。如果在报纸杂志和广播电视广告推出之后紧跟着推出招贴广告,可以加深人们的印象,取得相得益彰的效果。

　　招贴广告的创意表现与路牌广告基本相同,画面上的商品名称、商标和广告口号也必须做到简洁、直接和醒目,能够得到强烈的表现。所不同的是招贴画作为一种美术品,更强调画面的魅力和形式上的美感与个性。匈牙利著名招贴画家拉兹罗·索斯和伊娃杨梅尼认为:"只有招贴的点、线、面、色彩和印刷形式都使人能在很短时间内对其了解,它才是赶上时代的作品。这取决于招贴的设计构成与章法是否能为当今世界上的人们所接受,并是否符合人道观念。"葡萄牙的若昂·玛查多也认为:"我的经验是,对二维空间的招贴通过对色彩、形式,特别是对抽象手法的应用可以达到三维空间的效果。将这些因素有机组合起来应用,加上发挥设计者传递情绪和感情的能力,招贴就会超越直接和象征性传递信息的界线。"因此,创意招贴画时,可以运用对比强烈或大面积的色彩、奇异的字形以及富有个性的人物造型或线条来增强招贴的美感和装饰性,使人爱不释手。

　　国外曾有这样一张音乐会的海报:一尊洁白如玉的石膏女性头像,彩色的音乐五线谱悠然飘过她的双耳,在她那表情含蓄的脸颊上挂着一颗颗颤动的泪珠——催人泪下的音乐,真是美妙绝伦!当人们看到这幅音乐会招贴广告时,无不驻足流连,心灵受到强烈的震撼。

　　下面让我们来欣赏两则获奖的招贴广告。

图10-55　帮宝适招贴广告

如图10-55,这则广告是"帮宝适"主打"干爽"的招贴画。画面上,一个小孩头朝下屁股朝上,正对着女卫生间的干手器"干爽"小屁股。广告词也很简单,"想宝宝屁股更干爽有更好的方法"。这对于正在烘干机前的年轻妈妈的提示是非常大的,顺着广告词的提示,受众的视线不约而同地转到小宝宝怀里的"帮宝适"上。好广告是不说话的,这幅广告就有这样的效果。

如图10-56,这则伊利Ac3酸奶地铁车厢内广告,用两个广告版位表现女人贪吃,女人贪婪的玉手直接从第一版广告伸到紧靠的第二版广告中,只为偷吃那伊利Ac3酸奶。高雅的白领女性,吃出来的美丽与魅力。精美的画面、现代的场景都在传递着一个新的信息,这个产品的定位与伊利以往的产品有很大区别。伊利Ac3酸奶的TVC拍摄得十分精致,场景全部选择在繁华的大都市,喻示着她是大都市的白领丽人。

下面附录大卫·奥格威的海报创意准则,以供参考。

（1）使用反常表现,使海报具有幽默性与冲击力。

（2）如果海报内容没有卓绝的创意,注定是失败的。

（3）海报应该具有在5秒钟内决定购买的力量。

（4）海报也要传达某种承诺。

（5）使用写实的文学艺术技巧。

图10-56　伊利Ac3酸奶招贴广告

（6）海报的内容必须洋溢着人性和情感。
（7）不要放进3种以上的要素。
（8）不要写6句以上。
（9）要使离开海报大约17倍远的位置也能阅读，就必须使用黑体字。
（10）让重要的要素突出。
（11）使用强烈的颜色，发挥最大限度的对照。

三、直邮广告创意

直邮广告，又称DM（direct mail）广告。它是通过邮局直接向特定广告对象寄送印有广告信息的印刷品广告。直邮广告是美国最早的广告形式，也是目前颇受西方广告主青睐的一种广告形式。有人把它称之为"广告的副手"和"推销员的助手"。

直邮广告具有多种不同的形式，主要包括广告信函、明信片、宣传册、征订单、商品价目表、产品说明书、商品目录、通知、传单和信中附件等多种形式。直邮广告目标明确、针对性强，而且不受其他信息的干扰，因此，传播效果明显，而且信息反馈较快，无须费时费力地测定广告效果。每一分广告费用都能发挥最大经济效益，另外，直邮广告形式灵活多样，可以自己选择，篇幅可长可短，文字上又不拘一格，因此，能产生较强的说服力；再次制作起来也很简便，因而费用较低。

直邮广告的创意主要表现在三个方面：一是信件的设计和书写要别具一格，引人注目，惹人喜爱；二是内文语言应清新活泼，诚恳亲切，具有感染力；三是注意信息反馈，及时进行回复和处理。

下面让我们欣赏一则香水的DM广告。

如JAIPUR香水的DM广告（图10-57）"赠送"香味。这个JAIPUR香水的DM广告是DM创意的经典之作。"赠送香味"是这个媒体创意的独特和精华所在，这个令人叫绝的广告方法令人惊奇和兴奋。上图是DM的正面、画面上像在推销蓝宝石手镯，实则不然。曲线姣美的女性背部作为引人注目之处让人着迷。下图是DM的反面。文字大意是："JAIPUR香水的奥秘，传说得自印度手镯Nauratan的灵感。巴黎BOUCHERON独创的香水，媲美珍贵宝石。"背面右上角浮贴一枚手镯图形的标签，要你把它掀开，掀起之后，会有几行下一步行动的提示，它告诉你用指尖把标签下的香水粉轻轻涂在皮肤上，馥郁四溢的香味必定会使你格外陶醉。

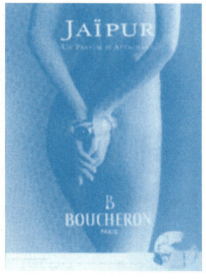

图10-57　JAIPUR香水的DM广告

创意链接10

这个月没来？

这个月没来？

竞猜情节描述

拥挤的公交车上男主角的手机响了，电话的另一端是坐在咖啡馆的女朋友。两个人展开了一场有趣的对话："喂，我跟你说，这个月没来。"电话里传来女朋友轻柔的声音。"这个月没来？"男主角惊奇地问。"不会吧？"男主角哭丧着脸，"下个月也不会来了。""下个月也不会来了。"男主角大声地重复着。人群里传来一阵阵"喔"的声音。"以后也都不会来。""以后也都不会来。"说完，男主角晕了过去。旁边的一个小伙子接过电话，告诉女朋友："喂，他昏倒了。"

思考题

1. 这是一则什么广告？
2. 接下去情节将如何发展？

3. 这则广告的创意表现在什么地方？

学生竞猜

学生一：一则通信广告。情节发展是：后来把手机交给那个晕倒的男人，女人跟他说了一句话，说的可能是"我有孩子了。"

学生二：我觉得是一种电话缴费方式。因为在推出新机型之后，缴费的方式可以不用催款单的形式直接到用户的手中，可以用电话、网络等快捷方式缴费，所以电话催款单不会来，以后电话单都不会来了。

（答案及点评见书末所附部分）

第十一章 广播广告创意

内容提要

(1) 广播广告是指通过广播媒体传播,诉诸人的听觉的广告。具有制作容易、传播迅速、受众广泛、重复广播、亲切动听、实惠方便等特点。在传递信息、促进繁荣、沟通联系、指导参谋、欣赏艺术等方面发挥重要作用。

(2) 广播广告由语言、音响和音乐三要素构成。其文稿结构形式可分为单一式和复合式两种,创作时可采用反复、押韵、设问、对仗、照应、配音、配乐等方式。

(3) 广播广告种类繁多,主要有普通广告、特约广告、专题广告、专栏广告、赞助广告、公益广告和抵偿广告。设计制作时,要立足声音,突出品牌,注重开头,并做好录制合成的工作。

(4) 广播广告创意应特别注重主题创意。创意时,除了遵循一般的创意原则,如充分考虑受众利益,具有首创性和侧重点,能够促进销售外,还应遵循特殊原则,比如便于收听,便于塑造广告形象,便于激发联想等。广播广告的创意目标应从信息传播对象、接受者和产品定位等方面来考察。

(5) 进行广播广告创意的定位时,要充分发挥其先行传播、先入为主、先声夺人的优势,运用调查研究法和细分市场法进行定位。

(6) 公众的消费心理和民族文化心态深刻地影响着广播广告的创意,对此应予以充分重视。

第十一章 广播广告创意

策划案例赏析11

系列公益广告"多双公筷,多份安心"

场景一

(背景音乐)

女儿:妈,这两天尽惦记您做的菜了。哎,我发现多了一双漂亮的筷子,这是做什么用的?

母亲:这是咱家新添的公筷。要夹菜,用公筷。

女儿:自家人吃饭还这么讲究啊。

男声旁白:卫生健康,从家开始。

场景二

(背景音乐)

女:时间过得真快啊,毕业都十年了。来来来,干杯!

(人群推杯换盏音效)

男:哎,今天的聚餐很有仪式感啊,还每人两双筷子,一长一短。

女:对,长的是公筷,短的自己用。

男声旁白:老朋友在一起最好,两双筷子有区分最好。

场景三

(节奏感背景音乐)

孩子:浅色长筷大家用,深色短筷自己用。家里常备公筷,保卫健康真有用。

奶奶:这么多年了,家里一直用公筷。

爷爷:孩子从小就用,都养成习惯啦。

男声旁白:在家在外,常备公筷。文明用餐,健康相伴。

资料来源:中国之声。

策划背景

广播广告具有先声夺人、易于产生记忆点的原生优势,伴随着受众覆盖面积的扩大,其宣传效果也展现出极大的潜力,不少公共倡议都通过这种形式得到了很好的响应。新冠肺炎疫情的大流行使得公共卫生与健康问题成为大众最为关注的问题。为了响应全国爱卫办的社会性提倡,公益广告在广播中宣传并教育人们用餐时应添公筷。为达到良好的广告效果,它也注重了公众形象的塑造和创意策划的联想。

专家点评

　　该广播广告采用复合式的文稿结构，选择包含语言、音乐等多种要素的形式，通过反复、对仗、押韵等多项经典的广播广告创作技巧，多次提及关键词"公筷"配合具有韵律美和节奏感的声音加强了听众对"添公筷"意识的印象。

　　它主要采取戏剧法的创意设计，营造了与人们生活相关的多个场景，如家庭环境中的母女问答、同学会聚餐的公共场合、四世同堂的团圆饭等，拉近与受众的情感距离。广告中角色鲜明的声音特色与音效和背景音乐相辅相成，立足声音传达树立公共道德的倡议。

　　广播广告是指通过广播媒体传播、诉诸人的听觉的广告。通常运用语言，或用语言和音响、音乐相互配合来表现广告内容，一般在广告节目中播出，或利用各类节目的间隙插播。

　　广播广告尽管是主要的广告形式之一，但由于电视的冲击和自身特性的约束，其在广告市场上颇受冷落。要充分发挥广播广告的效能，广播广告创意显得尤为重要。

　　广播广告创意是一个复杂的思维过程，它既要切合广告的主题，又要符合广播媒体的特性。本章就从广播广告特点开始，对广播广告创意的原则、一般方法以及广播广告创意与消费者心理特征、民族文化心态的关系等进行概要的论述，以期使读者对广播广告创意有一个整体的了解。

第一节　广播广告概说

一、广播广告的要素与结构

1. 广播广告的要素

　　广告广播的要素与广播声音的要素具有一致性。语言、音响、音乐是构成广播声音的要素，同样也是构成广播广告的要素。

　　（1）语言。语言是人类所特有的、最重要的交际工具。它是以语音为物质外壳，以词汇为建筑材料，以语法为结构规则的完整体系。

　　语言，包括口头形式和书面形式。作为广播广告要素的"语言"是特指有声语言或听觉语言，即语言的口头形式。广播广告的有声语言诉诸人的听觉，是让听众通过听觉器官感知语言的声音，并通过声音来接受广告的信息内容。语言是传播信息的工具。广播广告主要是利用语言进行传播，语言的声音就必须易于听觉感知和辨析，而广播文稿则必须使其符合"适口悦耳"的要求，就要注意语言的语音和声感，要清楚易懂、优美动听。

语言又是表达和体现思想的工具。广播广告语言要表达和体现广播广告设计者的思想和意图,需要通过语言为广大听众所感知、所认识,这就要看传达这种思想的语言是否准确中听。

所以,广播广告是语言的艺术,掌握语言技巧是制作广播广告作品的基本条件。

(2)音响。音响是指除语言、音乐之外的各种各样的声响。广播广告的音响要素可以分为三类:一是自然声响,如风声、雨声等,常用来做背景声音;二是机械声响,即产品发出的声响,多用来表示产品的性能或使用特点;三是人物声响,即人在活动时发生的声响,如掌声、笑声等,可用来表达人们对各种不同产品的感受。

音响对广播广告起着十分重要的作用。它能再现或烘托环境气氛以增强广播广告的真实感;它能描述或诉说产品的性能特性;它能揭示或表达人的思想感情。总之,音响在广播广告中有着强烈的提示和暗示作用。

(3)音乐。流行音乐融合于现代广告中,是广告业发展的一个重要趋势。广告中的音乐也会造成流行。音乐行销的成功在于音乐的沟通魅力,音乐的传播与流行得益于听众和观众的传唱。这是一种互动的沟通,它不需要强迫,好听的音律、引人共鸣的歌词都是与消费者直接沟通的最好的语言。

音乐具有很强的表现力,它能成功地表现广告主题。人们利用音乐可以塑造产品形象,还能赋予产品不同个性,也能突出产品某一方面的特征,可使听众通过音乐了解产品。音乐还具有强烈的感染力,它可以依靠感情的因素征服听众的心灵。音乐的基本构成要素是旋律和节奏,和广播广告的表达要素相同,因此,可以使音乐艺术与语言艺术有机地结合起来,增强广播广告的艺术魅力。

2. 广播广告的文稿结构

这里所说的广播广告的结构是指利用广播广告要素,经过创意和构思所撰写出的广播广告的文稿结构。

(1)广播广告文稿的结构形式。广播是纯听觉媒体,它的广告文稿的结构形式多没有明显的标题,常有的只是正文和结尾。而且正文和结尾的文字还需体现为有声语言,或配上音响与音乐,根据音响、音乐的配制情况,广播广告文稿的结构形式可以概括地分为两种。

第一种,单一式结构:这种结构形式的特点是只有待转化成有声语言的文字,而无须或没有音响、音乐两要素的出现,这类广告因可采用直播方式,又叫直播广告。它可以由一名播音员单声直播,也可由男女两位播音员联声直播。

第二种,复合式结构:这种结构形式的特点是,除了有待转化为有声语言的文字要素外,还有其他一种或两种要素,成为多种要素的一个复合体。这种结构的广告,因要通过演播或各要素分别录音后合成播出,也可叫合成广告。复合式结构一共有三种形式:一是有待转化为有声语言的文字配音响;二是有待转化为有声语言的文字配音乐;三是有待转化为有声语言的文字配音响和音乐。

（2）广播广告文稿的结构技巧。在广播广告文稿的创作中，有一些小技巧，看似"雕虫小技"，却很管用，不可小视。

① 反复：反复就是在文稿中重复使用同一词、句、段，以强调或突出广告的意图，加强语气和情感，加深听众的印象。

② 押韵：押韵就是使文稿中句子的最末一个字都带相同或相近的韵母，使其音调和谐优美，说来上口，听着入耳，给人以韵律的美感。

③ 设问：设问就是在文稿的开始处为吸引听众的注意力而特意设置的疑问句。通过设问可以制造"悬念"，启发听众思考，为接受后面的广告内容作好铺垫。

④ 对仗：对仗就是按照字音的平仄和字义的虚实将文稿做成对偶的语句。这种文稿句式整齐、意义相关、语气一致、节奏感强、容易上口、好听好记。

⑤ 照应：指文稿的前后配合、首尾呼应。有词语或句子的重复，也有乐曲、歌声或音响的重现。照应能使文稿首尾连贯、给人以整体感，并符合声音重传播规律，使听众印象深刻。

⑥ 配乐、配音：广播广告应尽量体现广播的特点，要多创作语言带其他声响的作品。

二、广播广告的种类

广播广告的种类，指的是广播广告在播出时，依据一定标准所划分出来的不同节目类型。每一种节目类型具有大致相同的性质。

1. 普通广告

普通广告就是广告客户没有特殊要求，电台播出也不作特别处理的一类广告。一般由电台按常规在固定的广告时间或各类节目之间进行插播。通常是按广播的"黄金时间"、非"黄金时间"和随时插播三种不同情况，分别列为甲、乙、丙三种等级。不同等级收费标准也不同，费用分别按甲、乙、丙依次降低。

2. 特约广告

特约广告就是为满足广告客户的特殊要求或特别约请而安排播出的一类广告。特约广告主要有两种形式：一是客户约时间，即特约广告要什么时间播出；二是客户约节目，即特约在某个节目时间播广告。

3. 专题广告

专题广告就是在专题节目时间或以"专题"节目的方式播出的一类广告。这类广告也有两种形式：一是广告客户特设专题广告，即由广告客户事先编录好广告资料，交由电台安排在专题节目前后播出，或安排在固定时间以"专题"节目的方式播出；二是共同参与广告，即由企业和电台双方联合举办专题广告节目。

4. 专栏广告

专栏广告就是电台在节目中为某种信息设置专门栏目的一类广告。它可分为经常性专栏广告，如寻人启事等；临时性专栏广告，如招生启事等。其特点是针对性强，有固定的专栏名称、内容范围、播出时间、周期长短,等等。

5. 赞助广告

赞助广告就是由广告客户出钱或出物赞助电台举办某些节目或组织一些有意义的社会活动,从中插播他们的产品的广告或广播赞助单位名称。其具体形式有三:一是某个企业或产品的特约赞助广告;二是几个企业或单位共同特约的赞助广告;三是由多个单位联合举办的赞助广告,如出资赞助大型文艺晚会的演出。

6. 公益广告

公益广告就是致力于与公众利益息息相关,为公众事业竭诚服务的一类广告,也叫公共服务性广告。其内容主要是倡导社会公共道德的社会性宣传教育。其基本形式一是把公益活动与广告宣传结合起来,通过公益活动来树立企业形象;二是只开展公益宣传,不与具体的广告活动相联系,这种纯公益广告一般由国家的政府部门出资播出。

7. 抵偿广告

抵偿广告就是由广告客户提供一定产品或物资,以抵偿部分或全部广告费。

三、广播广告的设计与制作

1. 广播广告的设计

广播广告的设计有广义和狭义之分。广义的广播广告设计包括从广播广告文稿的构思写作,直到广播广告作品的录制完成,一般要经历策划广告创意、确定广告形式、编写广告文稿、选配音响音乐、演播录制合成、安排播出时间等各个阶段;狭义的广播广告设计指的是根据编写的广播广告文稿,设计广播广告作品的制作方案。我们所说的广播广告设计一般是就狭义而言的。在这个前提下,广播广告设计有以下四个应注意的问题。

(1)立足声音,塑造形象。广播广告要立足声音优势,塑造具体可感的广告形象,每一句广告词的演播,每一个音响的选用,每一段音乐的配制都要有利于塑造该产品的整体形象。

(2)强调品牌,突出主题。一个产品可以介绍它的多个特点,但一则广告只能突出它的一个主题,介绍产品的特点离不开强调它的品牌。强调品牌可以采取艺术手法,突出主题。

(3)注重开头,先声夺人。广播广告的开头十分重要,它是吸引听众注意广告内容的关键所在。要使听众从无意注意转化为有意注意,关键在于优化开头。优化开头就是指通过一定的设计手段或艺术手法,使广告一开始就具有磁铁般的吸引力。优化开头可以采取下列一些方法。

① 提出问题或设置悬念以优化开头。

② 采用多种表现形式以优化开头。

③ 借用语气助词或改变语调来优化开头。

④ 使用带刺激性的音响以优化开头。

⑤配上适合广告内容的音乐以优化开头。

（4）寻求广告的最佳组合。广播广告是由语言、音响和音乐三大要素或由这三大要素所形成的板块组合而成的。在这种组合中，语言始终是主角、音响与音乐处于配角地位，广播广告设计就要不断寻求主配关系的最佳组合。

2. 广播广告制作

广播广告的制作是广播广告作品完成的最后一道工序。制作是使用技术手段和艺术手法表现设计，其结果是广播广告作品的诞生。

（1）制作的基本过程。

① 审核、修改既定文稿。广告策划负责人或广告导演根据声音传播的特点和要求，进一步审核、修改文稿写作人员提交的文稿，看它是否符合创意要求，是否准确地表现主题，有无结构松散或无法用声音表现的地方等。

② 落实、校正设计方案。要根据文稿风格、产品特点、听众心理、厂家意愿和销售时机等情况，进一步具体落实已经编制好的设计方案。

③ 检查、试验制作设备。

④ 选聘、确定演播人员。要根据文稿特点和设计要求，选配具有适宜身份的演播人员。

⑤ 排演、录制广告片断。上述工作就绪后，就可进入试制或制作阶段。

（2）广播广告的合成。

在广播广告中，除了独自或直播式广告以及少量的对话式广告不需要合成外，凡带音乐、音响或旁白的绝大多数广告都需要进行合成。合成是一种比较复杂的集体性的创作过程，也是整个设计制作阶段的关键环节，是广播广告的最后完成阶段。为了保证合成的质量，要抓好以下工作。

① 重视播音。播音是一种创造性的劳动。广播广告的播音就是对广播广告文稿的再创造。广播广告的播音要讲究技巧：首先，要掌握好音调和音量；其次，要注意语言的停顿，既要注意逻辑性停顿，也应有随意性停顿。

② 精选音响。广播广告的优势在于有音响效果的配合。广播广告中的音响，能给听众真实感、立体感，要充分发挥音响效果的作用。广播广告的音响主要有两种：一是能体现产品特点的本质音响；二是能营造环境气氛的背景音响，间接地为主题服务。

③ 用好音乐。广播广告需要音乐，音乐在广播广告中具有多种功用：它能丰满广告形体，活跃广告气氛；它能唤起听众注意，增强广告的吸引力等。因此，在广播广告合成时，要充分发挥音乐的特长和作用。首先，要选用广大听众喜闻乐见的音乐；其次，要使音乐的主题、风格与广告的内涵基本一致。在设计音乐时既要考虑产品的个性与风格，也要考虑整则广告的个性与风格，使音乐与产品对位、和谐，也使音乐与整则广告主题统一，旋律合拍。要避免盲目借用、乱用和滥用音乐。

④ 精心合成。合成是指将语言、音响和音乐等录音片断通过一定的机器设备和技术

手段,合并制作而成可供播放的广告成品。这需要参加合成的人员思想上高度重视这项工作。既要有团结一致的协作精神,也要有精益求精的工作态度,而且还需要工作人员熟悉各种合成技术,深谙合成艺术。只有精心合成才能有完美的广播广告作品。

第二节 广播广告创意的原理与方法

一、广播广告创意的定位原理

1. 广播广告定位的含义

定位是指确立产品在市场中的位置,这是实施广告攻心战略的一种新理论。广告定位的原理在于广告创意人员不是去创作某种新奇或与众不同而是去操纵已存在于心中的东西或重新结合已存在的联结关系。创意具有目标性,它要为一定的广告目的服务;定位具有策略性,它是达到广告目的的一种手段。

当今世界是一个传播过剩的世界,各种信息如滚滚的波涛令人目不暇接,难以全盘接受。定位理论的出现是为了适应这种社会背景,让广告为产品创造一定的特色,对消费者进行定向诱导,突出商品符合消费者心理需要的鲜明特点,树立商品稳固的形象。

广播广告的定位和其他媒体广告的定位一样,也是要在未来潜在顾客的心中为自己的产品赢得一席之地。广播广告具有先行传播、先声夺人、先入为主的优势,它在施行定位策略方面有着得天独厚的便利条件。

2. 广播广告定位的方法

广告定位是一件相当复杂的工作,其中大量的工作是要经过创意人员的头脑才能完成的。创意人员首先要对市场进行调查研究,在吃透情况的基础上再经过分析综合、推理判断,最后作出明智的抉择。进行广播广告的定位可采用以下方法。

(1)调查研究法。

调查是进行广告定位的前提与基础,是进行正确的广告定位的最基本的方法。广告创意人员通过市场、产品、消费者的调查与分析,第一,了解自己产品的特点、长处,掌握同类竞争产品的情况和销售策略,做到知己知彼,突出己之长,以显彼之短;第二,弄清不同年龄、不同性别、不同职业、不同层次消费者的消费特点、消费习惯、消费规模、消费水平等,制定相应的定位策略。广播广告的听众面极广,各类听众对商品的需求差异性极大,要在听众心中为产品找到一个合适的位置确属不易,调查研究工作就更显重要。

(2)细分市场法。

这是市场学中关于市场分析的一种理论与方法,也是作好广告定位的一种重要方法。细分市场是根据各种不同的标准,将市场划分为拥有特定消费群的更细小的市场。细分出来的每一个小市场都有一个特定的消费群体，一般都具有共同的消费需求与消费习惯。广告创意人员要注意对每一个消费群体进行分析，从中找出自己产品的具体服务对象，将其作为销售的目标市场，根据其消费心理和消费特征进行广播广告定位。

3. 广播广告定位的种类

（1）产品或劳务定位。

这种类型的定位是最常见的，包括产品的产地、原料、加工、用途、用法、特点、档次、类别等，都可成为定位的主要内容。如用产品产地定位，产品的产地有什么特点，在广告中加以突出宣传可以使听众对该产品产生亲切感。

（2）听众或买主定位。

要使听众明确该产品是为谁生产的，卖给什么人，即将产品明确定位在它的直接使用者上。常见的广播广告听众定位有两种。

① 消费对象定位。即在听众中为产品寻找消费者。

② 听众心理定位。听众一般都有求新、求美、求实、求廉、求经久耐用和省事方便等心理，利用这些心理因素都可以为产品定位。

二、广播广告创意的一般方法

广播广告创意要依据广播媒体的特点来进行。其方法主要有以下五种。

1. 直接法

这是最常用的，同时也是很难运用到独具匠心的程度的广播广告创意方法之一。它的价值在于能够很好地表现商品的现实性和真实性的本质，并能为商品扬长避短。

如易初莲花广播广告：

音效：电话声

（电话效果音）男：喂？我老婆在你那儿吗？

女：不在，不在。我不和你多说了，我赶着去易初莲花买东西。"啪嗒"（挂电话声）

音效：手机声

（电话效果音）男：喂？我老婆和你在一起吗？

（超市背景中）女：没有，没有。我正在易初莲花抢购，下回再聊啊！

"嘟！！"（电话挂断声）

音效：手机声（与前次区别）

（电话效果音）男：喂？我老婆在你那儿吗？

（超市背景衬底）女（笑声）：这么怕你老婆跑啦？

（电话效果音）男：她一早出去，现在都快晚上了，还不见她。

女：别急，她和我在一块采购呢！

男：喂？喂？你们在哪里呢？

旁白：易初莲花超市让人流连忘返，如果你太太出去很久，也许你应该去易初莲花找找看。

音效：门铃声

女（兴奋）：老公，看看我买了什么！

资料来源：上海人民广播电台。

2. 对比法

以直接、挑战、尖锐的方式将同类产品或竞争厂牌产品拿来与自己的产品比较优劣的表现。采用各种语言的技巧，比较同类事物的优劣，最好是比较消费者最关心的内容，这样更易激起他们的注意和认同。

3. 戏剧法

在广播广告中采用戏剧化的情节，用想象力创造出令人折服的广告故事，让听众受到感染。

4. 夸张法

夸张是在一般中求新奇变化，通过虚构把对象的特点和个性中美的方面加以夸大，赋予一种新奇和变化的情趣。夸张手法的运用会为广告的艺术美注入浓郁的感情色彩，使产品特性更加鲜明、突出、动人。

5. 比喻法

以某种东西作比喻，而使听众产生亲近的感受。

如飞利浦蒸汽电熨斗的广播广告。

文案如下：

> 丈母娘的皱纹。
>
> 唉，丈母娘年纪大了，怀旧爱唠叨。
>
> 她常说："衣服旧点，皱点不要紧，只要洗得干净，我这几十年不都过来了。"
>
> 后来，我们买了个飞利浦蒸汽电熨斗，
>
> 把全家人的衣服熨得服服帖帖，个个打扮得漂漂亮亮。
>
> 有一天，丈母娘从邻居家串门回来，悄悄问我："儿啊，飞利浦电熨斗那么厉害，不知道对我这老脸上的皱纹管不管用？"
>
> （笑声）飞利浦电熨斗威力强大，
>
> 不但衣服服服帖帖，连丈母娘也心服口服，可是她脸上的皱纹，就是不服。

这则广告中的最出彩的一句话就是"儿啊，飞利浦电熨斗那么厉害，不知道对我这老脸上的皱纹管不管用？"这句违背常理的话在这个语境中产生了非常幽默的效果。给受众的感觉是，飞利浦蒸汽电熨斗似乎无所不能，不过不能除去丈母娘的皱纹。这样幽默的广告语一下子就抓住了消费者的心，消除了消费者与产品的心理隔阂，产品与消费者就有了一个很好的沟通渠道和机会。

三、广播广告创意与消费心理

广播广告的目的归根结底是要促销,是要刺激、变更或增强消费者的态度、想法和行为,激发受众的购买欲望,使受众变成自己企业的顾客。但在一般情况下,总是有了消费的需要才会有购买的欲望,广告获得成功的关键是创意是否把握了人们的消费规律,从而恰到好处地诱导出人们对产品的兴趣。

1. 消费心理与消费行为

消费心理影响人们的消费行为,人类消费行为的复杂性是由复杂的消费心理所决定的。这种复杂的心理和行为将给予广告一定的指示性力量。为了广播广告创意的成功,广告人员一定要了解人类消费行为的复杂性,以及影响消费行为的多样性。消费者的购买行为同时要受到内部的、个人的影响,及外部的、环境的影响。个人的影响包括消费者个人需求和动机,消费者的认识范畴,消费者的学习方式及兴趣。外部环境则包括消费者的家庭、社会结构及文化。这些影响因素与消费者相结合,将决定消费者的购买行动。广播广告创作人员只有在充分了解消费行为的复杂性、充分了解消费心理的前提下,才可能进行成功的广告创意。

2. 消费结构与广播广告创意

消费结构指各类消费支出在总支出中所占的比重。一般把一个国家或一个地区的消费结构叫作宏观消费结构,把一个家庭或个人的消费结构叫作微观消费结构。这两种意义上的消费结构与广播广告的策划创意都有直接的联系。

掌握了人们的消费结构,就能够对自己的目标市场心中有数,有的放矢地进行产品设计和广告创意。当然人的消费结构也不是一成不变的,我们也还需掌握运用好消费结构的变化规律,因势利导。

广告不能也不必要去改变人们的经济收入,但它却能影响人们的心理。只有通过消费知识习惯、审美情趣和社会心理等方面的改变,广告才能引导消费意向,带动消费潮流。

广播广告作为广告的基本形式之一,也必须很好地掌握目标市场的消费结构才能进行成功的创意。广告创意人员不仅要掌握社会宏观的消费结构和消费意向,更重要的还要深入地分析掌握微观的消费结构,做到更有针对性,因为,受众才是广告创意的最终评判者。

3. 消费的周期性对广播广告创意的影响

消费的周期性指市场消费需求的变化具有相对稳定的节奏,每隔一段时间就会有规律地重复某些消费特征,这是消费心理很重要的一个方面。

在中国,每临近春节,市场消费需求就明显增大,消费品种主要集中于日用百货、副食品等方面。每年春节一过,又有一段时间市场冷落。这就是一种消费周期,这种消费周期是以中国人特有的消费心理及消费习俗为基础的,掌握目标市场的消费习俗与消费周期,对广告创意有好处,可使广告投放减少盲目性,有的放矢,效果更好。

除消费习俗外,还有一些因素也可能影响消费周期,如高档耐用消费品的使用寿命和更新换代时间,消费群体的年龄周期等,都需要我们根据不同的需要进行具体的研究。

在研究消费周期性的同时,广告创意人员必须时刻注意消费中的流行现象。流行现象随机性很强,突然而至,转瞬即逝,旧的流行现象很快就会被新的流行现象所取代,其本质是赶时髦,属于社会心理现象,它只能通过感觉、感情和价值取向加以说明。

从广播广告创意的需要着眼,流行现象的两大特征是我们必须掌握的,其中一个就是它的模仿性;另一个就是它的自我表现性。抓住了这两个特征,我们不仅不会在众多流行现象面前无所适从,甚至还可以利用广播广告手段影响和造成一定的流行现象。

4. 广播广告创意与消费者的心理过程

广播广告只有作用于消费者才能发生作用。消费者在决定购买之前也有一个心理活动过程。注意(知觉阶段)—兴趣(探索阶段)—欲望(评价阶段)—确信(决策阶段)—购买(行动阶段)。只有真正理解消费者的这些消费过程,才能使广告的知觉与观念、理智与情感的诉求达到预期的目的。关于消费者的消费心理过程,请参看前面有关章节,在此不再赘述。

四、广播广告创意与民族文化心态

1. 进行广告创意必须研究民族文化心态

民族文化心态是指一个民族的风俗习惯、历史传统、伦理道德、文化教育、思维特征、人生观、价值观与现代观念及现代科技融合而成的整体心理趋势。每一个人都无可避免地生活于一定的文化整体氛围中,他的行为方式、思维方式、情感方式乃至潜意识,都深深地打上了民族文化的烙印。由于广告的最终目的是促使消费者购买一定的商品,因此,它必然要以能否引发受众的认同感来作为其有效与否的标志。而不同民族文化氛围中的广告受众对广告的接受能力呈现出巨大的差异性。在中国十分走俏的名牌产品白象牌电池,在英国就无法销售,因为在英语中"白象"含有"无用的东西"之意,这是由于在不同的文化背景下,同一个词所包含的意义不同导致的。而"喝可口可乐!"这样祈使句式的广告口号,在日本人中也会引起反感,因为,在日本这种口气只适合于上级对下级说话时使用。

广告诉求点的选择也应切合不同民族的心理需求。美国高露洁牙膏在法国做广告时,曾沿用适合美国消费者的诉求点,即强调牙膏洁齿健身的功效,但没有引起反响。后来,广告商根据西欧人的历史文化特点,把诉求重点放在牙膏洁齿美容的功效上,立即引起法国人的兴趣。

广告接受由于民族文化的制约而呈现出的差异性,促使广告创意必须把民族文化心态作为广告创意中一个重要的课题来研究。

2. 中国民族文化心态与广播广告创意

中国是一个巨大的市场，为广告业的发展提供了广阔的空间。故而我们进行广播广告创意时必然要研究中国的民族文化心态。

外国企业到中国来做广告，一般都重视研究中国的民族文化心态，通过分析中国文化的特殊表现和思维方式，选择适合中国人的口味而最能打动人心的广告表现形式。许多有鲜明的中国风格的外国企业广告，使中国受众心悦诚服，喜闻乐见。那些优秀的作品，比许多国内的广告更具有中国民族文化精神。

我们研究中国的民族文化心态不是评价其优劣，而是便于了解中国受众，从而用广告去打动和说服他们，以激发他们的购买欲望。

（1）中国的民族文化性格。中国的民族文化性格可以说是现实主义。浓厚的现实主义表明中国人倾向于接受现状的人生态度，同时又表现为一种实惠观念，使人看重实际的利益而不愿多想未来的许诺。这样的现实主义自然而然地排斥一切与实际利益无关的东西。中国人习惯把精力用来思考人与人的现实关系，思考人要怎样相处，怎样享受天年，怎样才能获得幸福、平安。针对中国人这种浓厚的现实主义，广告的承诺上就应该尽量实惠一些。中国的消费者大多数有一副现实冷静的眼光。他们最感兴趣的是实惠。一些过于夸张的语言只能成为中国顾客的笑柄，很少有认真对待的，其广告效果远不如实实在在的广告用语显著。

（2）中国人接受广告的思维特征。不同的文化特征不仅在民族性格上留下烙印，也会造成民族思维习惯差异。不同的思维习惯决定了对广告信息不同的接受方式，也就决定了在进行广播广告创意时要注意选取适合民族思维习惯的表现方式。

① 类比思维。它是根据不同事物在某些特征上的相似，作出它们在其他特征上也可能相似的结论的一种思维方式。中国人在接受广告信息时，一向长于触类旁通的领悟，而对抽象的逻辑思辨则缺乏兴趣。

② 中庸思维。中庸，即不偏激，不走极端，在思考问题时，折中调和。在中庸氛围较浓的家庭里，除了经济因素起决定性影响作用外，多数都主张买中档商品。无论广告语如何的响亮、振奋，但习惯于中庸思考方式的中国人都会自动地给"最好""第一"之类的套话大打折扣。

③ 人情色彩。指将智力感情化的倾向。它意味着"情理合一"的理解事物的方式和为人处世的方式。据此，广播广告应寻找富于人情味的广告创意，只有富有人情味的渲染，广告才能广泛地吸引听众。有情能胜千言，这是被广告实践反复证明了的一条真理。

④ 媒介权威意识。不同等级的广播，在受众心目中的权威地位是不同的，这影响到广告的效益。在一些人看来，省级人民广播电台的广告就是比市级的权威性高，而中央人民广播电台的广告，那就更加真实可信。

创意链接 11

为何狂奔?

狂奔

竞猜情节描述

下午5点终于到了,下班了!一个中年人拿起包就往楼下冲。骑上自行车,一路匆匆忙忙,闯红灯穿小巷撞上买西瓜的路人。无心观赏绿柳拂动下的山清水秀……画面穿插着菜肴翻炒香气飘溢的场景。一路狂驶,终于到家了……

思考题

1. 这是一则什么广告?
2. 接下去情节将如何发展?
3. 这则广告的创意表现在什么地方?

学生竞猜

学生一:这是一则酒类广告,下班后赶着回家,菜还没有做好,可能是有一堆朋友在等着吧。

学生二:可能是食用油和调和油的广告。广告中有几个菜下锅的镜头,下锅时应该用油而不是酱油。

(答案及点评见书末所附部分)

第十二章　电视广告创意

内容提要

（1）电视广告是一种最完善、最具发展潜力的广告形式。具有综合性、广泛性、强制性、时效性、一次性及成本较高的特点。按播出方式可分为节目型、插播型、赞助型和转借型四类，按制作材料可分为影片型和录像型两类。

（2）电视广告的表现形式多种多样，主要有新闻式、明星式、生活式、情节式、歌唱式等八大类。具体制作时应遵循视觉中心原则、简洁单纯原则、自由创意原则、系统连续原则和真实艺术原则。

（3）电视广告创意是通过综合性的艺术手段和处理来表现广告主题。其特征表现在以广告主题为核心，以新颖独特为生命，以情趣生动为依据和形象化四方面。

（4）电视广告创意应遵循关注原则、理解原则、印象原则等，并经过收集资料—确立诉求点和选择定位点—戏剧化过程—形式化过程四个创意阶段。对创意出的作品要从五个方面进行评价。

（5）电视广告创意的一般方法有营造意境、传递情感和变换视角等，电视广告的主题创意是核心内容。创意时主题应单一明确、集中稳定、准确易懂并具刺激性。一般可根据商品特征、企业特征或消费者特征来确立主题。

第十二章　电视广告创意

策划案例赏析12

苹果 AirPods Pro

苹果 AirPods Pro

(资料来源：https://m.youtube.com/watch?v=tn837tG2cxA)

策划背景

苹果公司曾发布一则招聘广告，"各位睁眼白日梦，闭眼天马行空，满脑子理想和幻想的人……你，就是我们寻找的人"。窥斑见豹，苹果公司以"switch"（变革）为口号，坚持产品突破与创新的理念也在其电视广告上有所体现。2020年初，苹果公司推出的全新 AirPods Pro 产品最吸引眼球的功能在于 Transparency Mode（通透模式）和 Active Noise Cancellation（主动降噪），其中通透模式可以使用户直观地感受周围的声音，而主动降噪则营造了完全沉浸式的耳机体验，针对这两个截然相反的概念，苹果公司推出了一个极富创意性的电视广告。

专家点评

苹果公司的广告贴合视觉中心原则、简洁单纯原则、自由创新原则和真实艺术原则的制作原则。在电视广告的接受形式上，应用视觉中心原则强化了人们的视觉优势，全片配用同一支音乐，重点表现丰富活泼的画面切换，使女主角戴上耳机进入 Active Noise Cancellation 模式后的自我沉浸状态在荧光红绿的主色调中展现得淋漓尽致；简洁单纯原则要求广告内容不宜过于复杂，本片选择女主角在下班后戴上 AirPods Pro 的简单场景，准确地突出了推广产品和目标受众；广告制作秉承了自由创新原则，巧妙地结合产品性能与天马行空的夸张创意,通过相同场景的强烈对比,强调用户使用产品后解放自我、拥抱自由的核心理念;真实艺术原则强调科学事实和艺术夸张的有机融合,本片借普通人视角表现音乐带来的情不自禁起舞的想象世界,以艺术的形式展现了产品性能。

电视是一门融视觉和听觉、时间与空间于一体的艺术形式,是最重要的广告媒体之一。在万千纷繁的广告媒体之中,电视可以说是最完善、最具表现力和魅力的媒体。

一条精彩杰出的电视广告是无数智慧、灵感的结晶。它短到几秒,长也不过几十秒,但其以强烈的声、光、色、形的效果震撼着人们的心灵,其中真正扣人心弦之处却在于其所具有的创意,那些令人目眩神迷的声光只不过是创意的美丽包装。

电视广告的创意是一项艰苦的劳动。美国广告学家斯坦贺普·谢尔顿曾说:"一部数十秒的广告影片,用一个两寸半大小的药瓶就可以装下,殊不知这小玩意儿是集数十人,花数周时间努力的结果。"认识电视广告创意的重要性,掌握电视广告创意的基本原则和一般方法对于电视广告的创作人员有十分重要的意义,它是电视广告创作的核心。

第一节 电视广告概说

一、电视广告的类型

电视广告有不同的类型,可按播出方式的不同与制作材料的不同进行分类。

1. 按播出方式分类

(1) 节目型广告。这类广告是由众多的单条广告编辑组合而成的一个节目,一般有固定的时间和片长。如中央电视台第一套节目的《榜上有名》《广而告之》,第二套节目的《名不虚传》等都属于节目型广告。节目型广告内容集中,信息量大,播出时间较长。但由此也容易使观众产生厌烦心理,信息含量大,观众难以承受,各广告之间也会相互影响,从而降低广告的传播效果。

(2) 插播型广告。插播型广告可以分为两种:一种是在两个不同的节目中间插播电视广告;一种是在同一节目中播入电视广告。插播型广告相对来说收视率较高,尤其是在收视率高的节目前播出的广告。这是电视节目带来的附加效应,在此时,电视广告传播的强制性和无选择性体现得最为充分。插播型广告越是放在高收视率节目中间或前面插播,传播效果就越好,相应的播出费也就越高。

(3) 赞助型广告。赞助型广告即由企业针对某个收视率较高的电视节目提供赞助,节目每次在播出前为该企业或其产品、劳务插播广告,同时明确说明节目是由该企业提供赞助。赞助型广告传播效果较好,企业的知名度会随着赞助节目的名牌效应而提高,具有一定的公益性。

（4）转借型广告。转借型广告也可以称之为隐性电视广告。这一类型广告指的是其他媒体的广告（主要是户外广告）出现在电视的非广告节目的画面中。最突出的形式就是在重大足球赛上，足球赛场的四周都有许多广告牌。转借型广告成本远低于一般电视广告，传播效果却相同于甚至优于一般电视广告。

2. 按制作材料分类

（1）影片型广告。用电影胶片制作的电视广告，主要用35毫米和16毫米两种胶片。制作工艺与拍摄电影相同。其艺术表现力强，图像质量高，制作周期长，成本费用高。

（2）录像型广告。用录像磁带拍摄的广告。这一类型的广告在我国的电视广告中比例较大，制作周期短，成本费用低。

二、电视广告的表现形式

广告信息的传播、策划意图的体现以及艺术构思的展示都取决于广告的表现形式。一条电视广告能否吸引、取悦观众，最终是通过其表现形式体现出来。因此，采用何种表现形式是广告传播中关键的一步。

电视是一门综合性很强的艺术，决定了电视广告的表现形式是丰富多彩的。综观现有的众多电视广告，可以归纳为以下八种主要表现形式。

1. 新闻式

广告以电视新闻报道的形式出现。其前提是：广告的信息是真实的，广告的信息在某方面具有新闻价值。新闻式电视广告的优点在于不花钱或少花钱而起到宣传效果。新闻与广告，观众更相信新闻。新闻节目的收视率一般都高于广告，新闻式广告收视率高于一般的其他形式的广告。但应当明确的是，新闻式广告首先是新闻，其次才是广告，客观上是新闻传播，主观上起到了广告宣传的作用。从广告角度讲，新闻式只能作为一种辅助手段，而不能作为主要手段。

2. 明星式

利用知名度高的人士向消费者推荐的方式。明星式广告在电视广告中是最常见的。它影响层面广，影响力强。借助于明星的知名度可提高产品的身价，借助于明星的示范效应可造成一种消费时尚。采用明星广告要注意以下问题：① 广告产品或劳务必须与选用的明星有关联，不要让明星去作与他毫无关联的产品或劳务的广告；② 产品或劳务诉求对象要与明星的崇拜群体相一致；③ 采用明星式广告要考虑经济实力。

3. 生活式

利用日常生活中的一个片断、细节将所要宣传的产品点缀其中。家电、化妆品、纪念品、服饰等多采用这种形式。这种形式的广告主要是可以营造出某种生活气氛，让观众首先在心灵上与这种生活气氛达到相通，继而使产品在观众心中留下印象，它从情感上拉近产品与消费者的距离，让消费者觉得这种产品是生活中必不可少的，或可以给生活带来许多便利与愉快。生活式电视广告发挥了电视传播接近性的优势,深入家庭,亲切自然。采用生活式电视广告应注意:① 产品与劳务必须与消费者日常生活息息相关,是消费者日常生活中必不可少或应该具备的;② 选取的生活片断要有代表性,生活气息浓厚,演员表演自然、贴切;③ 突出产品或劳务在人们生活中所起作用的重要一点或一个方面,以免产品或劳务被所选取的生活片断淹没。

4. 情节式

利用故事情节、戏剧冲突而引发出产品和劳务。电视作为娱乐工具,其在展示情节、表现戏剧冲突方面有很强的优势,情节式就是充分发挥电视这方面的特长,把广告信息融入富于戏剧冲突的情节中,让观众在关注情节中的事态变化发展时,不知不觉地接受广告所传播的信息。采用情节式要注意:① 情节应当是在现实生活基础上的艺术提炼,即情节要有现实生活基础,这种情节是人们在生活中可以遇到的、可能发生的;② 情节要简单,便于展开并很快进入高潮,让观众一看就懂;③ 情节要服务于广告主题,防止产品被淹没在精彩的情节之中。

5. 歌唱式

以一首广告主题曲贯穿统帅整个电视广告。歌曲通俗易学,旋律明快。运用歌唱式要注意的是:① 歌曲要通俗化,歌词简单易学,旋律明快简洁;② 歌曲要短;③ 歌词围绕一个主题为宜,一定要突出品牌。

6. 特技式

利用特技手法创造出特殊的视听效果,主要是指电脑动画。当今的电视广告少有不用特技处理的。特技处理能产生一种全新的、不同于人们习惯感受的视觉效果,同时也艺术地夸张了与产品或劳务有关的特殊效果,给观众一种强烈的视觉感受,产生较强的冲击力。特技式充分发挥了电视作为运动的视听媒介的优势。采用特技式值得注意的一点是,特技的运用要围绕着产品或劳务的某一信息,广告信息要简单突出,不要被特殊的画面效果掩盖了。

7. 动画式

根据广告主题及创意要求把一幅幅绘制好的图画,用定格拍摄,然后连续放映。一般地讲,只要能画出来,都能用动画来表现。动画式有利于夸张和幻想,具有独特的魅力,所以,对成年人也有相当的吸引力。采用动画式要注意:① 广告成本高,故应力求简短;② 要营造"成年童话",而不能过分儿童化,以免诉求对象面太狭小。

8. 答疑式

答疑式亦可称为解决问题式。通过使用某种产品或劳务的前后对比进行广告宣传。一般药品、化妆品、家用电器以及其他日用品比较适合采用这种形式。通过对比的方法说明使用某种产品能解决生活中的某些难题,解除某种病痛或带来某种便利和愉悦。这是目前电视广告中较为常见的一种,因为它传达的广告信息直接明了,产品或劳务能立刻解决消费者遇到的困难,所以,这种形式较容易被消费者接受。采用这一形式须注意的是:

① 产品或劳务能解决哪方面的问题就突出这一方面的优点，不宜面面俱到，罗列各种优点；② 不宜过分夸大优点，以免消费者怀疑。

电视广告的表现形式各种各样，难以一一列举。形式必须服务于内容，不论采用哪一种表现形式，最终都是为了向消费者推销产品或树立企业形象。

三、电视广告的制作

电视广告的制作就是将电视广告的创意视觉化、听觉化、具体形象化。

1. 电视广告制作的基本原则

（1）视觉中心原则。电视是一种时空的艺术，视听结合。虽然从结构的角度讲时间和空间共同构成电视的结构，也就是说视觉和听觉对于电视来说具有相同的地位，然而人们在习惯上对电视画面的重视远远超过了声响，也可以说是人们认为电视的视觉优势大于听觉优势。画面大多数情况下总是比声响更吸引人。观众看电视是因为其可视，首先去看，其次才是听。所以，电视广告画面的好坏决定了其质量的优劣和能否吸引观众。

电视广告主要是从感性或者形象的角度来传达信息，语言在这方面就远不及画面的表现力。尤其是在营造意境、传递情感方面，语言较画面就更为逊色。另一方面，电视广告的时间都很短，一般都用秒来计算。在有限的时间内靠语言的叙述来传递信息是十分有限的，只能依靠画面来向观众传递尽可能多的信息。另外，画面传递的信息更加真实、准确。

视觉中心原则就是要求制作电视广告时必须以视觉或者说是画面为中心，以画面为主体来设计制作，尽可能做到不考虑声响和文字，观众仅仅看画面就能明晰地看懂广告片所要传播的信息。视觉中心原则还有另一层含义，就是在整个画面中要有一个中心画面，也可以说要有一个趣味中心、兴奋中心。

（2）简洁单纯原则。电视广告是在有限的时空内的一种信息传播，想在有限的几十秒的时间里告诉观众太多太复杂的东西是一件困难的事。好的电视广告都应是简洁、单纯的。这不仅是对电视广告制作的要求，同时也是对确立主题、进行创意的要求。

（3）自由创新原则。广告被认为是一门艺术、一种技巧，广告在制作上就须自由地不断创新。只有不断创新，广告才具有创造性和丰富的想象力，才能强烈地感染观众。几乎所有成功的电视广告，在制作手法上都具有突出的特色，都是不断创新的结果。创新是电视广告生命力之所在。任何异想天开、标新立异对创作电视广告来讲都是值得提倡的。

（4）系统连续原则。电视广告的设计制作是一个系统连续的过程，这是由电视广告传播特点决定的。电视广告的传播效果不是一蹴而就的，要有一个连续反复、不断强化的过程。这一过程不是摄制一部电视广告片可以办到的，必须要有一个系统的安排。近年来，电视广告出现系列式广告的趋势，这种系列式广告就是电视广告设计制作上系统连续原则的体现。

（5）真实艺术原则。真实是一切广告制作的一项基本原则。电视广告是直观形象的，任何虚假的东西更容易暴露在观众面前。广告的目的就在于推销产品或劳务，树立企业形象。这一切决定广告内容必须真实可信。许多电视广告都通过画面对产品或劳务的真实性进行直观形象的证实，目的也就在于让观众相信其真实性是毋庸置疑的。

电视广告既是科学，又是艺术，艺术允许超越现实的夸张，它可以充分调动各种艺术手段进行创作。因为，只有如此才能产生强烈的视觉感受，感染打动观众。真实和艺术的原则就是要求电视广告在现实的真实基础上，运用必要的艺术手法，达到推销产品和劳务、树立企业形象的目的。

2. 电视广告的构成要素

电视广告的构成有三大要素：画面、解说（包括配音和屏幕文字）和音响。三大要素中，画面占有主体的地位。

（1）画面。电视广告的画面内容纷繁复杂，但撇开众多事物的具体形态，我们会发现电视广告画面主要是由色彩、形状、线条、运动所组成的。在电视广告的制作中要特别注意景别的运用，其画面构图要简洁完整、均衡统一，形成一个视觉趣味中心。

（2）解说。解说包括配音和屏幕文字两部分。解说的文字一定要简短精炼。30秒的广告，解说文字最多100字左右。能用画面叙述的，就不要配解说。解说词撰写要口语化。解说词要突出强化广告的某一重要信息。屏幕文字作为电视广告片的一部分，具有强调中心、注释说明的作用，是一种辅助手段。要选择合适的字体、字形、间距，以及文字的叠加背景。

（3）音响。音响配合电视广告画面和解说，烘托气氛，渲染主题。音响包括音乐和其他声响。音响是电视广告的有机组成部分，不能把它看成是一种简单的装饰陪衬。它要与整个广告的画面和主题协调一致。

第二节　电视广告创意的一般方法

一、电视广告创意的程序

电视广告的创意过程既简单又复杂。表面看起来是一群人在那里喷云吐雾、异想天开，或是一个人冥思苦想、独自徘徊，实际上它是一种非常艰苦的劳动，用大卫·奥格威的话说，"是为广告流血"的工作。电视广告创意与一般的广告创意一样，也必须经过以下四个阶段。

1. 收集素材

这是电视广告创意的第一个阶段，也是非常艰苦的准备阶段。广告创意是一种非常严肃的科学活动，只有在充分掌握大量相关材料的前提下才能进行。第一阶段的工作或许是枯燥的，却是创意至为重要的必经之路。不把握各种因素（原始资料），创意就变成了无源之水，无本之木。

2. 诉求点的确立与定位点的选择

当一个创意者面对一件需要进行广告宣传的产品时，他的基本素养就表现在如何从一大堆关于产品的信息中甄别出几条或几十条诉求点，然后从中确立定位点。这样，广告创意就顺理成章了。

诉求点是广告主对消费者所做的一系列承诺，这些承诺的确定取决于三个方面：第一，产品本身的特性；第二，目标市场及宏观市场的状况；第三，目标消费群的状况。三者当中，产品本身的特性具有核心地位。广告不可能将广告主所有的承诺都表现出来，应当只选取最主要的诉求点来代表最重要的承诺。这就是定位点。

定位点的选择已触及广告创意的核心，因而更代表了广告创意者的水平与感受力。在定位点的选择中，目标消费者心理应成为最重要的选择准则。

3. 戏剧化过程

这是电视广告的第三个阶段，也是创意的高潮阶段。选好定位点，只是为创意的成功奠定了坚实的基础。创意的轮廓只有经过戏剧化过程的升华才能完成。

戏剧化的主要形式就是为定位点寻找一个合适而有效的载体。

戏剧化的过程一般也经过三个阶段。第一，寻找依托点，也就是寻找戏剧化赖以组合的几个要点，它们既有产品的主要特性，又有市场具体情况、消费心理，还可以涉及社会民俗风尚等，关键在于鉴别其是否最符合广告发布时期的情况。第二，试找碰撞点。这个阶段要寻找的是各种依托点之间的相互关系，试图从不同角度去触摸这些依托点，不断探索它的内在及延伸意义。这个时候，常常会得到小量不确定的或部分不完整的创意，创意人员应该及时地把这些思想火花记录下来，然后进行筛选、比较。第三，灵感闪现，定位点获得十分合适而有效的戏剧化表现方式。

4. 形式化过程

形式化过程即创意实现过程，这是电视广告创意的第四阶段。从收集资料、寻找定位点到戏剧化过程结束并不意味着创意的完成，因为，创意的实现必须经过形式化阶段，即创意要通过文本化才能得到表现，要通过视觉化才能得到强化，要通过电视传播才能传达到目标对象。① 文本化。创意只有通过语言才能得以表达，文本化是创意变成广告的必经之途，而且表达过程本身也是创意不可或缺的组成部分。只有有了优秀的创意文稿才可据此制作出优秀的电视广告。文本化是实现创意的第一步。② 视觉化。电视广告本身是以视觉为中心的艺术，将创意通过直观的画面传达出来，给目标受众以有力的心理冲击。视觉化涉及构图、布局、色彩等一系列技术问题，可采用具象法、文字具象结合法、隐喻法、图解法、意义延伸法、点缀法、动画表现法等各种方式予以表现。

二、电视广告创意的一般方法

1. 营造意境

意境是中国古典美学中的一个重要范畴。诗人王昌龄在《诗格》中说：诗有三境，一曰物境，二曰情境，三曰意境。"意（意境）高则格（意象）高"，有了某种意境才能产生无法言传的魅力，给人以震撼，引人共鸣。所以，任何作品要引起欣赏者的兴趣和情感活动，使形象植根于欣赏者心底，一定要借助于意境的创作手法。广告既是一门科学又是一门艺术，特别是电视广告，它融视、听、时空于一体，在短短的几秒或几十秒的时间里感染和说服观众，这就必须营造某种意境，从而达到使产品或劳务的形象深印公众心中的目的。电视广告在营造意境方面有其独特的优势，电视具有丰富的表现力。许多只可意会不可言传的景象，电视可以通过画面、色彩、音响等充分地展示于公众面前，从而引起公众的注意和共鸣。

营造意境就是把观众向往、或者心中既存却未成形的某种精神追求和境界用形象的情境展现出来。"正章，一个1925年开始的故事……"画面的色调处理得古朴陈旧，一下就形成了一种悠悠岁月、沧海桑田般的久远意境。由于观众身上那种历史的积淀，自然就有了某种心灵的相通与共鸣。

突出品牌、宣传企业形象的广告，适合用营造某种意境来感染消费者。营造意境首先是满足消费者的审美需求，在满足这一需求的同时说服消费者进行购买活动，同时还要让消费者感觉到，他们的行动是获取某种精神追求、或达到某种境界、或实现其价值的一部分。

2. 传递情感

20世纪90年代初，世界电视广告的主流是诉诸人类共同的感情。这类作品不仅数量多，质量高，而且促销成效显著。广告大师大卫·奥格威曾讲过这样一段话："我确信广告片中如果充满怀念、思念及令人遐思的情意，那么其效果必然看好。"三得利高级威士忌广告重点表现了生活中人们的喜、怒、哀、乐，强调了威士忌与人们感情生活的密切联系。当一丝浓浓的哀愁萦绕心头时，借酒消愁；当几位知己欢聚时，频频畅饮。高兴时、痛苦时都离不开威士忌，威士忌陪伴着人们抒发或宣泄各种情感。传递情感是广告创意的另一种方法。

做广告要想打动、说服消费者，不外乎两种情形：动之以情——感性广告；晓之以理——理性广告。通过传递情感来创意的广告属感性广告。广告创意注入情感因素可以增强广告的人情味，淡化商业气息，还可以缩小广告与消费者之间的距离，让消费者感到广告能为消费者着想，感受到爱心的关怀。这均是运用情感传递的手法，将广告信息的情感传达给公众的同时，也使广告被公众所接受。在电视广告中注入情感因素，其实质是唤起消费者心中那一块期待真情的世界。这种情感因素必须赋予产品或劳务，不能使两者分开。只有这样，才能激发消费者对产品或劳务在情感上的认同，从而引起购买冲动。

3. 交换视角

电视是一门以视觉为主、视听结合的艺术。电视的特性决定了电视广告创作者只能借助于视听向观众传达视听以外的其他感觉，诸如嗅觉、味觉、触觉和千变万化的心理感受，特别是通过画面向观众表达感受，使观众似乎置身其中，深受感染。

电视广告以画面取胜，不同的画面给观众的视觉印象不同。在短短的几秒或几十秒的时间里，若想在观众的心中留下深刻印象，一定要用新奇的画面冲击观众的视觉，给观众强烈的感染力与震撼力。如果说前两种方法为的是心灵相通、交流情感的话，那么变换视觉为的是对视觉的冲击，不再用平常常用的眼光看事物。Tang果珍的电视广告中有一个镜头：一滴果珍滴到杯中的果珍中，这一过程用慢镜头，视觉印象相当强烈。有一条耐克鞋的广告，全片只用了一个高速摄影的长镜头，表现一位运动员带着球三步上篮的动作，身影矫健，步态轻盈，充分表现出一种运动美、力量美和旋律美。还有一条汽车广告，运用低速摄影的手法，营造了工人组装汽车时紧张、忙碌的气氛。一群工人围绕在汽车四周，飞快的手势、麻利的动作、神速的步态，拧螺丝、拿工具、装配件，简直忙得像机器人一样。这条广告的摄影频率不是恒定的，而是呈现出变化趋势，频率越来越低，人物动作越来越快，走路姿势摇摆晃动得越来越厉害，脸部表情变化越来越迅速，人物的行为动作显得越来越急迫，创造出一种风趣、滑稽的喜剧效果，使这则广告在观众的笑声中留下了深刻的视觉印象。现代电视广告中，三维动画设计的画面也属此列。慢动作、快节奏都是人们平常视角无法看到的，但随着科学技术的发展，特技镜头大量运用于电视广告中，给消费者一个新的奇异的视觉感受。所以，变换视觉就是用特殊的技巧、奇异的画面去震撼观众，冲击观众的视觉。

三、电视广告主题创意

1. 电视广告主题及其要素

电视广告主题，就是电视广告的中心思想，是电视广告的核心内容。广告主题创意就是确定广告的中心思想，它是引起广告对象注意、达到广告对象满意、促成广告目标实现的重要手段。广告提供满足人类各种欲求的资讯，帮助人们解决日常生活问题、改善生存状况，而做广告首先要确定一个鲜明突出的主题，使观众接触广告之后能很容易地理解广告诉求的内容，进而力求使广告主题与消费者产生共鸣，使广告得以成功。

电视广告主题创意不是毫无根据的，广告主题要根据企业或产品的实际情况及广告目标而定。

广告主题由三大要素构成，即广告目标、信息个性和消费心理。广告目标是广告战略的核心，信息个性是指广告所宣传的商品、企业或观念与众不同的特点，是跟同类其他产品相比较而突出显示的区别性特点。消费心理是指消费者的心理因素。广告目标是广告主题的出发点，离开广告目标广告主题就是无的放矢；信息个性是广告主题的基础和依据，没有信息个性，广告主题就失去了诉求焦点；不考虑消费心理因素的广告主题，则不能调动消费者的心理力量，无法引起共鸣，从而使广告主题失去了诉求对象。所以，要正确把握广告主题的三要素。

2. 电视广告主题创意的要求

电视广告主题创意，必须使所确定的广告主题符合以下要求。

（1）单一明确。广告表现主题越单一就越容易让人记忆。在选择广告主题时，尽可能做到一个广告确立一个主题，每一个主题既要精炼概括又要清晰明白。如果广告中主题过多，每一样都不明确、不突出，人们看过之后不知所云，就不能引起观众共鸣，达成共识。所以，确立广告主题必须单一明确，明明白白告诉观众广告要表现什么，要求观众如何做。

（2）重点突出。广告主题要突出重点，而不能四面出击，集中一点诉求是获得最佳效果的方法之一。主题表达时重点过多，诉求力就会下降。

（3）集中稳定。广告主题集中且稳定，不能随意改变。

（4）独特显著。广告主题要具有跟其他广告相区别的特点，而且此特点要显著，独树一帜，使观众一眼就能辨别并记忆，有利于给观众留下深刻的印象。如戴比尔斯"钻石恒久远，一颗永流传"，香奈儿"时尚易逝，风格永存"，雀巢咖啡"味道好极了"都有其独特且显著的特点。

（5）表达准确、易懂。电视广告的主题信息是通过画面和声音传递的。如果画面纷乱，语言词不达意，广告主题所表现的诉求内容就不能准确地传递给观众，广告主题信息就不能为观众所了解和接受。如×牌电冰箱广告，女士进电话亭打电话，有一辆冷藏车驶过，上有"×牌电冰箱"字样，该女士立即放下电话，走出亭子，忘情地且莫名其妙地转了一圈。整则广告不知要表现什么，是电冰箱的质量好、价格优？还是别的什么，只有消费者自己去想。

（6）刺激。广告主题要具备刺激性，以求尽可能引起消费者的兴趣。世界动物保护组织曾推出一条电视广告，解说词精彩绝伦："需要剥下40只动物身上的皮毛，才能使另一只动物穿得暖和。"画面是在服装表演会场上，妙龄女郎们踏着明快音乐，穿戴各式新潮裘皮大衣登场、亮相，观众掌声阵阵，突然观众却不相信自己的眼睛了，那些五光十色、珠光宝气的皮制衣帽分明在往下滴血，舞台上血迹斑斑，观众惊叫，头上、脸上、身上被溅上一块块鲜红的血迹，画面定格。此广告极富刺激性，给人留下难以磨灭的印象。

（7）完整统一。即要使广告主题具备三大要素并融合为完整统一的主题。

3. 电视广告主题的确立

广告主题不是凭空想象出来的，而是对广告主题提供的商品或劳务信息、市场、企业、消费者等调查的结果，没有这些信息和材料就没有广告主题。所以，确定广告主题的过程就是对商品特征以及与商品有关的企业、消费者的某类特征进行确定的过程，即选定一个角度，确定一个主要的特征。

（1）根据商品特征确定电视广告主题。商品特征主要有两方面内容：品质和品位。许多电视广告主题都是针对商品的品质以及品位进行表达的。例如，"容声容声，质量的保证",芳草牙膏的止血脱敏的作用,利用名人宣传商品的信誉度等。

（2）根据企业特征确定电视广告主题。广告宣传企业一方面是为了推销产品,另一方面是为了更好地处理公共关系。广告要为企业树立具有某种良好特征的形象,并把这种形象传播到公众之中。从企业特征角度确定广告主题可以从以下方面进行：突出企业资格,即其经营史、资本性质、企业等级和企业荣誉；突出企业实力,突出企业文化特征。

（3）从消费者角度确定电视广告主题。商品是让消费者购买的,广告也是做给消费者看的,所以,做广告必须分析消费者的类型和消费者的需求。在这里可以从消费者层次和消费者某些心理特征去确定广告主题。

另外,在确定广告主题时,必须注意以下五个方面。

① 广告主题的确立,要符合国家的广告法规及其他有关规定。确保主旨的正确性、真实性和可靠性,这是确定广告主题的前提和基础。

② 广告主题必须为达成广告目标服务。广告目标是确立广告主题的指南,又是广告主题本身的目的所在。

③ 广告主题必须为传播商品和劳务信息服务。传播信息、对消费者施加影响是确立广告主题必须考虑的内容。

④ 广告主题必须为满足消费者的物质、文化需要服务。消费者是广告主题的目标对象,所以,要把广告主题的焦点对准目标对象。

⑤ 广告主题是整个广告作品的灵魂和统帅。

创意链接12

连粉也不抹一下,能看吗？

能看？

竞猜情节描述

公共汽车上,母亲在向儿子推荐亲戚朋友介绍的女孩子。儿子则是一脸的无奈,眼神飘向了一旁涂脂抹粉的"美女"。母亲发现了儿子的动作,狠狠打了儿子,并指着另一位女孩说,我比较喜欢那样的,儿子却说,连粉也不抹一下,能看吗?

思考题

1. 这是一则什么广告?
2. 接下去情节将如何发展?
3. 你认为这则广告的创意表现在什么地方?

学生竞猜

学生一:应该是隐形眼镜广告。接下来我觉得那个男生应该会跑掉,因为遇见了一个不施粉的丑女。不跑才怪了。

学生二:是关于女性滋补品的广告。

学生三:应该是一则洗发水的广告。男性首先是被女性的背影所吸引。女性转身时头发很飘逸,转头,却令人大失所望。一扬一抑中对比可见。

(答案及点评见书末所附部分)

第十三章　网络广告创意

内容提要

(1) 随着互联网的高速发展，网络广告作为一个新广告媒体的代表而广受赞誉，有许多传统媒体不具备的优点。

(2) 网络广告创意必须遵循真实性、针对性、亲近性、创新性原则，具有互动性、链接性、跃动性的特点。

(3) 网络广告创意有开诚布公式、说服感化式、货比三家式、诱"客"深入式、契约保险式等五种战术。

(4) 网络广告有横幅、按钮、全屏、游戏四种创意形式。

策划案例赏析 13

人民日报客户端+网易新闻"一笔画出70年"H5案例

一笔画出70年

(资料来源:H5)

策划背景

网络广告的形式日益革新,H5广告凭借其交互设计、人机互动和高参与感的特色,成为网络广告的热门新兴形式,不少媒体和企业都将它融合入广告宣传,可以有效提升广告的艺术价值和品牌营销价值。2019年是中华人民共和国成立70周年,国庆来临之际,这则由人民日报客户端与网易新闻联合推出的国庆H5网络广告策划"一笔画出70年"便在各式各样的特别策划中脱颖而出,颇具创意。

专家点评

"一笔画出70年"的H5广告上线后一度刷屏朋友圈。作为网络广告,它的宣传效果体现在互动性、链接性和跃动性三个方面。

该广告纵向选用自1949年建国起中国发生的大事,如两弹一星、申奥成功、汶川大地震等为主题,易于与受众产生共鸣感和互动感;H5形式的交互设计通过动态效果和二三维动画强化了用户的代入感,增添了网络广告的互动性。

作为视差类H5公益广告,链接性的特点便于以用户为载体层层递进地传播。广告采用用户滑动画面的方式徐徐展开,通过手势互动技术使用户主动把控自己的阅读速度,自发地扩大广告信息量,从而达到更完整的宣传效果。

该广告的素材编排具有跃动性的特点,通过音效、色彩等丰富的转场过渡,避免形式单一的疲惫感,伴随着开国大典上"中华人民共和国成立了"的历史原声将场景转向五星红旗升起的广告设计,便让每个国人内心都为之热血沸腾,一个强大而富有人情味的中国形象跃然纸上。

当被称为"第四媒介"的互联网络以前所未有的速度席卷整个世界的时候,广告媒体也正酝酿着一次革命。1994年美国"连线"网登出全球第一个网络广告,在经历了报纸(杂志)、电台广播、电视的不断演变后,一种新的广告形式——网络广告逐渐进入了人们的视野,并逐渐为人们所接受。在中国,自1997年3月在Chinabyte网站上出现第一个商业性网络广告,网络广告进入了快速发展的轨道。1999年我国网络广告的收入已达1亿元,2000年增长到近4亿元。根据中国互联网络信息中心(CNNIC)发布的第47次《中国互联网络发展状况统计报告》,截至2020年12月,我国网民规模达到9.89亿,互联网普及率达70.4%[①],而且这一数字还在不断上升。网民数量的大幅度增长意味着网络广告的点击率的增加;另一方面,随着网络广告需求的持续旺盛,从事网络广告的人数增加,给网络广告业带来光明前景;再加上网络广告拥有最具潜力和活力的消费群体,使得网络广告的市场正在不断扩展。

网络广告(web advertisement)是一种新兴的广告形式,是确定的广告主以付费方式运用互联网媒体对公众进行劝说的一种信息传播活动。其目的在于影响人们对所做广告的商品或服务的态度,进而诱发其行动而使广告主得到利益的活动。

随着互联网的高速发展,网络广告作为网站收入的主要来源而备受关注,并且被作为一个新广告媒体的代表而广受赞誉。同传统的广告媒体相比,基于网络媒介的网络广告拥有众多传统媒体并不具备的优点,已经受到众多用户的青睐。

面对一个如此巨大的市场,如何做好网络广告已经受到学术界和实务界人士的一致关注。

第一节 网络广告创意的原则和特点

一、网络广告创意的原则

作为一种特殊的广告形式,网络广告除了要遵循广告创意的一般原则之外,还有另外一些原则是必须遵守的。

---

① 中国互联网信息中心:《第47次中国互联网络发展状况统计报告》,http://www.cac.gov.cn/2021-02/03/c_1613923423079314.htm。

1. 真实性原则

对于任何一种形式的广告来说,都有一个真实性的问题。但是,对于网络广告来说,这个原则性问题更加突出。人们经常说网络是一个虚拟的世界,这是因为网络具有匿名性的特点,人们并不知道坐在电脑面前的是一个正常的人或是一只狗。正因为如此,相对于传统媒介来说,人们对于网络上的信息会更多地持一种怀疑的态度。

作为商业信息传播形式的广告同样也会面临这样的问题——人们更加倾向于相信传统媒介上的广告,而对网络广告的相信程度要低一些。所以,基于与生俱来的特性,网络广告在创意上更应该遵循和坚持真实性原则。

真实性原则就是指网络广告在创意的内容和形式上都不能有假的、骗人的东西。如果网络广告中包含着完全不真实、或者部分真实部分虚假、又或者具有不适当的内容,就导致了虚假广告的诞生。

例如:某有限公司网站中文版首页上的企业荣誉栏目发布该公司的产品为江苏省著名商标、ISO9002:1999质量管理体系认证、ISO9002:1996环境管理体系认证等字样的内容。但经群众举报和工商部门的调查,上述内容纯属虚假,该公司的行为涉嫌虚假宣传,误导百姓消费。

对于这样的虚假网络广告,相关部门已经对其做了严肃处理。但是,其负面影响不仅对该企业不利,也削弱了人们对网络广告的信任。如果网络广告虚假成灾,必然导致网络广告失去发展空间。因此,对于期望通过价格便宜而影响广泛的网络来做广告的企业来说,首先在进行网络广告创意的时候就必须遵守真实性原则,为自身网络广告的可信度打下基础。

2. 针对性原则

资深广告人魏特·哈布奈斯说过:"伟大的广告一定不只照亮了天空,它还要击中目标。"这里所谓的"击中目标"就是指广告创意的针对性原则。

从技术上而言,网络广告可以更加到位地实现针对性原则。现有的Web技术使得网络广告可以按照受众所属行业、居住地点、用户兴趣、消费习惯、操作系统和浏览器类型来进行选择性投放,也可以控制同一条广告暴露给同一个受众的次数。这样的定向传播大大增加了广告的针对性。

由于技术上的优势,网络广告在创意上更应该体现针对性原则。例如,老牌国饮健力宝针对微博受众年轻化的用户特征,迎合国潮的潮流选取中国特色元素锦鲤、熊猫等与经典包装融合创新,在微博上获得了不少KOL(关键意见领袖)的关注和推崇(图13-1)。微博平台#健力宝秀出国色#的话题阅读量累计达到4 600万次,参与讨论量达2.5万。模仿秀活动的目标参与者主要是年轻人,而这些年轻人多数对于广告所提到的两个人物都是非常熟悉甚至是喜爱的,从创意上来讲,针对性非常强。另一方面,这个网络广告放在娱乐频道,这正是其目标参与者上网经常浏览的频道,其针对性不言而喻。

3. 亲近性原则

亲近性原则是指广告创意要力求贴近消费者,将亲善、坦诚、友好、轻松的态度贯彻到

图13-1　健力宝网络广告

广告中去,加强对消费者的感染力,在亲密的氛围中达到广告的目的。

网络的互动性使得网络广告具有更加强大的亲和力,而在创意上遵循亲近性原则可以使网络广告事半功倍。

例如,麦氏咖啡的互动广告别具创意,它让访问者浏览《纽约时报》上的"咖啡早餐"的系列故事,而不仅仅是宣传麦氏咖啡,其广告效果极佳,许多广告专家评价:"它充分利用互联网络的优势,使信息传播个人化,让每个接触广告的人都感到这种产品是专门为我准备的。"[1] 利用网络的特性创造出亲近的氛围,给每一位访问者特别的感受,这正是我们强调网络广告亲近性原则的原因。

4. 创新性原则

"广告教皇"大卫·奥格威曾经说过一句话:"我最反对的就是规矩。"这句话非常适合广告创意活动。广告创意最反对的就是按部就班抑或拾人牙慧,而最推崇的就是独出心裁,想人之未想,想人之不敢想。

在网络广告中,创新性原则也是特别值得强调的。因为,网络具有海量信息的特点,人们可以接触的网络页面数不胜数,而每个网页上的广告也不少,如何让自己的网络广告在这么多信息中突出重围、脱颖而出,创新性原则是制胜的法宝。

网络广告的创新可以从形式和内容两个方面进行。从形式上来说,除了传统的横幅广告、按钮广告、弹出广告、漂移广告等之外,现在还发展出了很多新的形式,如与游戏相结合的网络广告目前正大受欢迎。从内容上来说,由于技术的进步,网络广告可以改变以告白为主的广告内容,而赋予广告更多的内涵,成为树立产品、品牌形象的利器。

广告心理学中有一种求异心理,认为只有特殊的、非同一般的东西才具有吸引力。打

---

[1] 魏超等:《网络广告》,河北人民出版社,2000年,第99页。

破成规，破除戒律，别出心裁，独具匠心，具有创新性的广告才能与众不同、妙不可言。

二、网络广告创意的特点

正如我们前面所一直强调的，网络广告是建立在互联网络这一全新的媒介上的，因此网络广告的创意有与传统广告不同的特点。

1. 互动性

网络的互动性赋予了网络广告同样的特性，技术使广告从单向传播转为互动传播。传统的广告强调的是卖方对买方的信息传达，以达到销售的目的。而在网络媒体上做广告，可以使得买方参与进来，成为广告中的一个部分，增强广告的趣味性和效果。

例如，获得第四届金手指网络广告大赛最佳非横幅式广告银手指奖的倩碧广告，为了有效传递产品能"有效地抑制肌肤产生过多的黑色素，全面淡化黑色素"的效用，以"打击黑斑"为诉求点，采取拳击游戏的趣味表现方式——黑色的斑点在画面上飞来飞去，光标移过，变成一只拳击手套，移动鼠标，操纵拳击手套捕捉黑色斑点，轻轻点击，即可消去黑斑，成功六次，就可过关，此时电脑屏幕上跳出产品的形象代言人及产品图片。

除了参与的趣味性之外，网络的互动性还可以提供针对个人的广告。例如，诺基亚3510的网络广告：点击鼠标，首先出现的是五种彩壳手机和广告语组成的跳跃活泼的广告画面，位于画面中间的"你适合哪一种彩壳？"的广告标题最为醒目。它直截了当地引起了人们的注意。人们对于哪种颜色的彩壳感兴趣，就直接点击它的图标，屏幕上随机出现一段相应的flash动画，并配有简单的文字，介绍选择该款彩壳手机的人的个性特点。这种新鲜有趣的互动形式使诺基亚3510获得了很多人的喜爱。

网络广告的互动性是影响消费者认知的重要因素之一：网络广告互动性越高，消费者对网络广告的好感就越高，对广告所宣传品牌的好感就越高，购买倾向也就越强烈。在进行网络广告创意时，把握互动性这一特点可以创造出更多有新意的网络广告来。

2. 链接性

具有链接性是网络区别于传统媒介的一个优势，网络广告可以充分发挥这一优势。网络广告不但可以供人看，还可以被点击，从而链接到下一个页面，而在这个页面里，又有更多可以点击的地方，链接到更多的下一层页面。当然，从下一层页面也可以轻松地返回上一层页面。在不断的互相链接中，广告的信息被逐渐扩大化，人们不再是一下子接受全部广告信息，而是逐渐地、立体地接受这些信息，效果不言而喻。从创意上来说，利用网络链接性的特色，布局规划，将每一层的页面相互联系并融合成为一个整体，使网络广告展现优势。

3. 跃动性

广告创意不可避免地要受到媒介形式的影响。报纸是印刷媒介，因此报纸广告只能是平面广告；广播媒介以声音来传递信息，因此广告只能在声音上做文章；电视媒介声像结合，电视广告则可以非常生动，或展现一个生活场景，或表现一段生动的故事情节。而网络媒介又具有其与众不同的特点，它的一条看似平板的条幅或标语却又可以跃动，不仅条幅中的文字、图画可以动,整个条幅或标语也可以动,这就使网络广告比报纸广告更富于动感。另一方面,电视广告也可以经过一定的技术处理放到网上来播放,例如,打开网页之后,一个视频广告从页面的右下方升上来,开始播放。这种跃动性也是电视广告不可比拟的。

跃动性既是网络广告表现的特点,也是网络广告创意的特点,在进行网络广告创意的时候,牢牢抓住这一点,可以使网络广告更加精彩。

4. 多样性

网络广告的形式有很多种,各种形式又有各自不同的特点。在创意网络广告时,把握不同形式的不同特点,整合多种形式,立体出击,在保证广告内部一致性的基础上展示多种形式的优势,让产品和品牌在消费者心目中留下深刻的印象。

第二节　网络广告创意的战术

要做一个好的网络广告,在创意上不但要遵循基本的原则,把握网络广告的特点,还有一条更具体的——选择合适的广告创意战术。在一般的网络广告实践中,通常有以下五种战术可供广告创意人员选择。

一、开诚布公式

开诚布公式是指在广告中,客观公正地将自己产品的性能及特点传达给顾客。开诚布公式这种战术一般可以通过两种表现方法来实现。

第一是产品展示法,即借助科学的手段和方法,比如物理、化学方法进行产品性能检测等,使人们可以客观、直接地看到产品的特性。例如,美妆博主、带货主播等KOL(关键意见领袖)可以在网络直播中向消费者展示产品的使用过程和使用效果。在网络广告中,这种展示的方法可以更好地被利用,借由多媒体技术在电脑屏幕上显示整个实验过程,人们还可以就更加具体的细节点击相应的窗口了解更加详细的资料,这正是网络广告得天独厚的优势。

第二是名人导向或权威导向法。为了达到客观性与说服性,利用名人效应和权威效应是可取的。心理学研究表明,人们由于对某些方面知之甚少或者了解不充分,或者因为对某些偶像人物的特别喜爱,从而愿意接受这些权威或偶像的观点,以此获得心理上的平衡。网络广告不但可以利用人们的这种心理,而且可以比传统媒介上的广告应用得更好。例如,可以邀请专家或名人在网上直接与人们交流,让专家或名人现身说法,谈谈他使用某产品的感受。这种现场感、零距离感是在传统广告中无法实现的。网络技术可以采用聊天室、在线直播等形式,实现人们与专家和名人的直接交流,取得的效果是传统媒体无法比拟的。

例如，在2020东京奥运会开幕前夕，汽车品牌广汽传祺宣布我国田径运动员苏炳添成为其全新车型传祺影豹的品牌代言人。该款新车型产品的定位关键词为运动与速度，在网络海报的宣传中特意结合田径运动员苏炳添的公众标签"亚洲飞人"进行了整体设计，以人物在上产品在下的构图突出了线条的动感和视觉冲击力（图13-2）。此外，在2021年8月1日苏炳添成功晋级男子100米项目成为第一个闯入奥运会百米决战的中国人后，广汽传祺在其微信公众号上连续近一周推送相关软文，以苏炳添"影豹历史传奇"进行了多组广告宣传（图13-3），成功地结合了产品展示法和名人导向法进行了网络广告创意，抓住了奥运会的热点话题，以公众人物苏炳添的高知名度和高辨识度打响了产品特色，引导人们将对苏炳添的热情与尊重发散至产品，使其不由自主地受到名人效应的影响，可以说是一组很好的借势广告营销。

图13-2　广汽传祺网络广告

图13-3　广汽传祺微信公众号软文推送

除此之外，从消费者的角度或权威机构的角度出发，对产品进行评价常常会收到良好效果，比如在广告中出现ISO质量体系认证机构，或者其他消费者用该产品后的感受等。在网络广告中，这种方法也更加有施展舞台，可以在网上开辟专门的认证机构以供消费者查询，这比单纯讲给消费者要好得多。

开诚布公式的战术是大多数广告人喜欢使用的方式,在网络广告中也得到了很好的利用。但要做到与众不同、脱颖而出,则要求创意人员独具匠心,这也是运用战术的意义所在。

二、说服感化式

说服感化式是指在战术上先制造悬念或给予某种诱惑,再诱导消费者产生购买行为的方法。

说服感化可以使用一些悬念来达到说服的效果。广告通过先制造一些悬念,吸引消费者的"注意力",然后再实现说服感化的可能。例如,网易严选曾为其合作的天然冰川水打出"我们不需要广告"的宣传语。此广告语一出,勾起了许多消费者的好奇心,达到了引人入胜的效果。当然,在制造悬念后,网易也通过几块透明广告牌揭示了其中内涵,正如广告牌醒目的标语所写的"这座冰川就是最好的广告""这块湿地就是最好的广告",好的东西无须修饰,自然融入广告中的是天然的原产地风貌,用自然的艺术张力感化消费者。

图 13-4 网易严选天然冰川水广告

说服感化还可以通过给予某种诱惑来实现诱导消费者购买的目的。这里的诱惑包括利益诱惑、情感诱惑等手段。利益诱惑是抓住消费者注重自身利益的心理特点,注重宣传网络广告产品能给他带来的好处。另外一方面,对于一些富于情感的人群来说,使用情感诱惑是非常有效的。这个群体可能并不要求产品的实际性能有多么出众,而只注意情感的表达,比如恋人之间的爱情、亲人之间的亲情等,在广告中得到体现时,这种真情流露会更容易感化情感型的顾客。例如,搜狗输入法推出了#不尬聊才有聊#主题系列海报。在这组平面广告中,以冰山、废墟等卡通场景为背景,辅以"明天约一下""可以聊天吗?""……"等经典的线上社交话题终结者话术,切入了年轻群体在人际交往中陷入尴尬处境的痛点。该系列海报画面简洁,文案内容诙谐幽默地再现了"尬聊"现象,面对这种困境,搜狗输入法为用户提供的实时词库、把握网络潮流的更新功能能够切实清理"网上冲浪选手"的交流障碍,共同营造一个更有活力的网络空间。

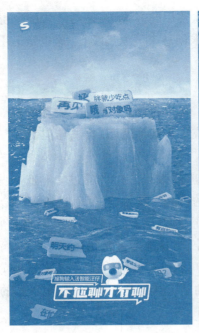

图13-5 搜狗输入法宣传广告

三、货比三家式

消费者在购买某种商品前,一般都愿意先进行比较,再决定如何选择购买。针对消费者的这一"货比三家"的心理,在网络广告中可以运用相应的广告战术。在传统媒介做广告,提供同类产品进行比较往往因媒体的限制而不能实现。而在网络广告中,这却是易如反掌的事情。

这类网络可以通过自己的产品与其他同类产品进行比较,用客观的事实证明自己产品的优越性。这种比较要特别注意"客观性",因此,比较的时候不要做任何主观的评论,将自己产品和同类产品的同项指标都摆出来,让顾客用自己雪亮的眼睛去分辨。如果在这里加入了自己的评论,则有贬低对方产品的嫌疑,这是违反我国《广告法》的相关规定的。另外,"真实性"也是这种广告类型必须注意的。如果在比较中,故意夸大自己的产品,或者故意降低对方产品的性能、特点,这就构成了虚假广告,不但会使消费者失去对本产品的信任,同时也违反了《广告法》。

在货比三家式的广告中,运用反证的方法常常可以收到异乎寻常的好效果。一般的广告通常只讲自己产品或企业的优点,而对缺点则避而不谈。但是过度的吹嘘往往会引起消费者的逆反心理。因此,运用反证的方法,以退为进,不讲优点,而是讲缺点,反而会使消费者认为网络广告诚实可信,取得好的效果。

例如,某石英表的网络广告宣称:"请不要购买××石英钟,因为它1万年会存在1秒的误差。"这些语言既简洁又不失俏皮,与网络语言和网上风格非常一致,在实践中非常有效。

四、诱"客"深入式

诱"客"深入式是指利用问卷、提示甚至夸张比喻的手法将顾客"强行"拉过来的一种广告战术。这种战术在传统广告中难以发挥优势,但是网络的互动性却给了它极大的展示空间。诱"客"深入的方法之一是邀请消费者参与,如请消费者来设计广告标志、广告图案、广告用语等,并许以奖励来诱导消费者积极参与。例如,互联网中有两个较常见的站点 E-Poll 和 Bonus,它们经常用电子邮件的方式与网民定期取得联系,发出一些问卷,当被访者的回答率达到一定数目后,就可以获得相应的礼品。这些问卷的设计不像正规的调查问卷那么讲究,与产品相关的一切问题都可以问,在字数上也可以适当放松限制。实际上,这个问卷本身就是一份广告书,顾客的回答过程就是识记广告产品的过程。这种诱"客"上钩法在网络社会有广阔的发展潜力。

诱"客"深入的另一种方法是诱使顾客行动。在互联网络上,一则图标广告(Button广告)或条幅(Banner)广告本身无法展示产品的详细情况,使用引诱的方法让顾客去点击详细情况是非常有必要的,通过链接的方式引出与之相对应的具体详情广告。例如:有一则关于游戏软件的 Web 广告,在网站的主页里有一个动态条幅,文字是:游戏爱好者请点击这里,有大奖!!!链接过去的是关于这个游戏的页面,开始介绍这个游戏的玩法,接着让你试着玩一段这个游戏。再就是抽奖,只要填写一个调查表格(关于你对游戏的看法、你的职业、兴趣等)就有资格进行抽奖了。这样的网络广告对游戏爱好者构成很大的吸引力,这种网络特有的链接方式赋予了广告特有的魔力和效果,因为传统媒体根本没有这样的机会。图 13-6 是麦当劳在新浪网上做的一则诱"客"深入的广告。

图 13-6　麦当劳诱"客"深入的网络广告

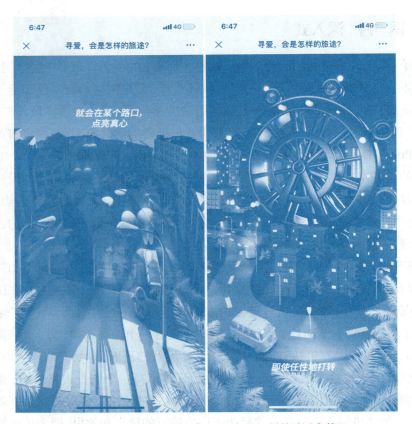

图 13-7　潘多拉 H5 广告《寻爱，会是怎样的旅途》截图

为了达到引诱顾客的目的，使用夸张性描述语言或者夸张性图形设计是可行的，尤其在条幅广告和图形广告中，在小小的天地里要抓住顾客的"眼球"，必须在文字、图形上下工夫，平铺直叙或无生命力的语言是无法吸引顾客的。图 13-7 便是潘多拉于 2019 年七夕推出的 H5《寻爱，会是怎样的旅途》，该广告以立体感梦幻感的画面为主色调呈现，通过用户简单的滑动操作带领人们走入一场关于爱情的故事与体验。同时，结合每个场景中潘多拉珠宝的亮相明确宣传产品，使消费者身临其境地体会潘多拉的"浪漫"。

五、契约保险式

契约保险式是网络广告的又一经典战术。正如我们一直强调的，网络具有虚拟性的特点，在虚拟空间中，交易双方和主体的权利义务关系并不好界定，这就导致了网络广告的一个致命伤：尽管许多广告十分吸引人，也成功地使消费者产生了购买欲望，但出于权利无保障的担心，部分消费者往往会对网络保持怀疑的态度，游离于"网外"。

在网络广告中提供契约保险的目的有两个，一是为顾客的购买行为本身作担保，如果交易之中或交易之后有了什么问题，双方有评说的依据，这对网络广告本身也有节约交易成本的作用。另一方面则是在心理上打消消费者的顾虑，给消费者吃一颗定心丸。

从这一方面来说，契约本身并不重要。比如说，如果你的产品质量卓越，根本不可能在1年内出问题，厂家广告语可以这样写："1年内出现质量问题，退还全部购货款，并赠送新货。"这样不但消除了消费者的心理阻碍，而且公司厂家本身也不会因此而受到额外的损失。

在网络广告中，契约的详细条款可以通过链接在下一层的页面中展示，只需在广告的首页上作出相关提示即可，如做一个按钮图标，提示"要看契约条款请点击此处"即可。这就使得广告的首页简单明了。当然，对于厂家来说，作出承诺以及完成契约是有一定的风险的，其前提条件是厂家的产品质量确实过硬或服务确实到位，能够真正完成契约所承诺的内容。因此，契约保险式网络广告在运用时还必须注意真实性、可行性的问题。否则，作出了承诺却无法完成，其负面效应比不做承诺要高出几倍。

从实践的角度来说，契约保险式的网络广告战术还是有相当大的用武空间的，特别是信誉卓越、品质优良的公司，更可首选此法。

在竞争激烈的网络广告战场上，可用的战术并不止以上五种。但总的来说，无论运用何种战术，广告代理商或广告主在创意网络广告时，根本任务都是使广告形式、诉求内容适合目标受众的要求。广告创意是决定最后广告表现的关键，也是吸引受众注意并决定是否浏览广告信息的决定性步骤。网络广告在创意上既要注意内容、形式、视觉表现、广告诉求的创意，又要顾及技术上的创意。另外，在进行网络广告创意时，除了战术的运用之外，以下一些方面也是要考虑的：广告在主页的位置、广告停留的时间、播出的频度等。

第三节　网络广告的创意形式

一个好的广告战术需要用好的形式来表现。随着网络技术的成熟，网络广告可运用的创意形式越来越多。总的来说，以下十二种形式是网络广告经常用到的。

一、横幅广告

横幅广告（banner）又称旗帜广告，此类广告一般为长方形，类似于旗帜散布在网页上的固定位置。这种广告形式是网络上最常见的、也是广告主比较喜欢的一种形式，因为，横幅广告往往位于网页上比较显眼的位置，如网页上方的首要位置等。

横幅广告既可使用静态图形，也可使用动画图像，甚至可以采用一些HTML、Flash、Java等计算机语言使其产生交互性。

横幅广告往往只是提示性的广告，可能只是一个标题，或者某些提示性的语言，点击之后可以进入下层页面，看到更多详细的广告信息。

一般来说，这种广告形式在创意的时候要注意其对浏览者的"吸引力"问题。由于横幅广告是不能移动的,因此,它必须在第一时间吸引浏览者的"眼球"。所以,横幅广告的面积虽然不大,但多采用动静结合的画面,主题广告语通常极具诱惑力和煽动性,力求在方寸之间展现无穷魅力。

二、按钮广告

按钮广告(button)又称图标广告,是将公司或产品图像与图标结合,一般被放置在网页的左右两边。按钮广告是纯提示性的广告,一般由一个标志性图案构成,没有广告标语,更没有广告正文,信息量十分有限。

为了使按钮广告更具有吸引力,往往在图标上要下一些工夫,对于一些已经名满天下的大公司来说,按钮所用的图标往往是商标或厂徽,如可口可乐、IBM、索尼等。但是也可以用更有创意的图标来做按钮,特别是对于不知名的公司来说,这点可能更重要。图13-8是某网页上的按钮广告。

图 13-8　按钮广告

除了在按钮本身下工夫之外,现在很多按钮广告还与漂移广告相结合,即按钮不再是固定在网页上的某个位置,而是可以随着鼠标的移动而漂移,有些还专门设置为挡住网页的关键性内容,如果浏览者不点击这个按钮,就无法看到那些关键性内容。

按钮广告漂移起来,无疑增加了广告的被注意率,但有时候也会适得其反,浏览者由于在浏览网页的时候总是被按钮广告"骚扰",对其产生反感,进而衍生为对广告产品的厌恶,这样的事情也是屡见不鲜的。

三、全屏广告

当浏览者打开网页时,广告画面逐渐扩大,覆盖全屏,这种广告称为全屏广告。有的全屏广告在显示3—5秒之后,会直接收缩至页面顶部成为横幅广告;也有的全屏广告,除非浏览者点击它,否则不会收缩。

应该说,全屏广告的受关注度是非常高的,因为无论浏览者愿意不愿意,只要他打开相应的网页,都会"被迫"观赏全屏广告。同样的,如何做得有创意是全屏广告成功的关键,否则也很容易招来浏览者的厌恶。

四、游戏广告

游戏广告是利用互动游戏技术将嵌入其中的广告信息传达给浏览者的广告形式。将广告引入游戏是一个创新，往往能产生强烈的广告效果。麦当劳在台湾和一款名为"椰子罐头"的游戏结合，在游戏中，麦当劳的汉堡变成了可以提升玩家战斗值的新武器，并且在用该汉堡打斗的时候，也会由玩家控制的系统发出"更多欢乐，更多欢笑，尽在麦当劳"的宣传口号和音乐。有数据显示，这个"汉堡"武器每天都有上万次的购买和使用，也就是说麦当劳的互动广告可以在游戏当中出现上万次。

游戏广告有多种形式。一种广告游戏采取的方法是仅仅把产品或品牌信息嵌入游戏环境中，使游戏在含有广告信息的环境中进行。一旦广告游戏的内容和主题与广告信息产生直接或内在的联系时，这种形式的广告游戏就能有效地引起消费者对产品的联想，从而潜移默化地加强品牌宣传效果。

另一种广告游戏的方法是把产品或与此相关的信息作为进行游戏必不可少的工具或手段来使用。在游戏中，广告信息本身就是游戏的内容。通过对它们进行反复特写展示，以此来加强消费者对品牌的认知和记忆。由于这种广告游戏形式可以使广告信息得到最高程度和最多次数的曝光，因此目前它也是广告游戏最常用的形式之一。

第三种形式是在广告游戏中通过提供产品的真实内容，让消费者在游戏的虚拟空间中体验产品，通过与消费者互动的方式来提高传递广告信息的效果。不言而喻，这种让消费者通过游戏体验产品的"演示性"方法，能最大限度地提高品牌宣传的效果。因为它能完全控制消费者的注意力，让游戏者通过游戏达到如同试用一般的切身体会，从而加深了品牌印象，提高了品牌传播的程度。

五、视频广告

网络视频广告是采用视频流等数码技术并结合Flash、Java等程序，将视频融入网络的一种广告形式。当今的网络视频广告分类多样，此处采用贴片视频广告和In-App视频广告的分类形式详述。

1. 贴片视频广告

贴片广告是指随电影、电视剧、网络视频等加贴专门制作的广告，也称随片广告。比如电视剧集的片头、片尾或者插片就是常见的贴片视频广告投放位置。贴片广告具有广泛性和强印象性的特点，能够给消费者带来强刺激，传播受众范围广。但也存在依附性和侵入性的弊端，伴随媒体出现的形式容易分散受众的注意力，会一定程度上削弱广告效果。成功的贴片广告往往会选择与宣传产品或服务领域垂直的影视剧、综艺节目进行投放。如红星美凯龙曾在优酷综艺《演技派》中插播一则由综艺嘉宾参演的插片广告，片中青年演员在红星美凯龙的家居布景下模仿《创世纪》等经典画作，流畅的画面和复古的配色传达出了该片"家居深处是艺术"的主题（图13-9）。

2. In-App视频广告

In-App视频广告，又称App视频广告，主要是指移动端或PC端中第三方应用的内置

图13-9　贴片视频广告

视频广告，如微博打开界面的短视频、抖音的植入广告等，其中激励式视频广告最为常见且对于广告主而言性价比最高。激励式视频广告是指在用户观看广告后给予一定的精神或物质奖励，从而使消费者从被动接受转变为主动参与。在游戏App中用户在观看一定量广告后可以得到游戏中的额外奖励，如微信小游戏常以金币、经验值、复活等虚拟活动作为用户观看广告后的奖励；在其他类型的社交App中，这些机制常以优惠券、拼团砍价等物质性奖励为主。

六、H5广告

H5广告是基于HTML5（超文本语言）技术的网页广告。HTML5是构建Web内容的一种语言方式，被认为是互联网的核心技术之一，在内容上包含视频、音频、图像、动画以及与设备的交互。H5广告借助网络跨平台的优势，可以在短时间内引发高话题量，在传播的广度上有着天然的优势，它具有制作简单、传播成本低、强互动性的特点，为企业在网络营销方面加强品牌宣传效果提供了新契机。例如在"双十一"期间，天猫推出了《穿越宇宙的一封双11邀请函》H5广告，该广告将H5技术与VR全景技术相结合，使二维画面拓宽到三维空间，炫酷精致的画面和流畅的一镜到底的镜头语言共同打造了一个"尽情尽兴"的平行宇宙，给消费者带来震撼的广告体验，红包火山、购物券漫天等场景也夸张地反映了双十一期间"狂欢"购物的营销主题(图13-10)。但是H5广告也存在传播深度不足的缺点,感官刺激的传播影响时间短,不能引起消费者对广告品牌的深层次认同和理念的认识,因此如何挖掘企业品牌的内涵,并通过H5界面的创意展示让消费者理解是H5广告的未来发展方向。

图13-10　H5广告

七、搜索引擎广告

搜索引擎广告(search engine advertising,SEA)是指广告主根据产品或服务的特征和主要内容确定一系列与其密切相关的关键词,并通过竞价购买相应关键词的搜索页面。当消费者搜索到广告主投放的关键词时,相应的广告就会陆续在网络界面中展示出来,利用标题、广告语和设计精美的图片等吸引消费者点击链接进入相关界面,从而让消费者通过浏览广告等获取更多信息。搜索引擎广告的目的是以关键词为联结点,吸引潜在目标用户,达到精准的产品营销效果从而实现创收。

例如,宝马(BMW)就曾采用大规模的搜索引擎营销模式,即购买旗下产品内容和可能出现的排列组合关键词,使宝马品牌出现在各个搜索榜单的首位。搜索引擎广告的投放使品牌形象得到相应大规模的宣传;此外通过对关键词有效性和用户IP区域的追踪分析,合理调整后则可在提高竞争力的基础上节省高额预算。

八、VR广告

虚拟现实(virtual reality,VR)广告是利用虚拟现实技术的一类广告,VR广告的沉浸式互动体验形式契合了体验经济时代用户对亲身体验的需求，成为21世纪10年代新涌现出的一种网络营销手段。网络VR广告在VR设备的辅助下可以使消费者身临其境，直观的视觉冲击力给消费者带来了深度参与的广告体验，从而建立起消费者对推广产品或服务的好感度。在VR体验中，突破了传统广告二维空间的局限，塑造了跨时空的三维传播空间；而且用户可以自主选择广告内容的走向，通过反馈加强了双向互动的广告信息传播。虽然VR广告的成本较高，对消费者经济水平的要求也相对较高，但是瑕不掩瑜，它强烈的高科技感和时代性能够赋予品牌新的特点。迪士尼、奥利奥、沃尔沃等知名品牌已开始尝试推广VR广告以促进营销。

例如沃尔沃为XC90产品推出了针对年轻消费者的VR试驾体验广告，在虚拟现实的沉浸式体验中，不仅从360度为用户全方位地展示了XC90的内部结构，还为用户带来驾驶XC90跨过山和大海的刺激体验（图13-11）。

图13-11　沃尔沃VR广告

九、AR广告

增强现实（augmented reality，AR）广告是利用将虚拟与真实世界相融合的技术，使用户所处真实环境和虚拟广告产品或服务同时出现在消费者前的广告类型。AR广告常以小程序的形式向用户展示虚拟信息（包括文字、图像、视频、三维模型等）模拟仿真后应用到现实世界的整合效果，通过与用户的趣味性互动增强广告产品或服务的传播力度。在各大APP或社交平台投放AR广告已经成为广告主乐意选择的推广手段之一，百威曾联合照片分享平台Snapshot推出一款AR广告，通过手机的后置镜头用户可以使百威啤酒小哥生成于实景世界中，而且可以通过AR滤镜扮演啤酒小哥的角色，滑稽和夸张的形象不仅提升了广告参与度，而且引发了消费者的强烈兴趣（图13-12）。

图13-12　百威AR广告

十、个性化广告

以用户的宽带访问记录为基础，分析其兴趣爱好后将产品广告精准定向投放给可能对此感兴趣的目标客户的一类广告就是个性化广告。对于广告主而言，个性化广告能精准定位目标受众，在提高广告转化率的同时节省了有限的经费；对于潜在消费者而言，他们也期待企业品牌能带来不同的营销和产品体验。在网络平台中，微信提供了多种个性化广告推广方式。广告主可以根据各类微信公众号的特征判断其受众的特点，在确定潜在用户画像与公众号受众相契合后对其进行个性化广告的投放，以达到引流的宣传效果。朋友圈以外层视频或图片为基础卡片形式的个性化广告，也是基于用户的大数据分析后贴合用户习惯的针对性广告投放方式之一。

十一、AI广告

AI（artificial intelligence）指人工智能技术，是研究模拟和扩展人的智能的一门新的技术科学。随着物联网借力大数据分析进一步地变革与发展，人工智能技术的应用逐渐成为一种新的营销手段，智能化分析技术的提升和海量数据的运算力都为AI广告的生产提供了基础条件。AI网络广告多见于情景化营销，相比传统广告它具备以下优势：跨时空营销、传播速度迅速、效益反馈高效和双向互动性强。Video++是一个典型的AI科技平台，该平台将AI技术与核心控件拼装的模块化应用相结合，在原有视频内容的基础上构建购物场景，从而达到广告与受众的多维互动，如在Ultra Park Stage直播时嵌入哈尔滨啤酒的AI广告，据统计，该AI广告设计的互动参与率高达13%，可见AI广告能有效提高用户黏性和活跃度。再比如综艺节目《青春有你2》中，右下角的AI广告和暂停时的弹窗

AI广告都指向了赞助商品牌,而且通过AI广告链接性的特点,消费者可以通过点击AI广告与之互动满足即时购买的意愿(图13-13)。

图13-13　AI广告

十二、电子邮件广告

电子邮件是互联网时代的代表产物之一,至今它仍然在人们的生活中占据着很重要的地位,是办公、学习的必备工具之一。作为广告的媒介,它具有低成本高覆盖的特点。电子邮件的广告在开拓新客户、维护老客户上有着突出的优势,麦肯锡公司发现,电子邮件广告在获得新客户方面的成功率是微博等社交平台的40倍。广告主可以通过电子邮件第三方平台获得一定用户信息,从而直接定向投放广告,也可以针对性地为其产品的老用户、会员等定期提供最新的产品信息等。

服装品牌J.CREW曾以一个长形惊叹号作为电子邮件广告的首页,运用用户阅读电子邮件的特点,通过夸张大胆的设计留足了悬念,促使用户下拉页面,从而达到其宣传促销活动的目的。

除此之外,网络广告的形式还有声音广告等多种类型,这里就不再一一详述。无论广告主或广告代理商使用何种广告形式,或者使用几种形式的结合,成功的关键就在于如何与广告战略、广告战术有效的结合,发挥无限创意,吸引人们的"眼球"。

图13-14　电子邮件广告

第十三章　网络广告创意

创意链接13

唐伯虎点秋香

唐伯虎点秋香

竞猜情节描述

华府内，华夫人终于同意将秋香许配给唐伯虎，但是只给他一次机会，如果他选得中秋香，就成全他们，如果选错了，则后果自负。唐伯虎闻言十分高兴，沉着地向华夫人道谢。于是华夫人叫秋香登场，结果出来的不是秋香一个人，而是打扮得一模一样的十几个女子。唐伯虎要如何才能点中秋香？

思考题

1. 这是一则什么广告？
2. 接下去的情节将如何发展？
3. 这则广告的创意表现在什么地方？

学生竞猜

学生一：可能是某种香水的广告。唐伯虎闻香识秋香。

学生二：某电风扇或空调的广告。唐伯虎利用风力，吹开盖头，发现了真正的秋香。

（答案及点评见书末所附部分）

附：创意链接答案及点评

创意链接1：蚂蚁们在干什么？
答案： 音箱广告。

被震飞的蚂蚁

后续情节

一群可爱的蚂蚁正在体验被音响震飞的乐趣。

点评

广告情节非常夸张、有趣，尤其是其中一个小细节，令人忍俊不禁：一个蚂蚁背着一片树叶去体会飞翔的乐趣，伴随着音乐，快乐得直哼哼，非常拟人化，极具想象力。这则广告告诉我们，大创意来自小细节。

（陈先红）

创意链接2：比比谁的吸引力更大？
答案： 汽车广告。

汽车的吸引力更大

附：创意链接答案及点评

后续情节

美女被电线杆撞倒，
高跟鞋飞了出去，落在一辆汽车的车顶上，
车中男士幸灾乐祸。

点评

女作家冰心有句名言：这个世界如果缺少女人，就会缺少十分之五的真、十分之六的善、十分之七的美。美女是女人中的女人，她们本身就是一则比任何语言都更有力的广告，这一点在汽车广告里面表现得非常充分，实际上它传达了一个非常简单的创意概念，这就是丰田汽车的吸引力不亚于这个美女的吸引力，它让人无法呼吸，让人忘乎所以，尤其是最后一个细节的设计，非常有趣，飞出去的高跟鞋，汽车中的男士那种幸灾乐祸的表情，与前面因被美女吸引而遭遇撞车的情节前后呼应，相映成趣，令人印象深刻。

(陈先红)

创意链接3：这是什么图画？
答案： 汽车广告。

沃尔沃汽车广告

后续情节

小孩离开了教室欢快地跑向一辆轿车，
然后打出了这样的slogan
最新Volvo V43T4，从0到100公里仅需要7.3秒。

点评

为了诉求沃尔沃汽车的加速性能，广告选择了一个充满动感的静止画面来让人体验那种瞬间的启动速度，给人一种很惬意的速度感。

(陈先红)

创意链接4：运动的沙发？
答案： 汽车广告。

运动的沙发

后续情节

  一辆红色的尼桑（Nissan）汽车缓缓驶出，非常引人注目，
  主人和他的狗拥有了自己的尼桑，
  尼桑的广告语：The Nissan frontier is here.
       Enjoy the ride.

点评

  从尼桑汽车的广告语 Enjoy the ride！可以看出，它的诉求点是驾驶的乐趣和乘坐的舒适感，所以它运用一系列惊险刺激的情节来充分地诠释尼桑汽车的速度、平稳、舒适、安全，使人仿佛身临其境，亲身体验乘坐的舒适和驾驶的乐趣。

（陈先红）

创意链接5：美人鱼要干什么？
答案： 李维斯牛仔裤广告。

李维斯牛仔裤广告

后续情节

  美人鱼轻抚着水手……
  一起抢夺水手身穿的牛仔裤。

点评

  这则李维斯牛仔裤广告沿袭了一贯的广告风格——性感路线。广告画面充满魔幻色彩，美人鱼嬉戏落水的水手，并抢夺他身穿的牛仔裤，反映了李维斯牛仔裤能够增加你的性感吸引力，整个广告充满了大胆、狂野的想象和激情。

（陈先红）

附：创意链接答案及点评

创意链接6：地球的声音？
答案：宜而爽保暖内衣广告。

宜而爽保暖内衣广告

后续情节

父亲回答："再听听看，还有什么！"
广告语——如果感觉地球的转动比较难，就从感觉宜而爽的舒服开始吧！
父亲睡着了，打了一声呼噜。
孩子说——爸爸，你也有地球的声音耶！

点评

这则宜而爽广告通过儿子与父亲的轻松对话展示了一幅非常美好的生活画面——宁静、祥和、轻松、悠闲。表现了宜而爽愿意与消费者分享日常生活点滴喜悦的美好愿望。

(陈先红)

创意链接7：考场上的秘密？
答案：佳能打印机广告。

佳能打印机广告

后续情节

老师走回讲台，
每个学生都直起身子，

原来,在每个人的衣服后面都印上了考试答案!

点评

考试作弊与打印机原本是风马牛不相及的两件事情,在这里却被"打印效果"这一诉求点巧妙地联结在一起,趣味生动,幽默毕现。

(陈先红)

创意链接8: 胸部与脑部的结合?
答案: 中兴百货广告。

中兴百货广告

后续情节

突然转折,强调外貌对于女人特别重要,

特别的声音说道:到服装店培养气质,到书店展示服装。

电视标版①:中兴百货。

专家点评

这是一则后现代广告,有三大特点:不连续性、不确定性和内在性。首先,它的广告文案是不确定的、断裂的、模糊的,好像一个人的精神呓语:有了服装之后还要什么?胸部?脑袋?然后话锋一转:到服装店培养气质,到书店展示服装,让人觉得莫名其妙。其次,从它的表现形式看,它是比较场景化和仪式化的,很怪异的服装、很冷漠的表情、很优雅的动作,还有舞台化的环境和模特化的表演,给人一种平面装饰的美感,一种超越现实的迷离之美。最后,从表现风格来讲,它是比较张扬、标新立异的,充满了强烈的先锋性和实验性。

(陈先红)

创意链接9: 历史的重演?
答案: 寻呼机广告。

---

① 电视标版即各电视台黄金时段、固定位置及条目以招标形式定价的5秒广告,一般以企业或产品LOGO、名称、主题广告语(有时会有商品的图片)为基本要素。

附：创意链接答案及点评

寻呼机广告

后续情节

美女逐渐从画面中隐去，
群山呈现，峰峦叠起，
出现广告语——一呼天下应
润讯通信。

点评

　　这则广告表现的是周幽王"烽火戏诸侯"的故事。创意的切入点在"寻呼"两字上下工夫，把古代的通信工具烟火与现代通信工具寻呼巧妙地联系起来。然后在"寻呼"的文字上下工夫，"一呼天下应"是点睛之笔。广告达到一语三关的效果。既对广告情节、历史典故进行了一个解释说明，同时又有力地揭示了寻呼机的功能，更进一步彰显出拥有寻呼机的人所体现出来的一种"登高一呼，应者云集"的王者风范。

(陈先红)

创意链接10：这个月没来？
答案： 轻松打，大哥大储值卡广告。

大哥大储值卡广告

371

后续情节

"喔,她说她买了轻松打大哥大储值卡,永远都不要缴月租费,以后每个月的账单也都不会来了。"

人们恍然大悟。

老太太拿着卡说:"我每个月都不会来了。"

车厢里一阵爆笑。

点评

巧设悬念,引人注意;语言模糊,令人好奇;情节搞笑,使人难忘。从"准备包袱"让人误会,到"抖出包袱"幽默观众,整个广告都在和观众进行一场沟通游戏,尤其是最后一个情节:老太太拿着"轻松打"逗趣地说"我每个月都不会来了"更是令人捧腹。

(陈先红)

创意链接11:为何狂奔?
答案:康师傅调和油广告。

康师傅调和油广告

后续情节

回家的中年人推开了门,
一家人围坐在桌前吃饭的情形,
杯空盘尽,
母亲将最后一口菜放到了嘴里,
中年人长叹一声:又吃完了!
广告字幕:康师傅清香调和油。

点评

整个广告的卖点不是在卖油而是在卖食欲,卖一种美味。这种食欲和美味怎么样贩卖呢？它是通过过程和结果的强烈反差来表现的。上班一族匆匆忙忙赶回家就是在赶一顿美味的晚餐，显得有点夸张。按照常情常理一家人应该是翘首以待共聚晚餐的，但是广告的处理又出乎意料，老母亲看见儿子推门进来，迅速把盘子里剩下的最后一口菜肴也抢着塞进嘴里，噎得直打嗝。情节设计有悖常情，充满戏剧色彩，另外广告的背景音乐也很有特色，它有两种暗示：一种暗示是品牌的历史悠久，有中国特色；另一暗示就是食用调和油回味悠长，让人难忘。

(陈先红)

创意链接12：连粉也不抹一下，能看吗？
答案：蒜蓉香肠广告。

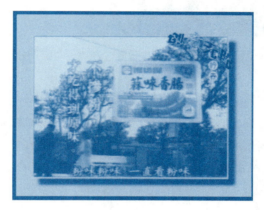

蒜蓉香肠广告

后续情节

母亲开始罗列许多不掺杂粉的香肠的好处：
抹粉有什么好看的，你最爱吃的香肠就是不掺粉的。
香肠掺加了粉，你还吃得出原来的味道吗？
母子两人下了公交车，却忘记拿香肠。
广告标版：蒜蓉香肠。

点评

该广告采取了指鹿为马、诱人上当、引人收看的策略。把脂粉和淀粉巧妙地连接起来。通过反向类比和两面提示，表现了不加淀粉的纯天然食品带给人们的原汁原味的享受。

(陈先红)

创意链接13：唐伯虎点秋香
答案：润洁眼部护理液广告。

润洁眼部护理液广告

后续情节

唐伯虎看到一个盖头里不断传出闪光,于是肯定这个新娘就是秋香。唐伯虎终于点中了秋香,华夫人却十分惊讶,究竟唐伯虎是怎样发现秋香的呢?原来秋香用了润洁眼部护理液,眼睛闪闪发光,光芒从盖头中散发出来,让唐伯虎认了出来。

点评

这个网络广告运用了一个脍炙人口的民间传说——唐伯虎点秋香。唐伯虎究竟是怎样突破难关娶到秋香的呢?传说很多。而这个广告则告诉你,原来是润洁眼部护理液成全了这一对佳偶。创意生动有趣,产品与民间传说有机融合,让人忍俊不禁。 (陈先红)

图书在版编目(CIP)数据

广告策划创意学/余明阳,陈先红,薛可主编. —4 版. —上海:复旦大学出版社,2021.9
(2024.12 重印)
(复旦博学. 广告学系列)
ISBN 978-7-309-15834-2

Ⅰ.①广…　Ⅱ.①余…②陈…③薛…　Ⅲ.①广告学-高等学校-教材　Ⅳ.①F713.81

中国版本图书馆 CIP 数据核字(2021)第 148556 号

广告策划创意学(第四版)
GUANGGAO CEHUA CHUANGYIXUE(DISIBAN)
余明阳　陈先红　薛　可　主编
责任编辑/方毅超

复旦大学出版社有限公司出版发行
上海市国权路 579 号　邮编：200433
网址：fupnet@fudanpress.com　http：//www.fudanpress.com
门市零售：86-21-65102580　团体订购：86-21-65104505
出版部电话：86-21-65642845
上海新艺印刷有限公司

开本 787 毫米×1092 毫米　1/16　印张 24　字数 511 千字
2024 年 12 月第 4 版第 5 次印刷

ISBN 978-7-309-15834-2/F·2818
定价：58.00 元

如有印装质量问题,请向复旦大学出版社有限公司出版部调换。
版权所有　侵权必究